IJzige val

Ulf Kvensler bij Boekerij:

Het hoge noorden
IJzige val

boekerij.nl

Ulf Kvensler

IJZIGE VAL

Vertaald door
Yvonne van de Straat

BOEKERIJ

De vertaling van het fragment uit het gedicht van Eva Ström (p. 79) is van Lisette Keustermans. Het oorspronkelijke gedicht, 'De yttre hebriderna', verscheen in: Eva Ström, *Steinkind*, 1979.

ISBN 978-90-225-9825-2
ISBN 978-94-023-2054-1 (e-book)
ISBN 978-90-528-6695-6 (audio)
NUR 330

Oorspronkelijke titel: *Brandmannen*
Vertaling: Yvonne van de Straat
Omslagontwerp: Buro Blikgoed
Omslagbeeld: © Shutterstock, Unsplash.
Beeld binnenzijde omslag: Michael Kessel | Pexels
Auteursfoto: © Thron Ullberg
Zetwerk: Elgraphic

DEEL 1

Als ik toen had geweten wat ik vandaag weet,

zou ik het vandaag niet geweten hebben.

Stanisław Jerzy Lec

IK DROOMDE DAT het zomer was, en dat ik in het meer bij het vakantiehuisje van mijn opa aan het zwemmen was. Het was precies zoals vroeger, alleen was ik wel gewoon mezelf, ik was volwassen.

Ik had dat gevoel dat vast iedereen wel heeft als kind. Je bent veel meer in het nu dan wanneer je volwassen bent. De zomer was overal, waar je ook keek.

Ik had mijn duikbril met snorkel op en dreef een stukje bij de kant vandaan in het water. Ik tuurde onder het wateroppervlak naar die stille, andere wereld. De bodem was een soort van geribbeld, met van die kleine zandheuveltjes, als een miniatuur Sahara. En het licht schitterde. Dat kwam waarschijnlijk door de rimpelingen op het wateroppervlak. Hier en daar schommelden wat losse rietstengels heen en weer. Kleine, bijna doorzichtige visjes vluchtten wanneer je je hand naar ze uitstak. Het mondstuk van de snorkel smaakte naar rubber, precies zoals vroeger. Met elke ademhaling ruiste het in mijn oren. Het klonk alsof ik een diepzeeduiker was, honderden meters onder water.

De droom kwam bizar levensecht over.

Ik zwom niet, maar trok mezelf met mijn vingertoppen over de bodem vooruit. Er ontstonden zandwolken in het water, als kleine explosies. Ik vond het er cool uitzien.

Toen bleef ik stil op het water drijven en keek recht voor me uit het meer in. Ik rilde even, want een stukje verderop verdween de bodem en werd het zonlicht opgeslokt door een grote, donkere diepte. Opa had al vaak verteld dat het water op een gegeven moment heel diep werd. Als kind was ik nooit zo ver het water in gegaan, want ik kon daar niet bij de bodem, maar sinds ik wat ouder ben heb ik natuurlijk wel eens bij die afgrond gestaan. Het water komt er ongeveer tot je borst, en als je dan een stap vooruit zet verdwijnt de bodem. Ik geloof dat het zowat in één keer iets van vijf meter diep wordt.

Opa heeft Klara en mij de oren van het hoofd gezeurd dat we niet bij die afgrond mochten komen. Alsof wij daar überhaupt in de buurt durfden te komen als drie- en zesjarige. Ik was er doodsbang voor. En eerlijk gezegd krijg ik nu nog altijd een naar gevoel in mijn buik als ik er een paar stappen naar voren zet en mijn hoofd onder water verdwijnt.

Maar goed. In mijn droom voelde ik wat kouder water langs mijn huid stromen. Weten jullie hoe dat voelt? Ik neem aan dat dat met de stroming meegevoerd water uit het diepere deel van het meer is. Dus ik reikte weer met mijn handen naar de bodem om me terug naar de kant te trekken.

Maar ik kon er ineens niet meer bij.

Ik zal wel een tijdje op het water hebben liggen dobberen en zonder er erg in te hebben een paar meter verder weg zijn gedreven.

Ik probeerde wanhopig met mijn vingertoppen bij de bodem te komen, maar het lukte niet. Ik zag voor me hoe ik compleet hulpeloos in het water zou liggen spartelen en langzaam boven de afgrond zou drijven, naar het diepe deel van het meer waar het water pikzwart was en je geen idee had wat er allemaal onder je zat. Misschien waren er wel grote vissen of palingen in de diepte, stel je voor dat er ineens iets langs je been streek waarvan je niet wist wat het was. Zo creepy.

Ik was in paniek in mijn droom.

Toen bedacht ik me dat ik kon zwemmen. Want ik was natuurlijk wie ik nu ben, ik was volwassen.

Ik crawlde als een gek tot ik weer in een wat ondieper stuk zat, wat in het echt maar een seconde of vijf zou duren. Maar in mijn droom was ik daar minstens een kwartier mee bezig.

Uiteindelijk kon ik toch weer met mijn vingers bij de bodem komen. Ik ademde opgelucht uit en trok mezelf het laatste stuk naar de kant toe. Toen het echt ondiep begon te worden was het water zo warm dat het wel op mijn huid leek te branden.

Ik keek op. Er stroomde water over mijn duikbril, dus ik kon het niet goed zien, maar op de kant kwam iemand naar me toe gerend. Een driejarig meisje. Klara.

Ik heb al jaren niet meer over Klara gedroomd. Maar nu werd ik er blij van. Ik trok mijn duikbril af en stond op uit het water. Klara was naakt, haastte zich het water in en begon me enthousiast nat te spetteren. Ik spetterde terug en ze gilde verrukt.

Aan een kant van haar hoofd was haar haar afgebrand, de helft van haar gezicht was zwart en gebarsten, haar arm ook. Maar ze had haar ogen nog wel.

Oké, het was weer eens zover.

Het was helemaal niet aan haar te merken. Dat ze pijn had of zo. Ze was gewoon aan het spelen en stoeien zoals altijd, en ik ook.

Er was iets aan Klara's gezicht waardoor ze er altijd vrolijk uitzag. Of eerder tevreden, eigenlijk. Alsof ze altijd in een goede bui was. Tenminste, niet wanneer ze verdrietig of boos was, natuurlijk. Maar het was alsof ze over het algemeen zoiets had van 'goh, wat is het leven toch fijn'. Dat was waarschijnlijk een van de redenen waarom ik zoveel om haar gaf. Klara was een ontzettend positief meisje. Plus ik was haar idool, dat speelde natuurlijk ook wel mee. Ik was drie jaar ouder en wist over de meeste dingen meer dan zij. Maar zij dacht dat ik álles kon en wist. Door haar voelde ik me groter dan ik was.

We bleven elkaar een tijdje nat spetteren, toen gingen we het strand op om een zandkasteel te maken. Ik liet haar zien dat het zand net een beetje nat moet zijn om goed te blijven zitten als je de emmer eraf haalt. En dat je met je schep op de onderkant van de emmer moet kloppen zodat het zand er beter af komt.

Klara stopte een sliert van haar natte, bruine haar in haar mondhoek en zoog eraan. Ze zat op haar hurken heel dicht bij me, leunde tegen mijn lichaam, legde zonder erbij na te denken haar hand op mijn been. Het was een heel knus gevoel. Alsof we één waren.

Ze rook een beetje verbrand.

Ik vulde een emmer met hard zand, draaide hem om en sloeg op de onderkant. Toen zei Klara:

'Isak, ga niet.'

'Wat bedoel je? Hoezo "ga niet"?'

Klara aaide me over mijn been, legde haar hoofd op mijn schouder.

'Ga niet.'

Even serieus: wanneer denken jullie dat ik deze droom had?

De nacht voordat mijn vader belde en het allemaal is begonnen.

De nacht ervoor.

Isak, ga niet.

Het lijkt wel alsof ze me wilde waarschuwen. Ik bedoel, ik weet heus wel dat dat niet zo was. Dat kan helemaal niet. Maar toch.

Bizar, hè?

VERANDERING VAN PERSPECTIEF.

Jullie hebben dat plaatje vast wel eens gezien. De ene keer ziet het eruit als een oud vrouwtje. Het volgende moment lijkt het net een jonge, elegante dame met een lange hals, haar hoofd licht afgewend.

Ik zit op de grond van de luchtplaats, in mijn kleine driehoekige stukje, en kijk omhoog naar de lucht. Het voelt alsof ik in een reuzenvariant van een vakje van zo'n Triviant-pion zit.

Ingesloten.

Maar dan vraag ik me ineens af of misschien de hele wereld gewoon ingesloten zit. Het hele universum. Alleen in dat kleine taartpuntje waarin ik zit kan ik me vrij bewegen. Verder zit alles ingesloten.

Verandering van perspectief.

Mijn vader zorgde ervoor dat ik op een heel andere manier naar de wereld ging kijken. Voor heel even. Waarschijnlijk was dat ook zijn bedoeling.

Je zou het ook zo kunnen zien dat ik heel even net zo gek was als hij.

Ik kan de wereld niet langer zien zoals ik hem toen zag. Maar ik herinner me het gevoel wel. En als dat terugkomt word ik duizelig en moet ik even gaan zitten.

Laatst kwam er een raaf op het muurtje zitten. Ik geloof tenminste dat het een raaf was. Hij was groot en zwart.

Ik vraag me af of zij het was. Wat wil ze in dat geval van me? We waren toch klaar met elkaar?

Laat ons alsjeblieft klaar zijn met elkaar.

Overdag droom ik over mijn moeder en 's nachts droom ik over Klara en Madde.

De lucht is loodgrijs boven het net van staal.

Precies zoals op die dag dat mijn vader belde.

IK WERKTE IN de thuiszorg voordat alles gebeurde. Dat deed ik al een jaar of vier. Had het er naar mijn zin. Ik had een bedrijfswagen waarmee ik langs wat oude mensen ging die nog in hun eigen, vertrouwde huizen woonden. Sommigen woonden in gehuchten midden in het bos. Als je die in een tehuis zou stoppen, zouden ze waarschijnlijk wegkwijnen en binnen een paar weken doodgaan.

Mensen denken dat het ergste aan werken in de thuiszorg alles rond persoonlijke hygiëne van de cliënten is. Luiers verschonen, de billen van oudjes afvegen als ze in hun broek hebben gepoept. Maar eigenlijk wen je daar binnen een week aan. Ik in ieder geval wel. Ik vond het nauwelijks nog smerig, rook de geuren niet meer zoals ik in het begin deed. Het was gewoon iets wat moest gebeuren.

Ik vond de administratie het verschrikkelijkst. Rapporten schrijven, vergaderingen bijwonen, gebruiksmateriaal bestellen, alles wat niet direct met het werk zelf te maken had. Fucking saai. Soms zorgde dat ervoor dat ik na ging denken over ander werk.

Veel mensen hebben moeite met de stress, dat je nooit echt genoeg tijd hebt voor de ouderen, dat je je steeds maar moet haasten naar de volgende cliënt. Dat je altijd het gevoel hebt tekort te schieten. Maar ik had waarschijnlijk het fijnste rooster van de hele gemeente. Dat kwam onder andere doordat ik groot en sterk ben en helemaal alleen een oude vent als Göte uit Virsryd onder de douche kon krijgen. Göte was het afgelopen jaar dan wel flink afgevallen, maar hij woog nog steeds ruim boven de honderd. Als ik er niet heen ging, moesten twee van mijn collega's samen naar hem toe. Als Göte op de grond lag kon alleen ik hem in mijn eentje weer omhoog krijgen. Wat dat betreft deed ik in principe werk voor twee en had ik daardoor een heel prima rooster.

Het was de dinsdag na midzomer. Het weer was vies, koud en regenachtig, de lucht loodgrijs boven het sparrenbos. Zomer in Småland. Zou het overal zo waardeloos zijn als hier? Ik betwijfelde het. Hoe dan ook zorgde het weer ervoor dat ik alleen nog maar meer uitkeek naar de vakantie die de week daarop zou beginnen. Madde en ik zouden naar Turkije gaan, naar Antalya, waar we elkaar voorgaande zomer hadden ontmoet.

Dat was het plan. Mijn god. Het lijkt wel honderd jaar geleden.

Ik had al een paar uur rondgereden in mijn autootje en het was bijna negen uur. De provinciale wegen lagen er die ochtend grotendeels verlaten bij. Ik moest veel aan de droom over Klara van die nacht denken. Die had aardig wat emoties bij me losgemaakt. De blijdschap om haar weer te zien, ook al was het maar een droom. De weemoed toen ik wakker werd. Een naar voorgevoel dat ik zelf niet goed begreep.

Ga niet.

Ik reed langzaam door Tannsjö, het kleine dorpje aan de rand waarvan de oude Birgit woonde. Een onbemand tankstation, een kleine buurtsuper. Meerdere bedrijfspanden die al zolang ik me kon herinneren leegstonden. De tweeverdiepingenflat met appartementen, de enige in Tannsjö. Er was geen mens buiten in de regen.

Ik parkeerde op de oprit van Birgits kleine gelijkvloerse bungalow van gele bakstenen. Ooit, lang geleden, had hij er vast nieuw, modern en praktisch uitgezien. Ik wist dat Birgit getrouwd was geweest en dat haar man jaren geleden was overleden. Over kinderen heb ik haar nooit gehoord.

Toen Birgit hier ging wonen, wist ze toen dat het voor altijd zou zijn? Of dacht ze dat het gewoon de eerste stop was van haar levensreis? Leek het alsof ze oneindig veel tijd in het vooruitzicht had, oneindige mogelijkheden?

Ik liep naar de voordeur, draaide hem van het slot en ging naar binnen. En ontdekte de natte vlekken op de vloer van de hal.

Dat was niet de eerste keer. Birgit was afgelopen winter negentig geworden en was een beetje seniel. Soms deed ze haar luier 's nachts uit. Dan kon je zo'n beetje door het hele huis van alles wat vinden.

Ik liep haar slaapkamer in. Ze lag met open mond te snurken. Ik pakte haar knokige, vlekkerige hand vast en kneep er zachtjes in.

'Birgit? Birgit? Word eens wakker.'

Ze deed haar ogen open, haast in slow motion. Ze was ver weg. Keek me met een slaperige en verwarde blik aan.

'Goedemorgen. Ik ben het, Isak.'

Er verscheen een voorzichtige glimlach op haar gezicht waardoor haar waterige, grijze ogen er jonger uitzagen.

'O, hoi,' zei ze.

'Hebt u lekker geslapen? Gaat het goed?'

'Beter dan morgen,' piepte ze hees.

Ik glimlachte. Birgit had een paar standaard uitspraken en grapjes die ze elke keer als we elkaar zagen herhaalde. Het zal de dementie wel zijn. Maar het maakte niets uit dat je de grap al honderd keer eerder had gehoord, dat was niet waar je blij van werd. Het kwam door de vrolijke blik in haar ogen als ze hem vertelde.

Ik rook een verdachte geur. Ik was dus toch nog niet helemaal immuun geraakt. Ik tilde het dekbed op, en kwam erachter dat Birgit vanaf haar middel naakt was en dat ze in haar bed had gepoept.

Dat was ook niet de eerste keer.

Precies op dat moment begon mijn telefoon te trillen. Ik haalde hem tevoorschijn en keek of het iemand van mijn werk was, of Madde. Nee. Ik herkende het nummer niet. Waarschijnlijk een telemarketeer. Ik drukte hem weg en ging aan de slag.

Een half uur later zat Birgit in de keuken te ontbijten. Ik had de urine in de hal opgedweild, haar gedoucht en gewassen, een nieuwe luier en lichtgrijze joggingbroek bij haar aangedaan, koffiegezet en een aantal boterhammen met kaas gemaakt. Terwijl ze van de boterhammen smulde en de koffie opslurpte, gooide ik het ondergepoepte beddengoed in de was en maakte haar bed op met nieuwe, schone lakens. Toen ging ik haar gezelschap houden in de keuken. Toen ik binnenkwam keek ze me onderzoekend aan, alsof ze me voor het eerst zag. Birgit had een stijve nek en kon haar hoofd niet achteroverbuigen, dus in plaats daarvan bewoog ze haar hele lichaam, alsof ze de top van een wolkenkrabber probeerde te bekijken of zo.

'Zo, jij at vroeger vast altijd netjes je bordje leeg,' zei ze grinnikend.

'Zeker,' zei ik met een grijns.

Dat was al de tweede keer dat ze dat zei die ochtend. Als ik haar een beetje kende zou ze het vast nog wel een paar keer herhalen voordat ik door zou gaan.

Ik haalde een kopje uit de keukenkast, schonk wat koffie voor mezelf in, ging op de stoel naast haar zitten en vroeg:

'Zullen we zo nog even een rondje lopen?'

'Gaan we naar buiten?'

Ik boog wat dichter naar Birgit toe en praatte wat harder.

'Nee, niet naar buiten. Daar heb ik vandaag geen tijd voor. Maar we kunnen hier binnen wel een klein rondje doen.'

'Ja, dat kan wel.'

'U weet dat beweging goed is, hè. Dan krijgt u niet zo'n last van uw rug.'

'Nee, nee. Ik heb geen last van mijn rug.'

'Wat fijn.'

'Ik kan tegenwoordig zonder krukken liggen.' Ze keek me aan en begon te lachen, haar ogen waren net halve maantjes, en ik moest ook lachen.

'Ja, heel goed, Birgit. U gaat met sprongen vooruit.' Ik aaide haar over haar wang.

Mijn telefoon ging weer af, maar dat kon wachten.

Toen Birgit en ik een aantal rondjes door het huis hadden gelopen, en ik haar in een leunstoel in de woonkamer had gezet, gaf ik haar kort een knuffel.

'Dag. Mia komt vanmiddag. Tot morgen.'

'Tot morgen.'

Ik trok de voordeur dicht en draaide hem op slot. Terwijl ik naar de auto liep, viste ik mijn mobiel uit mijn zak. Het was hetzelfde nummer dat nog een keer had gebeld, maar dit keer had ik ook een voicemailbericht.

Telemarketeers laten normaal gesproken geen voicemailberichten achter.

Ik belde naar mijn voicemail en luisterde het bericht af.

Eerst klonk er een lange stilte, en iemand die diep inademde.

Wat was dit nou weer?

Toen:

'Hoi Isak... Met Fredrik. Met papa.'

Opnieuw een lange stilte.

'Ik wil je graag iets vertellen. Dus... Als je me op dit nummer zou willen terugbellen, graag. Bedankt.'

Klik. Het bericht was klaar.

Ik deed de auto open, liet me achter het stuur neerzakken en deed de deur achter me dicht. Ik haalde diep adem en keek naar mijn mobiel.

Ik bleef zo best een tijdje zitten op Birgits oprit, met mijn hart bonzend in mijn keel.

DAT BERICHT HIELD me de hele dag bezig. Ik moest er steeds weer aan denken.

Toen ik klaar was met werken ging ik naar de sportschool voor een extra zware sessie. Ik ging helemaal los op de crosstrainer, verhoogde mijn hartslag tot 175. Ik wilde op dat punt komen dat je je hart in je hele lichaam voelt bonzen. In je borst, je hals en je oren, zelfs achter je ogen zodat je zicht met elke slag haast wazig wordt. Want er gebeurt ook iets in je hersenen als je zo hard gaat. Als je in bepaalde oude patronen bent blijven hangen, in gedachten bedoel ik, dan is het net of je met extreem hard trainen je hoofd kunt resetten, waardoor je die vaste denkpatronen weer kunt doorbreken.

De anderen in de sportschool keken naar me. Een meisje dat ik daar een aantal keer eerder had gezien, ze was waarschijnlijk een paar jaar jonger dan ik, rond de twintig, leek zelfs bezorgd, alsof ik een hartaanval zou krijgen of zo. Maar toen ik er wegging voelde ik me weer wat beter. De onrust was wat gezakt.

Onderweg terug naar huis vroeg ik me af wat ik met mijn vader zou doen. Er waren eigenlijk maar twee opties, natuurlijk. Iets van me laten horen of niet. Maar het lastige was dat, zelfs als ik niet terug zou bellen, dat er niet voor zou zorgen dat alles gewoon weer verder zou gaan als daarvoor. Hij had me gebeld, hij wilde me iets vertellen. Als ik niets van me zou laten horen, zou ik me de hele tijd af blijven vragen wat dat was geweest.

Hij stelde me voor een keuze, maar ik zag beide opties niet zitten.

Madde en ik woonden in een tweekamerappartementje dicht bij het centrum. Met vijf minuten lopen was je bij het plein met het oude gerechtsgebouw en met tien minuten bij de Ica Maxi-supermarkt, de andere kant op. Dicht bij alles. Of niks, het lag er maar net aan hoe je het zag.

Langs de rivier zijn nieuwe flats gebouwd, mooie grote appartementen met balkonbeglazing. De maandlasten zijn hoog, maar toch gingen ze als warme broodjes over de toonbank. Dus er zijn toch mensen die het kunnen betalen, zelfs in ons kleine stadje. Die woningen waren echter geen optie voor Madde en mij. Wij kregen een afgeleefd huurappartementje van tweeënvijftig vierkante meter te pakken op de derde verdieping, zonder lift.

Als ik aan dat appartementje denk, spoelt de pijn als een machtige golf door me heen. Ik blijf doodstil zitten tot het gezakt is. Dat duurt even.

Onze levens, onze toekomst, alle hoop en verlangens zaten opgepropt in die tweeënvijftig vierkante meter.

We hadden nog steeds een onuitgepakte verhuisdoos in de woonkamer staan. Die zal er nu trouwens nog steeds wel staan.

Verdomme.

Toen ik door de deur kwam, hoorde ik dat Madde iets in de keuken stond te braden.

'Hallo,' riep ze om boven het lawaai van de oude afzuigkap uit te komen.

'Hallo,' riep ik terug terwijl ik mijn rugzak met sportkleren op de grond in de hal zette. Ik liep door de smalle gang, het kleine keukentje in. Madde keek naar me op en glimlachte.

'Hoi, hoi.'

'Hoi.' Ik liep naar haar toe en legde mijn handen op haar heupen. Ik boog een beetje voorover, zij strekte zich een stukje uit, en toen ontmoetten onze lippen elkaar in een kus.

'Jeetje, je gezicht is knalrood,' zei ze.

'Ik ben naar de sportschool geweest.'

Ik trok haar naar me toe. Ze had een spatel in haar hand, in de gietijzeren braadpan lagen kalkoengehaktballetjes te sudderen. Er stond een pan met pasta in water hevig te koken. Ik vroeg:

'Wat kan ik doen? Zal ik de tafel dekken?'

'Ja, graag. En misschien wat groente klaarmaken. Er liggen tomaten en komkommer in de koelkast.'

Ik begon de kleine keukentafel te dekken. We hadden een paar keer met zijn drieën in de keuken gegeten toen opa op bezoek was, maar eigenlijk was dat te krap.

Ik keek naar Madde die bij het fornuis stond. Ze was zo druk met het koken bezig dat ze mijn blik niet opmerkte. We waren allebei niet zo goed in koken, en er eigenlijk ook niet echt in geïnteresseerd. Ze had op een rommelmarkt eens een kookboek van Erik Lallerstedt gekocht, waarin hij schreef dat je je niet schuldig hoefde te voelen voor het gebruik van pakjes en zakjes, dat dat soms nodig was om de week door te komen. Die boodschap hadden we zeker ter harte genomen kan ik je vertellen. We maakten ook gebruik van pakjes en zakjes om het weekend door te komen. Als we geen eten afhaalden bij de pizzeria of de thai.

En ik dacht, zoals ik vaak deed, hoe bizar het eigenlijk was. En geweldig. Dat deze fantastische dame in onze keuken gehaktballetjes stond te braden. Dat ze vanuit Stockholm naar dit gat in het donkerste deel van Småland was verhuisd om met mij samen te wonen.

Madde was een paar jaar ouder dan ik. Negenentwintig. Ze zag er klein uit in mijn armen, maar eigenlijk was ze van gemiddelde lengte. Haar lichaam was slank en goedgevormd. Ze ging nooit sporten, maar zag er toch fit uit, ik begreep nooit hoe ze dat voor elkaar kreeg. Die avond droeg ze een strakke zwarte spijkerbroek (ik hield ervan om mijn handen in de kontzakken van die spijkerbroek te stoppen) en een wit hemdje dat de kleine tribal tattoo op haar onderrug verborg. Ze had donkerbruin haar, vrij kort, het viel tot net onder haar oren en benadrukte haar mooie slanke hals. Het was op een bepaalde manier geknipt, ik weet niet goed hoe ik het moet omschrijven. Je kon zien dat het niet bij een van de kappers hier in de stad was gedaan. Madde ging ongeveer om de maand naar Stockholm en dan liet ze zich ook meteen knippen.

Ze had een mooi gezicht, 'symmetrisch' heet dat geloof ik, met hoge jukbeenderen en bruine ogen. Altijd zorgvuldig opgemaakt met donkere oogpotloodlijntjes rond haar ogen en rouge op haar wangen.

Maar wat mijn hart pas echt op hol deed slaan waren de dingen die eigenlijk niet helemaal klopten met dat beeld. De dingen die verrieden dat ze geen rockster was, maar een mens van vlees en bloed. Haar lichtroze sokken die verkleurd waren in de was. Hoe ze met de tenen van haar ene voet over de bovenkant van de andere wreef. Haar licht onzekere houding met de spatel in haar hand, hoe ze de verschillende knoppen van het fornuis goed moest bekijken om te weten welke ze nodig had om het vuur onder de pan met pasta wat zachter te zetten.

Ze was hier niet helemaal in haar element. En dat kwam door mij. Ze deed zichzelf dit aan voor mij, om met mij samen te kunnen zijn. En toen ik me dat bedacht wist ik dat ik van haar hield.

Die avond, nadat mijn vader voor het eerst in twaalf jaar contact met me had opgenomen, ging ik verder met tafeldekken en sneed ik wat komkommer en tomaat. Opende een blikje mais en leegde dat in de saladekom. Madde goot de pasta af, legde onderzetters op tafel en zette de braadpan en steelpan neer. Ik pakte de ketchup. We gingen zitten om te eten.

'En wat heb jij gedaan vandaag?' vroeg ik.

'Niets bijzonders,' zei Madde tussen twee happen door. 'Ik heb nog wat vacatures bekeken, maar er zat niks nieuws tussen.'

Toen Madde afgelopen winter hierheen verhuisde, heeft ze een tijdje bij het eetcafé van Korseryds Herrgård gewerkt. Met een tijdelijk contract. Ze hadden waarschijnlijk extra personeel nodig voor kerst en oud en nieuw. Maar dat werd niks, ze mocht daarna niet blijven. En vervolgens leek ze eerlijk gezegd niet heel erg haast te hebben om iets nieuws te vinden, hoewel ze wel elke week eens online vacatures bekeek. Zei ze tenminste.

Mijn salaris was geen vetpot, maar toch zei ik dat ik de huur en zo wel zou betalen, tot zij wat gevonden had. Maar daar wilde ze niets van weten. Zij zou de helft betalen, daar stond ze op.

Madde was opgegroeid in een rijk gezin. Een villa in Danderyd, een vakantiehuis aan de Franse Rivièra. Van moederskant hadden ze oud geld van een of ander bedrijf, zelf werkte ze als juridisch adviseur bij een ingenieursbureau. Maddes vader was fotograaf en wat onconventioneler, maar succesvol op zijn eigen manier. Madde was de tweede van vier kinderen, en werd algemeen beschouwd als het zwarte schaap. Ze beschreef haar moeder als koud, machtsbelust en harteloos. Ze hadden altijd veel ruzie gehad. In haar tienerjaren was het totale chaos geweest thuis, één lange periode van opstand. Madde spijbelde veel en werd het huis uit gezet zodra ze meerderjarig was. Sindsdien had ze zo goed als geen contact meer met haar moeder. Haar vader was wat zachter, wat liefdevoller. Hij had haar door de jaren heen stiekem financieel gesteund, en haar zelfs in zijn atelier laten wonen als ze tussen twee onderhuurcontracten in zat. Ze had echt elke rotbaan in Stockholm uitgeprobeerd, vertelde ze. En ze had veel gereisd, de hele wereld over gebackpackt. Soms moest ze dan wel een paar maanden op dezelfde plek blijven om te werken en geld te verdienen voor het volgende deel van de reis.

'Hoe was jouw dag?' vroeg ze.

'Goed,' zei ik. 'Niks bijzonders.' Ik schepte wat meer pasta op en spoot er ketchup overheen. 'Lekker, hoor.'

Madde glimlachte scheef, met zelfspot. Ze wist dat ze geen keukenprinses was.

We aten een tijdje in stilte. Mijn gedachten dwaalden af naar mijn vader, en de droom over Klara. Ik wilde het niet, maar het ging vanzelf. En Madde moet het gemerkt hebben, dat ik er niet helemaal bij was. Ik voelde dat ze naar me keek. Uiteindelijk zei ze:

'Dus er is niks gebeurd?'

'Nee, hoezo?'

'Je komt een beetje... Het lijkt of je ergens aan zit te denken.'

'Nee hoor, er is niks. Ik heb gewoon extreem honger door het sporten.'

Madde knikte en keek naar haar bord. Ze zag er niet overtuigd uit.

'Oké.'

'Zullen we vanavond iets kijken?'

'Ja, is goed.'

Ik kon niet vertellen dat mijn vader had gebeld, om een heel eenvoudige reden. Ik had tegen Madde gezegd dat mijn ouders overleden waren. Dat ze bij een brand waren omgekomen toen ik klein was. Madde had uit respect niet doorgevraagd.

Dat leek me toen het eenvoudigst. Hoe groot was die kans nou, dat mijn vader na al die jaren ineens wat van zich liet horen? En op zich was het geen leugen. Hij was ook dood voor me.

Over Klara heb ik überhaupt niets verteld.

Madde legde haar bestek op haar bord, ze was klaar met eten. Ik pikte de laatste gehaktballetjes uit de braadpan.

'Weet je,' zei ik, 'ik bedenk me ineens... Ik had opa nog beloofd om hem ergens mee te helpen. Hij is bij zijn zomerhuisje.'

'Aha.'

'Dus ik ga daar zo even naartoe. Na het eten.'

'Oké.'

'Maar het zal niet zo lang duren, hoor, we kunnen daarna alsnog iets kijken.'

'Ja.'

Het klopte dat opa bij zijn zomerhuisje was, maar niet dat ik had beloofd hem ergens mee te helpen. Maar ik moest hem gewoon vertellen dat mijn vader had gebeld en ik wilde dat niet thuis via de telefoon doen als Madde het kon horen.

Die ene keer, twaalf jaar geleden, toen ik mijn vader voor het laatst had gezien, had opa tegen me gezegd dat als mijn vader van zich liet horen, dat ik het dan tegen hem moest zeggen. Ik mocht mijn vader echt niet alleen ontmoeten. Onder geen enkele voorwaarde.

Ik had dat die keer heilig beloofd en ik was van plan me aan die belofte te houden.

IN ONZE ROESTIGE oude Nissan Micra reed ik naar opa's huisje. Al snel was ik het centrum uit en reed ik over een negentigweg met aan beide zijden een dicht sparrenbos. Momenteel was het droog, maar het asfalt was nog nat van de regen van die dag.

Het is maar iets van twintig kilometer naar het zomerhuisje, maar het kost ruim een half uur om er te komen. Het eerste stuk is over een negentigweg en dan kun je lekker doorrijden, het is een rechte weg en ik rij er meestal iets van honderdtwintig. Maar vervolgens moet je eraf richting Rongaryd en kom je op een kronkelige zeventigweg voordat je weer afslaat, naar een smalle onverharde weg door het bos. Die slingert alle kanten op, is heel hobbelig, en lijkt nooit op te houden. Het gras en de steentjes op de middenberm schrapen langs de onderkant van de auto. Opa heeft wel eens verteld dat hier ergens, in het bos ten oosten van het grote meer Lunnen, de plek in Småland is die het verst van bewoonde gebieden ligt.

Ik heb gemengde gevoelens voor het bos. Ik hou van de rust en stilte tussen de dikke boomstammen, het groene mos dat als een groen tapijt de grond bedekt. Het is een beetje zoals in een kerk. Je wordt er rustig van. Maar al van jongs af aan is het een van mijn grootste angsten om verdwaald te raken. Ik heb dat altijd gezien als verdrinken in het bos.

Het begon weer te regenen, miezerdruppeltjes tikten op de voorruit terwijl ik voortslingerde. Op een bewolkte dag als vandaag leek het net of het al aan het schemeren was tussen de sparren.

Het bos werd minder dicht en het meer werd zichtbaar tussen de boomstammen. Vlak daarna was ik bij het huisje en parkeerde ik de auto. Ik stapte uit, liep om het huis heen en keek uit over het meer. Veel van mijn mooiste herinneringen hingen met deze plek samen. Mijn slechtste ook.

Het perceel liep langzaam af richting de waterkant en ons eigen stukje strand. Er was een oude, stenen steiger die opa heeft overwogen te vervangen door een modernere, drijvende versie, maar in plaats daarvan heeft hij hem gerepareerd zodat hij nog een tijdje meekan. In ieder geval zolang opa nog leefde. Stroken riet omlijstten het strand. Je moest het bijhouden, anders groeide het dicht. Elk voorjaar kapten opa en ik met een zeis het riet tot aan de afgrond in het water.

Hier bij de waterkant was waar ik in mijn droom met Klara had gezeten.

Ga niet.

Het was harder gaan waaien en het meer was donkergrijs, maar er dansten nog geen witte kopjes op de golven, zoals opa dat altijd zei. Aan de andere kant van het water was het sparrenbos dicht en donker. Lunnen is een groot meer, dat zich zowel naar het noorden als naar het zuiden ver uitstrekt. Maar alleen hier voor opa's zomerhuisje is het een groot, open water, verder is het opgedeeld in allemaal verschillende inhammen en stukjes die nauwelijks op elkaar aansluiten. Het is eigenlijk als een heleboel meertjes ineen, en er zijn superveel eilandjes. Driehonderdvijfenzestig, wordt er gezegd, één voor elke dag van het jaar. Maar het ligt er waarschijnlijk aan hoe je telt.

Het oude huis was een pachtboerderij geweest. Mijn opa heeft me eens laten zien dat er ook akkers waren. Midden in het bos stonden resten van een oude, stenen muur en een ondergrondse voorraadkelder. Wat een werk moet dat zijn geweest om al die bomen om te hakken en stenen weg te slepen voor een klein oppervlak om op te boeren. Mijn opa's oma is hier opgegroeid. Ze waren met zes kinderen. Eén jaar was de oogst misgegaan. Ze hadden de winter overleefd, maar toen het voorjaar werd was het eten bijna helemaal op. De ouders hadden toen tegen de kinderen gezegd dat ze overdag niet buiten mochten spelen, omdat ze dan te veel honger zouden krijgen. Ze moesten tot aan de zomer in hun bed blijven liggen.

En dit was iets van honderd jaar geleden. Iets meer misschien. Het leven was toen bizar veel zwaarder.

Ik zou de resten van die oude akkers nooit gezien hebben als opa het me niet had laten zien. Het bos had alles teruggenomen waar mijn voorouders zo hard voor hadden gewerkt om te cultiveren. Waarschijnlijk was dat altijd zo: uiteindelijk wint de natuur.

Ik draaide me om en liep weer terug naar de voorkant van het huis, de ingang keek uit op het bos. Het nieuwe huis stond op dezelfde plek als de pachtboerderij had gestaan. Het was zo'n vakantiehuisje dat je als bouwpakket kunt kopen. De stijl was niet supermodern, het had net zo goed uit de jaren tachtig of zo kunnen komen, maar zo had opa het graag.

Ik deed de voordeur open en liep naar binnen. Het was fijn om de regen en kou te ontvluchten. Terwijl ik mijn schoenen uitschopte, riep ik:

'Hallo?'

'Hallooo,' hoorde ik mijn opa vanuit het huis antwoorden.

Ik wist dat mijn opa hier bezig zou zijn, want Madde en ik waren van het weekend bij hem langs geweest en toen had hij verteld wat zijn nieuwste projectje zou zijn: de kruipzolder isoleren met glaswol.

Ik liep door de hal naar de keuken, die zonder afscheiding aan de woonkamer vastzat, en op hetzelfde moment kwam mijn opa van de zoldertrap naar beneden.

'Hé jongen,' zei hij en hij glimlachte.

'Dag opa,' antwoordde ik. Hij liep naar me toe en we gaven elkaar een knuffel. Hij verdween bijna in mijn armen, als een klein jongetje.

'Wat leuk dat je langskomt.'

'Ja, ik kwam even kijken hoe het ging. Dat je de isolatie er niet verkeerd om in zet of zo.'

Hij grinnikte. Mijn opa Anders was laatst vierenzeventig geworden. Hij was kwiek voor zijn leeftijd, maar liep een beetje voorovergebogen, alsof hij zijn rug nooit helemaal kon strekken. Hij was altijd mager en pezig geweest. Hij had last van zijn knie, dus hij hinkte ook een beetje. Hij stond op de wachtlijst voor een operatie. Zijn haar was wit en ongekamd, de plukken stonden alle kanten op, vooral als hij ergens druk mee bezig was, zoals nu. Zijn baard was ook wit, maar kort en verzorgd, vergeleken met zijn haar tenminste.

Bij sommige mensen kun je precies zien hoe ze zich voelen. Vrolijk, geïrriteerd, verdrietig, ongerust. Madde is zo iemand. Er gebeurt iets met haar ogen, de grootte en vorm. Andere mensen hebben altijd ongeveer dezelfde gezichtsuitdrukking. Mijn opa is meer van dat type. Hij heeft kleine ogen die eruitzien alsof hij ze constant net een beetje dichtgeknepen houdt. Breed glimlachen doet hij bijna nooit. En als hij hardop lacht, ziet het er altijd een beetje stijf en ongemakkelijk uit bij zijn mond. Het lijkt wel of zijn gezicht met de jaren sowieso wat stijver is geworden, net als zijn lichaam. Maar ik ken hem heel goed en kan precies lezen hoe hij zich voelt. Bijna nog beter dan dat ik Madde kan lezen. Ik zie het aan zijn ogen, hoor het aan zijn stem. Kleine verschilletjes die een ander misschien niet op zou merken.

We spreken elkaar elke dag. Soms zelfs meerdere keren per dag. We zien elkaar minstens een paar keer in de week. Dus het is niet vreemd dat ik hem zo goed kan lezen.

En elke keer als we elkaar spreken, echt elke keer, lijkt hij blij om me te zien, blij om mijn stem te horen.

Hij heeft nog nooit gezegd dat hij van me houdt, mijn opa spreekt dat soort dingen niet uit. Maar ik heb er nooit aan getwijfeld dat het zo is.

Of jawel, trouwens, een paar keer. En toen leek mijn hele wereld in te storten. Maar daar kom ik nog op terug.

'Wil je koffie?'

'Lekker.'

Opa haalde het oude filter uit het koffiezetapparaat en gooide het weg, stopte er een nieuwe in en deed er vier schepjes koffie in. Draaide de kraan open, vulde de koffiepot met water en schonk het in het apparaat. Zette het aan. Ik pakte voor ons allebei een koffiemok uit een bovenkastje en zette ze op tafel.

‘Ik mis de voorraadkast van het oude huis,’ zei mijn opa. ‘De keuken lag op het noorden en het tochtte een beetje door de muur heen. Lekker koel.’

‘Ik moet je iets vertellen.’

‘O?’ Opa keek op terwijl hij wat amandelkoekjes in een mandje legde. Mijn hart ging tekeer en ik voelde dat mijn mond een beetje droog was geworden.

‘Papa heeft me vandaag gebeld. Hij heeft een voicemailbericht ingesproken.’

Opa legde het amandelkoekje dat hij in zijn hand had in het mandje, maar toen leek alles even wat langzamer te gaan. Hij legde de zak weg en rechtte zijn rug. Bleef stil staan.

‘Dus...’ ging ik verder. ‘Dat wilde ik vertellen.’

Opa keek door het grote raam naar het meer, met een vreemde blik die niets leek te zien. Zijn mond stond half open. Zo bleef hij een tijdje staan.

‘Dat had ik niet verwacht,’ zei hij uiteindelijk. Hij trok een stoel naar achteren en ging aan tafel zitten. Hij zag er meteen ouder en vermoeider uit, vond ik.

‘Ik heb hem niet teruggebeld,’ zei ik.

Opa zei niets en bleef maar naar het water zitten staren. Ik keek ook naar buiten. Het meer was onrustiger geworden, de golven waren donkerder grijs. Opa zei:

‘Wat wilde hij?’

‘Dat zei hij niet.’

Het enige geluid kwam van het pruttelende koffiezetapparaat.

‘Dus ik weet niet...’ Ik zweeg, wist niet hoe ik mijn zin af moest maken.

‘Na al die jaren,’ zei opa, en het klonk eerder alsof hij het tegen zichzelf had dan tegen mij.

Het koffiezetapparaat begon nog meer lawaai te maken, en toen werd het stil. Er klonk alleen nog een zacht gesis. Ik ging de koffiepot halen en vulde onze mokken, trok een stoel achteruit en ging tegenover opa zitten.

'Wat vind je dat ik moet doen?' vroeg ik. 'Zal ik terugbellen?'

Opa zuchtte. Schudde zachtjes zijn hoofd.

'Daar kan ik geen antwoord op geven,' zei hij. 'Dat moet je zelf...' Hij maakte zijn zin niet af. Bracht de beker naar zijn mond, blies in zijn koffie en nam een slokje.

'Weet ik,' zei ik. 'Maar ik wil graag weten wat jij vindt.'

Er gebeurde op dat moment veel in opa's gezicht. Ik zag vermoeidheid, ik zag verslagenheid, ik zag pijn, maar vooral ongerustheid. Ik had er bijna spijt van dat ik het had verteld, het voelde niet goed om hem dit aan te doen.

Maar ik had dat nu eenmaal beloofd die ene keer twaalf jaar geleden.

Ik kon zien dat opa nadacht over zijn formulering. Zijn blik was nog steeds op het meer gericht. Het open water, als één groot oppervlak van staal. Maar nu waren de witte kopjes wel te zien. Nu zat er schuim op de golven. Uiteindelijk zei hij, zonder zijn blik van het meer af te wenden:

'Nee. Ik vind niet dat je terug moet bellen.'

Hij zweeg weer, maar ik zag aan hem dat er meer zou komen. Hij slikte, beet op zijn lip. Toen hij opnieuw het woord nam was zijn stem een beetje hees.

'Je weet dat hij een inzinking kreeg na de brand. Dat hij een tijdje gedwongen opgenomen zat.'

'Ja.'

'Maar...' Opa schraapte zijn keel. 'Eerlijk gezegd was hij daarvoor ook al mentaal instabiel. Hij gedroeg zich heel vreemd. En...'

Toen keek opa me recht aan, met een geëmotioneerde blik. Zijn stem trilde een beetje.

'Je bent een goed mens, Isak. Ik wil niet dat je...' Opa zweeg opnieuw en staarde naar het tafelblad.

'Nee,' zei ik. 'Ik had zelf bedacht dat als hij weer van zich laat horen, dat ik hem dan een berichtje stuur dat ik geen contact met hem wil.'

Opa knikte langzaam.

We dronken onze koffie op en praatten een tijdje over andere dingen. Opa ging geïmpregneerd hout bestellen voor een terras dat we samen zouden bouwen als Madde en ik terug waren uit Turkije.

Ik zei gedag en gaf opa een dikke knuffel. Ik hield hem wat langer vast dan gewoonlijk. Hij vroeg me de groeten te doen aan Madde. Toen haastte ik me naar de auto. Het waaide en regende nog harder dan eerder.

Even later reed ik weer langzaam over de onverharde weg door het donkere bos. De auto schudde heen en weer terwijl de wielen over boomwortels hobbelden en in waterplassen zakten.

Ik dacht aan de laatste keer dat ik mijn vader had gezien.

IK GING OP voetbal toen ik acht jaar oud was. Het was opa's idee, niet het mijne. Hij vond dat ik een hobby nodig had. Sommige jongens van het team zaten al sinds hun vijfde op voetbal, en ze voetbalden elke schoolpauze, het hele jaar door, in weer en wind. Dus ik was niet bepaald de ster van het team. Maar toen ik erop ging, begon ik ook mee te doen in de pauzes. En ik miste nooit een training. Dus ik werd al snel beter, en ik hoorde er meteen wat meer bij op school, wat waarschijnlijk precies was waar opa op had gehoopt.

Toen ik een jaar of elf, twaalf was kreeg ik een groeispurt en werd ik langer dan de rest, zowel van mijn klas als van mijn team. Als dertienjarige was ik langer dan één meter tachtig, de grootste en de sterkste van mijn team. Ik was snel als ik eenmaal op gang was gekomen, en mijn techniek was best goed. Onze trainer Pontus, die de vader was van een van de andere jongens uit het team, zette mij centraal in de verdediging. Dat was niet wat ik zelf wilde. Net zoals negentig procent van alle jongens die op voetbal zitten wilde ik in de spits staan en scoren. Maar ik kwam er al snel achter dat ik een goede centrale verdediger was, en dan werd het natuurlijk ook leuk.

Dat jaar begonnen we als echt elftal. We waren een van de betere teams in de competitie en hadden over het algemeen het meeste balbezit, we voerden de druk op om te scoren. Er waren tegenstanders die zich als tactiek vooral op de verdediging concentreerden, door bijvoorbeeld een pass te proberen af te snijden en vervolgens de bal naar onze helft te schieten, naar een snel ventje dat dan in zijn eentje naar het doel vloog. Maar ik was daarop voorbereid, ik stond bij de middenlijn en hield de tegenstanders in de gaten. Meestal zag ik het gevaar op tijd en als de lange bal kwam, was ik al terug aan het rennen. Ik was zeker niet de snelste sprinter, maar als het om wat langere afstanden ging kreeg niemand me te pakken. En dat hele seizoen heb ik geen enkel duel verloren. Schouder tegen schouder maakte niemand een schijn van kans.

Ik speelde soms ook met het onder 15-team mee, dat waren de jongens van twee jaar ouder, en ook daar deed ik het niet slecht.

Dit was op een zondagavond aan het einde van augustus. Het was overdag zonnig en warm geweest, als ik het me goed herinner, maar nu was het frisser. Er kwam een eind aan de lange zomeravonden. De wedstrijd begon waarschijnlijk rond een uur of zeven en je kon merken dat de schemering snel zou vallen. Vóór het einde van de wedstrijd zou het donker zijn.

Het was een uitwedstrijd tegen Lunneberg die een behoorlijk goed team had. Zij streden tegen ons in de top van de competitie. Hun A-team speelde toen volgens mij in de vierde divisie, of misschien zelfs de derde. Opa had me gebracht en zou blijven om naar de wedstrijd te kijken. Het sportpark van Lunneberg lag precies aan de rand van het grote bos. Zoals vaak bij wat oudere sportparken liepen er atletiekbanen rond het veld. De verspringbak was vervallen, met een gespleten plank en graspollen tussen het zand. Er was een kleine houten tribune die eruitzag alsof die elk moment uit elkaar zou kunnen vallen, en een oud clubhuis met verwaarloosde kleine kleedkamers die naar zweet stonken. Het grasveld was oneffen en zat vol kuilen.

In het team van Lunneberg zat een jongen die ik van vroeger kende. Viggo.

Toen ik zes was, na het ongeluk, ben ik vanuit Stockholm naar het zuiden verhuisd om bij mijn opa en oma te gaan wonen. Het was nou niet bepaald makkelijk om van de hoofdstad naar een basisschool op het platteland te gaan waar alle anderen uit de klas elkaar al sinds de crèche kennen. Het ging toen ook niet zo goed met me. Ik was nogal op mezelf en speelde mijn eigen spelletjes.

Viggo zat bij mij in de klas en was een van die gastjes die elke seconde dat we buiten waren aan het voetballen waren. Vaak nam hij de bal ook mee naar binnen en ging in de gang gewoon verder, tot de juffen er wat van zeiden. Hij had toen al een ontzettend goede techniek en een feilloos balgevoel. 'Viggo gaat later in het nationale elftal spelen,' zeiden de andere jongens in de klas altijd bewonderend. Hij stond bovenaan de hiërarchie. Dus toen hij mij 'brandweer' begon te noemen, deed de rest van de klas dat ook.

Werd ik gepest? Misschien. Zo zou het tegenwoordig waarschijnlijk wel genoemd worden. Maar eerlijk gezegd was dat in die tijd niet mijn grootste probleem. Ik leefde zo erg in mijn eigen wereld dat de pesterijen en buitensluiting niet eens echt tot me doordrongen.

Op een gegeven moment verhuisde Viggo's familie naar Lunneberg en verdween hij uit onze klas. Toen we deze wedstrijd gingen spelen zat ik net op de middelbare en was Viggo weer opgedoken, omdat er geen middelbare school was in Lunneberg. Ze werden met de bus naar de stad gebracht. Hij zat niet in dezelfde klas als ik, en daar was ik blij om. Er was iets aan Viggo waardoor ik me slecht op mijn gemak voelde. En nu begrijp ik waar dat aan lag. Toen Viggo wegging uit mijn klas hoorde ik er nog helemaal niet bij, ik was een vreemd kereltje dat alleen zat en vaak moest huilen. Later veranderde dat, het ging wat beter met me en ik was iets minder een buitenbeentje in de klas, ook al had ik niet echt vrienden. Ik ging op voetbal en werd daar steeds beter in. Ik groeide mijn klasgenoten voorbij. Meisjes begonnen geïnteresseerd in me te raken, wat overigens lang duurde voordat ik dat doorhad. Ik kon me echt niet voorstellen dat iemand mij knap zou vinden. Ik werd uitgenodigd voor feestjes in de bovenbouw. Ik kreeg verkering met Rojda, die me uitlegde dat je tijdens het zoenen je tong in de mond van de ander moet steken.

Ik was iemand anders geworden dan ik was toen ik als zesjarige naar hier verhuisde. Ik was opgeklommen in de hiërarchie. Maar toen dook Viggo ineens weer op, en hij had die ontwikkeling niet meegemaakt. Voor hem was ik nog altijd dat vreemde nieuwe jongetje dat bij zijn opa en oma woonde en compleet van streek raakte toen een van de juffen het boek 'Mamma Boe en de kraai' voorlas, dat begon te huilen en schreeuwen als een kleuter. Stel je voor dat hij zou onthullen wie ik eigenlijk echt was?

Toen we in het voorjaar tegen Lunneberg moesten, was Viggo er om een of andere reden niet bij. Maar nu stond hij wel op het veld. Hij was de ster van het team, dat merkte ik meteen. Hij stond in de spits. Hem moest ik in de gaten houden.

Ik tegen Viggo. Een wedstrijd in een wedstrijd.

Voor de aftrap stond hij op en neer te springen op hun helft, zijn benen te stretchen, in zijn handen te klappen en zijn teamgenoten op te peppen. Onze blikken kruisten elkaar even, maar geen van ons zei natuurlijk iets.

Op een voetbalveld, een paar seconden voor de scheidsrechter op zijn fluitje blaast om de wedstrijd te laten beginnen. Je bent zenuwachtig, ongeduldig, opgewonden, hebt zo veel energie die er gewoon uit moet. Het is een verschrikkelijk gevoel, een fantastisch gevoel.

Mijn blik gleed langs de zijlijn. Daar stonden onze ouders, een stuk of tien, dezelfde als gewoonlijk, onder wie mijn opa. En daar stonden de ouders van Lunneberg, dat waren er wat meer. Twee groepen, beide wel wat verspreid, maar alsnog met een duidelijk gat ertussen.

Aan de kant van Lunneberg stond ook een groepje wat jongere jongens die naar de wedstrijd kwamen kijken. En nog iemand die een stukje verderop in zijn eentje stond, met het groepje jongens tussen zichzelf en de anderen in. Hij was vrij lang, en had een zonnebril en een pet op. Er was iets wat me het gevoel gaf dat hij niet bij de andere ouders hoorde. Misschien vanwege zijn kleren.

Heb ik dit echt allemaal kunnen denken terwijl de wedstrijd een paar seconden later zou beginnen? Ik was er wel compleet op gefocust, de adrenaline schoot door mijn lichaam.

Misschien makkelijk praten zo achteraf, maar ik denk echt dat ik toen al wist wie daar stond. Ik was me er alleen nog niet van bewust dat ik het wist.

Er werd gefloten, Tor schoot de bal naar mij, Viggo kwam er keihard aan gesprint om me op te jagen, ik schoot een lange bal langs de linkerzijlijn die resulteerde in een ingooi voor Lunneberg, vrij ver op hun helft.

Tot zover ging het nog volgens het wedstrijdplan. En dat terwijl er nog maar twaalf seconden waren verstreken.

Na een paar minuten ontstond het eerste duel tussen Viggo en mij. Wij hadden de bal midden op hun helft, maar hun verdedigende middenvelder pakte hem af, keek op, en op hetzelfde moment ging Viggo diep. Ik ging er snel achteraan. Toen de bal de grond raakte, was ik vóór hem en ik was er vrij zeker van dat hij niet voorbij me zou kunnen komen. Bovendien was de pass te diep. Mijn taak was nu alleen om de bal te beschermen zodat Viggo er niet bij kon voordat hij over de achterlijn zou rollen. Ik remde af met de bal ongeveer een meter voor me, wist dat Viggo er snel aan zou komen, hij probeerde via links te komen, maar ik blokkeerde hem en toen hij tegen me op botste, schouder tegen schouder, was ik op de klap voorbereid en gooide ik mijn lichaamsgewicht erin.

Viggo vloog door de lucht en belandde in het gras. De bal rolde langzaam over de achterlijn.

'Goed zo, Isak!' riepen mijn teamgenoten, en ze klapten in hun handen. Ik haalde de bal in, schoot hem naar onze keeper Sebbe, keerde terug naar het midden van het veld en maakte me klaar om de bal aan te nemen. Tevreden met mijn actie.

Viggo was alweer overeind gekomen, hij jogde terug naar zijn helft. Toen hij mij passeerde, tufte hij in het gras en zei zonder op te kijken:

'Hoe is 't, brandweer?'

Ik gaf geen antwoord. Ik hield niet van trashtalken. Niet omdat ik er per se iets tegen had, maar het was gewoon niet voor mij weggelegd. Ik was er echt niet goed in. Ik wist nooit meteen iets scherps terug te zeggen, ik moest daar altijd over nadenken.

We stonden met 1-0 voor na een corner, zo'n warrige situatie in het strafschopgebied waarbij de bal als in een flipperkast heen en weer schiet en uiteindelijk in het doel terechtkomt. Toen maakten we 2-0 met een briljante aanval die aan de rechterkant begon. Een perfecte, diepe bal naar onze vleugelverdediger Kendal die gebruikmaakte van zijn verre positie en hem schuin naar achteren passte. Hampus nam hem aan en met een gecontroleerd schot dat niet tegengehouden kon worden kwam de bal boven in het doel terecht. Serieus, Real Madrid had het niet beter kunnen doen.

Toen dachten we dat we de wedstrijd in onze zak hadden. Het ging echt goed.

Viggo bleef nare dingen zeggen zodra we bij elkaar in de buurt kwamen. Het was constant brandweer dit en brandweer dat, 'ben je nog steeds zo gestoord', 'maak je nog steeds van die rare tekeningen', de ene opmerking na de andere. Ik gaf geen antwoord, liet hem zijn gang maar gaan. Hij had niet veel bereikt deze wedstrijd, ik was degene die de overhand had. Ik begreep dat hij pissig was.

Maar toen, net voor de rust, kreeg Lunneberg een corner. Ze voerden een ingestudeerd trucje uit waarbij Viggo de hoekschop aannam, hem meteen terugschoot, in een boog verder het strafschopgebied in rende, de bal terugkreeg, hem tegenhield met een mooie aanname en hem wegschopte. Op een of andere manier vond de bal zijn weg door de chaos voor het doel en kwam achterin tegen de paal terecht.

Er klonk luid gejuich van de spelers van Lunneberg, die zich rond Viggo verzamelden. Hun coach brulde het ook uit.

Onze keeper haalde de bal uit het net.

Was het doelpunt mijn fout? Niet direct. Maar ik was wel wat passief toen Viggo de bal terugkreeg. Ik had wat sneller op hem af kunnen rennen om het schot te dekken.

Viggo maakte zich los uit de wirwar van teamgenoten, rende naar mij toe en schreeuwde recht in mijn gezicht:

'Niet van slag raken, hè, brandweer! Niet gaan janken nu!'

Hij keek me wild aan, met een blik vol agressieve triomf.

De scheidsrechter, een jongen van een jaar of zestien, zeventien, hoorde hem en blies kort op zijn fluitje.

'Hé, rustig aan, jij!'

Hij keek boos naar Viggo, die wegjogde met een hele rij teamgenoten achter zich aan.

'We pakken ze wel terug!' schreeuwde hij, waarschijnlijk zodat wij het ook zouden horen.

Ongeveer een minuut later blies de scheidsrechter de eerste helft af en liepen wij teleurgesteld het veld af.

Pontus probeerde ons te motiveren, zei dat we een mooie eerste helft hadden gespeeld, afgezien van dat waardeloze doelpunt ineens op het eind. Kan gebeuren. Maar we stonden nog steeds voor. We moesten het de tweede helft gewoon afmaken.

'Ze lopen ons de hele tijd uit te schelden,' zei Sebbe. 'Vooral dat kleine gastje in de spits. Wat een rotjoch.'

'Zo gaat dat wel eens,' zei Pontus. 'Laat hem maar praten. Probeer je op de wedstrijd zelf te focussen. Dat is de beste reactie.'

Sebbe keek vanuit zijn ooghoek naar mij. Hij vroeg zich vast af of ik nog iets wilde zeggen, aangezien ik het doelwit was van Viggo's vervelende opmerkingen. Maar ik zei niets.

De scheidsrechter blies op zijn fluitje. We jogden het veld weer op, maakten een kring met onze armen om elkaars schouders, schreeuwden dat we ertegenaan gingen en klapten in onze handen. Lunneberg stond al op ons te wachten. De bal lag op de middenstip, Viggo stond er met zijn rechtervoet op. De scheidsrechter floot. Viggo schoot de bal naar een van hun verdedigers.

Hij ging door met zijn eeuwige trashtalk.

'Wat is er, brandweer? Is je vuurtje gedoofd?'

'Hou je bek.'

'Wauw, de freak kan praten! Haha.'

Uiteindelijk had hij me toch te pakken. Ik was het grootst en het sterkst op het veld, maar hij zorgde ervoor dat ik me klein voelde.

Onbewust, hoewel het recht in ging tegen alles wat Pontus tijdens de rust had gezegd, probeerden we onze voorsprong te bewaken. We raakten bang om fouten te maken. We gaven het initiatief weg. En toen ging het mis. Kendal speelde terug, er ontstond verwarring tussen onze verdedigende middenvelder Adde en mij, we gingen allebei niet vol op de bal af, hun nummer tien pakte hem af en schoot een perfecte, diepe bal naar Viggo.

Ik wierp mijn hand in de lucht en riep dat hij buitenspel was, maar eigenlijk wist ik dat dat niet zo was, toen de bal neerkwam stond Viggo op zijn eigen helft.

Hij had een voorsprong van een paar meter. Er schoot een golf van paniek door me heen. *Straks staat Viggo vrij en scoort hij.*

Ik hield niet van verliezen, niemand houdt daarvan. Maar ik was ook weer niet zo iemand die dan compleet van de kook raakt, die op zijn teamgenoten gaat lopen vitten en de rest van de dag chagrijnig is. We hadden er daar wel een paar van in ons team.

Ik kon er wel tegen om van Lunneberg te verliezen. Maar waar ik niet tegen kon, was om de wedstrijd in de wedstrijd te verliezen tegen Viggo. Dan zou ik weer die wanhopige zesjarige worden. Dat zou me zo klein maken dat ik zowat niet meer zou bestaan. Ik kon het niet beter omschrijven dan dat. Het was een kwestie van leven en dood voor mij.

Ik ging harder rennen, maar Viggo was sneller dan ik op kortere afstanden en hij vergrootte de voorsprong.

Onze teamgenoten, de coaches, het publiek, iedereen was aan het roepen.

Ik kwam bij hem in de buurt, maar ik realiseerde me dat ik hem niet op tijd zou kunnen inhalen. En dat inzicht opende een afgrond in mij.

Ik kon maar één ding doen.

Ik nam een aanloopje, wierp mezelf naar voren en haalde hem onderuit.

Een tackle die zo uit het instructieboekje had kunnen komen. Ware het niet dat tackles verboden zijn op het voetbalveld en helemaal niet in instructieboekjes staan. Maar afgezien daarvan. Technisch gezien was-ie volmaakt.

Viggo stortte halsoverkop voorover. Het ene moment was hij nog richting het doel aan het rennen, het volgende moment lag hij met zijn gezicht in het gras gedrukt. Het ging zo snel dat hij waarschijnlijk niet eens besefte wat er gebeurde.

Het voelde echt fucking goed. Laten we eerlijk wezen. Viggo zou niet meer vrij kunnen staan en de kans krijgen om te scoren. Ik was opgelucht. En ik vond het ook zijn verdiende loon, vanwege zijn constante trashtalk, vanwege het feit dat hij me herinnerde aan wie ik vroeger was, omdat hij die kleine zesjarige tevoorschijn probeerde te halen die nog altijd diep in mij zat.

Lunnebergs coach schreeuwde, hij kwam zelfs in rap tempo het veld op gelopen.

'Hééé, scheids! What the fúck!'

Viggo schoot overeind, hij had zich blijkbaar niet echt bezeerd. Hij vloog op me af, duwde me met beide handen tegen mijn borst met een blik wild van woede.

'Wat doe jij, fucking mongool!'

De scheidsrechter kwam eraan gerend, hij had al een gele kaart in zijn hand.

'Dat moet rood zijn!' schreeuwde Lunnebergs coach verontwaardigd.

Viggo's teamgenoten waren ook al onderweg naar ons. Viggo staarde me nog steeds woest aan, toen schreeuwde hij:

'Ze zouden je verdomme op moeten sluiten! Kan ik er wat aan doen dat die fucking moeder van je is verbrand!'

Ik balde mijn rechterhand tot een vuist en sloeg hem zo hard ik kon recht in zijn gezicht.

DE SCHEIDSRECHTER KWAM snel naar ons toe, duwde mij aan de kant. Viggo's teamgenoten schreeuwden en vlogen op hem af terwijl hij, voor de tweede keer binnen een halve minuut, in het gras lag.

De coach van Lunneberg beende recht op me af en riep iets, ik hoorde niet wat. Ik was er niet helemaal meer bij op dat moment, het leek net of ik alles vanaf een afstandje meemaakte.

De scheidsrechter graaide in zijn borstzakje, haalde de rode kaart eruit en hield hem voor mijn gezicht. Pontus kwam naar me toe, legde zijn arm om me heen en loodste me het veld af.

Ik wierp een blik over mijn schouder en zag Viggo in het gras zitten huilen, met zijn hand voor zijn mond, het bloed stroomde over zijn vingers. Zijn teamgenoten stonden in een kring om hem heen.

'Ga naar de kleedkamer, we hebben het er na de wedstrijd wel over,' zei Pontus. 'Maar dit was absoluut niet oké.'

Hij klonk koeltjes en grimmig. De tackle zou hij me wel hebben vergeven, dat weet ik bijna zeker, ook al was het misschien onnodig grof geweest. Maar dat ik Viggo neer had geslagen was een heel ander verhaal. Daar was geen excuus voor.

Terwijl ik het veld af ging, kwam opa naar me toe gelopen. Zijn gezichtsuitdrukking van dat moment zal ik nooit vergeten. Hij zag er bedroefd uit, en ongerust, maar dat niet alleen, er leek ook een waas van iets anders over zijn gezicht te liggen. Ik kon het niet goed beschrijven. Maar wat dat waas me vertelde was dat ik iets had gedaan wat hij niet begreep, en waar hij niet blij mee was. Ik was als een vreemde voor hem.

Ik had die gezichtsuitdrukking nooit eerder gezien. En ik heb het sindsdien maar één andere keer gezien, toen we op Ajkeshorn waren.

Opa legde zijn arm om mijn schouders en we liepen naar de kleedkamer. Achter me hoorde ik de coach van Lunneberg tegen Pontus roepen:

'Hij heeft verdomme helemaal niets op het voetbalveld te zoeken!'

'Zeg – laat de scheidsrechter dat bepalen!' beet Pontus terug, ook hij met een boze stem.

Opa hield de deur open en we liepen de kleedkamer in, de opgewonden stemmen achter ons latend. Ik zakte neer op een van de versleten houten bankjes. Opa ging naast me zitten.

'Wat gebeurde er?'

Ik begon keihard te huilen. Want ik schaamde me zo erg. Ik had me laten gaan en iets onvergeeflijks gedaan in het bijzijn van een heleboel mensen, een hoop die ik niet kende, zoals de spelers en ouders van Lunneberg, een paar die ik een beetje kende of van wie ik in elk geval wist wie ze waren, zoals onze ouders, en een paar die ik goed kende, zoals de jongens van mijn team en Pontus.

Zou dit ooit goed kunnen komen?

Dat was allemaal al erg genoeg. Maar wat me nog wel het meeste deed was dat ik opa had teleurgesteld. Dat afstandelijke dat ik in zijn gezicht had gezien joeg me de stuipen op het lijf. Want opa was nog steeds alles in mijn leven toen ik dertien was, echt alles, mijn enige vastigheid. En als hij niet meer om me gaf, dan had ik niets meer. Dan was het gedaan. Als zelfs hij zich van me af zou keren, dan wilde ik niet meer leven.

En ik kreeg dat verschrikkelijke gevoel alsof de wereld op zijn grondvesten schudde, alsof alles op het punt stond om te vallen. De schaamte groeide en groeide, dreigde alles te overheersen, ik kon niet stoppen met huilen. Ik huilde zo hard dat mijn lichaam ervan schokte.

Opa sloeg zijn armen om me heen, een beetje onhandig en scheef doordat hij naast me op het bankje zat en kleiner was dan ik. Maar dat gaf niets. Ik leunde tegen hem aan. Voelde zijn warmte en rook zijn speciale geur. Hij streek een hand door mijn haar.

'Hé... Zo erg was het ook weer niet.'

'Wél...' snikte ik.

Hij nam mijn hand in de zijne. Opa's hand was zongebruind en vlekkerig. Ik kende in die tijd maar twee soorten handen: die van kinderen en die van oude mensen. Ik dacht dat de handen van alle volwassenen er zo uitzagen als die van opa.

Ik weet niet hoelang we daar zo zaten, opa met zijn armen om me heen, en ik ongecontroleerd huilend. Lang in elk geval. Uiteindelijk werd ik weer een beetje rustig.

'Zei hij wat tegen je, die jongen? Of waarom werd je zo boos?'

Ik knikte. Haalde mijn neus op.

'Mhm.'

'Wat zei hij dan?'

Het was even stil, maar toen vertelde ik het.

'Hij zei dat ik gestoord was, en dat het niet zijn schuld was dat mama was verbrand.'

Opa verstijfde.

'Zei hij dat?'

Opa snakte naar adem, hij ademde diep in en blies de lucht toen duidelijk hoorbaar tussen getuite lippen weer uit. Dat was niets voor hem.

'Dan begrijp ik wel dat je zo boos werd.'

Opa's stem klonk hees en trilde een beetje. Ik begreep dat hij zelf ook van slag was.

Een tijdje zeiden we allebei niets. Ik voelde me iets rustiger, de schaamte werd wat minder en de wereld kreeg zijn juiste proporties weer terug. Ik kreeg het gevoel alsof alles toch nog niet helemáál verpest was voor me. Ik had een loopneus en ik veegde het snot weg met de achterkant van mijn hand.

'Wacht, ik zal even een doekje voor je halen.'

Opa liet me los, liep naar de wc en haalde een stukje van dat grove, ongebleekte papier. Ik kreeg hem en veegde mijn neus af. Het voelde ruw tegen mijn neus.

'Ik ga even met de leiding praten. Over wat die ene zei. Dat moeten ze wel weten. Red jij het even alleen?'

'Ja.'

'Maar je mag alsnog niet vechten, dat weet je, hè?'

'Ja. Sorry.'

Opa glimlachte en ging met zijn hand door mijn haar voor hij de kleedkamer uit liep. Toen hij de deur opendeed bereikten de geluiden van de wedstrijd me. Het geroep en gehijg, het geluid dat de bal geschopt werd. Het applaus en de aanmoedigingen van het kleine publiek.

De wedstrijd was weer verdergegaan, het leek net alsof er niets was gebeurd. Dat troostte me. Dat zei me dat de wereld toch wel verder zou draaien, ook al had ik Viggo op zijn bek geslagen.

De deurdranger liet de deur langzaam dichtgaan, uiteindelijk sloot hij met een klap en het geluid van de wedstrijd viel weer weg. In de kleedkamer was het rustig, stil en koel. Ik leunde mijn hoofd achterover tegen de betonnen muur en sloot mijn ogen. Bleef een tijdje zo zitten. Deed mijn ogen weer open. Aan de andere kant van de ruimte zat een sticker tussen twee stalen haken waar je kleren aan op kon hangen. Ik geloof van de voetbalclub Halmstads BK. Ik keek naar het plafond. Er zaten meerdere stukjes hard geworden snus vastgeplakt.

Toen ging de deur open en kwam mijn vader binnen.

IK HAD HEM al iets van zeven jaar niet gezien, maar ik wist meteen dat hij het was.

Je zou denken dat ik helemaal in shock zou moeten zijn dat mijn vader zo ineens opdook, op een zondagavond in een kleedkamer van Lunnebergs sportclub, ver weg van alles. Maar dat was ik eigenlijk niet. En daarom denk ik dus dat ik hem al aan de zijlijn had zien staan voordat de wedstrijd begon, dat ik hem onbewust had herkend.

Hij deed zijn zonnebril af en stopte hem in het borstzakje van zijn colbert.

'Hoi,' zei hij. 'Herken je mij?'

Op dat moment dacht ik daar niet aan, maar ik realiseer me nu dat ik qua uiterlijk behoorlijk op mijn vader lijk. Hij was lang en kwam atletisch over, waarschijnlijk door zijn rechte rug en de manier waarop zijn armen hingen door zijn brede schouders. Aan de achterkant piepten blonde lokken onder zijn pet vandaan. Zijn gezicht was erg zongebruind.

Hij had vreemde kleren aan. Vond ik toen tenminste. Hij droeg een pak, maar het was gemaakt met van die grove stof voor werkbroeken. Blauw, met opvallende witte stiksels waarbij elke steek zichtbaar was. Het jasje zat best strak om zijn bovenlijf en benadrukte zijn spieren. Daaronder een wit overhemd met de bovenste paar knoopjes geopend. Rond zijn hals droeg hij een lichtgrijs sjaaltje van een glitterachtige stof, modieus geknoopt. Aan zijn voeten had hij sportschoenen met de dikste zolen die ik ooit had gezien, het zag er bijna lachwekkend uit.

En dan die pet. Een baseballpet met gebogen klep, ook blauw, maar zo versleten en verbleekt door de zon dat het bijna grijs leek. Met een grote 'C' op de voorkant.

Mensen van zijn leeftijd droegen geen petten, in elk geval niet zo'n pet, niet in dit deel van Småland. En ook niet zo'n sjaaltje, zo elegant om de hals geknoopt.

Mijn vader lachte naar me. Zijn blauwe ogen schitterden.

Of ik hem herkende.

'Ja,' zei ik.

'Ik herkende jou eerst niet,' zei mijn vader. 'Maar ik wist dat je op het veld was. En toen zag ik iets bekends in dat blonde beest in de verdediging.'

Ik schaamde me een beetje. Zei niets, keek naar mijn handen.

Mijn vader ging verder:

'Wat gaat er nu gebeuren? Met jou, bedoel ik.'

'Tja...' Ik aarzelde, begreep niet precies wat hij bedoelde.

'Word je geschorst, of niet?'

'Denk het wel.'

Mijn vader knikte. Het was even stil.

'Hij zei wat tegen je, hè?'

'Mhm.'

'Wat zei hij?'

Daar wilde ik geen antwoord op geven. Dat was nogal persoonlijk, of niet? Mijn vader had ruim zeven jaar niets van zich laten horen en nu dook hij ineens op in deze kleedkamer en wilde hij met me praten alsof hij een vet betrokken vader was.

Dacht het niet.

Ik zweeg en staarde naar de grond. Toen zei mijn vader iets totaal onverwachts:

'Dat was een verdomd mooie rechtse van je.'

Zijn stem klonk alsof hij lachte, maar dat kon toch niet? Ik keek op, en jawel, hij grijnsde breed naar me. En het was geen troostende glimlach, zo eentje die de ogen niet bereikt. Nee, het was een heel open en oprechte glimlach. Mijn vader keek echt blij. En trots.

Ik had een tegenstander neergeslagen op het voetbalveld en mijn vader was trots op me.

'En toen je hem tackelde… Zó netjes.'

Ik was te verbaasd om te antwoorden. Het was weer even stil. Toen ging mijn vader op zijn hurken voor me zitten.

'Ze zullen tegen je zeggen dat het verkeerd was wat je deed,' zei hij, en zijn stem was gedempt maar wel duidelijk. 'Dat je je moet schamen. Misschien doe je dat al. Omdat je jezelf voor gek zou hebben gezet. Ik zeg: fuck hun. Hoe voelde het toen je het deed? Dat voelde fucking fantastisch, of niet dan?'

Ik gaf geen antwoord. Mijn vader legde zijn grote hand op mijn knie.

'Je was het niet eens van plan, je deed het gewoon,' ging hij verder. 'Als je dingen doet zonder erbij na te denken, ben je het allermeest jezelf. Je liet vanavond zien wie je werkelijk bent. Hou dat vast.'

Op dat moment ging de deur open, en kwam opa terug de kleedkamer in.

Zijn gezicht toen hij mijn vader daar zag zitten met zijn hand op mijn knie. Geschokt. Hij keek echt alsof hij een geest had gezien. Een instinctieve afkeer, iets wat zelfs haat leek.

Mijn vader keek opa aan en zei koeltjes:

'Hoi.'

Hij bleef in dezelfde houding zitten, op zijn hurken met zijn hand op mijn knie, en ik merkte vaag dat het een soort provocatie van mijn vader was. Het had iets uitdagends. Hij wist dat opa niet blij was met wat hij zag, maar dat kon hem niets schelen.

'Wat doe jij hier?' vroeg opa. Zijn stem klonk vreemd. En naast woede en afkeer hoorde ik er heel vaag nog iets anders in doorklinken, iets wat hij probeerde te verbergen: angst.

Kunnen jullie je de eerste keer nog herinneren dat je zag dat een van je ouders bang was? De eerste keer dat je merkte dat ze niet de volledige controle hadden over een situatie, of zichzelf? Voor sommigen komt dat moment misschien wel nooit. Maar het is best eng. In ieder geval wanneer het gebeurt als je zelf nog jong bent en ervan uitgaat dat je ouder of verzorger de wereld voor je bij elkaar houdt.

Het was daarvoor nooit zelfs maar bij me opgekomen dat opa wel eens bang kon zijn. Maar nu hoorde én zag ik het aan hem.

'Voetbal kijken,' zei mijn vader. 'En mijn zoon troosten.'

Nog steeds op zijn hurken, met zijn hand op mijn knie.

'Je kunt niet zomaar opduiken wanneer je maar wilt.'

'Jawel. Dat kan ik wel.' Mijn vader stond op en wendde zich tot opa. Zijn stem klonk kil en gecontroleerd. 'Of heb ik soms een straatverbod?'

Opa schudde slechts zijn hoofd.

'Heb ik dat, Anders? Heb ik een straatverbod? Laat me dat dan maar eens zien.'

Opa strekte zijn hand naar me uit.

'Kom, Isak.'

Soms kunnen er uit het niets ineens heel bizarre gedachten opkomen. Zoals wanneer je op je racefiets zit en er een vrachtwagen met aanhanger met honderd kilometer per uur aan komt gedenderd en je denkt van 'als ik nu de weg over zou steken bots ik daar recht tegenop'. En dat je dan bijna de berm in rijdt omdat je zo van jezelf schrikt.

En ik weet nog dat er op dat moment, daar in die kleedkamer, zo'n gedachte door mijn hoofd schoot: dat ik op zou staan en juist de hand van mijn vader zou pakken. Wat zou er dan zijn gebeurd?

Maar ik twijfelde maar een seconde. Ik stond op, liep naar opa toe en pakte zijn hand vast. Hij trok me naar zich toe, legde zijn arm om me heen. Ik voelde zijn lichaam trillen.

'We willen dat je nu gaat.'

'We?' vroeg mijn vader. 'Misschien moeten we Isak even vragen wat hij wil?'

'Fredrik, alsjeblieft.'

Mijn vader luisterde niet naar opa, hij richtte zich tot mij.

'Wil je dat ik wegga?'

Ja, natuurlijk wilde ik dat. Ik wilde dat deze ongemakkelijke situatie voorbij zou zijn. Het was heel naar om zo precies tussen opa en mijn vader in te staan. Maar ik zei niets, ik staarde naar de grond.

Het was stil, en het leek wel een eeuwigheid te duren.

Uiteindelijk verplaatste mijn vader zijn gewicht en zei tegen me:

'Denk aan wat ik heb gezegd, Isak. Geloof hen niet als ze vinden dat je je moet schamen. En hem al helemaal niet.'

'Ga gewoon weg,' zei opa.

Mijn vader draaide zich om en liep de kleedkamer uit. En zo verdween hij weer uit mijn leven.

Opa bleef nog best een tijdje met zijn arm om me heen staan, bijna krampachtig. Toen ontspande hij zich ineens, liet mij los en zakte neer op het houten bankje. Hij slaakte een diepe zucht. Zijn pezige, vlekkerige handen trilden.

Als er een grote beer de kleedkamer in was gekomen, even aan ons had gesnuffeld en weer weg was gegaan, had opa denk ik hetzelfde gereageerd. Dat beeld kreeg ik er in elk geval bij. Het was alsof we allebei geluk hadden gehad dat we het er levend van af hadden gebracht.

TOEN WE DIE avond thuiskwamen leek het wel alsof opa was vergeten dat ik Viggo had geslagen. Terwijl ik douchte maakte hij tosti's en thee, en toen gingen we aan de keukentafel zitten om te eten. Ik had een badjas aan en mijn haar was vochtig. Opa vroeg wat mijn vader tegen me had gezegd toen hij er nog niet was. Wat bedoelde hij met dat 'Denk aan wat ik heb gezegd, Isak'? Ik vertelde dat mijn vader vond dat ik me niet zou moeten schamen dat ik Viggo had neergeslagen.

Er trok een schaduw over opa's gezicht, maar hij zei niets. Ik nam een grote hap van mijn tosti met ham, kaas en ketchup. Ik had honger gekregen van de wedstrijd.

'Weet je... Ik wil ook niet dat je je schaamt,' zei hij uiteindelijk. 'Ik zag heus wel hoe ellendig je je voelde toen je het veld af werd gestuurd, dat deed me pijn. Maar... Ik denk wel dat we ons niet voor niets schamen. Schaamte zorgt ervoor dat we onze fouten niet opnieuw begaan. Het is net als...' Opa zocht naar de juiste woorden. 'Wanneer je je aan het fornuis brandt, doet dat verdraaid veel pijn,' ging hij verder. 'En die pijn onthoud je, zodat je je hand niet nogmaals op een gloeiende plaat legt. Toch? En als je andere mensen iets vervelends aandoet, dan schaam je je, het moet onprettig voelen zodat je niet nog een keer zoiets doet. Begrijp je?'

Ik knikte.

'Denk het.'

Het was weer even stil. Opa nam een slok thee.

'Maar... Het verbaast me niet dat Fredrik dat zei. Hij is niet iemand die zich onnodig schaamt. Ik denk niet dat hij zich überhaupt wel eens ergens voor heeft geschaamd in zijn leven.'

Met twee grote happen at ik de rest van mijn tosti op. Opa keek me aan.

'Had hij je gebeld?'

'Nee,' zei ik verbaasd, met mijn mond vol geroosterd brood.

'Weet je het zeker?'

'Ja.'

'Ik vraag me af hoe hij wist dat je een voetbalwedstrijd had in Lunnebergs sportpark.'

Dat vroeg ik me ook af, maar ik zei niets. Opa zweeg weer een tijdje, keek bedachtzaam. Uiteindelijk zei hij:

'Als hij je belt, moet je meteen ophangen. Niet met hem praten. Oké?'

'Mhm.'

'Of als hij een berichtje stuurt, of inspreekt. Niet op reageren.'

'Nee.'

'En je moet het me vertellen zodra hij contact met je heeft opgenomen. Beloof je dat?'

'Ja.'

Opa boog zich naar me toe, pakte mijn hand vast en glimlachte. Het was geen blije glimlach, het was een troostende glimlach die me gerust moest stellen.

Ik was geschorst voor de rest van het seizoen. Voor de wedstrijden, tenminste, ik mocht wel nog met het team meetrainen. Ik weet dat opa Pontus had gebeld om te vertellen waar Viggo naar refereerde met wat hij zei. Ik heb het hele gesprek afgeluisterd. Ik geloof niet dat Pontus daar eerder al eens iets over had gehoord. De eerstvolgende training deed hij een beetje extra aardig tegen me. Hij glimlachte vaker, zijn stem was wat vriendelijker dan gewoonlijk, hij gaf me schouderklopjes.

Opa nam ook contact op met Viggo's ouders en zorgde voor een ontmoeting bij hen thuis, zodat ik mijn excuses aan kon bieden dat ik hem had geslagen en Viggo sorry kon zeggen voor wat hij had gezegd. Viggo's ouders leken niet boos op me te zijn. Misschien herinnerden ze zich mijn verhaal nog van toen we bij elkaar in de klas zaten.

Ik zag er nogal tegen op om de maandag nadat het was gebeurd weer naar school te gaan. Ik dacht dat ze op me neer zouden kijken, zouden denken dat er een steekje aan me los was, zouden vinden dat ik een freak was. Maar ik kreeg helemaal niet van dat soort opmerkingen te horen. Dat verbaasde me nogal. Gek genoeg bleek mijn status juist te zijn gestegen door de hele situatie.

Een paar dagen later die week kwamen we elkaar in de gang tegen. Ik had mijn vrienden om me heen, hij de zijne. Iedereen zweeg toen we elkaar tegemoet liepen. Maar Viggo keek weg.

Best vreemd eigenlijk, als je erover nadenkt. Volwassenen hebben het altijd over wat goed en fout is, de officiële versie. Klassenregels, heten ze op de basisschool. Normen en waarden, heten ze op de werkvloer. In principe hetzelfde. Alle kinderen kunnen de officiële versie in hun slaap opdreunen, dit is oké, dit niet, goed en kwaad, de hele rataplan. Maar alle kinderen weten ook, zonder dat iemand ze dat heeft geleerd, dat er nog andere regels zijn, en dat dat de regels zijn die eigenlijk gelden. Waar zou dat vandaan komen? Is dat aangeboren?

Sterk. Agressief. Knap. Brutaal. Verbaal. Grappig, in sommige gevallen. Als je dat bent, dan sta je bovenaan. Dan ben je de baas. Dat geldt zo voor elk schoolplein in heel Zweden. Dat is de wet van de jungle.

In de volwassenwereld is het iets beter. Daar zijn er meer die de officiële versie volgen, zeg maar. Maar eerlijk gezegd zijn er ook veel volwassenen die stiekem alsnog die andere regels volgen.

Het volgende seizoen ging ik door met voetbal, maar ik werd nooit meer zo goed als toen. Of misschien dat de anderen zich sneller ontwikkelden, ik weet het niet. Maar als we een wedstrijd speelden leek het net of ik niet meer echt voor de volle honderd procent durfde te gaan. Ik zette mijn lichaam niet meer op dezelfde manier in. Ik denk dat ik bang was om de controle weer te verliezen. Opa kwam natuurlijk nog steeds elke wedstrijd kijken. Het was alsof ik mezelf constant met zijn ogen zag, ik kon me niet laten gaan.

Na de zomer zei ik tegen hem dat ik met voetbal wilde stoppen. Hij ging niet echt in discussie. Ik vermoed dat hij het eigenlijk wel prima vond, maar hij zei wel dat ik in dat geval op een andere sport moest. Je moet blijven bewegen, dat is goed voor lichaam en geest. Dus ik begon met atletiek en hield dat een aantal jaar vol, maar ik werd er nooit echt een ster in.

Hier moest ik allemaal aan denken toen ik naar huis reed vanaf opa's zomerhuisje, die dinsdagavond na midzomer. Het voelde goed om een besluit te hebben genomen. Ik zou mijn vader uit mijn leven houden.

Dat was een verdomd mooie rechtse van je.

Glinsterende ogen die me waarderend aankeken.

Toen ik thuiskwam stond Madde me in de hal op te wachten en ik zag meteen dat er iets was gebeurd. Ze kwam ongerust over. Een beetje in de war.

'Ik moest de groetjes doen van opa,' zei ik terwijl ik mijn schoenen uitdeed.

'Oké,' zei Madde. 'Hé, er heeft iemand gebeld. Hij zei dat hij je vader was.'

ER KLINKEN NADERENDE voetstappen op de gang, zo te horen van meerdere personen. Een van hen is Soraya, dat hoor ik aan het zachte getik van haar hakken op de betonnen vloer.

Ik ga rechtop op mijn brits zitten. Hoor de sleutel in de celdeur, Per doet hem open en laat haar binnen. Dan doet hij de deur weer dicht.

'Hoi,' zegt Soraya. 'Hoe gaat het?'

Zoals gewoonlijk lacht ze niet, ze kijkt me slechts doordringend aan, alsof ze recht door mijn ogen heen in mijn hersenen probeert te kijken om erachter te komen wat daarin omgaat. Eerst vond ik dat vervelend. Er kon geen lachje vanaf, geen warmte in haar stem, ze leek net een robot die niets wat kon schelen. Maar nu vind ik bijna het tegenovergestelde. Dat directe komt oprecht over. Zo is zij gewoon.

No bullshit. Dat lijkt me ook wel een goede eigenschap voor een advocaat.

'Wel goed, hoor,' zeg ik.

'Is Per oké?'

'Ja, aardige gast.'

Soraya zou op het voeteneinde van mijn brits kunnen gaan zitten, maar dat doet ze niet, ze blijft staan.

'Je mag natuurlijk nog niet met de anderen aan de slag in de werkplaats aangezien je in volledige beperking bent gesteld, maar je zou andere klusjes kunnen gaan doen, alleen. In het washok bijvoorbeeld.'

'Mhm.'

‘Denk er maar eens over na. Het kan fijn zijn om je cel wat meer uit te komen. Om iets te doen. Even je gedachten te verzetten.’

‘Ja.’

‘Je weet hoe een wasmachine werkt, toch? Van je tijd in de thuiszorg?’

‘Ja, zeker.’

‘Natuurlijk. Ik weet zeker dat je een kei bent in de was doen.’

Soraya kijkt me strak aan met haar stenen gezicht. Mijn mond vertrekt onwillekeurig tot een grijns.

‘Je hoeft niet meteen te beslissen,’ gaat ze verder. ‘Maar denk er eens over na.’

Soraya loopt wat onrustig door de cel.

‘De officier van justitie wil een psychiatrische beoordeling laten uitvoeren.’

‘O?’

‘Aangezien je bekend hebt, is dat nu al mogelijk.’

Een psychiatrische beoordeling. Oké. Dat is waarschijnlijk wel logisch.

‘Als men vaststelt dat je aan een ernstige psychische stoornis leed toen je de misdaad pleegde zul je geen gevangenisstraf krijgen, dan wordt het tbs met dwangverpleging.’

‘Oké.’

‘Waar we mee zullen beginnen is een zogenaamd paragraaf zevenonderzoek, wat eigenlijk gewoon neerkomt op een gesprek met een psychiater. Een screening, zou je het kunnen noemen. Duurt ongeveer een uur.’

Ik knik om aan te geven dat ik het heb begrepen.

‘Dat is alleen om te bepalen of er een groter onderzoek moet worden opgestart. In dat geval zul je naar Huddinge moeten en daar een paar weken moeten blijven. Maar daar hebben we het nog wel over, mocht het zover komen.’

‘Yes.’

‘Ik heb nog geen tijd en datum doorgekregen. Daar kom ik op terug zodra ik meer weet.’

Soraya's zware, exotische parfum blijft nog lang in de cel hangen nadat ze vertrokken is. Ik krijg er een klein beetje hoofdpijn van.

Door de manier waarop ze het over de psychiatrische beoordeling had begrijp ik dat dat voor veel mensen best een ding is.

Aan de ene kant is het misschien niet zo leuk om bestempeld te worden als iemand met een psychiatrische aandoening. Aan de andere kant klinkt het zo gek nog niet om behandeld te worden in plaats van in de gevangenis te zitten. Misschien dat je dan ook wel eerder vrij kunt komen.

Of niet.

Gevangenis of forensisch psychiatrische dwangverpleging, mij maakt het niet zoveel uit.

Ik ben hoe dan ook van plan om zo snel mogelijk te vertrekken.

MADDE EN IK gingen in de woonkamer op de bank zitten. Ik had het een en ander uit te leggen.

'Klopt het?' vroeg ze gedempt. 'Leeft je vader nog?' Ze klonk niet boos, eerder verbaasd en verdrietig. Ze had haar voeten opgetrokken en onder zich gevouwen. Ze zat naar mij toe gewend met haar elleboog op de rugleuning, haar hoofd leunend op haar hand. Ik zat recht naar voren gericht. Dat voelde beter. Ik vond het lastig om haar aan te kijken.

Ik schaamde me natuurlijk. We waren al bijna een jaar bij elkaar, we woonden samen. Ik had tegen haar gelogen door te zeggen dat mijn vader dood was. Ik zat zwijgend naast haar. Wist niet waar ik moest beginnen. Het was aan mij om iets te zeggen, maar het leek net of mijn tong verlamd was. Ik durfde nauwelijks adem te halen. Mijn lichaam was verkrampt, ik merkte dat ik een beetje in elkaar gedoken zat.

Het rook nog steeds naar gebraden gehaktballen in het appartement. Er liep iemand in het trappenhuis.

'Hé,' zei Madde zachtjes. 'Ik ben niet boos.' Ze legde haar hand op mijn arm. 'Maar je kunt het me toch wel vertellen?'

Ik haalde diep adem, en zei toen:

'Ja. Hij leeft nog.'

Zo. Het ergste was voorbij. Ik had de leugen toegegeven.

Madde streek met haar hand over mijn arm. Wachtte tot ik verder zou gaan. Ik staarde nog steeds voor me uit. Uiteindelijk vroeg ze:

'Leeft je moeder ook nog?'

'Nee.'

Opnieuw was het stil.

'En waarom heb je geen contact meer met je vader?'

'Hij is ervandoor gegaan toen ik klein was.'

Er was zo veel meer te vertellen. Maar waar zou ik stoppen als ik eenmaal was begonnen? Ik kon niet alles vertellen, daar was ik zeker van. Dat doodsbange zesjarige jongetje bestond al lang niet meer en dat moest zo blijven.

'En sindsdien heeft hij niets van zich laten horen?'

'Nee,' zei ik.

Alweer een leugen. Wel een kleine, maar toch.

Maddes hand op mijn arm, haar zachte stem.

'Heeft hij gezegd waarom hij je wil spreken?'

'Nee.'

'Oké. Want dat heeft hij mij wel verteld. Hij heeft kanker. Een hersentumor. Hij heeft niet lang meer.'

'Aha.'

'Dus hij wil je graag zien.'

Ik reageerde niet. Madde zat nog steeds dicht tegen me aan, ze pakte mijn hand vast.

'Zou je hem niet even terugbellen?'

'Nee, we hebben elkaar niets te vertellen.'

Het was weer even stil. Toen zei Madde:

'Maar... Dat hebben jullie toch wel?'

'Ik ben hem niets verschuldigd.'

'Nee.'

Madde liet mijn hand los, maar bleef dicht tegen me aan zitten.

'Maar misschien moet je het voor jezelf doen.'

Ik gaf geen antwoord.

'Het lijkt alsof je boos op hem bent.'

'Nee, ik ben niet boos. Maar ik geef niks om hem. Ik hoef hem niet in mijn leven.'

'Als ik jou was zou ik wel boos op hem zijn. Hij heeft je toch in de steek gelaten?'

Maar je bent mij niet, dacht ik. Je weet toch niet wat ik voel? Wie ben jij om je daarover uit te spreken?

Dit was waarschijnlijk de eerste keer dat ik echt geïrriteerd was op Madde. Maar ik zei niets. We hadden nog nooit onenigheid gehad. Niet één keer. Geen ruzies. Natuurlijk hadden we wel eens meningsverschillen gehad. Dat zij het ene wilde doen en ik iets anders. Maar elke keer als er zo'n situatie ontstond, gaven we allebei toe. Dan zeiden we van: 'we doen wel wat jij wil, dat is ook prima'. En dat hielden we dan een tijdje vol totdat we overeenkwamen wat we gingen doen. Meestal was Madde degene die de cirkel zeg maar doorbrak, en dan deden we toch wat zij wilde. Maar ze gaf me wel altijd de mogelijkheid om de knoop door te hakken en dat vond ik fijn.

Ik was doodsbang voor conflicten. Ik heb vóór Madde een paar andere vriendinnetjes gehad, maar met geen van hen ruziegemaakt. Opa en ik hebben ook nog nooit ruzie gehad. Ik wist gewoon niet hoe dat moest. Op school of op het voetbalveld was een ander verhaal, dan kon ik best voor mezelf opkomen. Maar in een relatie? Wat zou er gebeuren als we het niet eens werden? Waar zou dat eindigen? Zou Madde zich realiseren dat ik eigenlijk een idioot was en me verlaten?

Ik raakte in paniek bij het idee om iets te beginnen waarvan ik geen idee had hoe ik het weer kon stoppen. Dus ik zat zwijgend op de bank met mijn lippen op elkaar geperst. De irritatie borrelde in me op, maar ik klemde mijn kaken alleen maar harder op elkaar. Madde moet mijn woede hebben gevoeld, ze ging recht zitten en verschoof wat op de bank. Een klein beetje maar, maar precies genoeg zodat we elkaar niet meer aanraakten.

De stilte vulde de ruimte als een dikke, stroperige massa. Je kon je nauwelijks bewegen.

'Ik denk dat je er later spijt van zult krijgen,' zei Madde uiteindelijk.

Ik heb verdomme geen psycholoog nodig, dacht ik. Daar heb ik er als kind al genoeg van gehad.

'Opa vond dat ik hem niet moest bellen,' zei ik, en ik had er meteen spijt van. Hoe oud was ik nou? Acht? Nu kwam ik hartstikke onzelfstandig over, alsof ik altijd maar deed wat opa zei.

'Waarom niet?' vroeg Madde.

'Je kent mijn vader niet.'

'Maar waarom dan?'

'En mijn opa ook niet.'

'Ik vind het gewoon een vreemd advies.'

'Ik ga even naar buiten.' Ik stond op en liep naar de hal.

'Wacht... Isak...'

Ik gaf geen antwoord, liep gewoon de kamer uit. Achter me stond Madde op van de bank.

'Sorry.'

Ik deed driftig mijn jas en schoenen aan. Trok de capuchon over mijn hoofd. Madde kwam de hal in.

'Ik heb er niets mee te maken. Ik weet het. Sorry.'

'Nee, nee, geeft niks. Ik moet gewoon... Ik moet even nadenken.'

Madde kwam naar me toe, sloeg haar armen om me heen, spreidde haar vingers uit over mijn schouders. Ze keek me recht aan om zich ervan te verzekeren dat ik niet boos was. Ik ontmoette haar blik. Glimlachte zwakjes.

'Ik hou van je,' zei ze zacht.

'Ik ook van jou,' zei ik. We gaven elkaar een zoen, een beetje plichtsgetrouw. Ik deed de deur open en liep het trappenhuis in. Ik had het gevoel dat ik vluchtte.

IK DROOMDE VANNACHT over Madde.

Ik lag in bed in ons appartement, in het donker, en ik hoorde haar rommelen in de badkamer. Waarschijnlijk was ze haar make-up eraf aan het halen. Ze was superlang bezig, maar dat gaf niets, ik wist dat ze uiteindelijk wel zou komen, en ik verlangde naar haar.

Uiteindelijk hoorde ik hoe de deur van het slot werd gedraaid, de deur die openging, de klik van de lampenknop toen ze het licht van de badkamer uitdeed, en hoe ze vervolgens zachtjes de kamer binnenkwam. Ze klom in bed en kroop op handen en voeten naar mijn kant, ik hield mijn dekbed omhoog en ze verdween in mijn armen. Ik omhelsde haar en voelde me een beetje als het beest van *Belle en het beest*, ik weet niet waarom, maar het was geen verkeerd gevoel.

Haar gezicht was koel en nog een beetje vochtig van het wassen, mijn ogen waren aan het donker gewend en zagen haar als geen ander. Ze was even mooi zonder make-up, maar op een andere manier. Een beetje kwetsbaar of zo, ik kon het kleine meisje in haar zien. Er ging een warme golf door me heen, ik kreeg er bijna een droge mond van, zo veel liefde voelde ik. Mijn handen verdwenen in haar haren, ik spreidde mijn vingers uit over haar hoofd, hield het vast alsof het het kostbaarste van de hele wereld was en kuste haar. Ik duwde mijn neus tegen haar schouder, snoof haar fantastische geur op. Mijn huid had naar haar verlangd.

Toen werd ik wakker op de brits in mijn cel. Het was midden in de nacht, donker en muisstil. Maar het leek echt alsof ik Madde net in mijn armen had gehad. Ik rook haar geur nog, voelde de warmte van haar huid op mijn handpalmen. Ik sloot mijn ogen en probeerde het beeld van haar weer op te roepen. Ik wilde terug naar die droom, in slaap vallen met onze armen en benen verstrengeld.

Maar ik lag nog lang wakker.

Ik moest denken aan die keer in de winter toen we een feest hadden in de Ritz met een paar goede vrienden van me. Het was de eerste keer dat ze Madde ontmoetten, en ze wond hen rond haar vinger. Ze was aardig en grappig en zag er fantastisch uit. Tegelijkertijd merkte ik aan de meiden van het gezelschap, en ook een paar die niet bij de groep hoorden maar die ik wel een beetje kende en die even kwamen kletsen, dat ook ik wel wat interesse wekte bij het andere geslacht, om het zo maar te zeggen. Sommigen wisten hun hebzucht niet geheel te verbergen. Toen Madde daarachter kwam markeerde ze duidelijk haar territorium en was ze op het randje van onbeleefd. Het kon haar totaal niet schelen of de sfeer daardoor verpest werd. Ik werd er helemaal warm van.

Als er die avond een powerkoppel in de Ritz was, dan waren Madde en ik het wel.

Toen we slingerend door de sneeuwdrab naar huis liepen, waren we allebei behoorlijk aangeschoten. Met mijn arm om haar heen vroeg ik haar wat ze eigenlijk in me zag.

Oké, ik was misschien wel een beetje naar complimentjes aan het vissen. Ik voelde me sterk, knap en aantrekkelijk die avond. Maar het was wel iets wat ik mezelf al meerdere keren had afgevraagd. Wat was de reden dat ze weg was gegaan uit Stockholm en in dit gat, wat het in haar ogen toch wel moest zijn, was komen wonen? Was ik nu echt zo bijzonder?

'Dat komt natuurlijk door de vier L'en,' zei Madde.

'De vier L'en?'

'Ja. Je bent Lief, Leuk, Lang en Lekker.'

'Aha. De vier L'en,' zei ik grijnzend. 'Aangezien ik zo bescheiden ben, neem ik daar wel genoegen mee.'

Madde richtte zich op om me een kus te geven, ik boog een stukje voorover, maar omdat we niet stil bleven staan kwam de kus een beetje scheef terecht, onze lippen raakten elkaar maar voor de helft.

'En je bent sterk natuurlijk. Maar dat is niet met een L.'

We stonden stil en kusten elkaar weer, beter dit keer, een kus die zei dat ze meer wilde, net als ik.

Toen ik terugdacht aan die kus moest ik huilen.

TOEN IK DIE avond ons appartement verliet om rustig na te kunnen denken, liep ik weg van het centrum en onze kleine woonwijk. Het regende nog steeds, zachtjes maar koud en volhardend. De aarde van de gemeentelijke bloemenperkjes waren zwart en doorweekt. De bomen en struiken leken bijna lichtgevend groen. Het asfalt glom, het regenwater stroomde de rioolputjes in. Ik liep voorbij een gesloten kinderdagverblijf met een verlaten speelplein. Er stond een klimrek met een glijbaan in felle kleuren en drie kleine betonnen nijlpaardjes in de regen.

Het bleef miezeren en ik voelde dat mijn capuchon van zacht, lichtgrijs katoen nat begon te worden. Mijn regenjas had ook een capuchon, maar die wilde ik er niet overheen doen. Ik wilde het vocht erdoorheen voelen komen.

Ik kwam bij Herrmannspark aan. Ik weet niet waarom het zo heet, geen idee wie Herrmann was. Maar vroeger ging ik hier in elk geval vaak met opa naartoe. Toen was er nog een ijskiosk en een minigolfbaan. Die waren er al lang niet meer, maar de vijver met watersculptuur in het midden van het park stond er wel nog steeds. De grasvelden zagen er pas gemaaid uit, de grindpaden waren vrij van onkruid. De gemeente verzorgde het park netjes. De grote bomen met hun hangende takken, treurwilgen heten ze geloof ik, hielden hun geheimen nog altijd verborgen. Ik heb die bomen altijd mooi gevonden. Als je tot aan de stam liep, leek het net of je in een grot zat onder die takken.

Mijn telefoon begon te trillen in mijn zak.

Ik kreeg een knoop in mijn maag.

Zou het mijn vader weer zijn?

Ik haalde mijn mobiel tevoorschijn. Het was opa. Ik voelde een golf van opluchting, nam de telefoon op en hield hem tegen mijn oor.

'Hé,' zei ik.

'Hoi,' zei opa. 'Bel ik gelegen?'

'Ja hoor. Ik ben even aan het wandelen.'

'In deze regen?'

'Ja.'

'Je bent toch wel warm genoeg aangekleed, hè?'

Ik glimlachte.

'Nee, ik kon mijn thermobroek niet vinden.'

'Een zomerverkoudheid is niet bepaald prettig, hoor.'

'Maak je maar geen zorgen.'

'Zeg...' Het werd stil aan de lijn, opa pauzeerde even. Ik kon zijn ademhaling horen. 'Ik moest denken aan wat ik vandaag zei. Over dat je Fredrik niet zou moeten bellen. Dat was stom van me. Natuurlijk kun je hem wel even bellen om te horen wat hij te zeggen heeft.'

Ik was even stil.

'Misschien,' zei ik uiteindelijk.

'Ik ben zo bevooroordeeld door hoe hij vroeger was. Hij was toen serieus de weg kwijt. Maar dat is natuurlijk lang geleden.'

'Ja.'

'En zelfs al zou hij nog steeds gek zijn, jij bent nu volwassen. Je kan het wel aan, dat weet ik zeker.'

Ik zei niets.

'Ik vergeet soms dat je geen klein jochie meer bent.' Opa's gelach klonk door de telefoon en ik moest ook lachen, een tikje verlegen.

'Nee... Niet echt meer, nee.'

'Doe wat jou het beste lijkt. Maar ik vind dat je hem moet bellen.'

'Hm. Ik zal erover nadenken.'

Ik beloofde dat ik zou laten weten wat het was geworden, en toen hingen we op.

Maar ik bleef nog best een poos onder de hangende takken van de treurwilg staan en was helemaal in de war.

Ik had besloten om mijn vader niet terug te bellen, om hem niet in mijn leven te laten. Toen opa me had afgeraden om contact op te nemen, was ik opgelucht geweest. Ik wilde de deur naar het verleden niet opendoen. Maar nu was opa van mening veranderd, wat betekende dat de twee mensen waar ik het meest om gaf in mijn leven – of eigenlijk de énige personen om wie ik gaf – allebei vonden dat ik mijn vader terug moest bellen.

Ik begreep natuurlijk wel dat ze eigenlijk gelijk hadden. Ik zou met mijn vader moeten praten voor het te laat was. Maar ik was bang, en ik was trots. Vooral ten opzichte van Madde. Ik wilde niet besluiteloos overkomen.

De boom hield zowel de regen als het licht tegen. Binnen in de groene grot leek het net of het al aan het schemeren was. Ik zat een beetje afgeschermd van de wereld, en dat had ik even nodig op dat moment.

Als ik hem zou bellen, moest ik dat doen voordat ik terug naar huis ging. No way dat ik met mijn vader zou praten terwijl Madde mee zou kunnen luisteren. Maar de regen en de kou begonnen me uiteindelijk te veel te worden. Mijn capuchon was nat, mijn broek was nat. Er liep een koude rilling over mijn rug. Nog even en ik zou echt staan bibberen.

Ik bedacht me welke verschillende kanten het gesprek op zou kunnen gaan. Wilde me op alle mogelijkheden voorbereiden, me bedenken wat ik zou zeggen. Maar ik realiseerde me al snel dat dat onmogelijk was. Dus toen klampte ik me vast aan de volgende gedachte: ik zou mijn vader kunnen bellen en gewoon kijken wat hij te zeggen had. Als hij me iets zou vragen hoefde ik niet per se antwoord te geven. Ik zou op kunnen hangen, erover na kunnen denken en hem terug kunnen bellen. Of zijn nummer blokkeren en hem nooit meer spreken. Zo zou ik de controle kunnen behouden, hield ik mezelf voor.

Als je de hele tijd tegen jezelf moet blijven zeggen van 'je hebt alles onder controle, je hebt alles onder controle' – dan is dat waarschijnlijk niet het geval, hè?

Maar ik had mijn besluit genomen.

Ik haalde mijn mobiel uit mijn zak en begon door de lijst met gebelde nummers en gemiste oproepen te scrollen. Vond het nummer dat me had gebeld toen ik bij Birgit was. Mijn hart ging tekeer en ik kreeg een droge mond. Ik wist niet of ik mijn stem rustig zou kunnen houden. Maar ik móést dit nu gewoon doen. Ik haalde diep adem, tikte op het nummer en bracht de telefoon naar mijn oor.

Stilte. Toen ging hij over. Een, twee, drie, vier keer.

Straks neemt hij niet op, dacht ik. Misschien staat zijn mobiel uit. Dan zou ik het in ieder geval geprobeerd hebben. Ik hoopte wanhopig dat dat zou gebeuren, dat het gesprek uitgesteld zou worden, en dat het niet mijn schuld zou zijn.

Ik hoorde een klik in de lijn. En toen zijn stem.

'Hoi Isak,' zei mijn vader. Hij schraapte zijn keel.

Trilde zijn stem nou een beetje? Was mijn vader net zo nerveus als ik?

'Hoi,' zei ik. Kort, neutraal, bijna koeltjes. Ik was niet van plan hem te laten merken welke gevoelens hij in me opriep, hoe ik beefde vanbinnen.

'Wat fijn dat je terugbelt.'

Ik zei niets. Mijn vader schraapte zijn keel weer, en nu klonk zijn stem zekerder, meer zoals ik hem van vroeger herinnerde.

'Hoe is het?'

'Goed.'

'Wat ben je aan het doen?'

Daar gaf ik geen antwoord op, ik liet het een tijdje stil zijn. Toen zei ik:

'Wat wil je?'

Mijn vader zuchtte aan de andere kant van de lijn.

'Heb je je vriendin gesproken?'

'Mhm.'

'Hoe heet ze, Malin?'

Gaat je geen hol aan, dacht ik. Het was weer even stil, tot mijn vader doorhad dat hij geen antwoord zou krijgen.

'In ieder geval,' ging hij uiteindelijk verder, 'ik zal het bij de korte versie houden. Ik ben ziek en heb niet lang meer te leven en ik wil je graag zien voordat ik doodga. Om wat dingen uit te leggen. Maar vooral om mijn excuses aan te bieden.'

Ik hoorde naderende voetstappen op het grindpad langs de treurwilg. En ik bedacht me dat als ik op dat moment iets zou zeggen, die persoon vast zou schrikken om ineens een stem onder de treurwilg vandaan te horen komen. Hij zou denken dat er een of andere creep stond en vluchten. Dus ik bleef stil.

Waarom kon het me überhaupt iets schelen wat een totaal onbekende zou vinden? Die persoon zou me niet kunnen zien, zou niet weten wiens stem hij of zij hoorde. En ik zat midden in een telefoongesprek dat ik waarschijnlijk voor de rest van mijn leven zou onthouden.

Dat doet me eraan denken hoeveel je eigenlijk op de automatische piloot doet. Ik tenminste wel.

'Isak?' zei mijn vader. 'Ben je er nog?'

De persoon liep voorbij de hangende takken en verdween weer.

'Ik ben er nog,' zei ik gedempt.

'Wat heb je voor plannen van de zomer?'

Ik stond op het punt om te zeggen: 'Ik ga volgende week op vakantie', maar ik moest me aan mijn plan houden. Zo weinig mogelijk informatie. Hoe minder hij over me wist, hoe beter.

'Hé?' zei mijn vader, en hij klonk nu bijna smekend. 'Wat doe je volgende week? Moet je werken?'

'Nee, dan heb ik vakantie,' zei ik. 'Madde en ik gaan naar Turkije.'

Gaf ik toe? Kon ik de stortvloed aan vragen niet weerstaan? Misschien een beetje. Maar ik wilde mijn vader even heel duidelijk maken dat ik volgende week niet met hem af kon spreken. Dat was absoluut onmogelijk.

'Ik zal de reis vergoeden als je in plaats daarvan naar mij toe komt. Naar Gotland.'

'Nee.'

'Je kunt Madde ook meenemen als je wilt. Ik woon hier best mooi. Aan de kust. Het zal een soort vakantie voor jullie zijn, alleen zullen wij dan af en toe wat met elkaar praten. En jullie zouden wat later in de zomer alsnog naar het buitenland kunnen gaan. Waar jullie maar heen willen. Als ik er niet meer ben.'

'Nee. We gaan volgende week naar Turkije.'

'Waar jullie maar heen willen'? Wat bedoelde hij daar nou weer mee?

Het was een tijdje stil aan de telefoon. Toen vroeg mijn vader:

'Heb je Swish?'

Ik gaf geen antwoord.

'Natuurlijk heb je Swish,' ging hij verder. 'Als je niet wilt, dan wil je niet, Isak, dat zal ik respecteren. Maar je zou toch op zijn minst Madde even kunnen vragen wat ze van mijn voorstel vindt?'

Mijn hoofd tolde. Hoewel ik had besloten om, wat er ook gebeurde, de controle over het gesprek te behouden door zo min mogelijk over mezelf bloot te geven, had hij me uit balans weten te krijgen. Ik slikte.

'Ik moet ophangen,' zei ik en ik hoorde zelf hoe zwak het klonk.

'Isak, alsjeblieft, luister even naar me,' ik hoorde die smekende toon weer in mijn vaders stem, 'ik begrijp dat je boos op me bent.'

Nu klonk mijn vader zwak. Hij klonk zelfs verdrietig.

'Doei,' zei ik en ik klikte het gesprek weg. Ik voelde me wreed en hard, mijn hart leek ijskoud. En het was fantastisch. Op dat moment, tenminste.

Ik stopte mijn mobiel in mijn zak, duwde de takken van de treurwilg opzij en liep de regen in. De donkere zomeravond in.

Ik stapte de hal van ons appartement binnen en deed de deur achter me dicht. Het was doodstil in huis, wat me een beetje teleurstelde, aangezien ik voor me had gezien hoe Madde de hal in zou komen zodra ze de voordeur open hoorde gaan, me aan zou kijken met een liefdevolle en bezorgde blik, zich nog altijd schuldig voelend dat ze zich met zaken had bemoeid waar ze niets mee te maken had. Me een knuffel zou geven. Bezorgd zou zijn over hoe nat ik was geworden. Zou vragen of ze een kop thee zou maken.

Niets daarvan gebeurde. Ik riep door het appartement, als teken dat ik weer thuis was:

'Hallo.'

'Hallo,' klonk het vanuit de woonkamer. Ik vond het nogal zacht en neutraal klinken.

Was het nu Maddes beurt om boos te zijn op mij?

Ik deed mijn regenjas uit en trok de natte capuchon van mijn hoofd. Hij voelde koud in mijn nek. Toen liep ik de woonkamer in. Madde zat op de bank met een kop thee voor zich op tafel. Ze wierp me een blik toe. Afwachtend, vragend.

'Ik heb hem gebeld,' zei ik terwijl ik naast haar op de bank ging zitten. Maddes gezicht werd wat zachter toen ik dat had gezegd. Ze glimlachte even, liet haar hand door mijn haar gaan.

'Hij wil me zien.'

Madde knikte.

'Dat dacht ik al wel.'

Haar hand was warm op mijn koude, natte hoofd. Dat voelde fijn.

'Maar ik zei dat dat niet ging.'

'Niet?'

'Hij wil dat ik volgende week naar hem toe kom op Gotland, maar ik zei dat we dan naar Turkije gaan.'

Ik vertelde niet dat mijn vader Madde ook had uitgenodigd. Alweer een halve leugen. Madde keek een beetje verward. Ze haalde haar mobiel tevoorschijn.

'Ik kreeg een berichtje.'

'Heeft hij je een berichtje gestuurd?'

'Ja...'

'Wanneer?'

'Nu net. Iets van een kwartier geleden.' Madde opende het berichtje en las het voor:

'Hoi. Leuk je vandaag even gesproken te hebben. Zeg maar tegen Isak dat hij zijn Swish moet checken. Groeten, Fredrik.'

Hij probeerde me onder druk te zetten door Madde erbij te betrekken. Rotvent.

Ik had geen andere keus dan Madde te vertellen wat ik eerder achter had gehouden: dat mijn vader had gezegd dat ik Madde ook best mee naar Gotland mocht nemen, en dat hij had aangeboden om onze geannuleerde reis te vergoeden. Madde zei niets, ze luisterde alleen maar. Maar ze keek bedachtzaam. En ik begreep natuurlijk wel wat er in haar hoofd omging: waarom had ik niet meteen gezegd dat zij ook uitgenodigd was? Waarom had ik gezegd dat mijn vader alleen mij wilde zien?

Op zich was het geen leugen. In principe ging het mijn vader erom om mij te zien. Maar het was niet de hele waarheid.

Ik had sorry moeten zeggen en uit moeten leggen dat het niet goed voelde om mijn vader zo gemakkelijk terug in mijn leven te laten, na al die jaren. Dat dit gedoe oude wonden open had gereten en dat ik tijd nodig had om erover na te denken. Maar ik zei niets meer, er kwam geen verontschuldiging over mijn lippen. Ik zat als een idioot naar de salontafel te staren.

Uiteindelijk slaakte Madde een diepe zucht en zei:

'Check je je Swish dan even?'

Ik haalde mijn mobiel tevoorschijn en opende de Swish-app. Klikte op het overzicht.

'Eh...' zei ik.

'Wat is er?'

Ik staarde naar het scherm.

'Er moet iets fout zijn gegaan,' zei ik.

Fredrik Barzal had een bedrag overgemaakt van honderdduizend kronen.

HAD HIJ PER ongeluk een nulletje te veel getypt? Was hij eigenlijk van plan geweest tienduizend kronen over te maken?

Mijn hersenen probeerden koortsachtig naar een verklaring te zoeken terwijl ik daar op de bank naar mijn mobiel zat te staren.

'Wat is er?' vroeg Madde nog een keer.

Hij had gezegd dat hij onze geboekte reis zou declareren als we zouden besluiten naar Gotland te komen. Maar hij begreep vast ook wel dat je voor tienduizend kronen geen reis naar Turkije kon boeken voor twee personen.

'Hij heeft honderdduizend overgemaakt,' mompelde ik.

'Wat?' Madde fronste haar wenkbrauwen, pakte mijn hand vast en draaide hem zo dat zij ook op mijn mobiel kon kijken. 'Dat meen je niet.'

Het was waarschijnlijk geen vergissing. Mijn vader had bewust honderdduizend kronen naar me overgemaakt.

Madde keek op het scherm.

'Holy moly,' zei ze uiteindelijk.

Mijn eerste gedachte, of gevoel eigenlijk eerder, was: de rotzak. Nu gebruikte hij zijn geld om de situatie te controleren, om mij te controleren. Ik begon al te tikken om het geld meteen terug over te maken.

Maar toen bedacht ik me ineens: honderdduizend kronen. Dat is fucking veel geld.

Dat een paar cijfertjes op een scherm zo veel lichamelijke reacties kunnen oproepen. Mijn maag knijpt zich samen, ik voel kriebels van hoop en verwachting, een gevoel van honger en dorst, ik probeer het weg te slikken. Mijn hart begint sneller te kloppen. Want geld is niet zomaar geld. Geld staat voor dingen waar je over hebt gedroomd en naar hebt verlangd en die ineens heel onverwachts werkelijkheid zouden kunnen worden, dus dan is het toch niet zo heel vreemd als je daar opgewonden van raakt?

Madde en ik leefden grotendeels van mijn salaris in de thuiszorg, hoewel ik vermoed dat ze tussendoor ook wel eens wat van haar vader kreeg. We zwommen niet bepaald in het geld. Honderdduizend kronen zou verschil voor ons kunnen maken. Een heel groot verschil.

De reis naar Turkije had zo'n vijfentwintigduizend gekost. Wat zouden tickets voor de veerboot naar Gotland kosten? Hoogstens een paar duizend, dacht ik. Dan zouden we ruim zeventigduizend kronen overhouden voor andere dingen.

Dit schoot allemaal in een paar seconden door mijn hoofd, terwijl ik ondertussen mechanisch in de Swish-app bezig was om het geld terug te sturen naar mijn vader.

'Groeit het geld jouw vader op de rug of zo?' vroeg Madde zich hardop af.

Ik gaf geen antwoord. Typte '100.000' in het veldje voor het bedrag. Het telefoonnummer van mijn vader stond al in het veldje voor de ontvanger. Ik klikte op 'overmaken' en de app van mijn BankID werd geopend. Madde vroeg waar ik mee bezig was.

'Ik maak het geld terug over,' zei ik terwijl ik de zescijferige code van mijn BankID intoetste, maar het tempo lag al wat lager. Met elk cijfer begon ik iets langzamer te typen.

Uiteindelijk was ik toch klaar met typen. Mijn duim zweefde boven die bevestigingsknop. Als ik hem twee millimeter zou laten zakken was het geld onderweg terug naar mijn vader.

'Wacht,' zei Madde terwijl ze mijn hand vastgreep. 'Wacht. Denk even goed na.'

Ik zal het nooit aan haar toegeven. Ik vind het al lastig genoeg om het aan mezelf toe te geven. Maar toen ze mijn hand vastgreep voelde ik opluchting. Madde redde mijn zelfrespect. En het geld.

Voor de show ging ik nog even tegen haar in. Zei dat het mijn vaders manier was om controle over me te krijgen, het geld was in principe smeergeld. Hij mocht niet denken dat hij zich een plek in mijn leven kon kopen. Madde hield mijn hand vast, streek me over mijn wang, haar stem klonk voorzichtig. Ze zei dat ze begreep hoe ik me voelde, maar dat we het niet op die manier moesten zien. Je zou het ook zo kunnen zien dat Fredrik er werkelijk alles aan probeerde te doen om mij te zien voor het te laat was. Je zou het kunnen zien als een teken dat hij het heel graag goed wilde maken. En oké, geld zou niet goed kunnen maken wat Fredrik me als kind had aangedaan, maar vond ik dan echt niet dat ik dat geld misschien wel een beetje had verdiend?

Madde begon allemaal dingen op te noemen die ik met het geld zou kunnen doen, steeds duidelijk benadrukkend dat het mijn geld zou zijn, dat ik het precies zo uit kon geven als ik zelf wilde, dat ik niet aan haar hoefde te denken. Ik zou een betere auto kunnen kopen. Of naar New York gaan om de Rangers ijshockey te zien spelen in Madison Square Garden, ik had haar wel eens verteld dat dat al van jongs af aan een droom van mij was en dat Henrik Lundqvist de Koning van New York was. Ze zei dat ik wat vrienden mee kon vragen. Of, als dat beter zou voelen, iets voor opa doen wat hij echt zou waarderen. Misschien iets leuks voor zijn zomerhuisje? Of hem meenemen op reis, was er niet een of andere exotische plek waar hij altijd al eens naartoe had gewild?

Ik zou het geld zelfs aan kunnen nemen en aan het Rode Kruis schenken, dan had ik pas echt een goede daad gedaan. Het zou vast een beter doel hebben dan wanneer Fredrik het geld zou houden, vond Madde.

Ze liet het klinken alsof het enige immorele wat ik kon doen was om het geld terug te sturen naar mijn vader. Ze bood me een uitweg.

Ik zei dat áls we het geld zouden houden, maar alleen áls, dat we er dan samen iets van zouden doen. Een echt gave reis maken, of iets moois voor ons appartement kopen. Het was belangrijk voor me dat het geld in dat geval ook van Madde zou zijn. Oké, zei Madde, als het belangrijk voor jou is... En nu was het haar beurt om er zogenaamd tegenin te gaan.

Wat een poppenkast. We zaten ons allebei aan te stellen. We hadden elkaar door, maar we gingen er toch mee verder. Best hilarisch eigenlijk.

Uiteindelijk hielden we echter op met onze façade en begonnen we te fantaseren wat we met het geld zouden kunnen doen. Een week op de Seychellen? Dat zou wel moeten lukken. Een nieuw tweepersoonsbed van Hästens? Een Italiaans koffiezetapparaat?

Kijk me in de ogen en zeg me dat jullie anders zouden hebben geredeneerd.

We hadden geen annuleringsverzekering op onze reis naar Turkije, dus dat geld waren we kwijt. Het was lastiger dan we dachten om tickets voor de boot naar Gotland te vinden, als je met de auto wilde tenminste. Ik dacht dat die boten vaker gingen. Maar uiteindelijk kwam het goed.

Ik vertelde opa dat ik met mijn vader had gepraat. Dat hij ziek was en Madde en mij had uitgenodigd om hem op Gotland te komen opzoeken. Dat we van plan waren te gaan. Opa knikte, maar was lang stil. Uiteindelijk glimlachte hij bleekjes naar me.

'Ik denk dat je het juiste doet,' zei hij. Maar zijn gezicht zei iets anders.

De avond voordat we zouden vertrekken kon ik niet slapen. Madde lag naast me in bed te pitten, maar ik lag wakker en staarde naar het plafond. Het was niet alleen de gebruikelijke reisstress, ik was niet opgewonden en verwachtingsvol. Nee, ik was ongerust, vroeg me af waar ik eigenlijk aan begonnen was. Het kwam deels door opa's reactie toen ik hem van mijn plannen vertelde. Ik was er zo aan gewend om altijd met hem op één lijn te zitten dat ik me ongemakkelijk voelde zodra ik iets deed wat zijn gemoedsrust verstoorde.

Maar het was niet alleen dat. Dat was niet eens de belangrijkste reden.

Ik had mijn vader al sinds mijn jeugd niet meer gezien, afgezien van dat korte gesprekje in de kleedkamer van Lunnebergs sportpark twaalf jaar geleden. En ik was bang voor de demonen uit mijn kindertijd die onze ontmoeting mogelijk weer tot leven zou wekken. Ik wist heus wel dat ik deze kans aan moest grijpen, dat ik het moest proberen uit te praten met mijn vader voor het te laat was. Maar ik wist niet of ik het aan zou kunnen. Ik was bang dat ik in zou storten.

Ga niet, had Klara in mijn droom gezegd. *Isak, ga niet.*

Ik voelde een soort paniek. Mijn hart sloeg op hol, mijn slapen bonkten, ik had moeite met ademhalen. Ik wilde de boel afblazen, mijn vader een berichtje sturen dat we niet zouden komen. Ik zou kunnen zeggen dat ik ziek was geworden of zoiets. Het geld terugstorten. Naar opa's huisje gaan en een paar dagen bij hem blijven, de rust en veiligheid voelen.

Maar wat zou Madde dan van me vinden?

We hadden in principe al besloten dat we na Gotland een lastminutereis naar de Seychellen zouden boeken, of naar Mauritius of Florida of Mexico. Naar een superluxueus resort en lekker genieten.

Ze zou zo teleurgesteld zijn. Misschien zou ze het zelfs met me uitmaken. Nee, dat kon echt niet.

Ze lag nog altijd vredig naast me te slapen, had er geen idee van hoe gespannen ik was, hoe erg ik werd overvallen door angst en wanhoop. En ik was van plan dat zo te houden.

Ik moest de cd's meenemen.

Heel voorzichtig sloeg ik het dekbed van me af en ging ik rechtop zitten. De bedbodem kraakte een beetje, dat kon ik niet voorkomen. Ik bleef doodstil zitten en keek naar Madde, tot ik er zeker van was dat ze niet wakker was geworden. Ik zette mijn voeten geruisloos op de vloer en ging toen langzaam staan. Het kraakte weer een beetje en Madde bewoog onder de dekens, draaide zich naar me toe, strekte haar arm uit naar mijn kant. Ik was er zeker van dat ze wakker zou worden. Maar ze begroef haar gezicht weer in het kussen en ik hoorde aan haar ademhaling dat ze weer verder sliep.

Met welke hoek zou ik beginnen?

Voetje voor voetje liep ik voorzichtig naar de kledingkast naast het raam toe, ging op mijn tenen staan en tastte achterin op de bovenste plank, onder een dikke gebreide trui die ik nooit meer aandeed. Ik voelde iets glads onder mijn vingertoppen en trok de cd zo zacht ik kon naar me toe. Ik legde hem aan mijn kant van het bed, aan het voeteneinde.

Toen ging ik verder naar de hoek naast de deur. Er zat daar een luchtrooster bovenaan de muur, met een rond deksel dat je eraf kon draaien. Gelukkig maakte dat geen geluid. Had ik het gesmeerd om dat te voorkomen? Ik wist het niet meer. De cd zat nog waar ik hem had gestopt, in de onderkant van het deksel. Ik haalde hem eraf, legde hem op mijn bed bij de andere en draaide het deksel er weer op.

De derde cd lag in het laatje van mijn nachtkastje dat ik in de hoek had gezet. Er zat een ruimte van een paar centimeter tussen het bed en mijn nachtkastje. Toen Madde een keer de slaapkamer had schoongemaakt, had ze mijn nachtkastje verschoven zodat het tegen het bed aan stond. Ik heb toen een paar nachten slecht geslapen, tot ik het op een nacht heel subtiel terug in de hoek had geschoven.

De laatste cd was het lastigst om tevoorschijn te halen. Ik had de cd's verstopt tijdens een van de keren dat Madde een paar dagen naar Stockholm was, zodat ik er alle tijd voor kon nemen. Vrij dicht bij de hoek, op de muur naast het raam, hing een poster. Het was een reproductie van een oud Frans affiche dat reclame maakte voor een ballet in Parijs. Hij zat vast met punaises in alle vier de hoeken. Ik haalde de punaise in de linkerbovenhoek eruit en klapte de poster voorzichtig naar beneden. De cd zat aan de achterkant vast met plakband. Langzaam en geduldig pulkte ik met mijn nagel het plakband los tot ik de cd eraf kreeg. Ik deed de hoek van de poster weer omhoog, drukte de punaise weer terug en alles zag er weer uit zoals daarvoor.

Ik sloop naar de hal, trok de rits van mijn weekendtas zo zacht ik kon open en stopte de cd's in een binnenvakje. Ik stond op, haalde diep adem en slaakte een zucht. Ik voelde me meteen een stuk rustiger.

Ik liep naar de keuken en dronk wat water. Door het raam zag ik dat het al licht begon te worden boven de picknicktafels en schommels op de binnenplaats. Een vogel floot en kreeg antwoord vanuit de bossen ergens in de verte.

Ik sloop terug naar bed en het duurde niet lang voor ik in slaap viel.

DEEL 2

Als de afmars in je binnenste zit,
als een barst of een gedachte,
als je snakt naar veranderen tijdens je tocht
zoals onrijp fruit rijpt tijdens zijn reis
in scheepsruimen, over zeeën, onder het Zuiderkruis,
een scheepshuid van het water vandaan
als dat zo is en niet anders
als dat zo is
dan heb je thuis de lichten al uitgedaan
en ben je op weg.

Uit 'De yttre hebriderna' van Eva Ström

DE VOLGENDE DAG stonden we bij de haven van Oskarshamn in de rij voor de boot naar Gotland. Het weer was omgeslagen en van de ene op de andere dag leek het ineens hoogzomer. De zon scheen fel en het was ondraaglijk warm in onze kleine Nissan Micra. De raampjes waren naar beneden gedraaid. Walmen van uitlaatgassen, olie en afval die te lang in de zon had gestaan, dreven de auto binnen. Er stonden wel tien rijen te wachten, als het er niet meer waren. De veerboot zag er groot uit, maar toch kon ik me nauwelijks voorstellen dat al deze auto's erop zouden passen.

In de rij naast ons stond een Volvo combi, ook met de ramen naar beneden. Een kleine terriër zat met zijn kop door het raam te luchten. Hij zat op schoot bij een blonde vrouw met een grote zonnebril en haar haren opgestoken met een klem. Ze keek chagrijnig. Achter het stuur kon ik vaag iemand zien zitten van wie ik aannam dat het haar man was, ook hij met een zonnebril op, en op de achterbank twee of drie kinderen. Door de ruiten van de achterbak kon ik zien dat die tot aan de nok vol zat met bagage. Tassen, kussens, dekens, laarzen, strandbalrackets, het was één grote opgepropte bende. Ik kon me voorstellen dat als de achterklep open gemaakt zou worden, er een stortvloed aan spullen op de grond zou vallen.

Het leek me lastig om verantwoordelijk te zijn voor een heel gezin. Madde en ik hoefden alleen aan onszelf te denken, en hoewel onze auto een stuk kleiner was, zat hij nog lang niet vol. Een koffer en een weekendtas met onze kleren, zwemspullen en schoenen. Dat was het wel zo'n beetje.

Madde zat met haar voet op het dashboard en rookte een sigaret. Ze droeg sandalen en een zwartfluwelen korte broek en de zon scheen door het open raam op haar blote been. Haar gebruinde huid was bedekt met gouden donshaartjes die anders nooit zichtbaar waren. Ik vond het mooi. Met een eenvoudig wit hemdje en haar Gucci-zonnebril zag ze eruit als een filmster. Al wist ik dat haar zonnebril nep was. Ik was ervan overtuigd dat ze de knapste vrouw op heel de boot zou zijn, en ze was mijn vriendin.

Zelf zag ik er denk ik ook niet verkeerd uit, met mijn korte spijkerbroek en verwassen abrikooskleurige poloshirt. Blote voeten in Converse All Stars. Pilotenzonnebril van Ray-Ban, wel echt trouwens, die ik van opa had gekregen toen ik twintig werd. Ik was heel blij met die zonnebril en bewaakte hem met mijn leven. Op mijn hoofd droeg ik een beige baseballpet met gebogen klep, oud en versleten en gebleekt door de zon.

Madde ging rechtop zitten en keek uit het raam naar de rij voor ons.

'Yes,' zei ze. 'Er komt beweging in.'

De achterlichten van de auto voor ons gingen aan. Ik draaide de autosleutel om en even later konden we langzaam gaan rijden. Onze rij ging netjes achter elkaar de stalen oprijplaten op. Er klonk een knal van een van de platen en toen reden we omhoog, met dat piepende geluid van de banden die over de platen rolden. We reden door de opening van het vaartuig naar binnen. Het was donker binnen na het felle zonlicht van buiten, en het galmde van motorgeluiden en piepende rubberen banden op staal. Mannen in felgele kleding dirigeerden ons naar de juiste rij en staarden naar onze bumper terwijl ze naar me gebaarden dat ik wat dichter naar de auto voor me mocht rijden. Toen hield hij zijn hand op, stop, ver genoeg. Ik zette de motor uit.

'Mag je tijdens de reis nog terug naar de auto?' vroeg Madde terwijl ze haar zonnebril omhoogschoof in haar haren.

'Weet ik niet,' zei ik, 'geloof het niet. We kunnen beter maar gewoon alles meenemen wat we nodig hebben.'

Ik verzamelde mijn spullen en stapte uit de auto. Ik keek ernaar uit om de boot te zien afvaren, aan boord iets te eten, later misschien een wijntje of koffietje te nemen. Een heerlijk vakantiegevoel. Het had geen zin om nu al vooruit te denken aan wat er ging komen.

Ik was zo blij dat Madde mee was.

We liepen het buitendek op om de veerboot te zien vertrekken. Ik hield me stevig aan de reling vast en keek naar beneden. De afstand tussen het vaartuig en de kade werd langzaam groter, het water golfde en kolkte toen de propellers ons de haven uit begonnen te drijven. De bewegingen van de veerboot liet meerdere alarmen afgaan op het autodek. De auto's waren net een kudde koeien, zodra er één begon te loeien, viel de rest in. De frisse wind joeg een paar stapelwolken over een verder strakblauwe lucht. Al snel waren we op weg naar open zee. De boot versnelde zijn tempo.

We gingen naar het restaurant en hadden meteen spijt dat we zo lang op het buitendek waren gebleven. De rij was er zo lang en breed dat hij bijna heel de ruimte tussen de tafels in beslag nam en de weg versperde voor mensen die erlangs moesten.

'Heb je veel honger?' vroeg ik. 'Of zullen we even op onze plaatsen gaan zitten?'

We hadden zitplaatsen geboekt in de voorsalon. Madde haalde haar schouders op.

'Nee. Laten we inderdaad maar even gaan zitten.'

Naast de receptie was een ruimte die zo te zien een kinderbioscoop was. Er waren zitbankjes op drie of vier verschillende hoogtes, vol met kleine kinderen. De jongsten waren net twee of drie jaar en konden niet stil blijven zitten. De oudsten waren een jaar of zeven, acht, zij zagen er groot uit naast de kleintjes. Afgezien van de jongsten keken de kinderen allemaal aandachtig naar dezelfde muur, ik nam aan dat daar een scherm zat waarop een of andere animatiefilm werd afgespeeld.

Ze keken allemaal dezelfde kant op. Allemaal, behalve de jongste kinderen.

Onder wie Klara.

Ze zat op de tweede rij, midden tussen de andere kinderen, ik zag haar eerst niet. En in tegenstelling tot de andere driejarigen zat ze niet druk te bewegen en herrie te maken, maar zat ze stil.

Haar gezicht was naar mij gericht. Op de helft van haar hoofd was het haar weggebrand, haar huid was zwart en gebarsten, het ontblote vlees gloeide felrood in de spleten.

Ze had geen ogen. Twee lege, bloederige oogkassen staarden me wezenloos aan.

Oké, het was dus weer zover.

Voor mijn gevoel keek ze verwijtend naar me, wilde ze me ter verantwoording roepen.

Ik had toch gezegd dat je niet moest gaan.

Ik snakte naar adem en keek snel weg. Mijn oren begonnen te suizen en ik moest even stil blijven staan zodat ik niet zou vallen. Ik boog voorover om weer wat bloed naar mijn hoofd te krijgen.

'Wat is er?' Maddes stem klonk heel ver weg, ik was zowel in tijd als in ruimte ver van haar verwijderd. Ik zat opgesloten in mijn eigen lichaam, in mijn eigen beleving. Het stond in brand. Alles leek te versnellen.

Er kwam een beeld op in mijn hoofd van Madde die haar hand op mijn rug legde, maar het voelde niet als mijn rug, en niet als haar hand. Ik hoorde iemand kreunen en besefte dat ik het zelf was.

'Kom, laten we hier even gaan zitten,' hoorde ik Madde zeggen, en ze pakte me met beide handen vast, leidde me naar een muur waartegen ik op de grond zakte. Er dansten sterretjes voor mijn ogen, ze verschenen en verdwenen dan weer. Madde zat op haar hurken naast me.

'Isak? Gaat het? Wat is er aan de hand?'

Ik zag dat andere passagiers stil bleven staan om naar me te kijken. Nieuwsgierig, oplettend, ongerust. Compleet onbekenden. Ze aarzelden. Zouden ze naar ons toe komen om te helpen?

Ik stopte mijn hoofd tussen mijn knieën. Ik moest bloed naar mijn hoofd zien te krijgen zodat ik niet zou flauwvallen. Ik was misselijk, was bang dat ik zou moeten overgeven.

‘Ik werd een beetje duizelig,’ zei ik en ik hoorde zelf dat ik over mijn tong struikelde. Ik hoorde een onbekende stem, een vrouw, aan Madde vragen wat er was gebeurd en of ze hulp nodig had.

Madde aarzelde.

‘Ik moest gewoon even zitten,’ mompelde ik. ‘Het gaat alweer beter.’ Ik keek op en probeerde te glimlachen, maar Madde leek niet overtuigd.

‘Weet je het zeker?’

‘Mhm.’

Ik liet mijn hoofd weer tussen mijn knieën zakken en al snel voelde ik me inderdaad wat beter, de sterretjes verdwenen uit mijn zicht en het gesuis in mijn oren trok langzaam weg. Er verschenen zweetdruppeltjes in mijn nek en op mijn voorhoofd.

‘Mijn god, je bent lijkbleek,’ zei Madde de volgende keer dat ik opkeek.

IK LIG OP mijn rug op mijn brits en staar omhoog naar het plafond.

Ik denk terug aan het moment dat ik Klara zag op de boot naar Gotland.

Misschien was het Klara wel helemaal niet, misschien was het gewoon een meisje dat op haar leek. Misschien was ze die dag jarig en wilde ze graag als zombie geschminkt worden, misschien huiverde ze wel van afgrijzen vermengd met vreugde toen ze zichzelf in de spiegel zag en zichzelf nauwelijks herkende.

Misschien. Ik zag haar maar een seconde, toen wendde ik instinctief mijn hoofd af. Ik durfde niet nog eens te kijken.

Tja. Het zou kunnen.

Maar ik weet wel beter.

Ineens hoor ik voetstappen op de gang, dan drie snelle klopjes op de deur. De sleutel rammelt in het slot, de deur gaat open.

'Hé Isak,' zegt Per.

'Hallo,' zeg ik, en ik ga rechtop zitten.

Per is iets korter dan ik, maar nog steeds lang. Stevige getatoeëerde armen, brede gespierde nek, een buik die een beetje over zijn riem puilt, een flinke baard en een bril met dun stalen montuur. Ik denk dat hij een jaar of tien ouder is dan ik.

'Je moet op gesprek komen, hè?'

'Yep.'

Tijd om mijn geestelijke gesteldheid te onderzoeken.

DE ZON SCHEEN nog altijd fel toen we in Visby de boot af reden. Na de donkerte op het autodek werden we zowat verblind, we tastten allebei tegelijk naar onze zonnebril. Die van mij hing aan mijn shirt, maar aangezien ik achter het stuur zat hielp Madde me hem op te zetten.

De glinsterende zee lag rechts van ons en aan de linkerkant zagen we Visby. Een stukje van de kust af lag een groot cruiseschip voor anker. Langzaam slingerden we het havengebied uit, als een kilometerslange slang van auto's, een lange helling op en in een wijde boog om de stad heen.

Het zomerhuis van mijn vader lag op Fårö, het eiland dat net boven Gotland ligt. Madde had Google Maps openstaan en leidde ons over rotondes en langs winkelcentra. We kwamen niet in Visby zelf terecht, maar reden steeds langs de rand van de stad. Uiteindelijk lieten we de stedelijke bebouwing achter ons en reden we over een mooi landweggetje richting Fårösund. Het was een vrij plat landschap, maar aan beide zijden van de weg lagen grote akkers en boerderijen omgeven door weelderige bomen. Hier en daar was er iemand op een tractor aan het werk. Langs de weg groeiden bloemetjes in dezelfde kleur als de lucht. Alles was groen, geel en blauw, afgezien van een enkele klaproos als een rode stip ertussen. In elk dorpje of gehucht waar we voorbij reden stond een massieve, oude stenen kerk.

'Wat is het hier mooi,' zei Madde. 'Het lijkt een beetje op Österlen.'

'Mhm.'

Ik registreerde het mooie zomerlandschap om ons heen wel, maar ik kon er niet van genieten. De shock die ik op de boot kreeg toen ik Klara in de kinderbios zag was wat gezakt, maar had wel een gevoel van onbehagen achtergelaten waar ik maar niet van afkwam. En het vermengde zich met de onrust die ik voelde om mijn vader voor het eerst sinds twaalf jaar weer te zien.

Ik voelde me een beetje alsof ik in het karretje van een achtbaan zat dat langzaam omhoog werd getakeld naar de eerste afdaling. Het inzicht dat je niet meer terug kunt. Dat je zit waar je zit. Je kijkt omhoog naar de top, daar in de verte. Je kijkt langs de zijkant van het karretje naar beneden, ook al weet je dat je dat niet zou moeten doen. Je wordt er duizelig van, shit wat zit je al hoog.

Dat gevoel, maar dan honderd keer erger. Ik had een enorme knoop in mijn maag. Ik besefte dat ik zere tanden had en dat dat kwam doordat ik onbewust mijn kaken op elkaar had geklemd.

De lange rij van auto's die van de boot af waren gekomen werd langzaam minder terwijl mensen afsloegen naar hun vakantiehuisjes. We kwamen langs Lärbro. Het landschap veranderde geleidelijk. Het vriendelijk ogende agrarische landschap werd vervangen door een iets onvruchtbaardere, geslotener omgeving. De uitgestrekte akkers verdwenen. Het groene loof veranderde in dichte, donkere bosschages van dennen en sparren. De smalle paadjes die eruit vandaan kwamen, waren wit van kalksteengruis en droog en stoffig door de brandende zon.

We reden Fårösund binnen, het grootste plaatsje dat we tegen waren gekomen sinds Visby. Er was een tankstation en een Ica-supermarkt. We reden rechtstreeks door naar de veerpont. De rij was niet lang en er voeren verschillende boten, dus we zouden niet lang hoeven wachten. Maar Madde kon het toch niet laten om even een winkeltje in te lopen voor een ijsje. Ik hoefde niet.

Al snel legde er een veerboot aan. Hij zat helemaal vol, met een mix van auto's, campers en een paar vrachtwagens. Ik had begrepen dat Fårö mooie badstranden had, dus waarschijnlijk waren er meer die van het eiland af kwamen dan die ernaartoe zouden gaan zo laat op de middag. Mensen kwamen terug van een dagje aan het strand. We reden de boot op. De hele rij met auto's was zo aan boord, en toen de veerpont vertrok was hij maar voor de helft gevuld.

Ik zette mijn oude, beige pet op en we stapten uit. De wind voelde heerlijk op ons gezicht toen we het water op voeren. De geur van zee vermengde zich met de geur van diesel van de veerboot. Madde sloeg haar armen om mijn middel, trok me tegen zich aan.

'Hoe voel je je? Ben je zenuwachtig?'

'Niet per se zenuwachtig, maar...'

'Je zegt niet veel.'

'Nee. Nou ja, ik ben ook wel een beetje gespannen.'

Madde streek over mijn wang, drukte haar lippen tegen mijn hals.

'Ik ben bij je.'

Zonder jou had ik dit nooit gedaan, dacht ik. Maar ik zei het niet. Want Madde had soms al het idee dat ze onmisbaar voor me was. Maar ik moet zeggen, de warmte van haar lichaam, haar lippen tegen mijn hals, de tederheid in haar stem, het zorgde er allemaal voor dat ik me iets beter voelde.

Ik legde mijn arm om haar heen en bedacht me dat het nog wel eens goed zou kunnen komen allemaal.

Niet veel later konden we de haven zien aan de andere kant van het water en de rij wachtende auto's. We stapten weer in onze Nissan Micra. De veerboot legde aan, een slagboom ging open en we konden Fårö op rijden.

Het landschap was niet heel anders dan in het noorden van Gotland, maar de begroeiing zag er nóg kaler en door de wind aangetast uit. De weg sneed in één rechte lijn door het bos van verbogen dennen en jeneverbesstruiken. In plaats van eindeloze akkers waren er weilanden omheind met stenen muren of houten hekken. Er liepen grote kuddes schapen te grazen op de schamele vegetatie.

Hier en daar stond een ouderwetse schuur langs de weg met een puntdak bedekt met gedroogd riet. Alle gebouwen waren van steen of hout en leken grijs of donkerbruin. Het voelde een beetje alsof Fårö ons met een ernstig gezicht verwelkomde. Als een oud mannetje dat het leven serieus nam.

We reden langs een kerk, en vlak daarna liep de weg heel dicht langs de zee. Glinsterende golven, oogverblindend wit zand en stralend witte rotsen. Een geur van rottend zeewier.

Mijn vader had ons geïnstrueerd om de hoofdweg noordwaarts over het eiland te volgen en voorbij de afslag van Sudersand en Ava te rijden. Voor het laatste stukje had hij me een uitgebreide routebeschrijving gestuurd. 'Google Maps werkt hier niet,' had hij geschreven.

Rond Sudersand werd de bebouwing wat dichter. Er stonden allemaal vakantiehuisjes en bungalows langs de weg. We zagen bordjes voor zowel een bungalowpark als een camping. Maar we reden verder, en er kwam al snel weer meer ruimte tussen de huizen. Er begon een dicht naaldbos, maar het was niet zo'n hoog, sprookjesachtig bos zoals we in Småland hebben, het waren lage bomen die heel dicht op elkaar stonden.

Daar was de afslag naar Ava. We kwamen in de buurt. Ik kreeg kriebels in mijn buik en gaf mijn mobiel aan Madde zodat zij de routebeschrijving van mijn vader voor kon lezen.

'Na een lange bocht naar rechts zouden jullie aan de rechterkant een huis een stukje verderop in het bos moeten kunnen zien. Na dat huis moeten jullie op een gegeven moment rechts een onverhard weggetje op.'

We hadden een heleboel bochten naar links en naar rechts achter elkaar gehad, hoe moesten wij nou weer weten welke hij bedoelde?

'Daar is dat huis, toch?' vroeg Madde. 'Of niet?'

'Hm.'

Er stond inderdaad een huis langs de weg, maar mijn vader had geschreven dat we 'een stukje verderop in het bos' een huis zouden 'moeten kunnen zien'. Die beschrijving leek niet echt te kloppen. En er was daarna ook geen onverharde weg te zien.

We reden verder, allebei oplettend door het rechterzijraam turend.

De bochten werden vervangen door een recht stuk, en daarna nog een.

'Als jullie op een recht stuk weg uitkomen zijn jullie te ver gereden.'

Ik zuchtte, remde af en keerde om. Na een paar keer steken waren we weer op weg terug richting Ava en Sudersand. Madde zei:

'Dan had het toch daar moeten zijn.'

'Hij is niet echt een ster in routebeschrijvingen.'

Na een tijdje zagen we een onverharde weg aan de linkerkant. Een stukje verder zagen we het huis langs de weg.

'Zou dit het kunnen zijn, dan?' vroeg ik.

'Laten we het proberen,' zei Madde. 'Zo veel weggetjes zijn er niet om uit te kiezen.'

Ik reed het onverharde paadje op, dat er vanaf de weg niet erg indrukwekkend uitzag, maar een klein stukje verder het bos in splitste het zich in twee delen. Het ene weggetje zag er vrijwel nieuw aangelegd uit. Mooi glad met een wegverharding met twee lagen steenslag, geen grasstrook in het midden.

'Links, hè?'

'Yep. Links.'

Het bos veranderde nogmaals van karakter, of misschien hadden we het gewoon niet gezien vanaf de grote weg. Het was een glooiend landschap dat me deed denken aan grote golven. De rechte, dicht tegen elkaar aan staande sparren werden vervangen door knoestige dennen. De weg slingerde tussen de heuvels door, maar was nog altijd mooi glad om op te rijden.

Het bos werd wat minder dicht. Ik merkte eerder dan dat ik zag dat we in de buurt van de kust kwamen.

'We zijn er bijna,' mompelde ik.

En toen mondde de weg uit in een grindveld dat wit glinsterde in de zon. Daarachter lag mijn vaders huis. Ajkeshorn.

Een breed, laag gebouw van moderne architectuur, met meerdere niveauverschillen zodat het de glooiende duinen zou volgen. Het zag er 'gepixeld' uit, als je begrijpt wat ik bedoel. Geen enkele afgeronde, zachte hoek. Alles bestond uit scherpe hoeken. Alsof iemand de eerste schets uit een nogal waardeloos grafisch programma had gehaald en die precies zo had nagebouwd in het echt.

Het had iets Minecraft-achtigs.

Madde stond er met open mond naar te kijken.

'Wauw,' zei ze uiteindelijk.

Naast het hoofdgebouw stond een ander, lager gebouw. De garage. Hoe ik wist dat dat de garage was? Nou, omdat er een Lamborghini en een Koenigsegg voor geparkeerd stonden.

Ik reed nog een stukje verder en parkeerde de auto aan de zijkant van de oprijlaan. We stapten uit. Madde keek me aan.

'Wie de fuck ís jouw vader eigenlijk?'

Toen ging de deur van het huis open, en kwam mijn vader naar buiten. Hij grijnsde breed.

'WELKOM! WAS HET lastig te vinden?'

Mijn vader kwam ons tegemoet gelopen. Hij was gekleed in een zwarte, linnen korte broek en een strak zwart T-shirt, verwassen en verbleekt door de zon. Birkenstocks aan zijn voeten. Hij was ontzettend zongebruind, zijn huid had een roodbruine kleur.

'Een beetje,' zei Madde. 'Maar het is gelukt.'

'Hoi. Fredrik.' Mijn vader stak zijn hand naar Madde uit en zij schudde hem. Een stevige handdruk, ze glimlachten naar elkaar. Aan de binnenkant van zijn onderarm had mijn vader een tattoo met een aantal vreemde tekens en symbolen.

'Madde. Leuk om hier te zijn.'

Hij liet Maddes hand los en wendde zich tot mij. Hij glimlachte, maar zijn blik was onderzoekend, een beetje onzeker.

'Mag ik?' vroeg hij terwijl hij met open armen een aantal stappen naar me toe deed, alsof hij me een knuffel wilde geven. Ik ontmoette hem halverwege en we sloegen onze armen om elkaar heen.

Hij was magerder dan ik me hem herinnerde. Lastig te zeggen of hij uitgeteerd was door zijn ziekte of gewoon fit voor zijn leeftijd. Hij moest iets van zevenenvijftig zijn, dacht ik. Zijn blonde haar was donkerder en dunner dan de vorige keer, en korter geknipt. Zijn lichaam voelde knokig maar gespierd in mijn armen. Hij rook lekker, naar een of ander luxe aftershave.

'Wat fijn dat je bent gekomen,' zei hij gedempt.

Trilde zijn stem nu zelfs een beetje?

We lieten elkaar los, mijn vader haalde diep adem en schraapte zijn keel.

'Oké, wat zullen we doen? Eerst een kopje koffie, dat ik jullie daarna laat zien waar jullie slapen?'

'Koffie zou niet verkeerd zijn,' zei Madde.

'Heb je bezoek?' vroeg ik met een blik op de sportauto's.

'Nee, nee, die zijn allebei van mij. We kunnen morgen wel een stukje gaan rijden.'

Ik had me voorgenomen om een beetje afstand te houden van mijn vader. Om kortaf te doen, niet onaardig, maar ook niet hartelijk. Geen gevoelens te tonen. Maar de gedachte aan een ritje in een van deze wagens bracht een grijns op mijn gezicht voor ik het tegen kon houden.

Ik ben altijd geïnteresseerd geweest in auto's. Ik kon constateren dat het hier om een Lamborghini Aventador en een Koenigsegg Regera ging, twee van de extreemste supersportwagens ooit gemaakt.

Mijn vader keek naar me, registreerde mijn reactie en zag er tevreden uit.

Fuck, wat heb ik toch een slechte pokerface. *Dat kan beter, Isak.* Mijn vader zei:

'Oké, doen we dat, dan drinken we eerst wat koffie op het terras.'

Hij ging ons voor naar de entree en wij volgden hem.

'Wat een fantastisch huis,' zei Madde.

'Vind je? Wat leuk om te horen,' zei mijn vader. 'Ik zal jullie straks even een rondleiding geven.'

We liepen door de voordeur, die hoog en breed was en gemaakt leek te zijn van massief hout, eik misschien. De hal was niet bijzonder groot, maar er kwamen drie verschillende gangen op uit. En ze liepen geen van alle recht, er zaten knikjes in waardoor je niet kon zien waar ze naartoe gingen. En er waren hoogteverschillen, een opstapje hier, een afstapje daar. Een groot dakraam zorgde ervoor dat de hal van bovenaf werd verlicht door daglicht. De vloer was bedekt met lichtgrijze natuurstenen tegels.

'Jullie mogen je schoenen wel aanhouden, hoor.'

We liepen achter mijn vader aan naar de gang recht tegenover de voordeur. De muren waren in een aangenaam zachte, witte tint geverfd. Hier en daar hing een kunstwerk, misschien wel van mijn vader zelf. Maar wat me vooral opviel waren de lampen aan de muur. Ze leken gemaakt te zijn van resten van een explosie, van een vliegtuigcrash of zo. De kap rond de lamp was verbogen, gedraaid en kapotgeknipt, half gesmolten en verkleurd, alsof het in bijtend zuur was gedompeld.

Jullie horen het al, hè. Het zag er echt afschuwelijk uit. Ik snapte niet waarom iemand zoiets aan zijn muren zou willen hebben. Maar ik stond er natuurlijk niet van te kijken dat mijn vader dat wel had.

Zowel aan de linker- als aan de rechterkant van de gang zaten deuren. We liepen langs een grote glazen schuifwand. Daarachter was een kleine binnenplaats te zien, aan drie zijden omlijst door het huis en aan één kant door een zandduin. Er stond een verwrongen den in het midden, en er was een hangmat gespannen tussen de den en een houten paal. De kroon van de den overschaduwde de hangmat.

'Wauw,' zei Madde. 'Kijk hoe mooi.'

Uiteindelijk, na een paar traptreden omhoog, kwam de gang uit in een grote moderne keuken met een gigantisch fornuis, een kookeiland met aanrechtblad van glanzend zwart marmer en een eettafel met plaats voor ruim tien personen. De vloer was van gepolijst beton of steen. Het had alles wat rijke mensen graag in hun keuken hebben. Strak en 'minimalistisch', zoals dat heet, in rustige kleuren. Mijn vader wendde zich naar ons toe.

'Wat willen jullie? Filterkoffie of espresso?'

'Ik wil wel een flat white met havermelk, alsjeblieft,' zei Madde terwijl ze mijn vader onschuldig aankeek.

Hij keek een beetje ontdaan. Er gingen drie seconden van ongemakkelijke stilte voorbij en toen grijnsde ze breed.

'Grapje. Filter is prima.'

'Voor mij ook,' zei ik.

'Weten jullie het zeker? Ik wil ook best espresso maken. Ik geloof dat ik nog wel sojamelk heb.'

'Nee, nee,' zei Madde. 'Ik meen het, filterkoffie is prima.'

'Oké… Gaan jullie maar alvast naar het terras, dan kom ik zo met de koffie naar buiten.'

Een lange kant van de keuken keek uit over een groot terras, en over de zee. Een raam van de grond tot aan het plafond stond open met alweer zo'n glazen schuifpui. Madde liep naar buiten en ik ging achter haar aan.

Het terras was gigantisch en had dezelfde lichte, stenen vloer die we in de hal hadden gezien. Er stond nog een eettafel voor acht personen, en in de andere hoek een grote, lage loungeset: een hoekbank en wat stoelen met een belachelijk lage salontafel in het midden. De loungemeubels stonden in de schaduw van de grootste parasol die ik ooit had gezien. Een lage steenrand omlijstte het geheel. Zowel aan de zijkanten als aan de voorkant zaten openingen.

We liepen naar de rand die uitkeek op de zee. Er liep een stenen trappetje ongeveer een meter naar beneden, naar het begin van een vlonderpad. Het paadje liep licht af en slingerde tussen duinen die begroeid waren met iets wat op riet leek, en wilde paarse en gele bloemen. Aan beide zijden groeiden knoestige grove dennen. Een meter of vijf daarachter zagen we een stukje van een stralend wit strand, en vervolgens de zee – aan het begin lichtgroen, daarachter turquoise, en uiteindelijk donkerblauw met wit schuim op de golven.

We stonden een tijdje zwijgend onze ogen uit te kijken.

'Wauw,' zei Madde uiteindelijk. 'Echt fucking wauw.'

'Mhm,' zei ik.

'Ik moet ophouden heel de tijd wauw te zeggen.'

'Ja.'

'Hoe vaak heb ik dat al gezegd sinds we hier zijn?'

'Vier of vijf keer, denk ik.'

'Gênant.'

'Maar echt. Ik zou ermee stoppen.' Ik lachte en sloeg mijn armen om haar heen.

'Maar het is toch echt niet normaal? Wat een plek!'

'Hm... Misschien niet helemaal mijn smaak.'

'Niet jouw smaak?' Madde keek me aan.

'Voelt het niet een beetje alsof je in een museum bent of zo?'

'Ik vind het wel mooi.'

'Het is wel stijlvol, ja.'

'En dat uitzicht dan. Daar valt toch hoop ik niets over te klagen?'

'Nee.'

'Je vader moet toch wel steenrijk zijn. Ik had niet verwacht dat je zo veel geld verdiende als kunstenaar.'

Dat was zo ongeveer alles wat ik Madde over mijn vader had verteld, dat hij moderne kunstenaar was. Ik voelde een steek van ongerustheid, een lichte druk op mijn borst, een voorgevoel van dingen waar mijn vader en ik het de komende dagen over zouden moeten hebben. We waren een tijdje stil. Madde legde haar hoofd in mijn hals.

'Laten we straks gaan zwemmen.'

De zee en het strand zagen er belachelijk uitnodigend uit. Na een paar bloedhete uren in een Nissan Micra zonder airco zou het inderdaad wel fijn zijn om even een duik te nemen. De rest kwam later wel.

Mijn vader kwam de keuken uit met een dienblad met koffie, melk en wat koekjes.

'We gaan in de schaduw zitten, hè?'

We gingen op de loungemeubels zitten. Mijn vader zette voor ons allebei een mok neer.

'Hier is melk.'

Madde pakte haar mok, nam een slokje van haar koffie en zei:

'Isak heeft verteld dat je kunstenaar bent.'

'Mhm...' Mijn vader knikte en keek toen naar mij, nogmaals met die ietwat vragende, defensieve blik. 'Ik weet niet hoeveel je hebt verteld?'

Ik proefde van de koffie, liet de vraag een paar seconden in de lucht hangen.

'Niet meer dan dat,' zei ik. Kortaf.

Dit ging lastig worden, ik voelde het meteen. Om zo weinig te zeggen, me op de grens van onfatsoenlijk te gedragen, om niet mee te helpen om het gesprek vloeiend te laten verlopen – dat ging zo tegen mijn gevoel in. Maar ik moest mijn best doen. Vooral nu, nu ik in principe al zo onder de indruk was van de sportwagens, van het huis, van de ligging aan het strand. Ik mocht het niet laten merken. Niet na twintig minuten al ontdooien. Ik moest de controle houden.

'Nee...' begon mijn vader en hij staarde naar de tafel voor hij verderging. Wist waarschijnlijk niet hoe ver hij in details zou treden. 'Dan vertel ik de korte versie wel.'

Mijn vader vertelde dat hij ongeveer twintig jaar geleden door was gebroken als schilder. Hij werd op Art Basel ontdekt door een internationale galeriehouder, die hem meenam naar Londen. Dit was ongeveer rond de tijd dat de stad overspoeld werd door Russische oligarchen die zwommen in het geld. Hij had geluk met de timing, constateerde mijn vader nuchter. Toen is de boel op gang gekomen. De Russen waren de eersten die zijn werk fantastisch vonden, daarna kwamen de Aziaten en Amerikanen. Hij had vooral veel privéklanten, maar later steeds meer bedrijven. Tegenwoordig hing zijn werk in veel van de beroemdste kunstmusea van de wereld. Hij had een stuk of zes vaste medewerkers om hem te helpen. Het hoofdatelier lag in Londen, maar hij had ook nog een klein atelier hier op Fårö. Op dit moment was zijn kunst in aparte tentoonstellingen te zien in Bilbao, Shanghai en Phoenix.

'Ik heb meestal heel wat mensen over de vloer. Maar nu heeft iedereen vrij gekregen voor de zomer. En het is nog niet zeker of ze in de herfst terugkomen. Weet niet of dat wel zin heeft.'

'Weten ze dat je ziek bent?' vroeg Madde.

'Ik heb het degenen verteld waar ik het nauwst mee samenwerk. Maar voor de rest zal het een vervelende verrassing zijn.'

Het werd stil rond de tafel. Madde was degene geweest die de vragen had gesteld en had gereageerd terwijl mijn vader zijn verhaal vertelde. Nu gaf ze mij de ruimte om iets te zeggen. Ik merkte dat ze allebei verwachtingsvol naar me zaten te kijken. Maar ik zei niets. Nam een slokje van mijn koffie, keek uit over de zee. Er klonk een zacht geritsel toen de wind door de toppen van de dennenbomen waaide.

Wat een verschrikkelijk ongemakkelijke sfeer.

Uiteindelijk slaakte Madde een diepe zucht en zei:

'Het is echt heerlijk hier.'

Mijn vader glimlachte en knikte. 'Hebben jullie zin om te zwemmen?'

We haalden onze bagage uit de auto en mijn vader liet ons zien waar we zouden slapen. We liepen achter hem aan door een van de kronkelende gangen. Op een gegeven moment liepen we langs de opening van een andere gang die dichtgeplakt zat met bouwfolie en ducttape. Mijn vader bleef staan.

'Ik had eerst bedacht dat jullie in het gastenverblijf konden slapen,' zei hij. 'Maar we hebben waterschade in dit deel. Het dak lekt. Dus ik wacht nog op de klussers om dat te komen fixen.'

'Oké,' zei Madde.

Mijn vader schudde zijn hoofd. 'Architecten... Ze komen altijd met nieuwe geniale oplossingen die nog niet uitgetest zijn. "Ja, we laten het dak naar het midden toe aflopen, zodat je, als het regent, een waterval krijgt binnen. Dan hebben we geen dakgoten en regenpijpen nodig aan de buitenkant. Wat zou er mis kunnen gaan?" Nou, een heleboel, is verdorie wel gebleken.'

We liepen verder door de gang, naar opnieuw een hal. Of misschien moet ik het een garderobe noemen. Er was een entreedeur, een paar stabiele stellages van hout en staal om kleren aan te hangen, en er was een toiletdeur. Dezelfde lichte stenen tegels op de vloer, daarboven eenzelfde dakraam dat uitkeek op de hemel.

Maar wat pas echt de aandacht trok was een bank die tegen de muur stond. Ik weet niet goed hoe ik hem moet beschrijven zodat jullie het kunnen begrijpen. Het was het bizarste wat ik ooit had gezien.

Aan de linkerkant zag het eruit als een typische wachtkamerbank. Hij was van zwart leer en er zaten een heleboel knoopjes op. Een hoog, recht zitvlak, niet bijzonder dikke vulling, vierkante lijnen. Zo een die je vaak op vliegvelden ziet. Maar daarna, hoe verder je naar rechts keek, hoe meer de bank begon te veranderen. De vulling zwol op en werd bultig. Een stukje verder kon je niet eens meer op de bank zitten, de vulling werd steeds dikker, zwol ongecontroleerd op, als een gigantisch stuk deeg dat over de poten van de bank vloeide en via de muur helemaal tot aan het plafond liep. Het hing als een grote zwarte wolk van leer en knopen boven de kamer.

'Dit deel heb ik aan laten bouwen om wat kleinere vernissages te kunnen houden,' zei mijn vader. 'Sommige van mijn particuliere klanten krijgen graag een beetje een speciale behandeling.'

Madde en ik zeiden niets. We konden alleen maar naar de bank staren.

'Best apart, hè?' zei mijn vader.

Madde knikte.

'Die is van Ikea, toch?'

'Haha, ja, precies,' zei mijn vader.

'"Nachtmerrie" heet dit model geloof ik.'

'Het begon eigenlijk met een Italiaanse bank uit de jaren zeventig die ik op een veiling won,' vertelde mijn vader. 'Het was toen in om hele grote zitbanken te hebben, ze zien er een beetje opgezwollen uit. Ik dacht de bank eerst hier neer te zetten. Toen besefte ik dat ik hem ook aan kon passen, en die stijl tot in het absurde kon uitwerken. Dus ik begon wat te schetsen, maar toen bedacht ik me weer iets anders, dat ik van een heel andere stijl uit kon gaan, namelijk dat strikte, strenge dat in de jaren vijftig in was. Om een groter contrast te kunnen creëren.'

'Tja… Ik weet niet wat ik moet zeggen,' zei Madde. Ze draaide zich naar mij toe. 'Zullen wij er ook zo een aanschaffen voor in ons kleine appartementje?'

'Liever niet,' zei ik. 'Je kan er maar met één persoon op zitten.'

'Mhm,' zei mijn vader knikkend. 'Het is eigenlijk een fauteuil.'

Wat een belachelijke onzin, dacht ik. Om een bank te kopen en die vervolgens aan te passen, waarschijnlijk voor heel veel geld, zodat er nog maar één persoon op kan zitten. Wat een verspilling.

'In ieder geval,' ging mijn vader verder, 'wat er bij het verhaal hoort, is dat ik het idee kreeg, een tekening maakte, en mijn mensen er in het atelier mee aan de slag liet gaan. En rond diezelfde tijd begon ik hoofdpijn te krijgen. Het hield zeg maar gewoon niet op. Dus uiteindelijk ging ik naar de dokter, en na een hoop onderzoeken constateerden ze dat ik een hersentumor had.'

Mijn vader bleef even stil. Madde en ik lieten dit tot ons doordringen, wachtten op het vervolg.

'Dus... Ik denk dat ik op een of andere manier, misschien onbewust, al wel wist dat er een tumor in me groeide. Totaal onbeheersbaar. Dit was mijn manier om mijn onderbewustzijn vorm te geven.'

Het werd weer stil. Madde en ik bleven naar de bank staren.

'Ongelooflijk,' zei Madde uiteindelijk.

'Maar hier hoeven jullie niet te slapen, hoor,' zei mijn vader, en hij lachte naar me. 'Kom.'

Aan het andere uiteinde van de hal, vanaf de entreedeur gezien, zat een dubbele deur. Hij opende die en toen kwamen we in een grotere ruimte die op een zaal in een museum leek. Aan de achterste zijde zat een hoog, smal raam dat uitkeek op zee, en in het plafond zat een kleiner raam dat een vierkantje van daglicht in het midden van de kamer projecteerde. Maar verder lag alles in het halfduister. Er stond een verzameling merkwaardige figuurtjes op ons te wachten in de schaduw.

Mijn vader drukte op een knop naast de dubbele deur en op het plafond sprongen een paar lichtspotjes knipperend aan. Langs de muren stonden een heleboel sculpturen van hout, steen en klei. Het leken net afgodsbeelden van een of andere oude beschaving. Lachende en grijnzende goden, sommigen mannelijk, anderen vrouwelijk. Een aantal met dierenhoofden, anderen met dierenlichamen. Aan de muren hing een verzameling grote maskers, van het soort dat healers in primitieve culturen volgens mij tijdens hun rituelen gebruiken. Ze zagen er wild uit met hun starende ogen en openstaande monden, razend of vervuld van angst, het was lastig te bepalen welke van de twee. Er waren draken, tijgers en vogels, de meeste kleurrijk en versierd met veren, stro en bladeren.

Midden op de vloer, recht onder het dakraam, stond een groot tweepersoonsbed met aan elke kant een nachtkastje en een staande lamp. Het bed zag er luxe en uitnodigend uit, het was zo'n hoge met een bedbodem van meerdere lagen. Opgemaakt met glanzende lakens en kussens in sobere kleuren. Mijn vader zei:

'Dit is dus eigenlijk mijn tentoonstellingsruimte. Maar ik gebruik hem nu als voorraadkamer. Ik verzamel oude sculpturen en maskers, misschien dat je je dat nog kunt herinneren?' Mijn vader keek me aan.

'Ja,' zei ik. Ik weet nog dat hij er een paar van in zijn atelier in Stockholm had staan, waar Klara en ik vroeger wel eens langskwamen.

'De verzameling is wel wat gegroeid sinds je klein was,' ging mijn vader verder. 'Maar ik hoop dat het oké is dat ze hier staan. Dit is in elk geval wel de fijnste ruimte in het hele huis. De airconditioning hier is de beste die je voor je geld kunt krijgen.'

Dat was wel waar. Vergeleken met de rest van het huis was het lekker koel in deze kamer. Madde liep naar het bed toe, streek met haar hand over het laken.

'We zullen hier slapen als koning en koningin,' zei ze met een glimlach. Ze liet haar tas naast het bed op de grond vallen.

'Jullie kunnen de sterren door het raam zien, als jullie willen,' zei mijn vader terwijl hij naar de dubbele deur liep. 'Of... Als jullie het liever donker hebben...' Mijn vader drukte op een andere knop aan de muur, en met een zacht gezoem schoof er een rolluik voor het dakraam.

'Perfect,' zei Madde.

Mijn vader keek me aan, en dit keer was zijn blik wat dwingender.

'Wat vind je ervan? Kan het ermee door?' Ik geloof dat ik een ietwat sarcastische klank in zijn stem hoorde, alsof hij zijn geduld begon te verliezen. *Waarom ben je überhaupt naar hier gekomen als je alleen maar stil bent en chagrijnig loopt te doen*, zoiets. Misschien dat ik het me maar inbeeldde. Hoe dan ook knikte ik en antwoordde:

'Ja hoor.'

'De wc is in de hal, dat hadden jullie gezien, hè?'

'Mhm.'

'Dat was het wel zo'n beetje.' Mijn vader keek op zijn horloge.

‘Zullen we over een paar uur op het terras afspreken voor een drankje? Rond zessen? Dat we daarna gaan eten?’

‘Klinkt perfect,’ zei Madde.

‘Is goed,’ zei ik.

Mijn vader knikte en glimlachte breed naar ons.

‘Leuk dat jullie er zijn.’

Hij verdween door de dubbele deur en deed hem zachtjes achter zich dicht. Madde stond doodstil en luisterde naar zijn door de hal verdwijnende voetstappen. Toen ze niet langer te horen waren maakte ze een grote sprong en landde met haar rug op het bed.

‘Woehoe!’ riep ze uit. De bedbodem kraakte zorgwekkend. Ik moest lachen en liep naar het bed toe, zette mijn tas op de grond, klom op het bed en ging in Maddes geopende armen liggen. Mijn pet viel van mijn hoofd. We kusten elkaar, rolden om, knuffelden en zoenden elkaar weer.

‘Mijn god, wat een heerlijk bed,’ zei ze. ‘Daar moeten vieze dingen in gebeuren.’

‘Vind je dat?’

Ze lag onder me, legde haar handen op mijn billen en kneep erin.

‘Dat vind ik, ja.’

Ik kuste haar in haar nek, mijn handen gleden onder haar hemdje, ik spreidde mijn vingers uit over haar warme rug.

‘Stel je voor dat je hier vannacht de sterren gewoon kunt zien,’ mompelde Madde. ‘Wacht even.’

Ik rolde van haar af en zij klauterde uit bed. Ze liep naar de rij knoppen naast de dubbele deur en begon erop te klikken om de juiste te vinden. Op een gegeven moment vond ze de knop die het rolluik van het dakraam weer omhoog liet gaan. Ik ging op mijn rug liggen en keek omhoog. Ik zag een schacht in het behoorlijk dikke plafond, en daarboven een bijna onwerkelijk helderblauw vierkant.

‘Sweet,’ zei ik, en ik wachtte tot ze me weer gezelschap kwam houden op bed. Maar de kamer had haar nieuwsgierigheid gewekt. Of ja, de verzameling standbeelden en maskers, eigenlijk. Ze liep langzaam langs de rijen figuren, bleef staan en bekeek er eens eentje extra nauwkeurig, raakte een ander voorzichtig aan met haar vingertoppen.

'Wat zijn dit voor mannetjes?'

'Weet ik niet. Oude goden, misschien.'

'Deze ziet er niet heel vrolijk uit.' Madde bekeek een beeld van compleet zwart hout. Hij was maar een klein stukje korter dan zijzelf en had zijn handen voor zijn borst gekruist. Hij had starende ogen, zijn mond stond open en hij had zijn tanden ontbloot, als een wolf.

Madde greep hem bij zijn oor.

'Hé. Relax. Het is vakantie.'

Ik kreeg de neiging tegen Madde te zeggen dat ze de beelden niet aan mocht raken, ergens in mijn achterhoofd had ik een vage herinnering dat mijn vader daar heel streng over was geweest als ik hem vroeger in zijn atelier bezocht. Maar ik zei niets. Wat kon mij het ook eigenlijk schelen wat er met zijn oude beelden gebeurde.

Madde liep verder. Ze had haar blik verplaatst naar de rij maskers die achter de beelden aan de muur hingen. En er was één masker in het bijzonder dat haar interesse wekte. Voorzichtig, zodat ze niet een van de figuren die op de grond stonden om zou stoten, liep ze ertussendoor naar de muur toe en haalde het masker ervanaf.

Het was een groot, zwart vogelmasker.

'Hé... Ik weet niet of je...' Ik maakte mijn zin niet af.

Madde hield het masker in de lucht terwijl ze langzaam tussen de beelden terugliep. Ze draaide het masker naar zich toe, bekeek het gefascineerd.

'Moet je deze zien.'

Het masker prikkelde zeker de fantasie. De vogelkop was ongeveer net zo groot als een mensenhoofd en had een lange, grijzige snavel en twee glimmende zwarte ogen die eruitzagen alsof ze van een of andere gepolijste steen waren gemaakt. Het zag er erg natuurgetrouw uit. Het glanzend zwarte verenkleed was waarschijnlijk gemaakt van echte veren, die dicht op elkaar zaten. In tegenstelling tot een aantal van de andere maskers, kwam dit masker niet versleten over, je zou bijna denken dat hij nog maar pas was gemaakt.

Ik ging op de rand van het bed zitten. Mijn hart bonsde in mijn keel. Madde woog het masker in haar handen.

'Hij is best zwaar. Moet je eens voelen.'

'Ik denk dat je hem beter terug kunt hangen.'

Madde leek me niet gehoord te hebben. Ze was compleet betoverd door het masker. Ze draaide het om.

'Hé. Madde.'

Ze boog haar hoofd voorover en zette het masker voorzichtig op. Het verenkleed bedekte haar nek en viel over haar schouders. Toen richtte ze haar hoofd op en keek mijn kant op. De grote, zwarte ogen keken me recht aan.

Ineens hield de vogel zijn hoofd schuin, maar bleef naar me kijken.

Ik werd duizelig en misselijk.

'Isak? Wat is er?'

Ik had mijn blik op de grond gericht, maar hoorde dat Madde het masker afzette.

'Ik heb waarschijnlijk gewoon te weinig gedronken,' mompelde ik. Madde legde het masker op het bed, ging naast me op de rand zitten en sloeg haar arm om me heen.

'Ik begrijp het… Zal ik een beetje water voor je halen?'

'Graag… Als je wil.'

Ze aaide me over mijn rug.

'Natuurlijk. Blijf jij hier maar even rustig zitten.'

Ik knikte. 'En dan gaan we daarna even zwemmen, toch?'

'Ja.' Madde gaf me een kus op mijn wang en stond op van het bed. Ze haalde een plastic bidon uit haar tas en liep de kamer uit. Even later hoorde ik de kraan lopen in de wc in de hal.

Ik voelde de aanwezigheid van het masker op het bed, zag hem in mijn ooghoek. Ik durfde er niet recht naar te kijken.

Stel je voor dat hij met zijn ogen zou knipperen.

Ik haat het als vogels met hun ogen knipperen. Dat vliesje dat zo snel over hun oog heen en weer beweegt.

'HOE VOEL JE je op het moment?'

Karin is rond de veertig, of richting de vijftig misschien. Knap. Ziet er sportief uit. Haar blonde haar zit bij elkaar gebonden in een korte paardenstaart, ze draagt een soort sportshirt met lange mouwen en een ritsje aan de voorkant, een strakke jeans en Birkenstocks. Ze ziet er niet uit als een standaard psychiater en dat is waarschijnlijk ook de bedoeling.

'Goed,' zeg ik.

Ze knikt. Ze kijkt me vriendelijk maar neutraal aan. Ze heeft een laptop voor zich op tafel.

'Slaap je goed?'

'Ja. Vind ik wel.'

'Ik zie dat je bij de dokter bent geweest voor wat kalmeringsmiddelen.'

'Mhm.'

Karin kijkt even op haar scherm voor ze verdergaat.

'En voordat je met je vriendin naar je vader ging, hoe voelde je je toen?'

'Ik voelde me prima.'

'Je hebt geen contact gehad met de geestelijke gezondheidszorg? Geen hulp gezocht ergens voor?'

'Nee. Dat is lang geleden.'

'Ja... Ik heb je werkgever in Småland gesproken. Zij bevestigen dat je je werk uitstekend hebt uitgevoerd, er zijn geen aanwijzingen voor een slechte gezondheid of iets dergelijks.'

'Nee.'

'Maar toen gingen jij en... Madeleine was het, hè?'

'Mhm.'

'Jullie gingen naar Fårö om je vader op te zoeken.'

'Ja.'

'Vertel eens hoe je je voelde toen je daar was.'

'Niet zo goed.'

'Waarom niet?'

Ik beweeg onrustig heen en weer, maar zeg niets. Staar naar de tafel. Voel Karins blik op me gericht.

'Is het lastig om erover te praten?'

'Een beetje.'

'Dat begrijp ik. Maar zou je íéts kunnen zeggen?'

Ik ben er zo aan gewend om mijn gedachten voor mezelf te houden, in elk geval de afgelopen vijftien jaar, dat het me met mijn hele lichaam tegenstaat om te beginnen met vertellen.

Tijdens de politieverhoren de eerste paar dagen bleef ik maar praten. Ik was compleet uitgeput en had geen zin om erover na te denken wat wel en niet slim was om te zeggen. Het was juist een opluchting om gewoon alle kaarten op tafel te leggen.

Zo is het gegaan. Dit is er gebeurd.

Maar inmiddels is er een week voorbij en ben ik weer een beetje mezelf. Ik kruip terug in mijn schulp.

'Hoe sliep je toen je bij je vader was?'

'Niet goed.'

'Nee... Sliep je constant slecht?'

'Eh... Bijna wel. Maar de laatste paar dagen eigenlijk überhaupt niet.'

'Nee.'

'En ik werd ook gedrogeerd.'

'Je hebt niet zelf drugs genomen, maar ze onvrijwillig binnengekregen?'

'Ja.'

Ik kijk naar het tafelblad. Het is bijna waar.

MADDE EN IK liepen over het vlonderpad richting het strand met allebei een handdoek in onze hand. Het was inmiddels laat op de middag, maar de hitte was nog steeds genadeloos. De lucht stond stil tussen de duinen. Er zaten spinnetjes op de planken te zonnen, loom van de hitte, en ze weigerden voor ons aan de kant te gaan. Er vloog een grote libelle met glinsterende vleugels langs ons heen.

Het paadje hield op en toen waren we op het strand. Hier stond wel een licht briesje, maar de lucht was zo warm dat hij nauwelijks verkoelend was. We schopten onze slippers uit en stapten met onze voeten in het zand dat zo fijnkorrelig was als meel. Het brandde onder onze voetzolen. We trippelden een stukje op onze tenen tot we dichter bij het water kwamen, waar de golven over het zand spoelden en het glad en vochtig hadden gemaakt. Het strand was best lang, een meter of honderd, en gebogen als een halvemaan. We stonden ongeveer op het midden en er waren geen andere badgasten in de buurt, maar aan de uiteinden zagen we wel wat mensen. Een paar gezinnen, wat groepjes jongeren. Er was ook een groepje met surfplanken bezig aan de rand van het water. Misschien werd er een cursus gegeven.

We hadden ons thuis al omgekleed, en nu liet Madde haar handdoek in het zand vallen en trok haar tuniek met batikpatroon over haar hoofd. Ze droeg een bikini met dunne bandjes, die veel van dat lichaam liet zien waar ik de hele tijd naar verlangde. Ik zette mijn pet af, deed mijn poloshirt uit en knoopte mijn korte broek los. Ik wilde zo snel mogelijk het water in.

Madde liep voor me uit naar de waterkant. De eerste golven spoelden over haar voeten.

'Aaaahhh,' gilde ze terwijl ze haar armen om zich heen sloeg, 'het is superkoud!' Ze liep weer terug het strand op. Ik liep het water in, het kwam tot net boven mijn enkels, tot de volgende golf eraan kwam en over mijn schenen spoelde.

Madde had gelijk, het was echt fucking koud.

'Valt toch wel mee?' vroeg ik terwijl ik onaangedaan probeerde te klinken.

'Meen je dat nou? Het is verdomme ijskoud!'

'Kom nou maar.'

Ik liep verder het water in, dat al snel tot mijn knieën kwam. Er kwam een golf tot ver op mijn bovenbeen terecht. Onwillekeurig ging ik op mijn tenen staan en trok mijn buik in.

'Isak,' zei Madde smekend. Ik draaide me naar haar om en glimlachte dapper.

'Kom, het is lekker fris!'

Eigenlijk was ik een waterrat. Als je in Småland bent opgegroeid en eraan gewend bent om in meren te zwemmen, dan kun je daar niet omheen. Het water mag best koud aanvoelen als je erin glijdt, maar dan moet het wel binnen een paar seconden lekker zijn, zo ben ik het gewend. Dit water was echter zo koud dat het waarschijnlijk nooit aangenaam zou worden. Maar het vogelmasker had mijn zwakte blootgelegd, ik was bijna flauwgevallen. Deze duik gaf mij een kans om het tij te keren. Nu moest ik de stoere zijn.

Ik weet wat jullie denken. Wat ontzettend kinderachtig. Nou, ik denk dat jullie vast vaak genoeg zoiets hebben gedacht. Als jullie heel eerlijk zijn tegen jezelf.

Madde waagde zich terug het water in, maar zag er nog altijd twijfelachtig uit. Zelf draaide ik me terug om in de richting van de zee en zette nog een paar stappen. Het water kwam nu ongeveer tot aan mijn middel. Ik begreep waarom er niet zo veel gezinnen waren op dit stuk strand, het was hier allesbehalve ondiep. Mijn lichaam schreeuwde om zo snel mogelijk het water uit te gaan, dit was waanzin, maar ik concentreerde me erop hoe ik er in Maddes ogen uit zou zien, en bleef zo rustig mogelijk doorwandelen tot het water net boven mijn navel kwam, toen hield ik mijn handen boven mijn hoofd, liet me voorovervallen en dook erin.

Het was een enorme shock. IJzige kou over mijn hele lichaam. Ik deed een paar wezenloze zwemslagen onder water, probeerde mezelf warm te spartelen voordat ik weer met mijn hoofd bovenkwam en mijn voeten op de bodem zette. Snelle, oppervlakkige ademhalingen, net onder mijn keel. Ik veegde het water uit mijn gezicht.

'Koud, hè?'

'Nee... S-superlekker...' Ik was buiten adem, kon nauwelijks praten, stond bijna te klappertanden. Madde lachte me uit.

Dat had ze niet moeten doen. Ik rende op haar af, vechtend door de golven.

'Wacht jij maar.'

'Nee,' gilde Madde, maar het was al te laat, ik was al dichtbij genoeg om mijn handen met zeewater te vullen en haar een ijskoude douche te geven.

'Hou op!' Madde rende weg, richting het strand, maar ik kwam achter haar aan gespetterd.

Ze probeerde me te ontwijken, maar te laat, ze kreeg nog een douche, en toen draaide ze zich om en rende zelf terug het water in om terug te spetteren. Ik kreeg wel wat over me heen, maar dat was niets vergeleken met wat zij over zich kreeg. Ze kreeg een hele plens over haar rug, en ze begreep dat ze maar één ding kon doen, ze begon weg te rennen, probeerde haar voeten boven het water te tillen, maar al snel struikelde ze en viel voorover in de zee. Ze vloog meteen weer overeind.

'Fuck, fuck, fuck. O, fucking hell, wat koud!'

Ze ging opnieuw onder, en ik dook er ook in. Crawlde een stukje. De kou was dit keer helemaal niet meer zo choquerend. Ik zwom naar haar toe, sloot haar in mijn armen.

'Lekker, hè?'

'Nee, helemaal niet.'

We kusten elkaar. Haar mond smaakte naar zeewier en zout.

Even later lagen we naast elkaar op onze handdoek in de zon op te drogen. Met de kou van de zee nog op onze huid. Maar het was best lekker. De zon was niet meer zo fel als midden op de dag, maar het was drukkend warm, als in een sauna, en het zand was gloeiend heet. Onze voeten en schenen zaten onder de fijne zandkorrels.

Madde draaide zich naar me toe, legde haar been over die van mij. We lagen heel dicht met onze gezichten bij elkaar. Ik pakte een van haar natte haarslierten vast en stopte die in mijn mond. Ze streelde me over mijn borst, kuste me in mijn hals, en verder naar beneden tot aan mijn tepel. Ik werd stijf, zij merkte dat en liet haar hand in mijn zwembroek glijden.

'Hé...' fluisterde ik. 'Dit kunnen we hier echt niet doen.'

Er was op dit moment dan wel niemand in de buurt, maar er zou zo iemand voorbij kunnen komen wandelen over het strand.

'Nee, ik weet het,' mompelde Madde terwijl ze haar hand terugtrok. 'We moeten terug naar onze kamer.'

Na een minuutje stond ik op, trok mijn korte broek aan en pakte mijn handdoek en T-shirt. Madde hing haar handdoek en jurk over haar arm en toen liepen we omhoog naar het huis met onze armen om elkaar heen. We stapten in onze slippers waar we ze hadden achtergelaten. Madde keek naar het groepje dat in de verte aan het surfen was. Ze waren inmiddels in het water bezig, ze lagen op hun surfplank op een golf te wachten. Toen er eentje kwam begonnen ze te paddelen en probeerden rechtop te gaan staan, maar ze vielen bijna allemaal meteen in het water.

'Heb jij wel eens gesurft?'

'Nee,' antwoordde ik. 'Het ziet er lastig uit.'

We liepen het paadje richting het huis op, Madde eerst en ik daarachter.

'Is het ook, superlastig. Maar het is een beetje zoals met fietsen, als je het eenmaal kunt, verleer je het niet zomaar.'

'Ben je er goed in?'

Madde vertelde dat ze had leren surfen tijdens een treinvakantie, toen ze een weekje in Biarritz waren. De eerste twee dagen had ze constant in het water gelegen, maar op de derde dag was het alsof haar lichaam het ineens doorhad.

Ze was inmiddels bij de stenen trap die naar het terras liep.

'Misschien heeft je vader nog wel ergens een surfplank liggen,' zei ze terwijl ze stil bleef staan en met haar voet over de grond heen en weer bewoog. Ik snapte niet wat ze aan het doen was. 'Of misschien kunnen we er een keer ergens een huren. Zou leuk zijn om het je te leren.'

Toen hield ze haar andere voet in de lucht, en ik zag dat er een klein mondstuk aan de zijkant van de trap zat, een paar centimeter boven de grond. Er spoot water over haar voet en sandaal. Toen ze haar voet terugtrok stopte het met stromen.

'Wat handig, zeg,' zei ik. Ik hield mijn voet eronder en het zand werd weggespoeld. Ik zag dat er een kleine fotocel onder het mondstuk zat.

Madde zei niets, ze leek mijn opmerking niet gehoord te hebben. Ze liep de trap op naar het terras.

We haastten ons terug naar onze kamer, trokken al onze kleren uit en droogden elkaar af zodat we het bed niet nat zouden maken, maar het was tegelijkertijd een leuk voorspelletje, om van elkaars naaktheid te genieten. Ze ging op haar rug liggen en eindelijk kon ik in haar komen.

Madde had het masker terug aan de muur gehangen voordat we gingen zwemmen, en ik hoefde er bijna niet aan te denken.

Ik was geil genoeg om niet bang te zijn. Dat was toch ook wel een soort teken van goede gezondheid.

EEN PAAR UUR later zaten we in de loungemeubels op het terras met mijn vader een Frozen Melon Daiquiri te drinken. Madde en ik zaten samen op de bank, mijn vader op een van de stoelen. Het was vroeg op de avond, maar de zuchtjes wind die af en toe voorbijkwamen voelden nog altijd warm op ons gezicht.

Ik had een nieuwe, schone polo aangetrokken, lichtgrijs deze keer, en een donkerblauwe, linnen korte broek. Mijn vader had een zwart T-shirt aan van een glanzend stofje dat zijn goedgetrainde en zongebruinde bovenlijf benadrukte, en daaronder een wijde, zwarte, linnen broek. Ik heb nooit begrepen waarom je zwarte kleren aan zou doen als het zo warm is. Dat zuigt de warmte zo ongeveer naar zich toe.

Mijn vader bood zijn excuses aan dat hij voor het eten met daiquiri's kwam.

'Ze zijn eigenlijk veel te zoet. Verpesten je smaakpapillen. Maar ik ben er kinderachtig gek op. Proost.'

Madde en ik hieven onze glazen op en namen een slok. We hadden er geen bezwaar tegen. Het drankje smaakte heerlijk in die hitte. Fris, niet al te zoet, en met een warm vleugje van de rum die in je mond bleef hangen. Maar vooral – dat gevoel in je slokdarm wanneer de bevroren, gemixte meloen erdoorheen stroomde.

'Zijn jullie wezen zwemmen?'

'Ja,' zei Madde.

'Lekker warm, hè?'

'Haha, nee.'

'Zo gaat dat hier. Eind augustus begint de watertemperatuur pas een beetje acceptabel te worden om in te zwemmen.'

Fredrik vertelde dat het strand onderaan het huis Ullasand heette en dat het voor veel toeristen onbekend was. Het water werd snel diep, dus het was niet erg populair bij gezinnen met jonge kinderen. Wanneer het hard waaide en er hoge golven waren, ontstonden er ook gevaarlijke onderstromingen die je onder water konden trekken. Maar surfers hielden wel van dat strand, ze bewaakten het als een goed bewaard geheim.

We bleven zo een tijdje over koetjes en kalfjes praten, en ik denk dat ik toen ook een stukje van mijn muur liet zakken. Ik wilde mijn vader wel op afstand houden, maar de drankjes waren te lekker en de bank zat te fijn en het weer was te mooi en het uitzicht te fantastisch. De genegenheid die ik voor Madde voelde, de liefde, was te sterk. Er ontstond een scheur.

En wilde ik hem eigenlijk wel op afstand houden? Heel eerlijk? Waarom zou het dan zo goed hebben gevoeld toen we elkaar een paar uur geleden voor het huis zagen, en hij me liefdevol aankeek en me een knuffel gaf?

Iets waar ik zonder het zelf te weten naar verlangd had.

Mijn vader vulde onze glazen met meer van die lichtrode daiquiri uit een beslagen kan. Er bereikte ons een heerlijke etensgeur vanuit de keuken. Vlees, knoflook, kruiden, zoete gegrilde tomaat. Er klonk gerommel uit de keuken, en ik wierp een blik die kant op. De glazen muur reflecteerde de lucht en de duinbossen, maar daarachter zag ik iemand bewegen.

'Hebben jullie al een beetje honger?' vroeg mijn vader.

'Een beetje wel,' zei ik.

'Mooi. Laten we dan maar binnen gaan zitten.'

Ik voelde me heel even een beetje duizelig toen ik opstond. Ik geloof dat Madde en mijn vader het allebei niet merkten, ik wankelde ook niet echt, het was meer een gevoel dat ik had. Maar al die daiquiri's die ik had gedronken kwamen natuurlijk wel aan. Ik nam me voor rustig aan te doen met de wijn, of wat er dan ook bij het eten zou worden geschonken. Ik wilde niet meer dronken worden dan ik al was.

We liepen achter mijn vader aan de keuken in, waar een oudere vrouw op ons stond te wachten. Ik gokte dat ze een jaar of zeventig was, misschien iets jonger. Ze zag er stijfjes uit, leek bijna als een soldaat in de houding te staan. Haar jurk was pikzwart en kwam ouderwets over. Hij zat tot bovenaan dichtgeknoopt en kwam helemaal tot aan de grond. Er hing een keurig gevouwen theedoek over haar arm.

'Dit is Barbro,' zei hij met een gebaar naar de vrouw. 'Barbro, dit zijn Madeleine en Isak.'

'Prettig kennis te maken,' zei Madde terwijl ze haar hand uitstak. Barbro schudde hem en boog lichtjes voorover, zonder iets te zeggen. Toen was het mijn beurt. Ik groette haar en pakte haar hand vast. Die was klein en knokig en ze had lange nagels, er schraapte er een licht over mijn handpalm. Weer maakte ze een kleine buiging die er onderdanig maar mechanisch uitzag. Toen ging ze weer op dezelfde stramme manier staan, met haar handen over elkaar voor haar buik. Mijn vader zei:

'Barbro werkt al jaren bij me, ze is geweldig... Maar jullie zouden misschien wel moeten weten dat ze niet kan spreken. Dus ze zal geen antwoord geven als je haar iets vraagt.' Hij glimlachte naar Barbro. Ze lachte niet terug.

'Oké,' zei Madde. 'Goed om te weten.'

'Wat willen jullie drinken? We eten lamsfilet.'

'Ik neem wat jij neemt.'

'Ik drink rood. Isak? Wat wil jij? Er is rood, wit, rosé, lager, IPA...'

'Eh... Sorry... Rood, graag.'

Ja, ik was afgeleid. Ik kon niet stoppen stiekem naar Barbro te kijken. En ik begreep eerst niet hoe het kwam, zo vreemd zag ze er ook weer niet uit. Oké, haar jurk leek wel uit achttienhonderd-nog-iets te komen, maar afgezien daarvan. Haar gezicht was vrij gewoontjes en nietszeggend.

Misschien dat het daar juist aan lag. Dat haar gezicht zo totaal geen emoties vertoonde. Volledig neutraal. Geen warmte, geen koelte, geen plezier, geen irritatie. Niks.

We gingen aan het uiteinde van de grote eettafel zitten, waar het gedekt was. Servetten van dik katoen, zwaar bestek van modern design. Een hele rij glazen bij elk bord, met een wijnglas zo groot als een kleine schaal aan het uiteinde. Ik had het gevoel dat ik een gebruiksaanwijzing nodig had om te weten welk glas ik wanneer zou moeten gebruiken. Maar Barbro serveerde de drankjes, dus daar hoefde ik me geen zorgen om te maken. Ze trok de kurk uit een fles rood en schonk een bodempje voor Madde in zodat ze kon proeven. Ze spoelde de wijn rond in haar mond, leek echt te onderzoeken of er iets mis mee was, maar knikte toen opgewekt naar Barbro.

'Mmm... Heerlijk.'

Barbro schonk meer wijn in Maddes glas, toen in het mijne, en als laatst in dat van mijn vader. Hij hief zijn glas.

'Proost. En welkom. Nogmaals.'

Madde en ik tilden ons glas op, mijn blik ontmoette die van mijn vader. Ik glimlachte en nam een slok van de wijn.

Ja hoor, hij was best oké. Eerlijk gezegd vond ik hem wel wat zuur smaken. Misschien had mijn vader gelijk, misschien hadden al die melon daiquiri's onze smaakpapillen verpest. Maar aan de andere kant vind ik normaal gesproken altijd: hoe duurder de wijn, hoe zuurder hij smaakte.

Barbro haalde pannen van het fornuis en schalen uit de oven en zette die op tafel, lamsfilet met bijna meer bijgerechtjes dan je kon tellen. Krieltjes en trostomaatjes uit de oven, iets wat eruitzag als bearnaisesaus maar net iets anders smaakte dan gewoonlijk, verschillende andere sausjes en iets knapperigs wat geroosterde stukjes amandel geweest konden zijn. Het was in elk geval lekker. Echt fucking lekker.

Mijn vader vertelde dat het eten van een restaurant op Storlandet kwam dat van een vriend van hem was. Een betere kok was er bijna niet te krijgen, dan zou hij er een uit Londen over moeten laten komen, beweerde mijn vader.

Het klonk me een beetje opschepperig in de oren. Alsof het serieus een optie zou zijn geweest om een kok voor ons te laten overvliegen. Ik had nog steeds niet volledig begrepen in wat voor wereld mijn vader precies leefde.

Ik nam een slok wijn.

Oei. Wat gebeurde er nu?

Samen met het eten was de wijn een heel ander verhaal. Het smaakte ineens zoet, zuur en zout tegelijkertijd, zacht en zwaar, het rolde als een machtige golf door mijn mond. Er was een begin, een midden en een eind. Ik had nog nooit eerder zoiets geproefd.

Ik moet me echt inhouden, dacht ik. Niet te dronken worden.

'Dus, vertel eens,' zei mijn vader. 'Hoe hebben jullie elkaar ontmoet?'

WE WISSELDEN ELKAAR af met vertellen. Praatten door elkaar heen.

Vorige zomer hadden we los van elkaar, heel toevallig, allebei in dezelfde week een charterreis naar Antalya in Turkije geboekt. Ik met een vriendengroep van de middelbare school, Madde in haar eentje. Zij kwam net uit een stukgelopen relatie en wilde even een weekje alleen zijn in de zon. Het was helemaal niet haar bedoeling geweest om alweer iemand te ontmoeten. Bij mij werden zon, zee en strand overdag afgewisseld met uitgaan in de avond en nacht. Madde struinde rond in de oude stad in de avonden, dineerde in gezellige kroegjes, ging daarna weer terug naar het hotel en ging vroeg naar bed. Wanneer de bas van de clubs bij het strand na middernacht begon te bonken, deed zij haar balkondeuren dicht en stopte ze oordopjes in haar oren.

Mijn vrienden en ik hadden een restaurant in de buurt van dat hotel gevonden waar we meestal laat nog wat gingen eten voordat we uitgingen, en op een avond zat Madde daar alleen in een hoekje. Ze was me meteen opgevallen. Ze was verzonken in een versleten pocketboek met zoutvlekken. Weet niet meer precies welke, het zou er een van Jens Lapidus geweest kunnen zijn, hoe dan ook begreep ik dat ze Zweeds was. Haar bord was leeg, maar ze had nog wel wijn in haar glas. Mijn vrienden en ik gingen zitten en bestelden eten en drinken. Ik kon het niet laten om stiekem naar haar te kijken, en op een gegeven moment ontmoetten onze blikken elkaar toen ze opkeek van haar boek. Haar blik op mij was anders dan alle andere vrouwenblikken die ik had gekregen sinds we een aantal dagen eerder in Antalya waren aangekomen. Ik had al heel wat flirterige blikken gekregen, en zelf had ik die blik automatisch ook aanstaan. Lachend, een tikje arrogant, geïnteresseerd, maar bewust van mijn eigenwaarde.

Maddes blik was niet flirterig, die zei eerder: 'Waar ben je mee bezig?' Niet geïrriteerd, maar zeg maar... volwassen. Ik voelde me een beetje als een onnozele zestienjarige. Betrapt.

Toen ik dat die eerste avond bij mijn vader vertelde, moest Madde lachen, ze boog zich over tafel en legde haar hand op mijn arm.

'Ik kan me daar helemaal niets van herinneren, weet je dat. Ik zat zo in mijn boek. Ik keek gewoon op zonder je überhaupt te zien, geloof ik.'

'Nice.'

'Maar gelukkig dat ik dat deed dan, aangezien het zo'n indruk heeft gemaakt.'

In het restaurant in Antalya was ik degene die zijn blik als eerste afwendde. Mijn vrienden en ik aten ons eten op, bestelden meer bier en begonnen de rest van de avond en nacht te plannen. Naar welke club zouden we gaan? Dezelfde als gisteravond? Of zouden we een andere uittesten?

Madde was een tijdje uit mijn gezichtsveld verdwenen, ik had mijn aandacht op andere dingen gevestigd, maar toen ik weer haar kant op keek had ze gezelschap gekregen. Een jongen van mijn eigen leeftijd was op de stoel naast haar gaan zitten. Er zat een wedstrijdshirt van Tottenham Hotspur over zijn buik gespannen, zijn gezicht was zo rood als een kreeft na veel te veel uren in de zon, en er zat een zonnebril in zijn haar geschoven. Hij was luidruchtig en struikelde een beetje over zijn tong als hij praatte. Een Brit, aan zijn accent te horen. Naast de tafel stond zijn vriend, die waarschijnlijk wat nuchterder was, hij keek een beetje afwachtend.

De jongen op de stoel lachte hard en legde zijn arm om Maddes schouders. Ze zag er totaal niet op haar gemak uit en haalde zijn arm weg, maar daar was hij weer, met zijn hand op haar schouder, in haar haren.

Ik stond op en liep naar hen toe. Ze zag me aankomen en haar blik zei me dat ik welkom was. Ik vroeg:

'Stoort hij je?'

'Ja.'

Ik wendde me tot de Engelsman op de stoel.

'*Guys, she wants to sit alone.*'

Hij keek naar me op met een wazige en licht verwarde blik.

'*Yeah?*' De jongen klonk opstandig, klaar voor de confrontatie.

'*C'mon, Eddie, let's go,*' zei zijn vriend. '*Let's get out of here.*' Hij pakte zijn maat bij de arm en trok hem van de stoel af. Toen Eddie merkte dat hij niet verder dan mijn keel reikte, doofde er iets in zijn blik. Hij richtte zich tot Madde, licht wiebelend op zijn benen, en lalde:

'*Have a good life! Enjoy life! That's... life!*'

Madde knikte, alsof ze deze levenswijsheid als een groot geschenk aannam. Eddie pakte zijn halfvolle bierglas op van tafel, en toen zwabberde hij met zijn vriend richting de uitgang. Madde keek naar me op en glimlachte opgelucht.

'Dank je... Kan ik je iets aanbieden?'

Dat was de eerste keer dat ik Madde zag lachen.

'Hoeft niet,' zei ik.

'Kom je dan in ieder geval even bij me zitten?'

Ik haalde mijn bier en kwam aan haar tafel zitten. Madde bestelde een kan rode huiswijn. Toen mijn vrienden door wilden keek ik Madde aan en vroeg of het goed was als ik nog even bleef zitten.

'O, ja, graag zelfs.' Ze legde haar hand even op mijn arm.

We bleven nog uren zitten. Gingen van rode wijn over op koffie. We grapten dat we Eddies laatste opmerking op onze arm zouden laten tatoeëren: 'Have a good life – Enjoy life – That's life', en moesten zo hard lachen dat de tranen over onze wangen liepen. Telkens als een van ons terug naar de tafel kwam, na even naar de bar of de wc te zijn geweest, kwamen we wat dichter bij elkaar terecht.

Ik liep met haar mee naar haar hotel door straten en steegjes die inmiddels gevuld waren met een luidruchtige chaos van feestende jongeren. Wellustige blikken, bezwete lichamen, beukende bas uit de clubs, geroezemoes en geschreeuw. Een dronken chaos. Op een gegeven moment waren er zo veel mensen op straat dat we ons ertussendoor moesten wringen, en ik pakte Maddes hand. Zij legde haar andere hand rond mijn pols.

Laat me niet los. Laat me nooit meer los.

Haar hotel lag in een wat rustigere buurt. Er waaide een verfrissend briesje door de steegjes. Na het gebonk en de herrie in het centrum genoten mijn oren van de stilte. Voor de deur van haar hotel ging ze op haar tenen staan en kuste me met haar armen om mijn nek geslagen. We ontdekten dat onze lichamen voor elkaar leken te zijn gemaakt. Ik was verrast, zij was verrast, we juichten tegelijkertijd zonder woorden. Dat was het moment dat we verliefd op elkaar werden.

Ik in ieder geval wel op haar.

Het is als een chemische reactie. Je triggert elkaar, het ene leidt tot het andere, je ervaart een geweldig verlies van bewustzijn en controle. Het gevoel lijkt op dat wat me als kind zo bang maakte, dat alles uit zijn voegen loskomt, steeds sneller en sneller, alsof de hele boel op het punt staat te exploderen. Maar in dit geval, als je verliefd bent, is er geen beter gevoel. Maar alleen in dat ene geval.

Ik was graag met haar meegegaan naar haar kamer, maar Madde zei dat als ik nu mee zou komen, dat ik haar de volgende dag dan niet meer zou willen zien. Ik zei dat dat onzin was, dat ik haar morgen natuurlijk wel weer wilde zien, en we gingen nog een behoorlijk tijdje door met zoenen en knuffelen, maar toen maakte Madde zich los, en we wisselden telefoonnummers uit en beloofden elkaar de volgende dag te bellen. Ze verdween het hotel in, en ik ging terug naar mijn eigen hotel, een paar centimeter boven de grond zwevend.

Ze stuurde me een rij hartjes toen ik net halverwege was. Ik stuurde terug: 'Have a good life!!! Enjoy life!!! That's life!!!', gevolgd door kus-emoji's. Ik kreeg drie huilen-van-het-lachen-emoji's terug.

De volgende ochtend gingen we samen ontbijten in het oude stadsdeel. Toen vroeg ze of ik haar hotelkamer wilde zien. Dat was de eerste keer dat we met elkaar naar bed gingen.

'Jij had nog wat croissantkruimels rond je mond,' zei ik terwijl ik het laatste beetje wijn uit mijn glas dronk. Madde moest lachen.

Mijn vader was degene geweest die had gevraagd hoe we elkaar ontmoet hadden, maar ergens halverwege leek hij zijn interesse te hebben verloren. Misschien dat Madde en ik wat langdradig werden tijdens het vertellen. Hij zag er een beetje afwezig uit.

Barbro begon het hoofdgerecht af te ruimen, en ik merkte op dat ze een tic had – ze trok regelmatig met haar hoofd opzij, weg van ons aan tafel. Een beetje zoals wanneer je een stijve nek hebt en je je nekwervels probeert te knakken. Na een paar seconden bewoog ze haar hoofd weer terug. Het was op zich niet een heel opvallende beweging, maar toen ik het eenmaal had gezien zat ik gewoon te wachten tot het weer zou gebeuren.

Buiten begon het donker te worden. In de duinbossen rond het huis waren lantaarntjes aangesprongen, een zachte en warme gloed die aan kaarsen deed denken. Hoe donkerder blauw de schemering werd, hoe beter de lichtjes zichtbaar werden.

Barbro serveerde dessertwijn, goudgeel en heel zoet. Het rook naar verse aardbeien. We kregen allemaal een glaasje met parfait van melkchocolade en besjes, framboos of braam, geloof ik. Het was in elk geval lekker.

Ik zat vol en was lekker aangeschoten. Ik keek op de klok, het was iets over tienen. Was het te laat om opa nog te bellen? Nee. Hij was vast benieuwd hoe deze eerste dag was geweest. Ik schoof mijn stoel naar achteren en stond op.

'Sorry, ik ga even een telefoontje plegen.'

Mijn vader keek me niet aan, maar zei droogjes: 'Doe hem de groeten.' En toen leegde hij zijn dessertwijnglas.

Ik liep het terras op. De avondlucht voelde nog steeds warm aan. Ik kon nu zien dat de tuinverlichting zowel links als naar rechts langs de duinbossen doorliep. Ik haalde mijn mobiel tevoorschijn en belde opa. Hij antwoordde bijna meteen, alsof hij op mijn telefoontje had zitten wachten.

'Hoi,' zei hij.

'Hallo,' zei ik. 'Hoe gaat het?'

'Het gaat prima. En hoe is het bij jullie?'

Ik beschreef alles behoorlijk nauwkeurig: dat we eerst een beetje moeite hadden gehad om het huis te vinden, maar dat het ons uiteindelijk was gelukt, dat er twee supersportwagens naast de ingang stonden, ik vertelde over het grote, luxe en zeer aparte huis.

Ik wierp een blik op de keuken, waar Madde en mijn vader aan tafel zaten te praten. Madde had haar been op de stoel getrokken en haar armen eromheen geslagen, ze leunde achterover. Ik deed een paar stappen in de richting van de zee, weg van de opening in de glazen wand, en ging wat zachter praten.

'Hij heeft waterschade in het gastenverblijf. Dus we slapen in een soort voorraadkamer, of tentoonstellingsruimte, zou je het kunnen noemen. En buiten de kamer is een soort hal. Met de bizarste bank die ik ooit heb gezien.'

'O ja?'

'Je zou je ogen niet geloven. Maar dat zijn nu eenmaal dingen die je in het huis van een moderne kunstenaar kunt verwachten, neem ik aan.'

Ik beschreef de bank, hoe hij er aan de ene kant normaal uitzag, maar vervolgens opzwol en overal overheen welde, helemaal tot aan het plafond. Dat je er nauwelijks op kon zitten. Opa moest lachen. Ik grijnsde ook een beetje terwijl ik aan het vertellen was. We hadden een onderonsje, waren het erover eens hoe vreemd die bank was. Alsof we samen zoiets hadden van: 'Ach ja, zo was mijn vader nu eenmaal'.

Ik vertelde over Barbro, de huishoudster van mijn vader met haar ouderwetse jurk die niet kon praten.

Er ging een windvlaag door de toppen van de knoestige dennenbomen, de naalden ritselden aan de takken, de lantaarntjes schommelden. Het kalme geluid van de golven die het strand op rolden waren nu in de avond beter te horen dan overdag.

'Maar we hebben het leuk gehad,' zei ik. 'We hebben gezwommen, er is een fantastisch strand onderaan het huis. En we hebben net heerlijk gegeten.'

'Het klinkt alsof jullie het naar jullie zin hebben.'

Opa's stem klonk rustig en gerustgesteld. Het deed mij ook goed om zijn genegenheid te voelen. We namen afscheid, ik hing op en wierp een blik op de keuken terwijl ik mijn mobiel in mijn zak stopte. Madde en mijn vader zaten nog steeds aan tafel te praten. Achter hen, voor het aanrecht, stond Barbro met haar stijve lichaamshouding, doodstil, als een standbeeld, bijna.

Ze staarde me recht aan. Met een doordringende en totaal uitdrukkingsloze blik.

Mijn hart sloeg een slag over en mijn nekharen gingen overeind staan. Ik voelde me betrapt. Het leek net alsof ze wist dat ik het met opa over haar had gehad, ook al besefte ik dat dat onmogelijk was.

Ik kon mijn blik niet afwenden. Het ging gewoon niet. Barbro bleef me ook aanstaren, tot ze uiteindelijk haar hoofd en bovenlijf op haar eigen bijzondere manier wegtrok en de betovering werd verbroken.

Ik draaide me om richting de zee, deed een paar stappen heen en weer. Mijn hart bonsde heftig in mijn keel.

Die blik.

Normale mensen schamen zich een beetje als ze stiekem naar iemand zitten te kijken en betrapt worden, je kijkt bijna automatisch weg. Maar Barbro deed dat niet. Misschien dat het met confrontatie te maken had, dat ze me iets duidelijk wilde maken: 'Ik heb heus wel door dat je over me zit te roddelen.' Maar dat gevoel kreeg ik niet. Ik had eerder de indruk dat ze niet doorhad hoe die blik door een ander geïnterpreteerd werd.

Alsof dat wat er zich tussen ons afspeelde niet helemaal menselijk was.

'IK MOEST DE groeten doen van opa,' zei ik toen ik de keuken weer in kwam, hoewel hij me helemaal niet had gevraagd de groetjes te doen.

'Ging het goed met hem?' vroeg Madde.

'Ja,' zei ik. 'Ging prima.'

Mijn vader lachte neutraal.

'Willen jullie een koffie speciaal?'

Van mij hoefde het niet per se. Ik was moe en keek ernaar uit om languit op bed te gaan liggen met Madde naast me. Maar een klein borreltje moest wel kunnen.

'Is goed,' zei ik.

'Kunnen jullie je kopjes even een stukje meenemen?' vroeg mijn vader.

Even later ging mijn vader ons voor over het terras, hij nam links de stenen trap naar beneden. Hij had een thermoskan met koffie in zijn ene hand en drie flessen drank in de andere: een single malt, een calvados en een amaretto. Ik had drie whiskyglazen vast en twee koffiekopjes. Madde hield met beide handen een kopje espresso vast.

We volgden dit keer een ander slingerend vlonderpaadje door de duinen. Het liep parallel aan het strand. Ook hier stonden lantaarntjes langs het pad, maar de zomernacht was nog altijd licht genoeg waardoor het schijnsel nauwelijks zichtbaar was. Even later kwamen we bij een houten trap die omhoogliep langs de verwrongen stam van een ongewoon grote, grove den. Mijn vader zette de thermoskan op een van de onderste traptreden en hield zich met zijn ene hand vast terwijl hij de trap op liep met de flessen drank in zijn andere hand. Ik liep achter hem aan. De trap kwam uit op een houten plateau, en toen mijn vader daarop stond draaide hij zich om en nam hij de glazen en kopjes aan die ik hem aanreikte. Madde gaf haar espressokopje aan me door, en ik gaf het ook weer door. Ik liep verder omhoog en klom over de rand. Uiteindelijk kwam Madde omhoog met de thermoskan in haar hand.

We bevonden ons in een boomhut. Hij was ruim genoeg voor vier zelfgemaakte houten stoelen rond een ondersteboven gezette houten kist die als tafel fungeerde. De stoelen waren gemaakt van ongeschaafde planken, net als de vloer waar alles op stond. Hier en daar zaten houten latjes vastgespijkerd aan de takken die om ons heen kronkelden. De hut werd verlicht door allemaal lantaarntjes, een aantal daarvan waren gekleurd. De stam van de den lichtte rood op in het schijnsel. De boomtop welfde zich als een dak over ons heen.

Het zag er allemaal vrij slordig afgewerkt uit. Maar ik begreep natuurlijk dat dat de bedoeling was. Als de boomhut eruitzag als iets wat een paar twaalfjarigen aan elkaar hadden gespijkerd van wat zwerfhout dat ze ergens hadden gevonden, dan was dat omdat mijn vader wilde dat het er zo uitzag, dat het precies dat gevoel zou geven. Een jongensdroom die uit was gekomen.

Er waren vervelendere plekken om een single malt te drinken op een lichte, warme zomeravond die overging naar nacht.

'Ik moet het gewoon weer zeggen,' zei Madde. 'Wauw.'

We gingen allemaal op een stoel zitten. Ze waren comfortabeler dan je zou denken, met van die kussens die vaak in oude motorboten liggen, donkerblauw of donkergroen met witte randen en knoopjes. Het was lastig om de kleur goed te onderscheiden in de schemering.

Mijn vader schonk whisky in voor mij en Madde en nam zelf een calvados.

'Het heeft toch altijd iets speciaals om in een boomhut te zitten, vinden jullie ook niet?' vroeg hij. 'Je voelt je veilig, hè?'

Hij had hier een theorie voor: miljoenen jaren geleden, toen onze voorouders op de savanne leefden en prooi waren voor leeuwen en andere roofdieren, was het makkelijker om je vanuit een boom te verdedigen. Het risico was ook minder groot om door gevaarlijke slangen of spinnen gebeten te worden.

Ik had geen idee of zijn theorie klopte of niet, maar dat het gezellig was om boven in de boomtop in het schijnsel van de lampjes te zitten kletsen met een whisky die zacht als fluweel op de tong voelde, was geen twijfel over mogelijk. De zee was niet zichtbaar, maar je kon horen dat hij dichtbij was. Als een reus die met rustige ademhalingen zijn borst op en neer bewoog.

'Jullie zullen wel uit willen slapen morgen, denk ik,' zei mijn vader. 'Maar ik dacht dat we daarna misschien een rondje over Gotland konden rijden met de auto's. Jullie zijn hier nog niet eerder geweest, toch?'

Nee, dat klopte.

'Er is zoveel te zien. Wordt leuk. Het wordt morgen ook weer mooi weer.' Zijn gezicht vertrok een beetje, hij ging rechter op de stoel zitten alsof hij een comfortabelere positie probeerde te vinden en hij zuchtte diep.

Madde vroeg of hij pijn had. Mijn vader knikte.

'Het begint te komen. Ik heb mijn medicijnen vanavond niet genomen, omdat ik wilde kunnen drinken bij het eten. Maar nu begint het erin te sluipen.'

Het werd stil rond de tafel. Alleen de golven en het zachte geruis van de boomtoppen waren te horen. In het milde schijnsel van de lantaarns vond ik mijn vader er ouder uitzien. De lijnen in zijn voorhoofd waren dieper, zijn wangen meer ingevallen. Ik zei:

'Ik denk dat we maar eens naar bed gaan... Maar het was een erg fijne avond.'

'Zeker,' zei Madde. 'Magisch.'

Mijn vader glimlachte naar me, dankbaar en een beetje bedroefd.

'Leuk om te horen, Isak.'

De hal was donker toen we terugkwamen in ons deel van het huis. De bank torende als een dreigende wolk boven me uit toen ik de ruimte doorkruiste om de plafondverlichting aan te doen. Toen de tl-buizen aanknipperden voelde ik me opgelucht.

We haalden onze toilettas uit onze tassen in de tentoonstellingsruimte en poetsten onze tanden op de wc in de hal. We stonden dicht naast elkaar voor de spiegel, spuugden onze tandpasta uit in de wasbak en spoelden die weg. Toen we klaar waren deden we het licht in de hal uit en de deur achter ons dicht. Madde deed het rolgordijn van het dakraam dicht, terwijl ik de gordijnen voor het smalle raampje dat op de zee uitkeek dichttrok. Daarna stortten we ons bed in. Madde draaide haar rug naar me toe en duwde haar billen tegen mijn kruis. Ik sloeg mijn armen om haar heen, zij legde haar hand over de mijne.

'Welterusten lieverd,' mompelde ze slaperig.

'Welterusten,' zei ik, en ik gaf haar een dikke kus in haar nek. Ik drukte mijn lippen extra lang tegen haar huid. We lagen zo dicht tegen elkaar aan dat we wel met elkaar versmolten leken. Er was geen andere positie die ons dichter bij elkaar zou brengen. Ik viel al snel in slaap.

Ik werd wakker omdat ik het te warm had. Ik maakte me los en rolde naar mijn kant toe. Madde schoof ook een stukje op, zonder wakker te worden.

Mijn ogen waren gewend aan het donker. Er piepte wat nachtlicht langs de zijkant van het rolgordijn aan het plafond. De standbeelden stonden in een dubbele rij langs de muren. Donkere vormen die in elkaar overliepen. Aan de muren hingen de maskers, als gigantische opgezette insecten.

Ik moest aan de bank denken. Toen ik het er met opa aan de telefoon over had, had ik het groteske ervan als iets belachelijks gezien, bijna komisch. Maar nu ik een tijdje had geslapen en weer wakker was geworden, en het donker om me heen was, kwam het groteske eerder dreigend over. Ik herinnerde me de rilling die ik kreeg toen we terug in de hal waren en ik onder de vergroeide paddenstoel van opgestopt leer liep om het licht aan te doen.

Waarom zou je een bank maken die er zo uitziet?

Iets zo bizars. Iets wat groeit, steeds sneller en sneller, totaal onbeheersbaar.

Hoe Barbro me aankeek. Uitdrukkingsloos, maar doortastend. Dreigend op een manier zoals de natuur dreigend kan overkomen. Een steile helling, of een kolkende rivier. Een totale onverschilligheid over of je het overleeft of niet.

Ik wilde opa bellen, zijn rustige en veilige stem horen. Over dagelijkse dingen kletsen die er niet toe deden.

Maar het was midden in de nacht en ik kon hem nu niet bellen. Ik wist dat hij zich nog steeds zorgen om me maakte. Ik was verdomme volwassen, ik moest dit zelf uitzoeken.

Toen ik klein was en niet kon slapen, of wakker werd van een nachtmerrie, sloop ik meestal naar de slaapkamer van mijn ouders en dan schudde ik mijn moeder zo zacht mogelijk wakker.

'Mama, ik kan niet slapen,' fluisterde ik dan.

Ik ging nooit naar mijn vader. Dat had geen zin, dat had ik wel geleerd. Hij werd of niet wakker, of hij snauwde dat ik terug naar bed moest.

Tegen het einde lag mijn moeder trouwens meestal alleen in de slaapkamer.

Ze tilde het dekbed op en ik klom dan het warme bed in, drukte me tegen haar lichaam aan. Zij sloeg haar arm om me heen en trok me naar zich toe. Ik voelde me veilig, omhuld door haar zachte en licht benauwende omhelzing. Ik vond het zo gezellig dat ik altijd probeerde om even wakker te blijven, maar dat lukte nooit, ik viel altijd bijna meteen in slaap.

Na het ongeluk ging ik bij opa en oma wonen. De brand woedde in mij, dag en nacht, en het enige wat de brand kon blussen was door ineengekropen op opa's schoot te zitten, in zijn oude schommelstoel, en te luisteren naar zijn geneurie terwijl we heen en weer schommelden. Nachtenlang zaten we zo, uur na uur. Tot ik uiteindelijk in slaap viel.

Ik weet nog dat ik dat altijd zo bijzonder vond aan opa, dat hij altijd overal, waar dan ook, in slaap kon vallen. Als we naar Herrmannspark gingen zodat ik even kon gaan spelen, hoefde ik maar naar de schommels te rennen, als ik me omdraaide om hem te roepen zat hij al op een parkbankje te slapen.

Niet heel vreemd. Ik hield hem natuurlijk elke nacht wakker, week na week.

Van oma herinner ik me vooral dat ze veel op bed lag. Als ik luidruchtig was, siste opa soms naar me dat oma moe was, dat ze moest kunnen slapen. Achteraf begrijp ik natuurlijk dat ze zwaar depressief was na het verliezen van haar enige kind en een van haar kleinkinderen. Van wat ik me kan herinneren kon ze zich er niet eens toe zetten mee te gaan naar de begrafenis. Ze kwijnde weg en overleed slechts een paar jaar later.

Ik kan me nog een moment herinneren in de keuken van opa en oma. Ik geloof dat het na de begrafenis was, want opa heeft een zwart pak aan en dat is de enige keer dat ik hem dat heb zien dragen. Zelf heb ik ook een nette broek en een overhemd aan. Ik heb te veel taart en koekjes gegeten na de uitvaart, ik zit helemaal propvol. Ik begrijp dat ik iets heel verdrietigs heb meegemaakt, want veel van de volwassenen moesten huilen. Opa ook. Het was allemaal behoorlijk beangstigend, ik heb zelf ook gehuild. Maar ik begrijp niet waarom. Wat was er nu eigenlijk gebeurd?

'Wanneer komt mama weer terug?'

'Ze komt niet terug. Ze ligt te slapen. In de hemel.'

'En Klara?'

'Zij komt ook niet terug. Maar ze is op een heel fijne plek.'

'En papa?'

'Met papa gaat het even niet zo goed. Dus je komt een tijdje bij oma en mij wonen. Maar papa komt wel terug.'

Mijn gedachten gingen steeds sneller terwijl ik daar in bed lag, het was één onsamenhangende stroom van jeugdherinneringen en dingen die er die dag waren gebeurd.

Straks doe ik de hele nacht geen oog dicht. Dan zou ik helemaal kapot zijn tijdens ons uitje morgen. Zou het me wel lukken om in een van die auto's te rijden? Ik ging rechtop in bed zitten, klaarwakker en gestrest, helemaal overstuur. Ik wist wat ik moest doen.

Voorzichtig sloeg ik de dekens van me af en ik zette mijn voeten op de grond. Stom genoeg stond mijn tas nog aan Maddes kant van het bed, dus ik sloop zo zacht mogelijk naar de andere kant. Madde lag met haar gezicht helemaal op de rand, een paar centimeter van waar ik stond. Maar haar ogen waren dicht en haar ademhaling klonk rustig, het was bijna niet te horen dat ze ademde.

Ik boog voorover en begon voorzichtig de rits van het vakje van mijn tas open te trekken waar mijn cd's in zaten.

Plotseling ging Madde rechtop in bed zitten. Ze hield hoorbaar haar adem in. Ik bevroor in mijn beweging en keek haar aan.

'Hé,' fluisterde ik. 'Ik ben het maar.'

Madde liet haar adem ontsnappen.

'Mijn god, ik schrok me rot.'

'Sorry. Ik ging... Ik heb een pijnstiller nodig.'

Madde ging weer liggen, draaide haar rug naar me toe en trok de dekens over zich heen. Ik deed alsof ik in mijn tas naar pijnstillers aan het zoeken was, trok de rits zachtjes maar toch duidelijk hoorbaar open en dicht.

Ik kon het toneelstukje beter maar even volhouden.

Ik liep naar de deur richting de hal, zoals ik gedaan zou hebben als ik een tabletje in water op zou lossen. Ik deed de deur open en liep naar de wc. Wierp een blik op de bank, maar ik was inmiddels klaarwakker, dat angstige gevoel dat ik altijd heb als ik 's nachts wakker word was al weggetrokken. De bank zag er grotesk uit. Niet komisch grotesk of creepy grotesk, maar gewoon grotesk. Dat was in ieder geval een stapje in de goede richting.

Ik liep de wc in, liet water in een glas lopen en zette het op de rand van de wasbak. Ik haalde de bruistabletten uit mijn toilettas en liet er twee in het water vallen. Dat kon vast geen kwaad, dacht ik, als ik straks weer ging slapen. De tabletten begonnen te bruisen. Ik tilde het deksel van de wc-pot op om te plassen.

Toen het glas met de pijnstillers gestopt was met bruisen tilde ik het op en liep ik terug de hal in. Ik staarde naar de bank terwijl ik een paar grote slokken nam. Ging met mijn blik van de normale kant, via het midden waar het zitvlak begon op te zwellen, naar het andere uiteinde waar alles exponentieel leek te vergroeien.

Ik nam nog een slok en vroeg me af hoe het eraan toe zou zijn gegaan om deze bank te maken. Mijn vader die schetsen had gemaakt met de hoogte-, breedte- en dieptematen. Iemand in zijn atelier die had uitgerekend hoeveel materiaal zoals leer en vulling ervoor nodig zou zijn. De productie zelf, die een aantal bekwame vakmensen waarschijnlijk vele dagen werk heeft gekost. De installatie hier in de hal.

Als je over dat soort dingen nadacht verdween veel van de bedreigende magie, merkte ik. Ik leegde het glas, zette het terug op de wasbak en ging terug naar de slaapkamer. Madde lag diep te slapen in bed. Ik ging op mijn rug liggen met het dekbed tot halverwege mijn buik. Ik was weer een stuk rustiger. Het vierkantje in het dak zag er iets lichter uit. Het wordt al vroeg licht, dacht ik, maar misschien beeldde ik me dat maar in.

Ik draaide me op mijn zij en viel al snel weer in slaap.

Toen ik wakker werd lag ik midden op het bed, op mijn buik, met mijn hoofd diep in het kussen gedrukt. Ik kon maar met één oog wat zien. Aan de rand van mijn gezichtsveld zag ik een gestalte naast het bed staan. Ik probeerde mijn hoofd op te tillen om het beter te zien, maar dat lukte niet, ik leek wel verlamd. Bij bewustzijn, maar opgesloten in een levenloos lichaam.

Aan de hand van de vorm en kleur begreep ik dat het een van de houten standbeelden moest zijn, dat heel dicht bij het bed stond. En daarachter stonden er meer.

Het was alsof die oude goden zich rond het bed hadden verzameld en op me neer stonden te kijken.

Ik wilde schreeuwen, maar mijn keel en tong gehoorzaamden niet.

Madde was nergens te bekennen.

Stonden er ook van die beelden aan de andere kant van het bed? Achter mijn rug? Ik probeerde opnieuw mijn hoofd op te tillen, rechtop te gaan zitten, maar ik kon net zo goed proberen een tafel of auto te verplaatsen met mijn gedachten. Ik begreep dat het geen zin had.

Ik zat opgesloten in mezelf. Een gevangenis waarin ik me niet kon bewegen. De paniek spoelde als een hete golf door me heen.

Wat wilden die zwijgende oude goden van me? Wie had ze bij het bed gezet? Of waren ze zelf deze kant op gekomen, met behulp van een of andere lang vergeten toverkracht?

Misschien verschuilde zich wel iets in deze dode objecten, iets wat wij niet zouden kunnen begrijpen.

'Madde!' schreeuwde ik het in mijn hoofd uit. 'Madde!'

De kamer lag er stil bij. Zelfs de zee was niet te horen.

In mijn ooghoek zag ik hoe een van de gestalten zich bewoog.

KARIN KIJKT OP haar scherm, klikt een nieuw document open en scrolt.

'Je vertelde over een offer dat gemaakt moest worden. Zou je kunnen zeggen dat dat de achtergrond van de daad was? Was dat de reden dat je deed wat je hebt gedaan?'

Ik staar zwijgend naar het tafelblad voor me. Hoe moet ik dit nu uitleggen? Heeft het überhaupt zin om te proberen?

Karin verandert van houding in de stoel tegenover me, gaat achteroverzitten.

'Zoals je waarschijnlijk wel weet, Isak, heb ik toegang tot de dossiers van de kinder- en jeugdpsychiatrie en maatschappelijk werk… Ik weet van het trauma dat je als kind hebt doorstaan. En een van de manieren waarop kinderen kunnen reageren als er zoiets gebeurt, is met iets wat dissociatie wordt genoemd… Als de realiteit te heftig wordt, kunnen ze een eigen werkelijkheid creëren, uit zelfbescherming. Dat kan zich op verschillende manieren uiten. Ook kun je bijvoorbeeld hallucinaties krijgen, bepaalde dingen horen en zien… Je kunt paranoïde worden, denken dat anderen het op je gemunt hebben, dat je gemanipuleerd wordt… Magische verbeelding komt veel voor… Dwanggedachten… En mijn vraag is dus eigenlijk: toen je bij je vader was, had je toen het gevoel dat gedachten en ideeën die je als kind had, dat die terugkwamen? Begrijp je wat ik bedoel?'

'Mhm.'

Ja, ik begrijp het. Zeker begrijp ik het. Maar ik ga er verder niet op in, dus Karin gaat verder.

‘Op een gegeven moment merkte je bijvoorbeeld tijdens een verhoor op dat je vaders schilderijen magische krachten hebben... Wil je daar meer over vertellen?’

Goh, willen... Ik wil het best.

Maar het valt niet uit te leggen.

‘Een beeld zegt meer dan duizend woorden’, zeggen ze toch? Het zegt niet alleen méér, het zegt ook nog iets anders.

DE VOLGENDE KEER dat ik wakker werd, kwam doordat Madde haar armen om me heen sloeg en haar warme lichaam van achteren tegen me aan drukte. Ze kuste me tussen mijn schouderbladen, haar haren kietelden mijn schouders.

Ik schrok en tilde mijn hoofd van het kussen. Gelukkig, ik kon me weer bewegen. Het was nog steeds halfdonker in de kamer, maar het licht dat langs de zijkant van de gordijnen naar binnen kroop was helder wit. Het was waarschijnlijk al volledig licht buiten.

De oude goden stonden waar ze hoorden, in een dubbele rij langs de muren. De maskers hingen aan de wand. Ik zakte met mijn hoofd terug in het kussen.

Wat had ik in vredesnaam meegemaakt vannacht?

'Goedemorgen knapperd,' fluisterde Madde.

'Goedemorgen,' zei ik, ik draaide me om en legde mijn armen om haar heen. We kusten. Kropen dichter naar elkaar toe.

'Volgens mij is het superlekker weer,' zei ze. 'Zullen we een strandwandeling maken voor het ontbijt?'

'Weet je... Ik denk dat ik nog even blijf liggen.'

'Oké.'

'Was je trouwens nog uit bed gegaan vannacht?'

'Mhm... Hoezo?'

'Ik werd vannacht wakker en toen was je er niet.'

'Ik ben nog een keer naar de wc geweest.'

Madde klom uit bed en haalde schone kleren uit haar tas.

'Dan zie ik je straks wel in de keuken.'

'Is goed.'

Ze trok haar sandalen aan en verdween naar de badkamer. Een paar minuten later hoorde ik haar sloffende voetstappen verder het huis in lopen en verdwijnen. Ik bleef nog even in bed liggen voor de zekerheid. En omdat het lekker was.

Toen stond ik op en liep ik naar het raam met het uitzicht op zee. Schoof het gordijn open. Het zonlicht was zo fel dat het me verblindde. De lucht was nog steeds blauw, maar hier en daar was wat dunne sluierbewolking zichtbaar. De donkergroene kronen van de dennenbomen hingen stil boven de duinen, die zo wit oplichtten dat je er nauwelijks naar kon kijken. Ik kon de zee wel horen, maar niet meer zo sterk als gisteravond.

Vannacht, toen ik over de goden droomde, had ik de zee helemaal niet gehoord. Dat wees er wel op dat het niet echt was gebeurd.

Ik liep naar de houten beelden die langs de muur stonden. Ging op mijn hurken naast een exemplaar zitten dat waarschijnlijk gemaakt was van teak of een houtsoort die daarop lijkt. Het hout was gebrand en de nerven waren zichtbaar als zwarte lijnen. Het gezicht werd gedomineerd door een paar dikke lippen. Zijn ogen waren gesloten. Er was geen neus, alleen twee gaten boven de mond. Het was lastig vast te stellen of het beeld een mens of een aap moest voorstellen. Misschien een aapgod.

Ik keek naar het stukje vloer waar hij op stond. Kon ik sporen zien van een eventuele verplaatsing? Ik liet me op mijn knieën vallen, hield mijn gezicht dicht bij de grond.

Ik dacht een contour te zien, een lijn die de basis van het standbeeld volgde, maar dan een paar centimeter opzij. Ja, ik dacht wel dat hij verschoven was. Maar wat zou dat bewijzen? Dat zou vannacht kunnen zijn gebeurd, of vorige week, of vijf jaar geleden.

Ik stond op van de vloer, liep naar de rij met knoppen naast de kamerdeur en deed het rolgordijn van het dakraam omhoog. Ik haalde de cd's uit het vakje van mijn tas en begon ze te verstoppen. Drie van de hoeken waren snel gefixt – daar stonden de standbeelden langs de muren, dus dan kon ik hem gewoon achter het beeld dat het verst naar achter stond leggen. De vierde was wat lastiger. Er stond daar helemaal niets. Slechts twee witte muren die een donkergrijze vloer raken, maar niets om een cd achter te kunnen verbergen. Dan liep ik het risico dat Maddes oog erop zou vallen, ze hem op zou pakken, en misschien mijn vader zelfs zou vragen waarom hij een oude cd van de Dire Straits op de grond had liggen. Maar een stukje verderop lag een rol met afdekmateriaal tegen de muur, van dat spul dat je gebruikt als je thuis gaat schilderen en de vloer wilt beschermen. Ik verschoof de rol naar de hoek en legde de cd erachter. Ik moest er maar op gokken dat het Madde niet op zou vallen dat de rol verplaatst was.

Ik zocht in mijn tas naar schoon ondergoed. Ik voelde me niet meer moe, en was van plan een lekker lange douche te nemen, en dan naar de keuken te gaan om te ontbijten. Mijn vingers zochten tussen de kleren en ineens voelde ik iets waarvan ik niet wist wat het was. Klein, rond en hard. Ik hield het omhoog in het licht.

Het was een dun, zwart schijfje, met een diameter van ongeveer een centimeter. Het leek te zijn gemaakt van gekleurde zee- of mosselschelp, het was hard maar heel licht op mijn handpalm. Toen ik het in het licht bewoog, schitterde het een beetje.

Waar kwam dat nou weer vandaan? Hoe was dat in mijn tas terechtgekomen?

Mijn hartslag schoot omhoog. Ik voelde mijn mond droog worden.

Met het schijfje in mijn hand liep ik naar de standbeelden, volgde langzaam de rij met bevroren gezichten, bekeek ze allemaal nauwkeurig, net als de versieringen op hun lichamen. Maar ik zag nergens van die kleine schijfjes zoals het exemplaar dat ik in mijn hand had.

Totdat ik bij de hoek kwam.

Het figuur was vrij kort en gemaakt van pikzwart hout. Het stelde een vrouw voor. Ze stond met haar benen wijd en uit haar vagina kwam een baby'tje tevoorschijn, er was een voorhoofd te zien en twee kleine wenkbrauwen. Haar achterwerk en borsten waren grotesk groot ten opzichte van de rest van haar lichaam. Ook bij dit figuur waren de ogen gesloten, en ze zag er vredig uit, er was een zweem van een glimlach zichtbaar.

Waarschijnlijk moest het een soort vruchtbaarheidsgodin voorstellen.

De grote, gezwollen borsten waren bedekt met kleine ronde, zwarte schijfjes die schitterden in het licht en de blikken er extra op lieten vestigen.

Dezelfde soort schijfjes als het exemplaar dat ik in mijn hand had.

Ik boog voorover om het wat beter te bekijken. Ja, ik zag dat er op verschillende plekken schijfjes misten. Ik had de neiging om het losse schijfje terug te plaatsen, maar ik besloot hem te houden.

Als iemand dit beeld vannacht naar ons bed had verplaatst, kon het schijfje los zijn gekomen en in mijn tas zijn gevallen.

Het was geen droom geweest.

Wat betekende dat? Ik kon er met mijn hoofd niet bij.

Toen ik door de gang naar de keuken liep, kon ik de verrukkelijke geur van vers brood en pas gezette koffie al van verre ruiken. Mijn vader stond bij het aanrecht en stopte ingrediënten in een grote blender. Wat ik op tafel zag staan stelde me niet teleur – een mand met verse broodjes en croissantjes, versgeperste sap, gekookte eitjes, kaas en worst en ander beleg, plakjes komkommer en paprikaringen. Dik hotelontbijt.

'Goedemorgen,' zei mijn vader vrolijk. Hij glimlachte vriendelijk naar me. 'Hoe was je nacht?'

'Goed,' zei ik.

'Heb je honger?'

'Ja.'

'Mooi,' zei mijn vader, en hij zette de blender aan. Met een luid kabaal veranderden de ingrediënten in de glazen mengbeker in een groene massa. Mijn vader zag er vermoeider uit dan de dag ervoor, vond ik. Toen hij ons voor het huis had verwelkomd kon ik niet goed beslissen of hij er afgetakeld of fit uitzag. Maar nu waren de ouderdomstekenen duidelijker. De rimpels in zijn gezicht, de kale vlek boven op zijn hoofd die niet zo goed bedekt meer was als zijn haar een beetje door de war zat, de levervlekken op de bovenkant zijn handen.

De glazen schuifpui met uitzicht op het balkon stond open, daarachter stond de zon al hoog aan de hemel. Het felle zonlicht scheen de keuken in. Mijn vader zette de blender uit en ging verder:

'We kunnen buiten zitten als je wil, maar het is niet zo lekker. Het is nu al veel te heet.'

'Binnen is prima, hoor.'

'Is Madeleine al op?'

'Ze ging even een strandwandeling maken. Maar we kunnen wel vast beginnen.'

Mijn vader knikte.

'Wat voor koffie wil je? Ik kan wel een latte voor je maken.'

Madeleine. Zo noemde ik haar nooit. Het klonk vreemd.

Ik genoot van het ontbijt, maar toch kon ik die vruchtbaarheidsgodin in gedachten niet loslaten. Ze moet toch bij het bed hebben gestaan, bij mijn tas.

Wie had haar daarheen verplaatst? En waarom?

Mijn vader merkte dat ik niet zo spraakzaam was en vroeg of ik misschien toch een beetje slecht had geslapen. Volgens hem zou dat niet vreemd zijn, zelf sliep hij ook altijd onrustig als hij alcohol had gedronken. En hij had vannacht pijn gehad voor zijn medicijnen begonnen te werken.

Even later zagen we Madde de stenen trap naar het terras op komen. Ze vergezelde ons in de keuken, een beetje buiten adem.

'Goedemorgen,' zei ze tegen mijn vader. 'Wat is het al warm, zeg.'

Ze tilde haar strakke hemdje op en wapperde het over haar buik. Toen legde ze haar arm om me heen en gaf me een kus. Haar bovenlip was bezweet, smaakte zout. Mijn vader serveerde haar een smoothie uit de blender en begon toen nog een latte te maken.

Ik vroeg me af waar Barbro uithing. Ze leek die ochtend vrij te hebben gekregen.

Een uurtje later waren we klaar om te vertrekken. De Lamborghini en de Koenigsegg stonden op de oprit op ons te wachten. Ik had kriebels in mijn buik van verwachting. Misschien dat ik stiekem ook wel een heel klein beetje zenuwachtig was.

Mijn vader zocht in de zak van zijn witte, linnen broek, haalde zijn hand er weer uit en opende hem voor me. Er lagen twee autosleutels.

'Welke wil je?' vroeg hij.

Op de ene sleutel zat een klein, gouden, driehoekig symbool. Die pakte ik.

De Lamborghini.

Ik liep naar de auto toe. Hij was bizar laag, het dak kwam nauwelijks tot mijn middel. Ik klikte op de autosleutel op het symbool met het open slotje en hoorde een elektronisch geklik. Mijn vader vroeg:

'Heb je wel eens in zo'n auto gereden?'

'Haha, nee,' zei ik. Ik had een grijns van oor tot oor op mijn gezicht en voelde me ontzettend niet-cool.

'Het is wel een beetje anders dan een Nissan Micra,' zei mijn vader. 'Zo doe je de deur open.' Hij bukte zich en trok aan de deurhendel. De deur zwaaide met de achterkant omhoog zodat hij recht de lucht in stak. De bestuurdersstoel zag er ongeveer uit als de cockpit van een straaljager. Zwart leer en zilveren details. Ik liet me voorzichtig in de stoel zakken. Het voelde alsof ik recht op de grond zat, en alsnog raakte mijn pet het plafond. En het stuur stak zo ongeveer in mijn buik. Deze auto was niet echt gemaakt voor mensen van mijn lengte. Maar mijn vader liet me zien hoe ik de stoel naar achteren kon zetten en het stuur kon aanpassen, zowel qua hoogte als qua diepte. Even later zat ik redelijk comfortabel.

In de tussentijd had Madde de deur aan de andere kant opengedaan en zich in de stoel weten te krijgen. Ze keek over haar schouder om haar tas op de achterbank te leggen, maar die was er natuurlijk niet. Ze begon te lachen. Mijn vader stak zijn hand door de deuropening aan haar kant.

'Zal ik je tas aannemen?'

'Graag.'

Mijn vader opende de motorkap en legde de tas in een ruimte die daar zat, en kwam weer naar mijn kant. Hij boog zich voorover om iets te zeggen. Toen flipte ik de kleine rode schakelaar op de middenconsole omhoog. De motor begon vrij bescheiden te brommen, maar ik zette de rijmodus in 'corsa', en toen klonk er een heel ander geluid uit de motor – ongeduldig en agressief, een beetje dreigend zelfs. Op hetzelfde moment veranderde de digitale snelheidsmeter van koel blauw in vurig oranjerood.

'Fucking hell, wat een herrie,' riep Madde enthousiast uit.

Ik keek op naar mijn vader en probeerde neutraal te kijken. Het lukte me bijna.

'Je wilde wat zeggen?'

'Heb je er toch al wel eens in gereden?'

Toen kon ik me niet meer inhouden. Ik begon te lachen.

'Haha… Nee, maar er bestaat zoiets als YouTube, weet je.'

'Oké.'

'Ik heb echt een stuk of honderd filmpjes gekeken van proefritjes met dit soort auto's. Dus ik wist wat dat voor een ding was.' Ik zette hem terug in 'strada' en het motorgeluid werd een stuk zachter.

'Dan weet je waarschijnlijk ook dat je kunt schakelen met deze hendeltjes,' zei mijn vader terwijl hij naar twee kleine plaatjes wees die aan de zijkanten van het stuur zaten.

'Yes.'

'Nou, mooi zo. Dan kunnen we gaan. Volg mij maar gewoon.'

Mijn vader liep naar de Koenigsegg en stapte in. De achterlichten gingen aan en de motor vroemde kort en indrukwekkend toen mijn vader gas gaf in neutraal. Ik trok de autodeur dicht. De Koenigsegg kwam soepel van zijn plek, en Madde en ik reden erachteraan.

Ik bestuurde een Lamborghini.

EEN VOORDEEL AAN in hechtenis zitten is dat je een hoop tijd hebt om te dagdromen.

Het is lang geleden dat ik dat heb gedaan, in ieder geval op de manier waarop ik dat vroeger deed, en ik dacht eigenlijk dat ik het niet meer kon. Maar blijkbaar was ik alleen maar een beetje roestig.

Ik denk aan mijn moeder.

Na het ongeluk vertelden opa en de psycholoog natuurlijk wel dat mijn moeder dood was, maar dat was iets wat ik niet kon of niet wilde laten doordringen. Ik dacht dat ze ergens anders was en zo weer op zou kunnen duiken. Daar gingen de dagdromen ook over. Het waren fantasieën over wat de reden zou kunnen zijn dat mijn moeder nog niet terug was, en hoe het zou gaan als we elkaar weer zouden zien.

Elke middag als ik thuiskwam van school nam ik eerst wat boterhammen en een glas melk. Daarna ging ik in een van de draaistoelen in de woonkamer zitten. Het appartement was helemaal stil. Opa zou de komende paar uur nog niet thuis zijn en oma lag te slapen. Ik liet mijn gedachten de vrije loop. Dat was het fijnste moment van de dag.

Ik ging daarmee door tot ik in mijn tienerjaren kwam. Ik schaamde me ervoor hoe kinderachtig ik was, maar ik kon er niet mee stoppen. En nadat mijn vader ineens bij die voetbalwedstrijd was verschenen, werd de dromen nieuw leven ingeblazen. Als mijn vader ineens tevoorschijn kon komen, waarom zou mijn moeder dat dan niet kunnen?

Maar de jaren gingen voorbij en op een dag realiseerde ik me dat ik al heel lang niet meer had zitten dagdromen. Kon me niet eens herinneren wanneer de laatste keer was geweest.

De zomer nadat ik klaar was met de middelbare school werkte ik als postbode. Ik probeerde eraan te wennen om om half vijf 's ochtends op te staan, had geen idee wat ik met de rest van mijn leven zou doen. Het was een gevoel van vrijheid op het randje van angst. Alles was mogelijk.

Op een dag zat ik op een parkbankje mijn lunch te eten. Opa had hem voor me gemaakt, twee dikke zuurdesemboterhammen met harde korst, boter en Kalles Kaviar ertussen, en gesneden radijsjes. Ik moest eraan denken dat mijn moeder altijd zo van radijsjes hield en dat ze dat vast van opa had.

Maar ik kon me niet meer herinneren hoe ze eruitzag. Toen ik me haar gezicht probeerde voor te stellen lukte dat niet.

Ik had een vaag beeld van wat voor kleur haar ze had gehad en van haar lichaamsbouw, maar haar gelaatstrekken waren verdwenen. Hoe hard ik ook mijn best deed, het was helemaal blanco.

Ik raakte in paniek.

Ik wist dat het beeld ergens in de krochten van mijn geest te vinden moest zijn, maar ik blokkeerde. Hoe harder ik probeerde om de herinnering van haar gezicht op te roepen, hoe onduidelijker alles werd.

Mijn hart ging tekeer, mijn benen begonnen te trillen. Ik kreeg geen hap meer door mijn keel.

'Rustig,' zei ik tegen mezelf, 'rustig nou. Denk even aan iets anders. Voor je het weet komt ze weer tevoorschijn.'

Ik probeerde me op mijn werk te concentreren. Sprong weer op mijn brommer en ging verder met mijn ronde. Maar een deel van mijn bewustzijn bleef in mijn hoofd ronddwalen op zoek naar het gezicht van mijn moeder. Waarschijnlijk zijn er die middag aardig wat brieven in de verkeerde bus terechtgekomen.

Toen ik thuiskwam haastte ik me naar de la van de boekenkast waarvan ik wist dat alle oude foto's erin lagen, zowel dia's als gewone foto's. Ik trok er een dik fotomapje uit en bladerde tot ik een foto van haar had gevonden. O ja. Zo zag ze er natuurlijk uit.

En toen ik die foto zag kwamen ook al mijn herinneringen terug.

Er verschenen honderden beelden in mijn hoofd, misschien wel duizenden. De complete index.

Toen vond ik de pasfoto's die ze ongeveer een jaar voordat ze dood was gegaan had laten maken en ik stopte er een van in mijn portemonnee. Voor een lange periode daarna keek ik meerdere keren per dag naar die foto, bijna dwangmatig.

Sindsdien ben ik nooit meer vergeten hoe mijn moeder eruitzag.

HET WAS LAAT in de middag. De kronkelende steegjes in Visby waren dampend warm na een hele dag in de brandende zon. Mijn poloshirt plakte aan mijn rug. Oude schuine, houten huisjes stonden op een rij met gigantische rozenstruiken rond de voordeuren. Ineens stonden we op een klif waardoor we de hele stad onder ons konden zien. Achter de haven glinsterde de donkerblauwe zee.

Mijn vader leidde ons verder, Madde en ik volgden op ongeveer een meter afstand, hand in hand. We bleven bij een ijswinkeltje staan en ik nam een 'affogato', een dubbele espresso met een bolletje vanille-ijs erin. Mijn vader at een bolletje pistache-ijs uit een bekertje. Hij vroeg of we nog meer van Visby wilden zien of dat we het wel genoeg vonden geweest. Madde keek mij aan.

'Ik vind het wel goed zo,' zei ze. 'Wat vind jij?'

'Ik ook. Het is warm hier.'

Mijn vader knikte.

'Dan gaan we naar het restaurant van die vriend van me. Het is een stukje ten zuiden van Visby, aan de kust. Daar waait het wat meer. Ik dacht dat we daar wel konden eten.'

We gingen terug naar de auto's, en even later reden we over de landweg vrij dicht langs de kust richting het zuiden. Af en toe konden we een glimp opvangen van de zee.

Op Fårö waren we naar Langhammars raukfält geweest, prachtige rotsformaties die de zee uit het zachte kalksteen had gevormd. Er stonden er in totaal misschien wel honderd, langs het water. Ik vond ze een beetje lijken op die grote stenen hoofden op Paaseiland in de

Stille Oceaan. Oeroude goden die in de verte naar de horizon staarden.

We hadden ook een lunchstop gemaakt in een vissersdorpje aan de westkust van Gotland, even ten noorden van Visby. Er was natuurlijk nog veel meer te zien, maar na een lange dag in de zon, met veel frisse lucht en indrukken, begon ik het wel te voelen. Net als het zitcomfort in de Lamborghini. Niet superfijn als je één meter negentig bent.

Mijn vader sloeg rechts af, en wij reden achter hem aan. De weg liep kronkelend naar beneden door een dennenbos. Even later opende zich een fantastisch uitzicht over de zee, en daar lag onze bestemming, restaurant Granath. Een groot, modern souterraingebouw op een helling, met een parkeerplaats bovenop en twee gigantische terrassen onder elkaar met uitzicht op de zee.

We parkeerden de auto's naast elkaar, stapten uit en liepen naar de ingang.

'Wat een uitzicht,' zei Madde.

Mijn vader glimlachte breed. 'Ja, hè? Maar vooral het eten is hier echt heel goed. Ja, zoals jullie dus gisteren wel gemerkt hebben. Peppe heeft tien jaar geleden zilver gewonnen op de Bocuse d'Or.'

Het gebouw was net een blokkendoos, bedekt met een zwarte of donkergrijze steensoort die wel eens leisteen kon zijn. We liepen door twee openstaande dubbele deuren van rookglas. Dezelfde steensoort bedekte de muren in de foyer. De vloer was lichter van kleur. Het was er vrij donker vergeleken met het felle licht van buiten. Mijn ogen moesten even wennen.

Het enige wat degelijk verlicht werd in de foyer, was een schilderij dat aan een van de muren hing, waardoor je blik daarnaartoe werd getrokken zodra je binnenkwam. Het schilderij was groot, iets van twee meter breed en anderhalve meter hoog, als een vloerkleed, ongeveer.

Ik zag meteen dat mijn vader het had geschilderd.

Het stelde een vuurzee voor. Wervelend, razend. De kleuren gingen van dieprood naar oranje, tot vlekken van oogverblindend wit. Wat er precies in brand stond was lastig om te zien, de vlammen bedekten het grotendeels. Misschien was het een gebouw. Misschien waren het mensen. Op een bepaalde plek dacht ik een hand te zien.

Ik liep gefascineerd naar het grote doek toe. De olieverf was zo dik aangebracht dat het oppervlak er bobbelig en oneffen uitzag als je dichtbij genoeg kwam. Het schilderij leek wel in een uitbarsting van razernij te zijn geschilderd.

Ik voelde angst. Echt, ik overdrijf niet.

Ik had dit namelijk meegemaakt. Vroeger toen ik klein was ben ik in dit schilderij geweest.

'Fredde!' hoorde ik een stem vrolijk uitroepen, en eindelijk kon ik mijn blik van het doek losrukken. Een behoorlijk gezette man van rond de veertig kwam op ons af gelopen. Hij had donker, achterovergekamd haar en een keurig bijgehouden stoppelbaard. Rond gezicht, met een lichte onderkin. Een flinke buik, verborgen onder een dun jeansoverhemd dat over zijn lichte linnen broek hing. Hij opende zijn armen voor een omhelzing en lachte.

'Hahaha… Man, wat leuk om je te zien…'

Mijn vader lachte ook en omhelsde zijn vriend.

'Ja, vind ik ook… Alles goed?'

'Heel goed.'

Mijn vader wendde zich tot Madde en mij. 'Dit is Isak. Mijn knul.'

Peppe stak zijn hand naar me uit.

'Peppe. Leuk je te ontmoeten, welkom.'

We schudden elkaar de hand.

'Bedankt, leuk om hier te zijn,' mompelde ik. Ik was nog steeds van slag na het zien van het schilderij, maar ik geloof dat ik iets wat op een glimlach leek wist te produceren.

Mijn vader ging verder:

'En dit is Madde, zijn vriendin.'

Madde en Peppe zeiden elkaar ook gedag.

'Mijn knul'. Mijn vader had 'mijn knul' gezegd. Dat stond me een beetje tegen.

Peppe keek me aan en zei:

'Ik zag dat je naar het schilderij stond te kijken. Bijzonder is het, hè?'

'Mhm.'

'Ik heb Peppe een beetje geholpen met de kunstdecoratie hier,' zei mijn vader.

'Wel meer dan een beetje.'

'Ja, maar ik had al bedacht dat als ik klanten vanuit Londen of Tokio zou laten overkomen, dat ik dan wel een plek wilde hebben om ze mee uit eten te kunnen nemen,' legde hij aan Madde en mij uit. 'Dan wil je natuurlijk wel dat het er een beetje representatief uitziet. Dus ik zei tegen Peppe: "Ik kan wel wat kunst voor je uitzoeken."'

Peppe grijnsde. 'Ja, en hoe ging dat?'

'Het resulteerde erin dat ik mijn eigen schilderijen heb op laten hangen.'

Peppe pakte mijn vaders arm vast. 'En daar ben ik heel blij mee. Maar serieus, deze...' Peppe keek op naar het grote doek. 'Soms als ik hier als laatste nog ben en moet afsluiten, dan durf ik hier nauwelijks naar te kijken.'

Ik knikte zwijgend.

'Het is heel anders om deze 's nachts te zien dan overdag.'

Ik ontmoette mijn vaders blik, ik zag er iets onderzoekends in. Hij vermoedde natuurlijk wel wat dit schilderij met mij deed.

'Wat willen jullie drinken? Champagne? Ik heb een paar dozen Jacques Selosse binnengekregen.'

'Daar kunnen we wel mee beginnen,' zei mijn vader.

We liepen het restaurant in, dat iets lichter van kleur was dan de foyer. Stoelen van cognacgekleurd leer, crèmewitte tafelkleden. Er zaten nog geen gasten, maar het personeel liep druk tussen de tafels heen en weer om alles klaar te zetten. Aan de muren hingen nog meer kunstwerken van mijn vader, maar kleiner en minder opvallend dan dat in de foyer.

Peppe begeleidde ons het terras op via grote openstaande, glazen schuifpuien zoals die bij mijn vader thuis.

We liepen de zon in. Nu had ik pas door hoe heerlijk koel het binnen in het restaurant was geweest. Maar het uitzicht op zee was magisch en bij elke tafel stond een grote parasol voor schaduw.

Aan de rechterkant van het terras waren drie loungeplekken. Op een van die plekken gingen we zitten. Peppe zei dat de champagne al onderweg was, hij wenste ons een fijne avond en verdween toen het restaurant in. Op een van de andere loungeplekken zaten twee mannen en een vrouw, allemaal van rond de vijftig, te praten. Dure zonnebril, roze overhemd, linnen broek. Mooi egaal gebruind. Het haar van de vrouw zat heel netjes en ze had elegante make-up op. Gouden horloge. Ja, jullie begrijpen wel welke stijl ik bedoel.

Dit was de wereld van mijn vader. Dit was het soort mensen met wie hij omging, het soort plekken waar hij naartoe ging. Madde en ik waren slechts op bezoek. Ik voelde me vies en plakkerig na de lange warme dag in de auto en in Visby, vroeg me af of ik naar zweet rook of dat mijn voeten stonken. Ik moest me inhouden om mijn neus niet in mijn oksel te steken om te checken.

Er kwam een ober uit het restaurant onze kant op. Het was een jongen van rond de vijfentwintig, vrij tenger, met kort donker haar en een perfect getrimd snorretje. Hij had een ijsemmer bij zich met een fles champagne erin en drie flinke glazen als een boeket in zijn andere hand. Toen hij Madde in het oog kreeg klaarde zijn gezicht op en zei hij:

'Hééé!'

Het werd doodstil aan tafel. Madde keek hem vragend aan. Met grote bewegingen zette de ober de champagnekoeler op tafel en zette hij de glazen voor ons neer. Het duurde een paar seconden voor hij doorhad dat hij geen antwoord kreeg van Madde. Toen keek hij haar, nog altijd breed glimlachend, aan.

'Kennen wij elkaar?' vroeg Madde. Ze klonk oprecht verward.

De gezichtsuitdrukking van die ober. De glimlach die van zijn gezicht af droop. Hoe hij een verklaring probeerde te bedenken, maar hem dat niet lukte. Hij zag er compleet *lost* uit.

'Eh...' zei hij.

'Ik ben hier nooit eerder geweest,' zei Madde.

De ogen van de ober schoten even heen en weer voordat hij de hals van de champagnefles beetpakte en die met snelle, ervaren bewegingen begon te openen.

'Sorry,' zei hij zacht. 'Ik moet je met iemand anders hebben verward. Sorry.' Hij staarde naar zijn handen en werd knalrood.

'Geeft niet,' zei mijn vader een beetje lijzig terwijl hij ging verzitten, hij legde zijn ene been over het andere. 'Het is al goed.'

Er gingen een paar seconden voorbij, misschien wel een halve minuut, zonder dat iemand iets zei. Het leek een eeuwigheid te duren. Er hing een geladen stilte. De ober trok de kurk uit de fles en schonk een bodempje in mijn vaders glas. Mijn vader nam de kelk van het glas in zijn hand en bracht het naar zijn mond om te proeven. Madde zei tegen de ober:

'Werk je ook in Stockholm?'

'Zeker,' zei hij. 'In de winter. Dit doe ik van mei tot september.'

'Ik heb in Stockholm gewoond. Misschien dat je me daar wel eens hebt gezien.'

'Zou goed kunnen,' zei hij. 'Dat zal het wel zijn. Nogmaals mijn excuses.' De ober keek Madde niet aan, hij zag eruit alsof hij wel door de grond kon zakken.

'Mmm,' zei mijn vader en hij smakte met gesloten ogen. Hij had de champagne geproefd. 'Wat is deze ongelooflijk lekker, zeg.'

'Sorry, ik ben er niet helemaal bij,' zei de ober zenuwachtig, 'ik heb nog niet eens verteld wat u precies drinkt.'

Mijn vader hield afwerend zijn hand op.

'Hoe heet jij ook alweer?'

'August.'

'August, rustig maar. Even ademhalen. Ik weet dat het een Jacques Selosse is.'

'Inderdaad, dit is een van zijn lieux-dits, volledig geproduceerd met druiven uit hetzelfde dorp, hij heet Le Bout du Clos.'

'Chardonnay?'

'Nee, dat niet, maar je zou het bijna zeggen, dat dacht ik zelf ook toen ik hem voor het eerst proefde... Maar het is een pinot noir.'

'Whatever,' zei mijn vader. 'Hij is in elk geval lekker. Schenk maar in.'

August vulde onze glazen, precies evenveel in elk, zonder een druppel te knoeien.

‘Dus… Het is blijkbaar niet helemaal mijn dag vandaag,’ zei August terwijl hij de fles terug in de ijsemmer op tafel zette. ‘Maar ik wens jullie een heel fijne avond.’ Hij keek ons aan en lachte, een verontschuldigende en licht onderdanige glimlach, voordat hij terug het restaurant in verdween. Madde haalde diep adem, blies zuchtend uit en liet haar tong uit haar mond hangen.

‘Mijn god, zeg… Ik werd er helemaal ongemakkelijk van…’ Ze lachte en legde haar hand op die van mij.

Mijn vader lachte ook en schudde zijn hoofd. ‘Een zenuwachtig ventje was het.’

‘Waarom maakte hij er zo’n ding van? Kwam dat doordat jij het was?’

‘Misschien.’

‘Ik heb echt effe een sigaret nodig.’

‘Laten we eerst de champagne even proeven. Proost.’

Hij hief zijn glas naar ons op, en wij beantwoordden het gebaar door onze glazen ook omhoog te houden. Ik nam een slok.

Het smaakte zuur. Uiteraard. Zo smaakt champagne nu eenmaal.

Ik heb sowieso niet zoveel met bubbelwijn, maar ik heb wel eens prosecco gedronken, de Italiaanse versie, en die is echt wel oké.

Ik weet hoe je luxe wijnen moet drinken. Je neemt een slok, spoelt het rond door je mond en dan kijk je bedenkelijk, alsof je op zoek bent naar het juiste woord om te beschrijven wat je ervaart.

Als het om champagne gaat weet ik de juiste woorden. Dat weten jullie ook.

Zo zuur dat mijn kaken verkrampen.

Over de nieuwe kleren van de keizer gesproken.

‘Heerlijk, hè?’ vroeg mijn vader.

‘Ja, zeker,’ zei ik. ‘Ongelooflijk.’

‘Ja, inderdaad lekker,’ zei Madde. ‘Mag ik nu een sigaret?’

Mijn vader tilde de fles uit de ijsemmer om onze glazen bij te vullen, maar ik hield afwerend mijn hand op.

‘Ik hoef niet meer.’

‘Echt niet? Vond je het niet lekker? Iets te zoet, misschien?’

‘Nee, maar ik moet ook nog naar huis rijden.’

‘Daar hoef je je niet druk om te maken,’ zei mijn vader, ‘daar heb ik iets voor bedacht.’ Hij vulde mijn glas bij, toen dat van Madde en tot slot zijn eigen, dat als enige al leeg was.

We rookten en dronken champagne terwijl de zon langzaam naar de horizon daalde.

OP EEN GEGEVEN moment verplaatsten we ons naar binnen, waar het zonder dat ik het door had gehad vol was geraakt met gasten. Er waren nog maar een paar tafels vrij. Een van die tafels stond op de voorste rij en keek uit over het terras, met een fantastisch uitzicht over het water, maar wel in de schaduw en met de wat koelere lucht van het restaurant. Het beste van twee werelden. En die was voor ons. Mijn vader trok de stoel voor Madde naar achteren en we gingen zitten.

Toen volgde er een menu van zeven of acht gangen, ik weet niet meer hoeveel precies. En dan heb ik de tussengerechtjes nog niet eens meegerekend, zoals een muntsorbet bestaande uit kleine witte bolletjes op elkaar gestapeld als een miniatuur sneeuwlantaarntje. Het waren allemaal best kleine gerechtjes. Gelukkig maar, want anders had je de laatste gang nooit op gekund. Tegen het einde van de avond zat ik alsnog propvol.

Elke gang zag eruit als een klein kunstwerk. Ik heb meerdere keren getwijfeld of ik mijn vork wel in het eten zou steken. Het voelde gek om iets kapot te maken waar iemand zo veel tijd en energie in had gestoken. Elke gang had ook zijn eigen drankje. Een klein bodempje maar. Het kon rijstbrandewijn zijn, of tarwebier, of witte wijn, of rood. Port, brandy uit Georgië.

Ik had me voorgenomen om rustig aan te doen met de alcohol die avond, maar ik wilde toch alle verschillende drankjes die werden gebracht even proeven, kijken hoe die combineerde met 'zijn' gang. En aangezien het er nogal wat waren, raakte ik toch een beetje aangeschoten. Ik denk dat Madde er ongeveer hetzelfde aan toe was als ik.

Mijn vader daarentegen… die liet er geen gras over groeien. Hij sloeg elk glas snel achterover en vroeg vaak nog om extra. De vorige avond was hij best rustig geweest, had veel vragen gesteld, ons laten praten. Nu voerde hij grotendeels het woord, harder en geestdriftiger dan ik hem eerder had gehoord. Maar misschien was dat alleen omdat hij zich hoorbaar wilde maken boven het geroezemoes in het restaurant.

Hij had het over de rol van de kunstenaar in de samenleving. Eigenlijk heeft iedereen constant een heleboel vreemde gedachten en ideeën, volgens hem. Zo werkt het bewustzijn. En als kind vang je die ideeën op, je registreert ze, doet er iets mee. Je maakt een tekening, vertelt een verhaal, vraagt een volwassene wat. Maar wanneer je vervolgens ouder wordt, worden die gedachten en ideeën niet langer gewaardeerd. Op school en in het arbeidsleven leer je dat het de bedoeling is om een deel van de samenleving te worden, een radertje in het geheel. Je merkt die constante stroom van gedachten en ideeën niet meer op. Maar de kunstenaar stopt niet met spelen zoals kinderen dat doen. En laten anderen daarmee zien dat er een andere wereld mogelijk is, je kunt hiervan loskomen, je hoeft niet slechts een onbeduidend radertje te zijn. En dat geeft mensen die kunst ervaren een gevoel van vrijheid.

Zoiets bedoelde hij geloof ik.

Plotseling stond hij op, zo ongeveer midden in een zin, en vroeg of wij ons een tijdje zelf konden vermaken. Hij veegde zijn mond schoon met het dikke katoenen servet, en zijn voorhoofd ook, hij was rood en zweterig in zijn gezicht. Het eten, drinken en praten hadden ervoor gezorgd dat hij warm was geworden. De airco wist de warmte in het restaurant niet helemaal te dimmen. Hij liep weg zonder op antwoord te wachten.

Ik strekte mijn hand naar Madde uit en glimlachte.

'Ik zit zo fucking vol.'

Ze lachte terug en pakte mijn hand.

'Even volhouden, nog twee gangen te gaan,' zei ze grinnikend.

'Is dat zo, ja? Nog twee gangen?'

'Nou, meer kunnen het er niet zijn, toch? Wat kaas, dan een nagerecht.'

Ik verplaatste mijn stoel zodat ik zo dicht mogelijk naast Madde zat en mijn arm om haar heen kon leggen. Ze leunde tegen me aan, legde haar hand op mijn been. We kusten elkaar. Toen legde ze haar hoofd tegen mijn hals.

'Jeetje, ik zou zo in slaap kunnen vallen,' zei ze.

Ik wierp een blik op de bar. Mijn vader was eromheen gelopen en stond met de barman te praten, een pezige kerel met donker, perfect gestyled haar, een goed bijgehouden baard en getatoeëerde armen die onder de korte mouwen van zijn overhemd tevoorschijn kwamen. Mijn vader boog zich naar zijn oor toe. De barman luisterde en knikte, terwijl hij iets in een drinkglas platstampte.

Ik dronk het laatste beetje op van een ontzettend goede witte wijn die een gang of drie geleden naar de tafel was gebracht. Het smaakte zout en een beetje zuur en was nog steeds koel. Mijn arm rustte op Maddes schouders, mijn hand hing slap voor haar borst in de lucht. Ze pakte mijn hand met haar beide handen vast, kneep erin en streelde mijn vingers. Ik draaide mijn lichaam naar haar toe en legde mijn andere hand op haar gekruiste bovenbenen. We zoenden elkaar weer, dieper dit keer. Het was niet een zoen die passend was in een restaurant. Maar dat kon ons niets schelen.

Ik hoorde het geluid van een stoel die achteruit werd getrokken en onze kus werd abrupt afgebroken. Mijn vader plofte neer aan tafel. Madde en ik lieten elkaar los, gingen rechtop zitten. Ik keek mijn vader aan en hij wierp me een vreemde, licht agressieve blik toe die er heel anders uitzag dan hij tot dan toe had laten zien. Wilde hij me even duidelijk maken dat het niet oké was om in een chic restaurant als dit te zitten zoenen? Schaamde hij zich dat ik niet wist hoe je je hoorde te gedragen?

Misschien. Of misschien had hij gewoon te veel gedronken. In ieder geval, zijn gezichtsuitdrukking veranderde snel. Hij slaakte een diepe zucht en glimlachte even naar ons.

'Wat een avond, hè?'

'Nou, zeker,' zei Madde, 'wat een avond.'

'Willen jullie meer wijn? Hebben jullie nog dorst?'

'Nee hoor, hoeft niet,' zei ik.

Mijn vader trok aan zijn overhemd en wapperde ermee over zijn buik.

'Het is toch wel heel heet hier?'

'Ja.'

'Hallo? Kunnen we nog wat meer water krijgen?' Mijn vader draaide zich om en wierp zijn ene hand in de lucht. Al snel kwam er een serveerster aan met een grote kan van roestvrij staal. Ze schonk eerst voor Madde en mij in en vroeg:

'Willen jullie ook nog wat meer mineraalwater?'

'Graag,' zei mijn vader. 'Dat zou top zijn.'

'Dan regel ik dat,' zei de serveerster vrolijk, een ietwat stevige dame van rond de dertig. Ze droeg een zwarte spijkerbroek en hetzelfde zwarte, linnen overhemd met korte mouwen dat de rest in de bediening ook droeg. Ze liep om de tafel heen om mijn vaders glas bij te vullen en ging naast hem staan.

'Sorry,' zei hij terwijl hij de onderkant van het overhemd van de serveerster vastpakte. Hij boog zijn hoofd in de richting van haar buik en veegde zijn bezwete voorhoofd droog met haar overhemd. 'Het is hier gewoon zo heet.'

De serveerster verstijfde, maar mijn vader had haar overhemd stevig vast en drukte zijn gezicht ertegen, nu poetste hij zijn wangen.

'Sorry,' zei hij nog een keer, hij liet haar overhemd los en ging weer rechtop zitten. 'Sorry.'

Het gebeurde allemaal binnen een paar seconden. De serveerster beet op haar onderlip en zag er allesbehalve blij uit. Mijn vader lachte naar ons.

'Er komen straks nog lekker wat kaasjes aan,' zei hij.

Madde en ik raakten elkaar niet langer aan, maar ik kon in mijn ooghoek zien dat ze verstijfd in haar stoel zat, en ik deed onbewust hetzelfde, ging nog rechter zitten, trok mijn handen naar me toe. Alsof we wilden compenseren voor mijn vaders grensoverschrijdende gedrag door netter te gaan zitten. Je zweet afvegen aan iemand anders' kleren…

'Ik geloof dat we er ook wat amarone bij krijgen,' ging mijn vader verder. 'En marmelade. Jullie moeten eens gorgonzola, amarone en marmelade tegelijk in jullie mond doen. Ik zweer het, de beste combi ooit!'

Madde staarde mijn vader aan. Haar blik was op dat moment met afschuw vervuld.

'Hoezo zat je jezelf aan haar overhemd af te vegen?'

'Hoezo? Omdat ik bezweet was.'

'Dat doe je toch niet?'

'Nee, maar toen ik hier terugkwam zaten jullie elkaar af te lebberen, dus toen had ik zoiets van, "oké, iedereen doet hier blijkbaar een beetje waar-ie zelf zin in heeft". Of wat dachten jullie?'

Mijn vader leek wel jaloers. Of afgunstig, misschien dat hij er niet tegen kon om twee jonge mensen te zien die verliefd waren en hun hele leven nog voor zich hadden, terwijl hij zelf oud was en pijn had en binnenkort dood zou gaan?

Madde gaf geen antwoord op de vraag van mijn vader, ze keek alleen mij maar aan, wachtend op mijn bijval.

Wat is jouw vader eigenlijk voor een idioot?

Ik hield haar blik vast en schudde bijna onzichtbaar mijn hoofd.

Onze blikken creëerden een eigen kleine ruimte waar alleen Madde en ik in konden. Mijn vader werd buitengesloten. Hij haalde een pakje sigaretten uit zijn binnenzak.

'Het was misschien niet zo aardig tegenover…' Hij wapperde met zijn hand in de richting van de bar, waar de serveerster bezig was. Hij schudde een sigaret uit het pakje en stopte hem in zijn mondhoek. 'Ik zal straks mijn excuses aanbieden. En ik zal haar zo'n grote fooi geven dat ze me de volgende keer als ik hier ben haar overhemd aan zal bieden van: "Alstublieft, heer Barzal, droogt u vooral uw gezicht."' Mijn vader grijnsde.

Wat een vreselijk smakeloze grap. Je kreeg niet echt het gevoel dat het excuus welgemeend zou zijn. Mijn vader ging verder:

'Goed, nu vergeten we dat dit is gebeurd, en gaan we buiten even roken. Oké? Ik zie hoeveel zin jullie daarin hebben. Jullie kunnen je ogen verdomme nauwelijks van mijn sigarettenpakje afhouden.'

Mijn vader stond op, en zonder dat ik weet hoe het precies gebeurde, stonden Madde en ik ook op. We hadden in ieder geval laten merken dat we vonden dat mijn vader zich onfatsoenlijk had gedragen. Madde, tenminste.

En bovendien hadden we inderdaad wel veel zin om te roken. Mijn vader had gelijk.

We liepen over het terras, waar inmiddels alle tafels bezet waren. Namen een trap naar beneden en bleven daar staan om te roken. Het was ongeveer tien uur 's avonds, de zon gloeide oranje en roze en zakte langzaam de zee in. Het was een prachtig schouwspel. Uiteindelijk was de zon slechts nog een streep vibrerend licht aan de horizon. Toen was hij weg, maar de weerkaatsing ervan was nog op grote delen van de hemel zichtbaar. Een aantal sluierwolken hoog in de lucht lichtten bijna onwerkelijk roze op. Deze avond zag eruit als amateurkunst.

We gingen weer naar binnen en het diner werd voortgezet. We kregen allemaal een eigen bordje met een stuk of zes stukjes kaas, kloddertjes marmelade, en een paar dadels.

De serveerster aan wier overhemd mijn vader zijn gezicht had afgeveegd kwam niet meer bij onze tafel in de buurt.

Het nagerecht werd ook gebracht, mokkaparfait met een zure bessensaus en krokante stukjes eroverheen gestrooid. Het was lekker, maar ik kon het niet laten om me te bedenken dat een bolletje schepijs met wat aardbeiensaus en notendip ongeveer net zo lekker zou zijn geweest.

Van de dessertwijn heb ik nauwelijks iets gedronken. Ik begon serieus moe te worden. En mijn vader zag blijkbaar dat mijn ogen en kin wat begonnen te zakken, want hij vroeg of ik in slaap zat te vallen.

'Eerlijk gezegd wel, ja,' zei ik.

Mijn vader draaide zijn hoofd om en hield zijn hand in de lucht tot hij oogcontact had met iemand van de bediening.

'Hoe komen we nu thuis?' vroeg ik.

Hij gaf geen antwoord, dus ik ging verder.

'Je zei dat je daar iets voor had bedacht, toch?'

Mijn vader knikte.

'Ja, inderdaad... Ik had me het volgende bedacht...' Hij liet een kunstmatige pauze vallen en hield beide wijsvingers in de lucht, alsof hij iets beslissends ging zeggen. 'We pakken de auto's, en dan rijden we terug naar Ajkeshorn.'

Ik kon niet eens glimlachen om zijn grap. Ik was te moe.

'Maar even serieus.'

'Ja, serieus. We gaan met de auto's naar huis.'

Ik zuchtte. Voelde irritatie opborrelen.

'Alsjeblieft. Ik heb hier even geen zin in.'

'Geen zin in wat?' Mijn vader klonk rustig, helemaal niet geïrriteerd of confronterend.

'Nou, deze ongein... We hebben gedronken, natuurlijk kunnen we niet met de auto terug naar huis rijden.'

'Zoveel hebben we toch niet gedronken.'

'Hou op.'

'Waarom kunnen we niet met de auto terug?'

'Waarom?'

'Ja? Leg me uit waarom. Waarom zouden we niet met de auto's naar huis kunnen gaan.'

Dit meent hij verdomme niet, dacht ik. Gaat hij die grap de hele avond volhouden? Maar er was iets aan zijn toon wat me deed afvragen of het überhaupt wel een grap was.

'Ben je nou serieus?' vroeg ik.

'Ja,' zei mijn vader. 'Bloedserieus.'

Ik wendde me tot Madde, zocht haar blik om die verstandhouding weer te vinden, onze eigen kleine ruimte met mijn vader erbuiten, maar ze keek weg.

'Hij heeft gelijk, we hebben allemaal gedronken,' zei ze, maar ze klonk niet overtuigend. Integendeel, ze klonk stilletjes en defensief.

'Maar laat Isak het even uitleggen,' zei mijn vader. 'Waarom kunnen we niet met de auto's terug?'

In mijn wereld was het absoluut verboden om auto te rijden als je dronken was. Dat was gewoon iets wat je niet deed. En dingen die je zelf vanzelfsprekend vindt, zijn lastig om argumenten voor te bedenken. Ik raakte in de war van mijn vaders vraag.

'Omdat...' begon ik hakkelend, '... je geen auto moet rijden als je gedronken hebt.'

'En waarom niet?'

'Dat is verboden.'

'En dan word je opgepakt, bedoel je?'

'Ja.'

'Er is rond deze tijd geen politie op Gotland op een doordeweekse avond. Als we Visby ontwijken.'

'Maakt niet uit.'

'Het risico dat we opgepakt worden is gelijk aan nul.'

'Niet.'

'Wel.'

'Ik ben niet van plan te gaan rijden, in ieder geval.'

'Nee, oké, dat heb ik begrepen, maar waarom niet? Geef me één goede reden. Jij zegt "je kan opgepakt worden", en ik zeg "nee, dat is niet zo". Als je de wat kleinere weggetjes neemt.'

'Er is een reden waarom het verboden is,' zei ik en ik hoorde zelf hoe mijn stem een beetje trilde. Ik wist dat ik gelijk had, maar ik voelde me alsnog in het nadeel. Mijn vader was zo rustig en zelfverzekerd, hij was goed met woorden. Hij had deze situatie vast al veel vaker meegemaakt. Discussiëren om het discussiëren. Hij leek ervan te genieten. Zelf was ik nogal van streek, ik vond het erg vervelend. Waarom kan ik mijn stem verdomme ook niet rustig houden, dacht ik.

Madde had haar hand op mijn arm, maar zweeg.

Waarom zei ze niets?

'En wat is die reden?' ging mijn vader verder.

'Ja, dat is toch... best... logisch.' Ik voelde dat er kleine zweetdruppeltjes op mijn voorhoofd verschenen. 'Als je hebt gedronken dan kun je situaties minder goed inschatten, en... Nou ja, dan is het risico dat je een ongeluk veroorzaakt groter.'

Mijn vader gaf me het gevoel dat ik een of andere saaie deugkneus was, en ik haatte het. Ik haatte het.

'Er zijn op dit tijdstip geen mensen op straat. Dus we zullen geen botsing veroorzaken.'

'Dat weet je niet.'

'Jawel. Statistisch gezien was het veel gevaarlijker voor ons om overdag hierheen te rijden, met al die andere auto's onderweg, dan om nu met de auto's naar huis te gaan.'

Ik schudde mijn hoofd. 'Whatever.'

Ik zocht opnieuw Maddes blik, en daar was hij, merkwaardig neutraal. Niet alsof ze me tegen wilde spreken, maar ook niet echt alsof ze me steunde.

'Alles in het leven brengt risico's met zich mee, of niet dan?' zei mijn vader. 'Risicominimalisatie is niet de beste weg voor een fijn leven.'

Ik stond op het punt om te zeggen dat ik al vroeg in mijn leven genoeg had gekregen van risico's, ik heb mijn moeder verloren en mijn kleine zusje en ik was er zelf ook bijna geweest, lekker makkelijk voor mijn vader om hier nu over risico's te lopen praten, hij heeft niet meegemaakt wat ik heb meegemaakt. Maar ik zei niets. Had het gevoel dat ik me anders alleen maar zou laten kennen, zou laten merken hoezeer ik van streek was. In plaats daarvan stond ik op van tafel. Ik keek mijn vader strak aan. Mijn stem trilde licht van woede.

'Doe jij vooral wat je niet laten kan. Maar ik ben niet van plan achter het stuur te gaan zitten. Ik neem een taxi en overnacht wel in Visby.' Ik wendde me tot Madde. 'Ga je mee?'

Ze keek me nadrukkelijk aan, pakte mijn hand vast. 'Hé… Rustig maar…'

'Ja, hoelang moet ik naar deze onzin zitten luisteren?'

'Als je met de Lambo naar huis rijdt, mag je hem hebben.'

Mijn vader keek met een vaste blik naar me op vanaf de andere kant van de tafel. Ik staarde hem aan. In mijn ooghoek zag ik dat we met ons optreden de aandacht hadden getrokken van de gasten om ons heen.

'Hou alsjeblieft op, zeg.'

'Je voelt je niet meer dronken, hè, of wel? Dit gesprek heeft je weer broodnuchter gemaakt.'

Daar had mijn vader gelijk in. En toen schoot de gedachte door mijn hoofd dat dat misschien precies was wat mijn vader met deze ruzie had willen bereiken.

'Rij de Lamborghini naar Ajkeshorn en hij is van jou.'

Op dat moment kwam Peppe naar onze tafel toe gelopen en legde een leren mapje voor mijn vader neer.

'Maestro,' zei hij. 'Hoop dat jullie een fijne avond hebben gehad.'

'Het was fantastisch, zoals altijd,' zei mijn vader en hij glimlachte. Hij haalde een goudkleurig pasje uit zijn portemonnee en gaf hem aan Peppe zonder naar de rekening te kijken. 'Leg het gebruikelijke er maar bovenop. En er was hier nog een jongedame met water... Vrij rond... Zij krijgt duizend kronen extra.'

Peppe knikte onderdanig, het leek net een kleine buiging.

'Dan regelen we dat.'

Hij was alweer van de tafel weg aan het lopen toen mijn vader hem tegenhield.

'Hé, zou je misschien eens een eenvoudig wit A4'tje voor ons kunnen halen?'

'Maar natuurlijk,' zei Peppe. 'Eén seconde.'

Peppe verdween in de richting van de bar. Mijn vader wendde zich tot mij.

'Ik zal het eens officieel op een papier schrijven, zodat je begrijpt dat ik het echt meen. Je kunt het aanbod uiteraard afslaan, dat zal ik voor de volle honderd procent respecteren. Maar denk er in ieder geval wel even over na voor je antwoord geeft.'

De toon van mijn vader was anders geworden, serieuzer. Ik hoorde niets van dat honende en uitdagende dat me eerder zo dwars zat. Madde hield nog altijd mijn hand vast.

Ik ging weer terug op mijn stoel zitten, zonder een woord te zeggen.

Mijn vader glimlachte. 'Je houdt van die auto, Isak. Ik zag het meteen aan je blik toen jullie gisteren aankwamen.'

'Ja, en?' zei ik. 'Je mag niet autorijden als je gedronken hebt.'

Peppe kwam terug met een pinapparaat, een pen en een wit A4'tje. Mijn vaders pinpas zat al in het apparaat gestoken, hij typte zijn pincode in en het bonnetje werd geprint. Op hetzelfde moment schoof mijn vader wat borden, glazen en bestek aan de kant, en vouwde hij het tafelkleed omhoog zodat hij een goede ondergrond had om op te schrijven. Peppe scheurde mijn vaders deel van het bonnetje af en gaf het aan hem. Keek vervolgens Madde en mij aan en glimlachte.

'Heeft het allemaal gesmaakt?' vroeg hij met gedempte stem, alsof hij mijn vader niet wilde storen tijdens zijn belangrijke bezigheid.

'Fantastisch,' zei Madde. 'Zo ongeveer het lekkerste wat ik ooit heb gegeten.'

Ik knikte ter bevestiging. Peppe knipoogde naar me.

'Leuk dat jullie er waren.'

Mijn vader was klaar met schrijven, zijn hand bewoog in snelle, sierlijke bewegingen terwijl hij het papier ondertekende. Hij keek op naar Peppe en vroeg:

'Wil jij mijn handtekening verifiëren?'

'Ja hoor.'

'En misschien kun je ook nog iemand van de bediening vragen om te verifiëren.'

Peppe pakte de pen om zijn handtekening onder die van mijn vader te zetten. Hij hoefde natuurlijk alleen te getuigen dat mijn vaders handtekening niet vervalst was. Maar ik volgde zijn blik nauwkeurig, en ik zag dat hij het niet kon laten om even te scannen wat mijn vader had geschreven. Hij beet op zijn onderlip en schraapte zijn keel. Toen schreef hij zijn naam, persoonsnummer en handtekening onderaan de bladzijde. Hij keek strak naar wat hij zelf schreef, alsof hij bang was dat zijn blik anders weer af zou dwalen naar verder omhoog op het papier.

Toen hij klaar was rechtte hij zijn rug en wenkte naar August, de ober die champagne voor ons had ingeschonken op het terras en dacht dat hij Madde herkende. August kwam naar ons toe en verifieerde ook mijn vaders handtekening. Als hij al zag wat er op het papier stond, was het aan zijn gezicht in elk geval niet merken. Hij keek Madde en mij allebei niet aan, en glipte zo snel hij kon weer bij de tafel weg.

Toen alles klaar was stond mijn vader op en gaf Peppe een hartelijke knuffel, allebei beloofden ze dat ze elkaar snel weer zouden spreken. Peppe verliet onze tafel. Mijn vader legde het papier voor me op tafel.

'Ik ben even naar het toilet. Denk hier maar even rustig over na.'

Mijn vader liep weg. Ik voelde de neiging om het papier op te pakken en tot een klein propje te verfrommelen, of het in kleine stukjes te scheuren. Dat zou het standvastigste zijn geweest.

Zou Madde dan onder de indruk zijn geweest? Of zou ze me voor gek hebben verklaard? En wat had opa ervan gevonden, als hij hier was? Aan de ene kant zou het in zijn ogen nooit, met geen enkel excuus, goedgepraat kunnen worden om auto te rijden met alcohol in je bloed. Aan de andere kant was het ook een belangrijk principe voor opa om niet zomaar spontaan iets te beslissen, om altijd de tijd te nemen om er goed over na te denken.

Ik zal er nooit achter komen wat Madde of opa zou hebben gevonden van zo'n actie. Simpelweg omdat ik het papier niet verfrommelde of in stukjes scheurde. In plaats daarvan las ik snel door wat mijn vader had geschreven.

'Onder de voorwaarde dat Isak Andersson (mijn biologische zoon) mijn Lamborghini Aventador met kentekennummer FUG 79R, deze nacht op 6 juli 2023, van restaurant Granath in Ygne naar mijn huis aan Ajkeshorn, Fårö, zal rijden, behoudt hij de zojuist genoemde auto als gift. Eventuele schenkbelasting wordt door mij of aan de hand van mijn nalatenschap bekostigd. Ygne, 06-07-2023.'

Ondertekend door Fredrik Barzal, handtekening geverifieerd door twee personen.

'Jouw vader is niet helemaal goed,' zei Madde, en ze praatte snel en gedempt, alsof ze haast had. 'Maar ik vind dat je de auto moet nemen.'

'Vergeet het maar,' zei ik terwijl ik stellig mijn hoofd schudde. 'Echt niet.'

Onbewust was ik op dezelfde manier als Madde gaan praten, gedempt, alsof ik niet wilde dat iemand ons zou horen.

'Hoeveel is die auto waard?'

'Maakt niet uit. Ik rij niet als ik dronken ben.'

'Vier miljoen? Vijf?'

'Hallo... Ben je doof?' Ik keek Madde geïrriteerd aan. Ze boog zich naar me toe, streek me geruststellend over mijn arm.

'Isak, Isak, luister... Desnoods rij je de hele weg lang dertig kilometer per uur. We kunnen onverharde zijweggetjes nemen. Er staat niet hoe laat je thuis moet zijn gekomen, of wel? We kunnen er rustig vijf uur over doen. Als we erom vragen kunnen we hier vast wel een grote thermoskan met koffie meekrijgen. We zouden elk half uur kunnen pauzeren. We zouden zelfs even kunnen stoppen om te slapen als dat nodig is.'

Ik ging ongemakkelijk verzitten, maar ik zei niets. Madde ging verder.

'Het zal een extreem nare nacht worden, maar als je morgen wakker wordt kun je vier miljoen kronen rijker zijn. Vier miljoen, Isak! En alleen maar omdat je vader dom, dronken en eigenwijs is. Laat hem dan verdomme ook maar op de blaren zitten.'

'Zie je me al in een Lamborghini naar mijn werk gaan? Iedereen zal denken dat ik heb lopen gokken.'

Zo eenvoudig was het dus blijkbaar om van een regelrechte 'nee' om te slaan naar nadenken over wat de gevolgen zouden zijn als ik 'ja' zou zeggen. Madde zag haar kans en ging verder met ompraten.

'Nou, dan verkoop je hem. Geef drie miljoen aan het Rode Kruis en hou een miljoen zelf. Denk je niet dat Anders trots op je zou zijn als je dat zou doen?'

Dit begon nogal op het gesprek te lijken dat we ongeveer een week geleden hadden gevoerd toen mijn vader honderdduizend kronen naar me had overgemaakt. En net zoals toen had ik gemengde gevoelens. Vier miljoen, dat was ontzettend veel geld voor mij. Zo'n bedrag zou mijn leven serieus kunnen veranderen en daar raakte ik opgewonden van. Maar tegelijkertijd schaamde ik me voor mezelf, dat ik zo makkelijk om te kopen was. Het ene moment kon ik stellig beweren dat ik absoluut niet het type was om dronken achter het stuur te kruipen, om het volgende moment serieus te overwegen om precies dat te gaan doen.

Waarom? Vanwege geld. Ik was gewoon hebzuchtig.

Mijn vader had me al een keer omgekocht, en nu stond ik op het punt dat weer te laten gebeuren.

Bah, wat was ik toch zwak.

Maar vier miljoen kronen, dat was verdorie een flinke stapel geld.

'Je hoeft geen Lamborghini te hebben,' zei Madde, 'maar je hoeft ook weer niet rond te rijden in een Nissan Micra uit de jaren negentig. Je zou een Nissan Micra uit 2002 kunnen kopen of zo. Trakteer jezelf.'

Madde probeerde er een grapje van te maken, maar ik lachte niet. Ik staarde in de verte. Ik zag mijn vader om de bar heen lopen en terug onze kant op komen. De verwachting stond op zijn gezicht te lezen.

'Dus... Wat gaat het worden?' Mijn vader zette zijn handen op de rugleuning van de stoel waarop hij had gezeten.

'Ik had nog even een vraag,' zei Madde. 'Zou hij mij als chauffeur kunnen aanwijzen?'

'Nee, hij moet zelf rijden,' zei mijn vader.

Ik zei niets, staarde slechts naar de tafel, naar dat verdomde stuk papier. Het was even stil.

'Tja...' zei Madde voorzichtig. 'Ik geloof dat we wel een beetje van mening zijn veranderd?'

Ik was me er scherp van bewust dat ze me aankeek, haar blik brandde op mijn wang. Die van mijn vader ook. Mijn enorme lichaam leek op slot te zitten, het was net een groot onbeholpen ding dat nergens voor gebruikt kon worden, compleet waardeloos. Ik wilde uit mezelf vluchten. Klein en onopvallend zijn.

Er kwam een gedachte bij me op. Als ik nu nee zeg. En we toch op een of andere manier terug bij Ajkeshorn weten te komen. Ik word morgenochtend wakker in het bed in de tentoonstellingsruimte. Madde ligt naast me te slapen. En ik realiseer me dat ik heb bedankt voor vier miljoen kronen.

Mijn vader sloeg zijn handen tegen elkaar.

'Mooi,' zei hij energiek. Hij pakte het papier op, vouwde het zorgvuldig een keer dubbel, vervolgens nog een keer, en stak het naar me uit.

Ik keek mijn vader niet aan toen ik het aanpakte.

TOEN WE HET restaurant uit liepen, was het iets na middernacht. De nacht was op zijn donkerst, of op zijn minst licht eigenlijk, en dat voelde goed, ik wilde niet dat iemand mijn gezicht zou kunnen zien. Het gezang van de krekels vermengde zich met het vage geroezemoes dat vanuit het restaurant kwam. Het was inmiddels wat koeler geworden. Er liep een koude rilling vanaf mijn plakkerige nek over mijn rug. Ik keek ernaar uit om een douche te kunnen nemen.

We staken de parkeerplaats over, richting de auto's. Mijn vader kwam naast me lopen en sloeg zijn arm om me heen.

'Je voelt je zowel een winnaar als een verliezer, hè? Je hebt een Lamborghini gewonnen, maar een deel van jezelf verloren. Of niet?'

Zijn stem klonk vertrouwelijk en warm in de nacht.

'Ik kan je vertellen dat ik een gigantisch vermogen heb opgebouwd, dat heb je waarschijnlijk inmiddels wel begrepen... En hoe je dat voor elkaar krijgt, is door uit te vinden wat de wereld wil hebben. Vervolgens verlies je jezelf, stukje bij beetje, tot je precies bent waar de wereld zo naar verlangt... Zo werkt dat nu eenmaal. Geef jezelf op, en je wordt beloond. De wereld is een hoerenhuis. Maar... Een hoerenhuis is echt zo gek nog niet.'

Ik gaf geen antwoord. Ik wilde mijn vaders Lamborghini, niet zijn levenswijsheden. Hij had me dan misschien omgekocht, al twee keer, ik zou hoe dan ook nooit zoals hij worden.

Toch kon ik het niet helpen om na te denken over dat mijn vader zichzelf zou zijn verloren, zoals hij zei, dat hij zichzelf zou hebben verkocht. Was hij er daarom zo op gehaaid om anderen te proberen om te kopen? Om te bewijzen dat iedereen heus wel even slecht was als hijzelf?

Ik had de sleutel van de Lamborghini nog in mijn zak. Ik haalde hem eruit en deed de auto open. De lichten knipperden, twee keer snel achter elkaar, alsof hij zijn nieuwe eigenaar verwelkomde.

Maar eerst moest ik hem nog helemaal tot aan Fårö rijden, de hele nacht door, met flink wat alcohol in mijn bloed.

'Rij voorzichtig,' zei mijn vader vrolijk terwijl hij de deur van de Koenigsegg opendeed. 'Ik zie jullie thuis. Dan nemen we nog even een slaapmutsje.'

Madde en ik stapten in de Lamborghini met mij achter het stuur. Toen ik de motor startte, lichtte het dashboard koel blauw op. Op hetzelfde moment ging mijn vader in zijn achteruit met de Koenigsegg en reed het parkeerterrein af. Zijn achterlichten verdwenen snel over de kronkelige weg de klif op, en toen was hij weg. We zouden hem niet meer zien tot we terug waren op Ajkeshorn, gokte ik. Madde keek me aan.

'Dus, hoe wil je dit gaan doen?'

'Dertig rijden op de kleine wegen. Zoals we hadden afgesproken.'

'Je wil dus niet mij laten rijden?'

'Nee, het lukt wel.'

Het risico dat mijn vader erachter zou komen dat Madde had gereden was waarschijnlijk vrij minimaal. Maar je kon nooit zeker weten of hij niet ergens, langs een weg waarvan hij wist dat we daarlangs zouden moeten komen, zou staan wachten, zijn groot licht aan zou zetten en naast ons zou komen rijden om te kijken wie er achter het stuur zat.

En het ging er niet om dat ik dan onze overeenkomst zou hebben verbroken en de auto niet zou krijgen. Niet in eerste instantie. Het ging er meer om dat ik dan betrapt zou worden op valsspelen, en de schaamte die daarop zou volgen.

Nog iets anders wat ervoor zorgde dat ik Madde niet wilde laten rijden: mijn trots. Mijn mannelijke trots, zo je wil. Ik wilde me geen watje voelen.

Madde haalde Google Maps tevoorschijn op haar mobiel en vond een manier om naar het noorden te gaan zonder op de grote wegen te hoeven rijden. Ik reed achteruit, draaide een rondje en reed de parkeerplaats af. Volgde de asfaltweg omhoog. Dertig kilometer per uur.

Ik merkte meteen dat dat bijna ondraaglijk langzaam was. Wie rijdt er nou weer dertig op een vijftigweg? Met een Lamborghini? We zouden alleen maar de aandacht trekken. Ik besefte dat ik moest proberen ongeveer de normale snelheid aan te houden voor de weg waar ik op reed, om niet verdacht over te komen. Ik gaf gas bij tot ik vijftig reed. Madde staarde naar het schermpje van haar mobiel, zoomde uit, zoomde in.

'Oké… Als we de zijweggetjes willen nemen en Visby willen ontwijken, wordt het wel een flinke omweg,' zei ze. 'Dan moeten we eerst richting het zuiden. De verkeerde kant op.'

'Oké, dat is dan maar zo,' zei ik.

Madde was heel even stil, bewoog ongemakkelijk op haar stoel. Ik wist wat er ging komen.

'Zullen we niet… Ik bedoel, ik dacht als we nu gewoon proberen voorbij Visby te komen, via de ringweg…'

'Nee,' zei ik. 'Dat proberen we niet.'

Ik zag het al helemaal voor me. Ik in een Lamborghini, aangehouden door de politie. Ik moet blazen en word opgepakt voor rijden onder invloed. Mijn rijbewijs wordt afgepakt. Ik krijg een boete, of misschien zelfs een gevangenisstraf? Voorwaardelijk waarschijnlijk, maar toch. Ik zou mijn werk niet meer kunnen uitvoeren tot ik mijn rijbewijs terug zou krijgen.

De schaamte, de schaamte, de schaamte.

Ik ergerde me eraan dat Madde me heel de tijd probeerde te laten terugkomen op wat we hadden afgesproken. Zo voelde het in elk geval. Zij was degene die had gezegd dat ik dertig zou kunnen rijden, pauzes kon nemen, het de hele nacht kon laten duren. Zij had me overgehaald. Nu ik eenmaal achter het stuur zat, leek ze dat allemaal weer te zijn vergeten. *Gewoon proberen voorbij Visby te komen.*

Fuck no.

‘Mag ik de kaart eens zien?’ vroeg ik.

Madde hield haar mobiel voor mijn gezicht, liet zien hoe we zouden moeten rijden om Visby te ontwijken. Ze had gelijk, dat was een flinke omweg. Maar daar was niets aan te doen.

We kwamen op de grote weg en ik ging langzamer rijden. Er kwamen een paar auto’s dichterbij die onderweg naar het zuiden waren, ik liet ze voorbijgaan en sloeg toen rechts af. Ik verhoogde de snelheid naar zeventig. We reden een kort stukje op een grote weg, toen sloegen we links af naar een smallere geasfalteerde weg. Er waren geen andere auto’s te zien, ook geen huizen trouwens. Af en toe vloog er een nachtvlinder in het licht van de koplampen, om het volgende moment weer opgeslokt te worden door de duisternis. Ik staarde naar de weg voor me.

In het restaurant had ik het vervelend gevonden dat mijn vader, en Madde, me iets probeerde te laten doen wat ik eigenlijk niet wilde. Maar ik had ook wel wat opwinding gevoeld. Om eigenaar te worden van een Lamborghini. Om ineens miljoenen kronen rijker te worden. Maar die opwinding was eerder weggetrokken dan ik had verwacht. Ik was alweer gewend geraakt aan die gedachte, had niet meer het gevoel dat er iets speciaals aan was. Ik had eerder een licht gevoel van onbehagen. Afkeer, bijna. Om zomaar een ziek dure auto weg te geven, die miljoenen kronen waard is, als je dronken bent na een etentje… Het kwam zo grenzeloos over of zo. Zo anders dan ik gewend was van de wereld waarin ik was opgegroeid en de normen en waarden die daar golden. Je moet zuinig leven, je moet voorzichtig zijn met de spullen die je koopt, er goed voor zorgen. Niks verspillen, want met verspilling ondermijnde je de grond waar je zelf op stond. Dan groef je je eigen graf. Ik werd al misselijk als ik eraan dacht.

Misschien was ik gewoon moe na een lange dag in de zon met veel indrukken, en een stevig diner met wijn en andere drankjes daarbovenop. Ik moest gapen. Madde vroeg of ik moe was.

‘Nee hoor, gaat wel,’ zei ik. ‘Ik kan nog wel een stukje rijden.’

We hadden uiteraard moeten stoppen om te wisselen, daar op dat moment.

We reden langzaam een klein dorpje in. Het was donker in de paar huizen en boerderijen die langs de weg stonden. Ik zag een muur rond een kerkhof en een rij bomen, de toppen staken zwart af tegen de diepblauwe hemel. Daarachter was het dreigende silhouet van een oude stenen kerk zichtbaar. Het was helemaal stil, de wereld sliep. Maddes gezicht, opgelicht door het schermpje van haar mobiel, weerspiegelde in de voorruit.

De digitale klok op het dashboard vertelde me dat we inmiddels ongeveer een uur onderweg waren. Ik ging een stukje aan de kant en bleef stilstaan, zonder de motor af te zetten. Hij stond stationair te draaien en klonk onregelmatig en schokkerig, ik zag een beeld voor me van een ketel met kokend water op de bodem, waarin grote en kleine belletjes om beurten aan het oppervlak openbarstten.

Madde liet me zien hoe ver we waren gekomen. We waren een flink eind richting het oosten gekomen, en bevonden ons ongeveer midden op het eiland, maar we waren nog steeds slechts ter hoogte van Visby, ongeveer.

En we hadden bijna een uur gereden.

Fuck.

De vermoeidheid overspoelde me. Mijn ogen prikten. Ik had me niet dronken gevoeld sinds we het restaurant hadden verlaten, maar nu bonsde het in mijn slapen en begon ik hoofdpijn te krijgen. Begon de kater al? Ik kreeg een zere rug van de in elkaar gedoken rijhouding.

'Dit gaat verdomme niet lukken,' mompelde ik. 'Het kost veel te veel tijd.'

Madde keek me een tijdje zwijgend aan. Ze wilde er vast zeker van zijn dat ze me goed had begrepen, dat ik me niet weer onder druk gezet zou voelen.

'Zullen we een grotere weg nemen?'

'Ja. Laten we dat maar doen.'

Ze liet de kaart zien. We zouden al snel bij weg 147 kunnen komen, dan via Slite naar Lärbro rijden, en dan zouden we op weg 148 in de richting van Fårösund komen.

'Hoe laat is het nu? Eén uur, hè? Er is nul verkeer. Ik denk dat we over ongeveer een uur in Fårösund kunnen zijn.'

'Mhm. Dat klinkt goed,' zei ik.

Ze legde haar hand op mijn arm.

'Je moet het zeggen als je wil dat ik je afwissel, hè.' Haar stem klonk zacht en zorgzaam.

'Nee, het gaat wel.'

Even later waren we bij weg 147. Ik sloeg rechts af en ging harder rijden. Hier kon ik negentig rijden. Ik voelde me weer wat opgewekter, optimistischer. Ik veranderde van houding om mijn rug te ontlasten. We hadden de hele weg voor onszelf.

Madde probeerde met haar vingers wat knopjes op het dashboard en wist uiteindelijk de radio aan de praat te krijgen. Ze zocht tussen de kanalen tot ze *Vaken* van P3 had gevonden.

'Zodat je niet in slaap valt, lieverd,' zei ze.

Ik lachte en legde mijn hand op haar knie.

We kwamen in de buurt van Slite en ik zag de cementfabriek voor ons opdoemen, als de zoveelste grote stenen kerk, maar dan nog groter. Een tempel voor een andere god, misschien. Ik voelde onrust opborrelen. Slite was toch een woonplaats. Wie weet reed er hier wel politie met nachtdienst rond door de verlaten straten, op zoek naar iets afwijkends. Een Lamborghini die stiekem langs de huizen reed en er onopvallend uit probeerde te zien, bijvoorbeeld. Maar ik had me geen zorgen hoeven maken. De weg leidde niet het plaatsje zelf in. Even later stonden er steeds minder huizen en waren we weer op het platteland. Ik verhoogde mijn snelheid weer.

Uiteindelijk kwamen we bij weg 148. Ik ging langzamer rijden toen we door een verlaten Lärbro reden. De weg maakte een bocht die overging in een lange helling en ik trapte het gas in tot ik weer negentig reed. Ik wilde niet harder rijden dan dat. Als ik het me goed herinnerde hadden we nog iets van een kwartier of twintig minuten tot we bij Fårösund zouden zijn. Dan moesten we met de veerboot, waar we even uit konden stappen om onze benen te strekken, wat frisse lucht binnen te krijgen. En dan was het nog ongeveer een half uur tot Ajkeshorn.

Dit ging vast wel goed komen.

Ik besefte ineens dat ik goed op weg was miljonair te worden.

En daar was het weer, een beetje van die opwinding die ik in het restaurant had gevoeld. Dat leek al uren geleden. Vreemd.

De weg liep inmiddels helemaal recht, met aan beide kanten dichte bossen. De lucht begon al wat lichter te worden boven de dennenbomen, al was het nog niet genoeg om het hele landschap te verlichten. De koplampen zonden zijn lichtkegels de duisternis in. Ik vond dat het dashboard de auto op een gezellige manier verlichtte, en hier zaten Madde en ik dan, samen ergens naartoe onderweg, en of dat nou in een Lamborghini was of in een oude Nissan Micra maakte eigenlijk niets uit, ik was hoe dan ook gelukkig.

Mensen zouden wat vaker 's nachts auto moeten rijden, dacht ik.

Er fladderde iets lichts aan de kant van de weg.

Ik trapte met al mijn kracht op de rem, maar te laat.

BOEM!

Een heftige klap, Madde gilde het uit, we werden allebei naar voren geslingerd door het afremmen. De banden piepten, het achterste deel van de auto stuiterde op en neer, we slipten een stukje over het asfalt, maar uiteindelijk stonden we stil.

Het was doodstil. Het leek net alsof de wereld tegelijkertijd met de auto was gestopt.

Dat lichte, fladderende. Dat was een zomerjurk.

DE SHOCK KWAM ongeveer een seconde nadat ik de auto tot stilstand had gekregen. Er ging een koude rilling door me heen, mijn hart leek stil te staan, mijn gezicht en hoofdhuid tintelden.

Kut kut kut.

Ik trok mijn handen van het stuur, mijn vingers waren verkrampt tot klauwen. Ik klikte mijn riem los, deed de deur open en stapte de weg op. Het enige wat te horen was, was het stille geruis van het bos en de zingende krekels. Ik liep naar de voorkant van de auto en keek op de weg in het schijnsel van de koplampen, maar ik zag niks, dus ik zocht verder, in de berm en onderaan in de greppel aan de andere kant van de weg, het was donker en lastig om te zien of er iets in het hoge gras lag, dus ik liep helemaal naar de bodem van de greppel en liep heen en weer, onrustig rondkijkend.

Achter me hoorde ik Madde uit auto de stappen. Ik liep de greppel weer uit, want daar leek niets te liggen, misschien had ik toch iets op de weg gemist. Ik liep naar de andere kant en kwam Madde halverwege tegen, ze probeerde mijn arm te pakken, maar ik bleef niet staan.

'Isak?'

Ik draaide rond, keek de ene kant op, dan weer de andere kant, liep toen verder de andere berm in en ging op mijn hurken zitten om te zien of er iets in het gras verborgen lag.

'Isak... Wat doe je?'

'Je zag toch wel...'

Madde kwam naar me toe gelopen in de berm, hield mijn armen met beide handen vast. Haar stem klonk vastberaden.

'Isak! Even rustig nu. Rustig.'

'We reden ergens tegenaan.'

'Ja,' zei Madde. 'Ik hoorde de klap ook. Het zal wel een das zijn geweest of zo.'

Nee, wilde ik zeggen. Het was groter dan dat. Ik had iets in de rand van de lichtkegel zien fladderen, en dat was een zomerjurk. Ik zag twee dunne, witte benen de weg over rennen om aan de andere kant te komen voordat ze door de auto geraakt zouden worden. Een hoofd met donker, kortgeknipt haar.

Klara.

Maar dat kon ik natuurlijk niet zeggen. Dus ik hield mijn mond.

Het was vast een das, inderdaad.

Ik bleef stilstaan, ademde zwaar, met korte ademhalingen die me niet genoeg zuurstof boden. Mijn hart ging tekeer alsof ik all-in ging in de gym. Er dansten sterretjes voor mijn ogen.

Madde stelde voor dat zij verder zou rijden, en het was lastig voor me om het aanbod af te slaan zonder kinderachtig over te komen. We reden langzaam verder richting Fårösund.

Op een gegeven moment trokken de shock en de angst weg. Maar ik was nog niet rustig geworden. Er begon iets anders in me op te borrelen.

Woede.

Ik wilde deze auto niet naar Fårö rijden na zo veel alcohol te hebben gedronken. Ik wilde het echt niet. Ik had tegengestribbeld. Maar zij had door lopen zeuren, mijn nee niet geaccepteerd. Uiteindelijk had ik toegegeven, had zij haar zin gekregen.

En toen gebeurde dit.

De shock die ik voelde, die minuut vol angst, dat was verdomme Maddes schuld.

De straten in Fårösund waren verlaten. De supermarkt was gesloten, de parkeerplaats leeg. In het kleine haventje wachtte een eenzame auto op de veerboot. Een informatiebord met bewegende, oplichtende tekst vertelde ons dat het volgende veer om 2.00 uur zou gaan, en dat het een oproeptocht was. Ik begreep niet goed wat dat betekende, maar even later zagen we een man op zijn gemakje uit een van de huizen op de kade komen lopen en aan boord van een van de veerboten gaan. De lichten gingen aan en de slagboom ging omhoog. Madde reed aan boord.

We stapten de auto uit en voelden de vroege ochtendbries in ons gezicht. Op het water zagen we de horizon in het westen. Een smalle strook licht over de zee. Ik was opeens doodmoe, mijn ogen vielen zowat dicht.

Madde legde haar arm om mijn middel. Ze gaapte.

'Jeetje, wat ben ik moe,' zei ze.

'Mhm.'

'Denk je dat jij het laatste stukje zou kunnen rijden?'

Nee, dacht ik. Kan ik niet, wil ik niet, heb ik geen zin in. Maar ik zei niets. Madde aaide over mijn wang, keek naar me op.

'We kunnen de radio wel aanzetten. En het is niet meer zo ver.'

De woede borrelde weer op. *Praat niet tegen me alsof ik een kind ben.*

'Is dat goed?'

'Ik ben ook fucking moe,' zei ik.

'Ja, dat begrijp ik...' Madde zweeg, ze keek nog steeds naar me op, met haar warme, empathische blik zonder iets te zeggen, alsof ze werkelijk begreep hoe ik me voelde.

Maar eigenlijk was ze gewoon aan het nadenken over haar volgende argument. En ze vond er een.

'Maar,' begon ze voorzichtig, 'ik denk dat we moeten proberen af te wisselen... En ik heb net een stuk gereden...'

'Jaja,' kapte ik haar af, 'ik rij wel.'

'Weet je het zeker?'

Waarom vraag je dat in vredesnaam als je het antwoord toch niet wil horen, dacht ik. Ik trok me los uit haar omhelzing en ging achter het stuur zitten. Trok de deur dicht. Madde had natuurlijk door dat ik boos was. Ze bleef nog een tijdje op het dek staan. Ze kruiste haar armen voor haar borst en trok haar schouders een beetje op, alsof ze het koud had. De wind speelde met haar haren.

Toen de veerboot afremde om aan te meren op Fårö stapte Madde weer in de auto, zonder een woord te zeggen. Ze trok de deur achter zich dicht. We zaten samen opgesloten. De stilte in de kleine ruimte voelde zwaar. Nul weerklank, nul liefde. De slagboom ging omhoog en ik reed aan land.

De reis naar Ajkeshorn duurde ruim twintig minuten en geen van ons zei een woord. Mijn gedachten tolden rond, en hoe meer ik nadacht, hoe bozer ik werd. Madde had niet moe geleken toen ze reed. Ook niet daarvoor toen ik reed, trouwens. Was het gewoon een drogreden? Wilde ze dat ik achter het stuur zou zitten als we aan zouden komen bij Ajkeshorn, zodat we tegen mijn vader konden zeggen dat ik de hele weg had gereden?

Zodat ik de auto zou krijgen. Die vier miljoen kronen, die sowieso ook invloed zouden hebben op haar leven.

Ze zette me onder druk, en dat terwijl ik zo moe was dat ik bijna instortte. Omdat ze het wel zag zitten om wat luxer te leven.

Ze liep me te manipuleren en dacht dat ik dat niet doorhad.

Ik hield mijn blik strak op de weg gericht, greep het stuur vast en klemde mijn kaken op elkaar.

Toen we aankwamen bij Ajkeshorn parkeerde ik de Lamborghini naast mijn vaders Koenigsegg en zette de motor uit. De v12 siste en knetterde terwijl hij begon af te koelen. We stapten uit, deden de deuren dicht, de lichten knipperden een paar keer toen ik de auto op slot deed. We liepen naar de ingang. Madde legde haar hand op mijn rug.

'Dat ging nog best goed.'

Ja, dacht ik, omdat jij me zo over de zeik hebt geholpen dat ik inmiddels verdomme klaarwakker ben.

Was ze sarcastisch? Liep ze me belachelijk te maken?

De voordeur was niet op slot en we liepen de hal in. Het licht was aan en we hoorden voetstappen uit de keuken komen. Even later kwam mijn vader ons tegemoet.

'Dat duurde lang, zeg,' zei hij. 'Is er iets gebeurd?'

'We zijn tegen een dier aan gereden,' zei Madde. 'Maar het viel mee.'

'En toen heeft zij een stuk gereden,' zei ik. 'We hebben afgewisseld.'

Madde staarde me aan. Het was een tijdje stil. Mijn vader fronste zijn wenkbrauwen.

'Ik hoef die stomme auto niet,' ging ik verder en ik gaf hem de autosleutel. 'Ik ga naar bed.'

Ik liep weg zonder op Madde te wachten.

SORAYA IS WEER op bezoek in mijn cel. Ze kijkt me aan met haar stenen gezicht, met haar superstrakke blik.

'Dat met die aanrijding. Daar zou ik me niet te druk om maken als ik jou was.'

Ik knik. Voel me opgelucht.

Ik had haar gisteren gevraagd of ze afgelopen week iets had gehoord over een meisje dat zou zijn aangereden, of als vermist was opgegeven, op Gotland. Ik had verteld over die nacht dat ik de Lamborghini naar Fårö had gereden en tegen iets op was gebotst. De zomerjurk die ik in het licht van mijn koplamp had zien fladderen.

'Je zit in volledige beperkingen,' zei ze toen. 'Ik mag je niets over het nieuws vertellen.'

Maar uit wat ze nu zegt maak ik op dat ze er waarschijnlijk wel op heeft zitten googelen en niets heeft gevonden. Misschien dat ze ook de politie heeft gesproken. Als het echt een meisje was geweest waar ik tegenaan was gereden, zou het inmiddels wel gerapporteerd moeten zijn als doorrijden na een ongeval.

'Heb je nog nagedacht over dat met het washok?' ging Soraya verder.

Ik beweeg wat heen en weer op mijn brits en zucht.

'Nee, ik heb daar niet zo'n zin in.'

'Ik denk echt dat het goed voor je zou zijn.'

Ik zeg niets meer. De stilte spreekt voor zich. Soraya kan me niet dwingen en dat weet ze.

Als ze weg is ga ik languit op mijn rug op de brits liggen en denk ik na over waar ik nu eigenlijk tegenaan was gereden.

Madde dacht een das, maar dat geloof ik niet. Die witte, dunne beentjes. Een lammetje dan misschien. Die ontsnappen wel eens uit hun wei, toch? Of niet?

De zomerjurk zou in dat geval zijn wollige vacht zijn geweest.

Als ik hard genoeg mijn best doe kan ik mezelf bijna wijsmaken dat het inderdaad een lammetje was geweest waar ik tegenaan was gereden.

Rond zeven uur komt Per met het avondeten op een dienblad. Gepaneerde vis, aardappelpuree, een schijfje citroen, groene erwten en een glas water. Ik eet alles op, maar hou vijf erwten en het glas water over. Dan begin ik te oefenen. Stop een erwt in mijn mond, neem een slok water, spoel het rond en probeer de erwt achter in mijn mond terecht te laten komen, tussen mijn wang en mijn kiezen. Het is moeilijker dan het klinkt. Probeer zelf maar, als jullie me niet geloven. Ik durf mijn tong er niet te veel bij te gebruiken, dat zou er verdacht uitzien. En het water is bijna op. Met de eerste vier erwten lukt het niet, maar ik bewaar de laatste en oefen er zonder water mee. Concentreer me erop om mijn tong in mijn mond te bewegen zonder dat het van buitenaf te zien is.

Wanneer Per terugkomt met thee, een boterham, water en mijn pilletjes, bonst mijn hart in mijn keel. Zal ik het proberen, ook al was het me niet gelukt toen ik aan het oefenen was? Zal hij achterdochtig worden en is mijn kans dan verkeken?

Het lukt me niet te beslissen voor het tijd is voor de sterke slaappil, maar ik neem een grote slok en vervolgens bewegen mijn mond en tong zich als vanzelf, de beweging is toch op een of andere manier blijven hangen, de pil glipt achter mijn kiezen, waar hij niet zichtbaar is.

'Mond open,' zegt Per, en ik doe mijn mond open. 'Tong.' Ik til mijn tong op.

Kijk. Niks te zien, hier niet en daar ook niet.

Hij knikt en lacht kort naar me.

'Welterusten alvast, Isak. Dan zien we elkaar morgen.'

'Ja, tot morgen.'

Zijn voetstappen verdwijnen door de gang. Wanneer ik ze niet meer hoor, doe ik mijn mond open en haal ik de pil er met mijn duim en wijsvinger uit. Het omhulsel is een beetje aangetast door mijn speeksel, je kunt zien dat hij niet direct uit de verpakking komt. Maar de actieve bestandsdelen zitten ook niet in het omhulsel.

Hoeveel zou ik er nodig hebben om er zeker van te zijn dat ik het niet overleef? Twintig? Dertig?

Dertig zou genoeg moeten zijn, lijkt me.

Een maand.

IK DOORKRUISTE DE hal met de onheilspellende bank en liep de wc in. Staarde naar mezelf in de spiegel boven de wastafel. Het was te zien dat ik die dag veel in de zon was geweest, de huid van mijn gezicht was een beetje roodachtig. En vochtig. Ik zag er net zo plakkerig uit als ik me voelde. Ik had grote, donkere kringen onder mijn ogen.

Ik moet echt even douchen voordat ik ga slapen, dacht ik.

Als ik dat nog trek.

Ik was helemaal kapot.

Waarom kwam Madde niet, trouwens? Stond ze nog met mijn vader over mij te praten? Dat ik me zo vreemd had gedragen?

Ik voelde een schaduw in mijn hart.

Toen hoorde ik haar voetstappen in de hal. Ze kwam de wc in. Ik bleef strak in de spiegel kijken, onze blikken ontmoetten elkaar daar.

'Nu moet je me echt even vertellen waarom je nou zo boos bent.'

'Ik ben niet boos.'

'O nee? Waar sloeg dat tegen je vader dan op? "Ik hoef die stomme auto niet"?'

'Nee, die hoef ik ook niet,' zei ik. 'Ik heb er schijt aan.'

'Isak...'

'Wat?!' Ik draaide me naar Madde toe en keek haar recht aan. De woede borrelde weer op, het was vast aan mijn gezicht af te lezen. Madde beantwoordde mijn blik niet. Ze was even stil, dacht na over hoe ze het zou verwoorden.

Een laatste poging om de boel te sussen.

'Ik vind het gewoon... een beetje onaardig gebracht.'

'Oké...'

'Je reed een dier aan, en daar was je nogal van geschrokken. En dat begrijp ik ook, maar sindsdien ben je echt in een rotbui... Dat was toch niet...'

'Ja, ik was boos,' onderbrak ik haar, 'omdat jij weigerde te rijden.'

'Huh, dat heb ik helemaal niet geweigerd...'

'Wel waar, verdomme! Op de veerboot!' Ik was harder gaan praten, en dat triggerde Madde pas echt. Zij verhief haar stem ook en boog zich naar me toe.

'Ik zei dat ik moe was! Had ik dat niet mogen zeggen dan?!'

'Ik was toch ook moe, ik had de hele dag al gereden!'

'Omdat jij dat wilde!'

'Ja? En?'

'Of had ik je soms gedwongen om te rijden?'

'Jij wil die Lamborghini liever dan ik,' zei ik. 'Je geilt helemaal op die auto.'

'Fuck you,' snauwde Madde met samengeknepen lippen en ze liep de badkamer uit. Ik liep achter haar aan, was niet van plan haar er zo makkelijk mee weg te laten komen.

'Waarom liep je dan zo te zeuren dat ik hem naar huis moest rijden, terwijl ik dat helemaal niet wilde?'

Madde liep met stevige passen door de hal, de tentoonstellingsruimte in. Ik achtervolgde haar met mijn vragen.

'Ik wilde dat je er goed over na zou denken!' riep ze bijna, half omgekeerd naar mij toe, maar zonder vaart te minderen.

'Hou toch op,' zei ik, 'je bleef zeuren tot ik ja zei.'

Onze eerste ruzie. Nu brak de hel los. Er was iets bevrijdends aan, om eindelijk precies te zeggen wat ik dacht zonder me druk te maken om de consequenties.

'En toen wilde je het laatste stuk niet rijden, omdat ik dan misschien toch de auto niet zou krijgen.'

Madde was bij het bed aangekomen, ze draaide zich naar me om en keek me wild van woede aan.

'Ik probeer je te helpen, snap dat dan!'

'Nee, ik snap het niet.'

'Je hebt zo'n fucking gestoorde relatie met je vader...'

'Zeg, daar weet jij...'

'Kun je nou eens even je mond dichthouden zodat ik uit kan praten!' siste ze, en dat hielp, ik hield mijn mond. 'Hij gaat bijna dood, en hij probeert een hand naar je uit te steken, en ik weet honderd procent zeker dat je er spijt van gaat krijgen als je die hand niet aanneemt, maar jij zit de hele tijd maar... Je wantrouwt alles wat ik doe. Ik ben het zo zat om constant op mijn tenen te lopen bij jou in de buurt!'

'Doe dat verdomme dan ook niet,' zei ik, en mijn stem trilde omdat ik zo van streek was, 'maar luister naar me! Je moet eens ophouden met dat... gemanipuleer en... dat gezeik...'

Madde schudde haar hoofd en lachte bitter.

'Gemanipuleer?'

'En je weet helemaal niks van mijn relatie met mijn vader, dus alsjeblieft, hou gewoon je kop.'

'Je bent echt compleet paranoïde, weet je dat?'

Madde keek me strak aan, ik gaf geen antwoord, dus ze ging verder.

'Ik manipuleer je, je vader wil je kwaad doen... Ik weet niet, hoor, maar hoor je eigenlijk wel wat je zegt? Heb je wel door hoe gestoord dat klinkt?'

Ja, dat had ik door, maar onze ruzie was als een aardverschuiving, de grond stortte in onder onze voeten, er was geen redding meer mogelijk, en dan kon ik net zo goed alle dammen laten barsten.

Laat alles maar naar de kloten gaan.

'Waarom herkende die ober jou?'

'Wie...'

'In het restaurant! Hij begroette je alsof jullie oude vrienden waren.'

'Hij vergiste zich! Hoe kun je dat nou niet begrijpen?!'

'Ben je hier eerder geweest?'

Maddes mond viel open en ze staarde me aan, alsof ze haar oren niet kon geloven.

'Alsjeblieft, zeg!'

'Geef gewoon antwoord! Ben je hier eerder geweest?'

'Nee! Serieus, dit is echt te gek voor woorden...'

'Hoe wist je van dat kraantje om je voeten af te spoelen?'

Madde sloeg haar handen voor haar gezicht, het leek wel of ze aan het hyperventileren was.

'Toen we gister terugkwamen van het strand. We hadden het ergens over, en ik begreep eerst niet wat je aan het doen was, maar je stond je voeten af te spoelen met dat kraantje. Voordat we de trap op gingen naar het terras. Hoe wist je dat dat daar zat?'

Madde haalde haar handen voor haar gezicht weg, ze sloot haar ogen en ademde zwaar, maar ze gaf geen antwoord op mijn vragen.

'Isak...'

'Ja, leg uit dan. Want ik begrijp er niks van. Dat kraantje was superklein, ik zou het zelf nooit ontdekt hebben. Maar jij gebruikte het gewoon automatisch, alsof je er niet eens over na hoefde te denken.'

Madde beet in haar onderlip, ze vocht tegen haar tranen, maar ze kon ze niet tegenhouden, haar ogen schoten vol.

'Het was echt een vergissing om hiernaartoe te gaan,' zei ze met onvaste stem. 'Ik had soms al wel het gevoel dat er iets niet helemaal goed was met jou... Maar dat je zo...' Haar stem stierf weg, ze schudde haar hoofd.

'Nou, wat fijn, dan weet je dat nu,' zei ik en ik wist mijn stem koud en hard te laten klinken, hoewel ik me hartstikke naakt en klein en waardeloos voelde. 'Maar dan scheiden hier onze wegen, denk ik. Ik ga naar huis, maar blijf jij vooral hier, je vindt hier alles toch zo geweldig. Alles is zo fucking wauw. Je past waarschijnlijk beter bij mijn vader dan bij mij.'

Madde draaide zich om en liep weg, begon toen half te rennen, de kamer uit. Ik hoorde haar voetstappen door de hal verdwijnen. Door de gang heen.

Het was voorbij. Het was allemaal voorbij.

IK STOND WEER in de wc voor de spiegel, en ik had een gigantische steen in mijn maag, voelde me misselijk en trillerig.

Zo ging het dus als je relatie stukliep.

Ik had zo veel spijt van wat ik had gezegd. De beschuldigingen, de paranoïde vragen. Dat ik zei dat Madde beter bij mijn vader zou passen. Alsof ze een of andere golddigger zou zijn. Dat was gewoon gemeen. Ik had de eerste de beste belediging genomen die ik kon bedenken en aangevallen met alles wat ik had.

Maar ik had er vooral spijt van dat ik mezelf had verraden. Ik had Madde in mijn hoofd laten kijken en ze had de juiste conclusie getrokken. *Hij is compleet gestoord.*

Waarom had ik dat niet gewoon verborgen kunnen houden?

Ik pakte mijn tandenborstel en deed er een beetje tandpasta op. Begon te poetsen. Madde was het allerbeste in mijn leven en nu had ik het verpest. Maar wat me nog het meeste verdriet deed, was dat ik ergens altijd heb geweten dat dit op een gegeven moment zou gebeuren. Niemand die me echt zou leren kennen zou mij willen. Ik was te beschadigd.

Ik begon te huilen. Ik spuugde de tandpasta uit en steunde op de wastafel. Snikte het uit als een klein kind.

Ik hoorde voetstappen in de hal en hield me abrupt stil. Ik had natuurlijk niets meer te verliezen, maar het zat te diep: wat zou Madde er wel niet van denken als ze me hier voor de spiegel zou zien snotteren? Ik had de neiging om snel een paar stappen naar de deur te doen om hem op slot te draaien, maar besefte dat ze dat zou kunnen horen, en dat zou haar ook iets zeggen.

De voetstappen gingen door naar de tentoonstellingsruimte. Ik hoefde me geen zorgen te maken.

Dat Madde terug was zorgde er toch voor dat ik me herpakte. Ik ging verder met tandenpoetsen en spoelde daarna mijn tandenborstel af. Ik trok mijn kleren uit, stapte de douche in en draaide de kraan aan. Ik keek omhoog, sloot mijn ogen en liet het water over mijn gezicht stromen.

Ik zag er heel erg tegen op om Madde weer onder ogen te komen. Misschien zou de ruzie weer van voren af aan beginnen. Ik wist dat ik mijn excuses aan zou moeten bieden, maar het stond me ook tegen. Waarom wist ik zelf niet goed. Was het omdat het vervelend was om jezelf eraan te herinneren wat voor idioot je was? Of was ik bang om zwak over te komen?

Ik stapte uit de douche en droogde me grondig af. De spiegel was beslagen. Ik sloeg de handdoek om mijn middel, deed de deur open en liep de hal in. Sloop met vochtige voetzolen over de vloer, de tentoonstellingsruimte in. Het licht was uit. Ik liep naar het bed, waar Madde op haar zij lag, met haar rug naar me toe, haar knieën opgetrokken tegen haar buik, in foetushouding. Ze bewoog zich niet en ik zei niets, begon zo zacht mogelijk in mijn tas naar schoon ondergoed te zoeken. Ik vond wat ik zocht en begon terug richting de hal te sluipen.

'Ga je nu gewoon weg?' vroeg Madde zonder zich te bewegen. Haar stem was zacht en breekbaar, ze klonk verdrietig.

Ik bleef stilstaan en draaide me om. Er hing nog steeds een spanning tussen ons. Het was even stil.

'Ik weet niet wat ik moet zeggen,' zei ik uiteindelijk. 'Je hebt gelijk, ik ben gestoord.'

Opnieuw een lange stilte. Madde lag doodstil in bed, ik stond als bevroren op de vloer, durfde amper adem te halen. Mijn ogen begonnen aan het donker te wennen. Ik hoorde Maddes ingetogen stem vanuit het bed:

'Ik vind niet dat je gestoord bent. Ik was gewoon zo ontzettend boos.'

Ik haalde diep adem.

Langzaam liet ik me op de bedrand zakken.

'Weet je, ik... ik heb wel verteld dat mijn ouders in een brand waren omgekomen. Maar ik was daar zelf ook bij.' Mijn stem begaf het een beetje, maar dat kon me niet schelen. 'Het was in opa's zomerhuisje. Ik was bijna dood. En ik had een zusje van drie dat toen dood is gegaan.'

Ik zat met mijn rug naar Madde, maar ik hoorde dat ze zich omdraaide in bed, naar mij toe.

En toen begon ik te vertellen.

Over mijn vader, die nog in Stockholm was tijdens de brand. Dat hij een zenuwinzinking kreeg en niet voor mij kon zorgen. Over de verhuizing naar opa en oma in Småland, om vanaf nul in een nieuwe stad te beginnen, in een klas waarin ik niemand kende, en ook geen vriendjes kreeg, omdat ik zo raar en op mezelf was. Over al die tekeningen van brandende huizen. De fantasiespelletjes buiten in de speeltuin, dat ik een brandweerman was die met waterslangen aankwam omdat het speelhuisje in brand stond, en over alle andere kinderen die om mij heen speelden, in dezelfde speeltuin, maar er toch niet echt waren. Ze waren niet echt, omdat ze niet zagen dat de boel in brand stond, en ik wel.

Welkom in de klas, 'brandweer'.

'Kom,' zei Madde zachtjes achter me. Ik draaide mijn hoofd om, ze lag met haar hand naar me uitgestrekt.

Ik ging naast haar liggen en ze kroop dicht tegen me aan, begroef haar gezicht in mijn nek, sloeg haar armen om me heen.

Ik vertelde over de kinderpsychologen, de ene na de andere, jaar in, jaar uit. Over opa, die de enige was die het vuur in mij rustig kon houden.

En ik vertelde over mijn vader, die de brand in zijn kunst begon te verwerken. Dat hij grote, verschrikkelijke schilderijen maakte, zoals het doek dat we die avond in het restaurant hadden gezien, maar dan nog groter, nog gewelddadiger, nog akeliger, nog mooier. Hij is doorgebroken met die schilderijen, zo heeft hij zijn naam gemaakt. Mijn vader heeft mijn trauma gebruikt en is er nog stinkend rijk mee geworden ook.

'Hij liet niets van zich horen. Helemaal niets. Of ja, één keer. Toen ik dertien was dook hij ineens op bij een voetbalwedstrijd. Daarna verdween hij weer.'

Madde en ik lagen heel dicht met onze gezichten bij elkaar, onze neuzen raakten elkaar. Ze keek me diep in mijn ogen en aaide me over mijn wang.

'Mijn god, zeg... Sorry. Dat wist ik niet,' fluisterde ze.

'Je kon het ook niet weten,' mompelde ik.

'Dus Anders heeft je geadopteerd?'

'Ja.'

We lagen een tijdje in stilte.

Wat was er voor een wonder gebeurd?

Net was ik er nog van overtuigd dat alles verloren was, en nu lag ik hier heel even later, omsloten door deze enorme liefde en nabijheid. De ruzie had ons uit elkaar gedreven, maar vervolgens samengesmolten tot één.

Madde draaide zich om, ik sloeg mijn armen om haar heen en we lagen lepeltje-lepeltje, ik in alleen een onderbroek en Madde nog aangekleed. Ze had niet gedoucht, maar dat maakte niets uit, ze rook niet vies, alleen maar meer naar haar eigen speciale geur. Meer Madde.

'Ik wilde nog even dat met dat kraantje uitleggen,' zei Madde.

'Dat hoeft niet,' zei ik. Ik knuffelde haar en kuste haar in haar nek.

'Maar dat wil ik,' ging ze verder. 'Wij hebben er precies zo een bij ons vakantiehuis.'

En dat vakantiehuis lag dus in een luxe badplaatsje aan de Franse Rivièra, dat had ze al wel verteld. Het was een rijtjeshuis met directe toegang tot een privéstrandje. Alle huisjes waren uitgerust met precies zo'n kraantje op zonne-energie om het zand van je voeten te spoelen voor je het terras op ging.

We waren een tijdje stil. Toen zei ze:

'Ik probeer je dan wel de uitgestrekte hand van je vader aan te laten nemen… Maar ik weet bij God niet of ik het zelf wel zou kunnen als mijn moeder die van haar uit zou steken.'

'Nee.'

Ik had al wel begrepen dat Madde een slechte relatie had met haar moeder, maar nu vertelde ze er wat meer over.

'Ze mag mij niet. Dat weet ik al van jongs af aan.'

Madde ging met haar hand naar haar gezicht, droogde een traan onder haar oog.

'Hé,' zei ik en ik knuffelde haar.

'Ja, het is echt zo,' zei Madde en ze lachte, zacht en verlegen. 'Ik weet ook niet waarom ik huil. De meesten hebben een slechtere jeugd gehad dan ik. Ik ben verdomd bevoorrecht, dat weet ik.'

Ik dacht dat er waarschijnlijk weinig dingen waren die erger waren voor een kind dan om te merken dat je vader of moeder je niet mocht. Lekker belangrijk of je je vakanties in een luxe huisje aan de Franse Rivièra doorbracht of niet. Maar ik zei niets, hield haar gewoon vast en aaide haar over haar haren.

Op een gegeven moment maakte Madde zich los uit mijn omhelzing en liep zachtjes naar de badkamer om een douche te nemen. Ik hoorde vaag hoe het water begon te stromen. Ik wist niet of ik wakker zou kunnen blijven tot ze terug was. Weer kreeg ik het gevoel alsof de houten beelden het moment aan het afwachten waren dat ik mijn ogen dicht zou doen om stiekem dichter naar het bed toe te komen. Maar, dacht ik, nu had ik de cd's tenminste neergelegd. Die gedachte maakte me rustig.

Ik moet zijn ingedommeld, want ineens stond Madde weer bij het bed. Ze droogde haar natte haar en rook naar douchegel. Ze keek naar de oude goden.

'Het is wel een beetje creepy met die dingen.'

'Ja. Ik droomde echt iets heel raars vannacht.'

Ik voelde de neiging om over mijn droom te vertellen, aangezien we het toch al over dat onderwerp hadden. En ik gaf eraan toe. Het was vast een teken dat we die nacht dichter tot elkaar waren gekomen.

Ik vertelde dat ik wakker was geworden en dat de beelden rond het bed hadden gestaan. Ze grinnikte.

'Gadsie... Ik krijg al kippenvel als je het vertelt.'

'Je hebt het vreemdste nog niet gehoord.'

Ik vertelde dat ik 's ochtends een klein rond schijfje in mijn tas had gevonden, en dat dat bij een van die beelden hoorde. Hoe dat in mijn tas terecht was gekomen was een mysterie. Tenminste...

'Dat zal wel van dat masker zijn gekomen,' zei Madde.

Daar had ik nog niet eens aan gedacht. Madde had natuurlijk een groot vogelmasker opgezet, en dat had ook een tijdje op het bed gelegen.

'Maar ik zag precies dezelfde schijfjes op een van die beelden. Voor zover ik heb gezien zaten die niet op dat vogelmasker.'

Madde wilde het kleine schijfje zien. Ze leek helemaal enthousiast geworden door het verhaal. Ze liep richting de deur om het licht aan te doen. Ik liet haar het schijfje zien, ze pakte het op en liep naar het vogelmasker toe.

'Jawel, hier zitten ook van die schijfjes op,' zei ze. 'Kom maar kijken.'

Ik liep naar haar toe en ze wees naar de snavel. Aan de ene kant, halverwege tussen de punt van de snavel en de kop, zat een klein zwart schijfje dat waarschijnlijk zo'n gaatje moest voorstellen dat veel vogels in hun snavel hebben. Het schijfje zag er niet hetzelfde uit als het exemplaar dat ik in mijn tas had gevonden, de vorm was niet precies hetzelfde en het leek van een ander materiaal te zijn gemaakt. Maar aan de andere kant van de snavel zat niks. Het zou best kunnen dat het schijfje dat ik in mijn tas had gevonden daar had gezeten.

Het leek erop dat het mysterie was opgelost.

Madde deed het licht weer uit en we gingen in bed liggen. Even later hoorde ik aan haar rustige ademhaling dat ze in slaap was gevallen.

Maar ik moest aan opa denken, en aan de cd's, en hoe dat allemaal was begonnen.

RAVEN WAREN MIJN eerste grote angst als kind, dat was zelfs al zo vóór het ongeluk, voor de brand. Ze zaten in het bos rond het zomerhuisje. Groot, zwart, onbevreesd, brutaal zelfs. Ze wisten maar al te goed dat waar mensen waren, dat daar wat te halen viel. Soms hopten ze over het strand als Klara en ik aan het zwemmen waren, slechts een paar meter bij ons vandaan. Ze hielden hun kop schuin en keken me streng aan met hun kille ogen.

Het ongeluk, en wat er daarna gebeurde, heeft mijn angst voor raven niet bepaald verminderd.

De zomer na de brand was ik naar opa en oma verhuisd. Opa en ik waren veel op het stuk grond aan het meer om op te ruimen en schoon te maken rond het afgebrande huis. Zodra ik een raaf in het oog kreeg, rende ik in paniek naar de auto en deed de deuren op slot. Ze hoefden maar boven het terrein te vliegen, van boomtop naar boomtop. Dus opa hing oude cd's in bomen en struiken. Hij vertelde me dat raven er niet van hielden als de zon erop reflecteerde en in hun ogen scheen, dus dat zou ervoor zorgen dat ze wegbleven.

En het werkte nog ook. Ze hopten niet meer rond op het terrein. Ik werd er rustiger van. Ze vlogen nog steeds wel eens over ons heen, maar het riep niet meer dezelfde angst op, ik wist dat ze niet al te dichtbij durfden te komen. De blinkende cd's beschermden ons.

Ik bleef veel last hebben van nachtmerries. Op een dag vroeg ik aan opa of we in mijn slaapkamer ook cd's konden ophangen. Misschien dat ze de nachtmerries weg konden jagen, net als ze bij de raven deden? Opa vond het de moeite waard om uit te proberen. Hij haalde een paar van zijn cd's, Dire Straits en Imperiet en Monica Z en Miles Davis, en legde ze allemaal in een aparte hoek in mijn kamer. Hij vertelde dat hij, laatst nog, in de krant had gelezen dat vooral de Dire Straits goed werkten tegen nachtmerries. Ik vroeg me af of dat waar kon zijn, maar opa zag er heel serieus uit, dus ik ging ervan uit dat hij het niet had verzonnen. Hij zou nooit over zoiets liegen.

Ik weet nog steeds hoe ik de volgende ochtend wakker werd en besefte dat ik de hele nacht had doorgeslapen. De cd's hadden geholpen! Het leek wel tovenarij.

De nachtmerries verdwenen natuurlijk niet helemaal, ook daarna had ik wel eens slechte nachten, maar het waren er wel minder. Op dat moment, toen ik zeven jaar was, was ik ervan overtuigd dat het door de cd's kwam. Nu denk ik dat het er waarschijnlijk ook wel mee te maken had dat ik een beetje aan het herstellen was van het ongeluk. Het begon sowieso wel de goede kant op te gaan, met of zonder cd's. Maar het hielp me een denkpatroon te doorbreken, het was sowieso een belangrijke stap.

Brothers in Arms van Dire Straits, *Blå himlen blues* van Imperiet, *Waltz for Debby* van Monica Z en *Milestones* van Miles Davis. Dat waren de vier cd's die nu in de hoeken lagen van de kamer waar Madde en ik in sliepen. Die cd's hielden de houten goden op hun plek.

Daar moest ik aan denken terwijl Madde naast me lag te slapen. Dat, en aan eten.

Ik heb nooit kunnen slapen als ik honger had. Het wordt dan net een obsessie. Ik begon na te denken over wat er in de keuken in de koelkast zou liggen. IJskoude sinaasappelsap. Boter, leverpastei, kaas, jam. En ergens in een la of broodtrommel zou dat lichte zuurdesembrood moeten liggen dat we die vorige ochtend bij het ontbijt hadden gegeten. Niets bijzonders eigenlijk, maar ik kon nergens anders meer aan denken. Het zou niet overgaan, het zou juist alleen maar erger worden.

Zachtjes sloeg ik de dekens van me af en stapte ik uit bed. Madde sliep verder met rustige, diepe ademhalingen.

Ik sloop op mijn blote voeten de kamer uit met een T-shirt in mijn hand, trok hem over mijn hoofd terwijl ik door de hal liep onder de dreigende aswolk van de bank door. Ik voelde dat ik wat ontspande toen ik in de gang kwam en in de richting van de keuken liep. Het grijze licht van de dageraad scheen door het dakraam naar beneden. Mijn ogen waren inmiddels aan het donker gewend en ik deed nergens het licht aan. Ik kwam bij het begin van de gang met de logeerkamers, die dichtgeplakt zat met bouwfolie, en bleef stilstaan.

Zou ik daar eens stiekem een kijkje gaan nemen?

Ik had natuurlijk honger, maar de keuken ging toch nergens heen. Dat ik die nacht alleen wakker was in dat grote huis gaf me een merkwaardig gevoel van vrijheid. Hebben jullie je wel eens zo gevoeld? Ik kon in mijn kleine hoekje van de wereld rondlopen zonder gezien te worden of me voor iemand te hoeven verantwoorden.

Ik peuterde de ducttape los en wrong me tussen het folie door.

De gang leek op die waar ik net uit kwam. Ook hier zaten bochtjes en niveauverschillen en dakramen die het ochtendlicht naar binnen lieten. Aan beide kanten zaten deuren waarvan ik vermoedde dat ze naar de logeerkamers leidden. Ze waren ongelijkmatig verdeeld.

In de gang was geen enkel spoor van waterschade zichtbaar. Het zag er allemaal nieuw en netjes uit. Het rook zelfs een beetje nieuw, op een manier die ik in de rest van het huis nog niet geroken had.

Ik weet niet precies wat ik verwacht had. Grote, druipende vochtvlekken op het plafond met voor de helft gevulde opvangzakken eronder? Nee. Maar in elk geval wel wát sporen van bouwwerkzaamheden. Plastic op de vloer, een ladder, een bouwventilator, dat soort dingen.

Er was daar niets van te zien.

Ik nam ook een kijkje in een aantal van de kamers. Ze waren een beetje verschillend van grootte, de kamers die wat groter waren hadden ook wat meer slaapplaatsen. Elegante en strakke inrichting. Ik kreeg een beetje *Star Trek*-vibes. Hier woonde de bemanning, allemaal gekleed in dezelfde werkuniformen.

Ook in de slaapkamers was geen spoor van waterschade te bekennen.

Het was natuurlijk heel goed mogelijk dat ik er niets van begreep hoe vochtschade zich manifesteert. Misschien had het feit dat er geen sporen zichtbaar waren te maken met die supergeavanceerde constructie waar mijn vader het over had gehad.

Óf mijn vader wilde niet dat we in de logeerkamers zouden slapen.

Ik wrong me weer tussen het plastic door en plakte de opening nauwkeurig achter me dicht.

In de keuken was het stil. Het voorzichtige ochtendlicht viel door de grote glazen terrasdeuren naar binnen, maar het kwam niet overal, verder van het raam vandaan lag de keuken nog in het duister.

Ik vond al snel wat ik zocht in de koelkast en broodtrommel, en maakte een boterham met jam voor mezelf. Nam een glas koude melk in plaats van sinaasappelsap.

De boterham smaakte precies zo geweldig als ik me voorgesteld had. Bestaat er iets wat lekkerder is dan een nachtelijke boterham?

Ik at de boterham staand, had niet de rust om te gaan zitten. Ik was helemaal niet meer moe, op een of andere manier voelde ik me juist opgetogen. Alles was zo goed gekomen met Madde, de boterham was zo lekker, ik wist dat ik goed zou slapen als ik voldaan terug naar bed zou gaan.

Ik liep naar de grote glazen schuifpui richting de veranda en keek uit over de zee. Ik zag een streep licht aan de horizon.

Morgen zou ik lekker lang uitslapen. Wat zouden we daarna doen? Blijven of naar huis gaan? Ik wist het niet. Maar hoe dan ook zouden Madde en ik het samen doen, en dat was het belangrijkst.

Ik stopte het laatste stukje van de boterham in mijn mond en draaide me om om er nog een te maken. Mijn blik gleed over de donkere keuken, en ik merkte de contouren op van een meubel dat ik de dag ervoor niet had gezien. Hij stond in de achterste hoek van de keuken, ver bij het raam vandaan, waar de duisternis het donkerst was.

Ik dacht eerst dat het een grote barbecue was, zo'n Weber weet je wel, met een hoes eroverheen die tot de grond kwam. Zo'n vorm was het ongeveer.

Ik staarde de duisternis in.

Het was geen barbecue. Het was Barbro die daar zat, op haar hurken, met haar armen om haar knieën en haar hoofd opzij, weg van mij.

Ze zat helemaal doodstil. Het leek alsof ze sliep.

PER GEEFT ME een glas en een pil, ik leg hem op mijn tong, neem een slok water en beweeg mijn hoofd achterover. Blaas mijn wangen een beetje op, precies genoeg zodat de pil achter mijn kiezen terecht kan komen, vastgeklemd tegen mijn wang. Ik slik en Per kijkt me dankbaar aan. Ik open mijn mond uit mezelf en laat zien dat ik niets onder mijn tong heb.

Ik begin hier zo goed in te worden.

Of toch niet?

Per kijkt me onderzoekend aan.

Ik kijk vragend terug, hou mijn hand op.

'Zal ik de volgende nemen?'

'Isak...' zegt hij. Niet onaardig of geïrriteerd, gewoon vrij neutraal.

Hou op. Ik weet waar je mee bezig bent.

Ik kijk hem schaapachtig aan. Kan me niets bedenken om te zeggen.

Hij tikt met de top van zijn wijsvinger op mijn wang, onder mijn jukbeen, ongeveer precies waar ik mijn pil heb verstopt.

Kut.

Beteuterd haal ik de pil met mijn tong tevoorschijn, neem wat meer water en slik hem door.

Per blijft me aankijken.

'Denk je dat ik dit niet eerder heb gezien?'

'Viel te proberen,' mompel ik.

'Het zou behoorlijk vervelend voor me zijn als het je zou lukken. Ik heb een zekere verantwoordelijkheid voor jou, hè.'

'Mhm.'

'Dus zullen we afspreken dat je dat soort ongein laat, zolang je hier bent? Dan zou ik 's nachts een stuk beter slapen.'

'Oké.'

Hij geeft me de volgende pil. Die is rond en wit en onschuldig, tegen buikklachten.

'Ik snap dat je denkt dat je leven voorbij is. Maar ook voor jou is er een weg voorwaarts. Ik zweer het. Ik heb het al heel vaak zien gebeuren.'

Even later lig ik op mijn brits in het donker te wachten tot de pil me mee gaat nemen, weg van deze wereld, de vergetelheid in.

Gewoon weg.

Ik vraag me af of Per in God gelooft. Hij vloekt dan wel flink, maar bepaalde dingen die hij zegt klinken verdacht veel als barmhartigheid, ook al gebruikt hij dat woord misschien niet exact.

Ik begin weg te zakken, mijn hersenen worden steeds slomer. Heerlijk.

Ze zijn zo aardig, zowel Per als Soraya. Bijna alsof ik evenveel waard zou zijn als zij. Alsof ik een heel normaal mens was.

Die goedheid maakt me op een of andere manier alleen nog maar verdrietiger.

Ik heb dat niet verdiend.

Ik ben geen mens, ik ben een monster.

Een doodnormaal monster.

IK WERD WAKKER van Madde die naast het bed stond en aan mijn schouder schudde.

'Opstaan!' Ze lachte, boog voorover en gaf me een kus. 'Heb je geen zin om te ontbijten?'

'Jawel.'

Ik gaapte, rekte me uit en kwam op een elleboog omhoog.

'Hé, maar... Ik wil alsnog wel naar huis vandaag.'

Madde zweeg. Ze keek verbaasd. En een beetje teleurgesteld, dat kon ze niet verbergen, hoewel ze dat wel probeerde. Uiteindelijk knikte ze.

'Oké.'

'Ik vond gewoon... Nou ja, ik vond het niet leuk hoe het ging gister.'

Madde zakte neer op de rand van het bed. 'Nee.'

'En ik weet dat dat eerder aan mij ligt dan aan mijn vader. Ik begrijp heus wel dat hij het goed probeert te maken en zo. Dat is prima. Maar ik denk niet dat...' Ik zweeg, vroeg me af hoe ik het zou formuleren. Madde wachtte tot ik verder zou gaan. 'Er komt zo veel shit bij me naar boven door hem alleen al te ontmoeten, en om hier te zijn. Ik trek het gewoon niet.'

'Nee, ik begrijp het.' Madde reikte over het bed heen en pakte mijn hand. 'Dan gaan we naar huis.'

Ik had superslecht geslapen na mijn nachtelijke excursie naar de keuken. De ontdekking dat Barbro op haar hurken in een hoek zat te slapen had me de stuipen op het lijf gejaagd. Ik was zo zacht ik kon weggeslopen, maar toen ik in bed lag probeerde ik te verwerken wat ik nu eigenlijk had gezien. Zou ik het verkeerd kunnen hebben gezien? Wie slaapt er in vredesnaam op zijn hurken, helemaal aangekleed?

En dan was er ook nog die aanrijding die me maar bleef bezighouden. Die akelige klap klonk nog steeds na in mijn oren. Ik zag de fladderende zomerjurk voor me.

Ik wilde Madde niet vertellen over Barbro. Het ging net zo goed tussen ons. We hadden onze ruzie doorstaan, ik had verteld over mijn angsten en nachtmerries, ze wist nu wie ik was, maar ik had het gevoel dat we het achter ons hadden gelaten. Dan kon ik toch niet meteen de volgende ochtend alweer met de volgende rariteit komen?

O ja, trouwens… Toen ik vannacht in de keuken een boterham ging halen, zat Barbro daar in een hoek te slapen.

No way. Madde zou haar vertrouwen in mij weer verliezen. Haar vertrouwen in ons.

Het was rond tienen toen we richting de keuken vertrokken. Het was weer hetzelfde fantastische weer die dag.

Mijn vader had het ontbijt al voorbereid. Of misschien was het Barbro geweest. Ik wierp een snelle blik op de hoek waar ze die nacht had gezeten. Die was leeg. Mijn vader liep heen en weer over het terras in het Engels te telefoneren. Ik nam een smoothie, roze van kleur en crèmig. Ik maakte een paar boterhammen en legde er wat komkommerschijfjes en paprikaringen op. Ik vulde een mok met koffie en wist het allemaal mee te nemen het terras op. Ik ging aan een tafel onder een parasol zitten. Madde kwam achter me aan.

Mijn vader zag dat we eraan kwamen en rondde zijn gesprek af. Toen liep hij naar ons toe en ging aan dezelfde tafel zitten.

‘Hoi. Hoe gaat het?’

‘Goed,’ zei Madde kort en ze nam een hap van haar boterham.

Mijn vader zag er echt slecht uit. Hij had een andere lichaamshouding. Elke beweging leek hem moeite te kosten.

Ik nam een grote slok van mijn smoothie en slikte. Zette me schrap. Toen zei ik:

'We dachten vandaag naar huis te gaan.'

Mijn vader zakte nog een stukje verder in elkaar, leunde met zijn ellebogen op tafel. Hij had een zonnebril op, maar het was duidelijk te zien dat hij het jammer vond.

'Isak,' zei hij uiteindelijk, bijna smekend.

Ik wachtte niet tot hij verder zou gaan, maar herhaalde ongeveer wat ik op bed tegen Madde had gezegd. Dat ik niet boos op hem was, maar dat ik er ook nog niet klaar voor was om in het verleden te wroeten, dat was te moeilijk voor me.

Het was een halve waarheid, dat ik niet boos op hem zou zijn. Of beter gezegd een halve leugen. Ik vond dat hij zich walgelijk had gedragen die avond ervoor. Maar er was geen reden om dat te zeggen tegen iemand met wie ik nooit meer contact zou hebben.

Terwijl ik aan het praten was zette mijn vader zijn zonnebril af. Zijn gezicht was ingevallen, de rimpels in zijn huid dieper, de wallen onder zijn ogen groter en donkerder. Hoewel hij er jonger uit had gezien dan hij was toen we hem de eerste dag ontmoetten, zag hij er nu eerder ouder uit. Een oude, bedroefde man.

'Het spijt me van gisteren,' zei hij, en zijn stem klonk een beetje hees. 'Ik had te veel gedronken. En ik neem pijnstillers tegen de kanker. Geen goede combinatie.'

Madde zat naast me en streek me zacht over mijn rug, maar zei niets. Mijn vader ging verder.

'Maar... Ik vond het een gezellige dag... Tot...'

Zijn stem stierf weg, en toen keek hij me recht aan.

'Er is zoveel wat ik je nog wil zeggen.'

Ik zou het liefst zijn opgestaan en weggelopen, in onze oude auto gestapt en weggereden. Het had niet uitgemaakt waarheen, weg van Ajkeshorn en mijn vader en mijn moeder en Klara en wie ik was toen ik jong was. Weg van de brandweer.

'Ter verontschuldiging,' ging mijn vader verder. 'En dan bedoel ik niet voor gisteren.'

Het werd stil. Zowel mijn vader als Madde verwachtte dat ik iets ging zeggen, dat was zo duidelijk dat het voelde alsof er een warme spotlight op mijn gezicht scheen. Ik bewoog onrustig heen en weer.

'Tja, zoals ik al zei... Ik vergeef je. Maar... Voor mij is het genoeg zo.'

Ik wendde me tot Madde.

'Misschien moeten we even kijken wanneer de veerboot gaat?'

'Oké,' zei ze terwijl ze haar mobiel tevoorschijn haalde en online begon te zoeken.

Mijn vader keek uit over de zee, zette zijn zonnebril weer op.

'Jullie gaan naar Oskarshamn, toch?'

'Ja.'

'Die gaat om vier uur 's middags, en 's avonds om kwart over zeven en tien voor twaalf.'

Het was even stil. Madde googelde op Destination Gotland. Ik nam een hap van mijn boterham met kaas en paprikaringen en probeerde zo zacht mogelijk te kauwen.

'De Lambo is in elk geval van jou,' zei mijn vader zacht. 'Wat je er ook van vindt.'

Die fucking auto ook.

'Geef het geld maar aan een goed doel,' zei ik.

Madde ontdekte al snel dat die van vier uur al volgeboekt zat, maar dat er plek was op die van kwart over zeven. Ik vroeg haar om te boeken.

Mijn vader deed zijn zonnebril weer af. Ik zag dat hij ergens over nadacht. Uiteindelijk zei hij:

'Kwart over zeven, dan hebben jullie toch nog een hele dag hier op Gotland.'

'Ja, op zich wel.'

'Er is één ding in het bijzonder dat ik vandaag wilde doen. En daar zouden we alsnog wel genoeg tijd voor hebben.'

'Oké...' zei ik afwachtend.

'Je zal ruim op tijd terug zijn voor de boot. Dat beloof ik.'

Waarom zei hij 'je'? Ging Madde niet mee? Ik zei niets, had er mijn twijfels over.

'Alsjeblieft,' zei mijn vader. 'Ik smeek het je.'

Een paar uur later kwamen we aan bij het vliegveld van Visby. Ik had een slecht voorgevoel.

Madde zat achter het stuur van onze Nissan Micra, ik zat in de bijrijdersstoel en mijn vader had zich op de kleine achterbank gepropt. We hadden alles ingepakt en onze tassen in de auto gezet. Madde zou de dag in Visby doorbrengen terwijl mijn vader en ik ons 'uitje' hadden, zoals hij het noemde. Ze had zonder moeilijk te doen geaccepteerd dat mijn vader en ik dit samen zouden gaan doen. Misschien dat ze het zelfs wel fijn vond om een hele dag voor zichzelf te hebben in Visby.

Mijn vader had niet verteld wat we gingen doen, maar hij had me aangeraden me een beetje netjes te kleden, als ik zulke kleren bij me had. Dus ik had een lichte chino aangetrokken en een donkerbruin shirt met korte mouwen en een kraag, een soort polo maar dan van dun lamswol en een ritsje van voren. Ik voelde me net een Italiaanse gladjakker in dat shirt. Niet helemaal op mijn gemak. Maar Madde vond dat ik er goed in uitzag. Eronder droeg ik nette sneakers van lichtbruin leer. Mijn vader droeg een strak zwart T-shirt, een zwarte linnen broek met bijpassend colbert, en een soort basketbalsneakers in felle kleuren, geel, groen, paars en roze. Ze trokken nogal de aandacht, maar dat was waarschijnlijk ook de bedoeling.

Het terminalgebouw kwam in zicht. Mijn vader leunde tussen de stoelen naar voren en wees.

'Rij maar voorbij de terminal. En dan tot aan dat hek daar.'

Madde deed wat hij zei. Het vliegveld was omgeven door een hoog hek van gaas. Op de toegangspoort zaten bewakingscamera's en een kleine intercom aan de zijkant. Madde bleef ervoor stilstaan. Mijn vader legde zijn hand op mijn schouder.

'Loop maar naar de intercom en zeg dat Fredde er is.'

Ik bleef zitten waar ik zat.

'Hé?' zei mijn vader na een tijdje. Hij kneep zachtjes in mijn schouder.

'Als we niet terug zijn als de boot vertrekt...'

'Dat zijn we wel. Echt waar. Ik verzeker het je, Isak.'

Ik keek Madde aan. Ze lachte naar me.

'Jullie hebben ruim genoeg tijd.'

Ik zuchtte, deed de autodeur open en stapte uit. Ik liep naar de intercom en drukte op een knop.

'Fredde is er.'

Er klonk wat gekraak. Toen begon de grote poort langzaam opzij te bewegen. Ik liep terug naar de auto en stapte in. Madde reed door de opening.

Mijn vader wees naar de linkerkant van het vliegveld.

Er stond een privéjet.

WE ZATEN TEGENOVER elkaar in de kleine cabine, ik naar voren geleund, mijn vader naar achteren. Aan de andere kant van een smal gangpad waren nog twee naar elkaar toe gerichte stoelen. Ik keek door het raam naar buiten. Ver onder ons glinsterde de donkerblauwe Oostzee. Wanneer ik naar voren keek kon ik recht in de cockpit kijken waar de piloot, een man van in de veertig, het vliegtuig bestuurde.

'Proost,' zei mijn vader, hard genoeg om het geluid van de motor te overstemmen, en hij hief zijn glas naar me op. Hij dronk champagne uit een kristallen glas, zelf had ik om een cola gevraagd. Ik beantwoordde het gebaar en nam een grote slok. Het was lekker koud.

'Is dit jouw vliegtuig?'

'Nee.' Mijn vader schudde zijn hoofd. 'Van een vriend met een computerbedrijf op Gotland. Maar ik mag het vliegtuig lenen als het niet gebruikt wordt. Daartegenover staat dat hij dan eens per jaar mee mag naar Londen om wat kunstgalerieën te bezoeken.'

Ik knikte. Het vliegtuigje was niet bepaald het soort privéjet dat je in films en series ziet. Het was klein en lawaaierig en had er al flink wat jaren op zitten, dat was duidelijk te zien. De lichtbeige leren stoelen waren een beetje ingedeukt en versleten waar mensen hadden gezeten. De gordels kwamen sowieso vrij ouderwets over. Maar toch: een heel luxe gevoel om in een privévliegtuig te zitten. Een gevoel dat ik absoluut van plan was voor mezelf te houden. Ik begreep natuurlijk dat dit vlieguitje gewoon weer een poging was van mijn vader om me te imponeren, om me te charmeren. Dat zou hem niet lukken, had ik besloten.

De stewardess, een vrij korte en slanke dame van mijn eigen leeftijd, kwam ons allebei een dienblad met eten brengen. Een stuk vlees, wat toefjes aardappelpuree, broccoli, en een kleine verpakking met saus. Als toetje een stukje worteltaart of zoiets in plastic. Het zag er niet heel inspirerend uit, maar ik had sinds het ontbijt niets meer gegeten, dus ik begon het naar binnen te lepelen. Zo ongeveer op hetzelfde moment als ik aan het plastic van de worteltaart peuterde, begon het gebulder van de motor een beetje af te nemen en het vliegtuig langzaam te dalen. Ik keek uit het raam, we vlogen al over land.

'Waar zijn we?' vroeg ik.

'We gaan naar Riga.'

Het vliegtuig raakte de grond op het moment dat ik het laatste stukje van de taart wegslikte. Mijn vader applaudisseerde ironisch lachend. De piloot hield zijn rechterhand omhoog en stak zijn middelvinger op, zonder zijn ogen van de landingsbaan af te wenden. Even later stond het vliegtuig stil en bracht het grondpersoneel een trap naar ons toe. Mijn vader wisselde nog wat woorden met de piloot. Blijkbaar kenden ze elkaar goed.

Ik glimlachte naar de stewardess, zakte wat door mijn knieën en boog mijn hoofd om door de deur te komen. De zon was hier al net zo sterk als op Gotland, warme windvlagen joegen over het open vliegveld. Ik liep de trap af naar beneden en stond op de landingsbaan. Even later kwam mijn vader ook. De motor stond nog aan en het rook naar vliegtuigbrandstof.

Een stukje verderop stond een taxi te wachten, een elektrische Mercedes van het nieuwste model met getinte ruiten. Een goedgebouwde man van in de dertig stak zijn hand naar ons op. Hij had een donker pak aan met een wit overhemd en een stropdas. We liepen naar hem toe.

'Mr. Barzal?'

'Yes.'

'*Welcome.*'

De man deed een deur voor mijn vader open, die instapte en ging zitten. Zelf klom ik via de andere kant op de achterbank. De chauffeur deed de deur voor mijn vader dicht, liep om de auto heen en ging achter het stuur zitten. Toen hij zijn deur dichttrok werd het helemaal stil en werd de wereld buitengesloten. De auto gleed soepel weg, door een poort zoals die in Visby, en uiteindelijk een snelweg op.

Het was lekker koel in de auto en het rook naar nieuw leer. Verborgen lampjes verlichtten subtiel de handgrepen van de achterportieren in een koelblauwe kleur. Ik had meer dan genoeg ruimte voor mijn benen, en dat terwijl ik achter de chauffeur zat. Ik leunde mijn hoofd achterover tegen de hoofdsteun en sloot mijn ogen.

Ineens voelde ik hoe ontzettend moe ik was. Als ik de rest van mijn leven in deze auto mocht blijven zou ik tevreden zijn. Mijn vader zag het aan me.

'Het is een rit van ongeveer twintig minuten, dus je kunt wel even een dutje doen.'

'Mooi,' mompelde ik.

Ik had geen idee waarnaartoe we op weg waren, maar dat kon me ook niets schelen. Ik haalde diep adem en liet mijn lichaam nog dieper in de stoel zakken.

Ik werd wakker met mijn mond open en mijn nek in een ongemakkelijke hoek. Toen ik wat rechter ging zitten had ik het gevoel dat ik mijn best moest doen om mijn hoofd recht te houden. Nog een beetje duizelig keek ik door de getinte ramen naar buiten. Het zag eruit als een achterstallige buitenwijk. Grijze betonnen flatgebouwen met afgebladderde verf.

Ik kreeg het gevoel alsof ik in een hypermodern ruimteschip zat en op bezoek was op een onbekende, primitieve planeet.

'Je bent precies op tijd wakker,' zei mijn vader.

De auto sloeg af naar een grote binnenplaats met flats aan drie zijden. De huizen waren vervallen, maar er was ook een speeltuin met schommels en klimrekken in vrolijke kleuren. Het zag er heel nieuw uit allemaal. Er waren jonge kinderen aan het spelen. Personeel met roze vestjes hielden de kinderen in de gaten. Zo te zien waren het allemaal vrouwen.

De chauffeur reed naar een ingang en zette de auto stil. Daar stonden nog drie vrouwen te wachten, als een soort welkomstcomité. Een van hen was vrij formeel gekleed in een donker pak. Ze glimlachte en zwaaide naar mijn vader. Hij zwaaide terug, deed de autodeur open en draaide zich naar mij toe.

'Welkom bij Skirotava.'

Skirotava was blijkbaar een weeshuis. De vrouw in pak heette Galina en was de bazin van dit weeshuis en van nog een heel aantal andere, als ik het goed begreep. Het weeshuis werd gefinancierd door de overheid van Letland, maar met grote bijdragen van mijn vader.

Galina gaf mijn vader en mij een rondleiding en vertelde in perfect Engels over de werkzaamheden. De andere vrouwen, van wie ik de naam wel had gehoord toen we elkaar de hand schudde maar die ik weer was vergeten, liepen ook mee met de rondleiding, als twee stille schaduwen. Alleen als Galina hen iets of ergens om vroeg openden ze hun mond.

De zeer vrijgevige donaties van de heer Barzal hadden ervoor gezorgd dat het pand een update heeft kunnen krijgen en dat ze de prachtige speeltuin hebben kunnen aanleggen die we onderweg naar binnen hadden gezien, vertelde Galina.

Ik keek even naar mijn vader. Hij reageerde totaal niet toen zijn naam werd genoemd, hij deed alsof hij het überhaupt niet gehoord had. Zijn uitdrukking was serieus, hij zag er belangstellend uit. Maar het was veel te constant, zonder veranderingen. Ik kreeg het gevoel alsof hij een masker had opgezet. Wat er werkelijk in hem omging was maar moeilijk te raden.

Mijn vaders gezicht lichtte op en hij liep naar een gehandicapt meisje in een rolstoel. Ik schatte haar in haar vroege tienerjaren.

'*Sveiki*, Tatjana!' zei mijn vader vrolijk, en hij nam haar vervormde hand in de zijne. Ze reageerde met een gekreun. Een van de zwijgzame vrouwen die mee was met de rondleiding liep naar de rolstoel toe en zei iets in het Lets tegen Tatjana.

'Deze meid is echt fantastisch,' zei mijn vader tegen me, nog altijd met Tatjana's hand in de zijne. 'Een echte kunstenares.' Hij wendde zich tot Galina.

‘*Shall we go to the workshop?*’

‘*Yes, a very good idea,*’ zei Galina. Ze gaf de vrouw bij de rolstoel een opdracht in het Lets en zij knikte.

Het atelier was een behoorlijk grote ruimte waar je kon tekenen, schilderen, knippen, plakken en bouwen. Het was mijn vaders idee geweest, ik begreep dat hij er zijn hart en ziel in had gestoken. Hij nam het woord over van Galina en vertelde er zelf over. Het idee was dat ook de kinderen in dit weeshuis zich kunstzinnig moesten kunnen uitdrukken, misschien wel júíst zij.

Hij liet wat schilderijen zien die Tatjana had gemaakt, en vertelde dat ze zowel haar hand als haar mond gebruikte om de kwast te sturen. Ik kon niet zien wat de schilderijen voor moesten stellen, het waren gewoon totaal onsamenhangende gekleurde kladderwerkjes. Maar dat gold naar mijn mening voor de meeste moderne kunst. Tatjana was waarschijnlijk niet slechter dan een ander.

‘*Very nice,*’ zei ik en ik glimlachte waarderend naar haar. ‘*That’s incredible.*’

Mijn vader legde uit dat hij bij elk bezoek een aantal schilderijen uitkoos om aan zijn rijke klanten over de wereld te verkopen. Dat bracht best wat geld op. Vervolgens voegde hij er zelf evenveel aan toe en maakte hij alles aan Galina over.

Na de rondleiding liepen zij en de andere vrouwen met ons mee naar de taxi. Toen we wegreden stonden ze ons in een strikte rij uit te zwaaien. Ze bleven zo in de houding staan tot we de bocht om reden en ik ze uit het zicht verloor.

Mijn vader keek op zijn horloge.

‘Het is nog maar half drie, ongeveer... Ik dacht rond vier uur weer naar huis te vliegen, dan komen we twee uur voor de veerboot vertrekt in Visby aan.’

‘Prima, is goed.’

‘Zullen we nog even een biertje doen in de stad? Dat lijkt me beter dan op het vliegveld rond te hangen.’

Hoe dichter we bij het centrum kwamen, hoe netter en schoner de straten en huizen werden, bijna per wijk. De taxi zette ons af aan het einde van een voetgangersstraat met kinderkopjes. Mijn vader instrueerde de chauffeur om daar in de buurt te wachten en zei dat we over een uurtje terug zouden zijn.

De stad had de hele dag in de brandende zon gelegen en dampte van de hitte. De huizen zagen er oud uit, maar ze waren schoon en pas geschilderd. Een beetje als een nettere Gamla Stan in Stockholm. Toeristen stroomden souvenirwinkeltjes, eetcafés en barretjes in en uit.

Mijn vader loodste ons naar een restaurant met een terrasje aan de schaduwzijde van de straat. Hij was daar eerder geweest. Het speciale aan deze plek, legde hij uit, was dat het de grootste bierselectie van Riga had. Nog groter dan hij waar dan ook ter wereld had gezien. Toen ik de bierkaart in handen kreeg begreep ik dat het waarschijnlijk niet gelogen was. Een stuk of dertig verschillende van het vat, honderden verschillende soorten op de fles.

Mijn vader raadde een Duits biertje aan dat hij er eerder had gedronken, 'Bock' nog iets, dus we bestelden er allebei een. Al snel kwam de serveerster terug met twee halveliterflesjes, twee ijskoude hoge glazen en een grote schaal met pretzels.

Ik hield het glas schuin en schonk het bier er langzaam in. Ik wist een perfecte schuimrand van ongeveer een centimeter te creëren, dik wit schuim, als stijfgeklopt eiwit. Honderden kleine bubbeltjes borrelden vanaf de bodem van het beslagen glas naar het oppervlak.

Ik proefde van het bier.

Holy shit, wat lekker.

De koelte vulde mijn mond, de bubbeltjes kietelden mijn keel.

Het had een diepe, zwoele smaak. Wel bitter, maar ook een beetje zuur en een heel klein beetje zoet. Ik had nog nooit een blond biertje gedronken waar zo veel smaak aan zat.

Jezus, wat was het leven toch heerlijk.

Het bier was zo lekker, de pretzels zo heerlijk zout en knapperig. Het was warm, maar niet te warm als je rustig in de schaduw zat zoals wij deden. De vermoeidheid had me weerlozer gemaakt, nu ik aan het drinken was kwam de roes bijna meteen met de eerste slok, een gevoel alsof ik me losmaakte van de werkelijkheid, ik begon te zweven, iemand anders mocht de teugels overnemen. Een ballon aan een draadje. Alle angst leek te verdwijnen, ik keek niet vooruit en niet achterom, ik bekeek de wereld precies zoals hij recht voor mijn neus was, op dit moment, en ik vond hem mooi en goed.

Mijn vader bestelde nog zo'n biertje voor ons.

Ik vroeg mijn vader of hij bij meer liefdadigheidsprojecten betrokken was, in andere delen van de wereld. Hij vertelde dat hij af en toe een schilderij aan liefdadigheidsveilingen schonk, maar dat Skirotava zijn voornaamste project was.

'God, wat heb ik ineens zin in een sigaret,' zei hij. 'Je hebt er zeker geen bij je?'

'Nee. Maar die kunnen we hier vast wel kopen? Ik wil er ook wel een.'

Mijn vader liet een serveerster komen en bestelde een pakje sigaretten. Even later lag het op tafel, met een aansteker en een asbak ernaast. Mijn vader opende het pakje en we namen er allebei een.

Ik inhaleerde diep. Mijn compleet perfecte leventje werd nog net een niveau perfecter.

'Weet je wat het is...' zei mijn vader, en hij liet de rook vanzelf uit zijn mond kringelen terwijl hij bedachtzaam naar de toeristen keek die op straat voorbijliepen. 'Op een gegeven moment ga je inzien dat liefdadigheid gewoon weer iets extra's is wat je voor je eigen plezier doet. Het is niet beter of slechter dan een Lamborghini rijden, zeg maar.'

'Ik denk niet dat de kinderen in dat weeshuis het daarmee eens zijn.'

'Maar de wereld is zo gecompliceerd, je kan onmogelijk weten wat voor effect je handelingen op de lange termijn hebben. Misschien is dat weeshuis wel hartstikke contraproductief. Misschien zorgt het er juist wel voor dat er meer kinderen worden achtergelaten, omdat die mogelijkheid er is. Nog meer kinderen met een ongelukkig leven.'

'Dat denk ik niet.'

'Nee, maar je weet het niet. En ik ook niet. Ik ga niet stoppen met Skirotava, ik voel me er goed door, respect en bewondering voor mezelf. Dat merkte je vast wel toen we er waren.'

'Ja.' Ik dacht aan het enthousiasme van mijn vader toen hij over het atelier vertelde.

'Maar ik heb geen illusies over de reden waarom ik het doe. Wij mensen zijn geprogrammeerd om bij de groep te horen. Zoiets als dit zorgt ervoor dat anderen positief over me denken, dat loont de moeite en ik krijg er bovendien een goed gevoel van. Dus het is puur egoïsme.'

Ik nam een slok van mijn nieuwe biertje, likte het schuim van mijn bovenlip.

'Hm,' zei ik.

'Ik geloof niet in goed en slecht,' ging mijn vader verder. 'Dat is ouderwets bijgeloof, net zoals God en de duivel. Wat ik weet is dit: eerst kwam de big bang, toen zijn er dertien miljoen jaren voorbijgegaan, en toen ben ik geboren. Nu ga ik bijna dood. Zestig jaar, ongeveer, heb ik gekregen. Daarna zal ik voor eeuwig dood zijn, een oneindig miljard jaar. Heb ik dan niet het recht om het absoluut best mogelijke uit mijn leven te halen, die paar milliseconden dat ik besta?'

'Hm,' zei ik weer.

De gedachtegangen van mijn vader begonnen een beetje te ingewikkeld voor me te worden. Hij rende zo hard voor me uit dat ik hem uit het zicht verloor.

En ik moest ook nog plassen.

'Ik vind van wel,' zei mijn vader. 'Ik vind verdorie dat het mijn plicht is.'

Ik vermoedde dat je nu eenmaal zo gaat denken als je weet dat je nog maar een korte tijd te leven hebt. Mijn vader keek me aan.

'Beloof me dat. Want dat is wat ik geleerd heb. Als het leven uitnodigt om te dansen, dan dans je. Oké? Hand erop?' Mijn vader glimlachte en stak zijn hand naar me uit, ik stak de mijne ook uit en we schudden elkaar de hand.

Als het leven uitnodigt om te dansen. Ik wist niet precies wat het betekende, maar het klonk in elk geval wel goed.

De taxi stond nog waar we hem hadden achtergelaten. We stapten in. Mijn vader ging dit keer voorin zitten.

Mijn dronkenschap was van absolute wereldklasse. Een perfect evenwichtige roes. Ik verlangde naar Madde. Over iets van een uur zou ik weer bij haar zijn. Ik vermoedde dat er dan al een zekere kater op zou komen. Maar we zouden de boot naar Oskarshamn op rijden, wat gaan eten in het restaurant, en daarna zou ik lekker gaan slapen op onze gereserveerde plaatsen. Met mijn hand op Maddes knie.

Even later kwamen we bij de luchthaven aan. De chauffeur reed via de stalen poort het vliegveld op. Op de weg voor ons kwam er een man naar ons toe gelopen. Hij droeg een uniform met een geel hesje erover. De taxi remde af en stond stil, en mijn vader deed het raampje aan zijn kant omlaag. De man bukte en glimlachte vriendelijk.

'*Good day, mr. Barzal, how are you today?*'

'*I'm fine, thank you.*'

'*Good to hear. They are just preparing your plane for the flight back.*'

'*We need to go pretty soon.*'

'*Yes… We just have some protocols we need to go through… Some checks.*'

'*So… Is there a problem with the plane, or…*'

'*No problem. No problem. But we just need to go through the protocol, because… Yes.*'

De man lachte nog steeds naar mijn vader. Mijn vader lachte daarentegen niet terug. Hij deed de deur open en stapte uit de auto.

Ik keek op mijn horloge. Tien over vier. We hadden nog ruim genoeg tijd. Zelfs als we pas een uur later zouden kunnen vertrekken, zouden Madde en ik de boot naar Oskarshamn nog halen.

De chauffeur zuchtte en zette de motor uit, wat slechts hoorbaar was doordat het ene zachte gezoem vervangen werd door een ander.

Mijn vader en de man stonden een stukje van de auto vandaan te discussiëren, ik kon hun stemmen horen, maar niet wat er gezegd werd. Mijn vader klonk geïrriteerd, de man probeerde hem te kalmeren.

Ik haalde diep adem en zonk wat dieper in de achterbankzitting. Ik keek door de getinte zijruit naar buiten. De startbaan baadde in het zonlicht. De lucht trilde boven het asfalt.

De airco sprong aan. Het zoemde in mijn oren.

‘ISAK? ISAK?’

Mijn vader had zijn hand op mijn schouder, hij schudde me zachtjes wakker.

Ik begreep eerst niet waar ik was, maar toen kwam alles weer terug. Ik zat nog steeds op de achterbank van de taxi, mijn vader had het portier aan mijn kant opengedaan en probeerde me wakker te maken.

Ik was in slaap gevallen. Shit. Ik ging rechtop zitten, mijn nek was weer stijf. Slaapzand in mijn ogen, mijn tong leek van schuurpapier, ik had met open mond geslapen.

Mijn vader hield zijn mobiele telefoon in zijn hand en wilde hem aan mij geven.

‘Het is Madde. Ze wil je spreken.’

‘Ja, wacht.’

Ik stapte uit de taxi. Mijn hele lichaam was stijf, ik moest me even goed bewegen om wakker te worden. Ik rekte me uit, kromde mijn rug en gaapte uitgebreid. Toen pakte ik de telefoon aan.

‘Hallo?’

‘Hé lieverd... Heb je geslapen?’

Die stem van haar. Als vanille, zoet en warm.

‘Ja.’

‘Fredrik zegt dat er een probleem is met het vliegtuig.’

‘Ja.’

‘En dat het moeilijk gaat worden om op tijd terug te zijn voor de boot.’

Ineens was ik klaarwakker.

Hoelang had ik wel niet geslapen?

Ik keek op mijn horloge. Tien over zes. What the fuck. Ik keek mijn vader boos aan.

'Waarom heb je me niet wakker gemaakt?'

'Het vliegtuig is nog steeds niet klaar.'

'Huh, hoe kan dat nou weer?'

'Het spijt me echt, Isak. Ik ben ontzettend pissig op ze. Ik weet niet of er echt iets mis is met het vliegtuig of dat ze me om een of andere reden lopen te fucken. Sorry.'

Ik schudde mijn hoofd, klemde mijn kaken op elkaar.

'Je had beloofd dat we op tijd terug zouden zijn.'

'Ik weet het. Sorry, ik baal er echt van. Ik heb nog nooit zoiets meegemaakt. Zo typisch weer dit.'

Ik hoorde Maddes stem in de telefoon, ze probeerde weer contact met me te krijgen.

'Isak? Isak, luister...'

Ik hield de telefoon weer tegen mijn oor en zuchtte.

'Ik word hier zo fucking moe van.'

'Hé, rustig maar. Zulke dingen kunnen nu eenmaal gebeuren. Wat mij betreft is het geen probleem. Eén nacht meer of minder. Neem een hotelletje, slaap lekker uit, en dan zien we elkaar morgen wel.'

'Maar waar ga jij dan slapen?'

'Ik denk dat ik maar weer terugga naar Ajkeshorn.'

Madde alleen in dat gestoorde huis, met die houten standbeelden en die maskers, en met Barbro. Dat vond ik geen fijn idee.

'Er ging later vanavond toch nog een boot? Zullen we die dan niet nemen?'

'Die komt pas rond drie uur in Oskarshamn aan en dan moeten we ook nog een paar uur rijden. Dat trek ik niet.'

'Nee.'

'En jij bent toch ook best moe? Blijkbaar.'

Ja, dat was ook zo. Mijn hoofd werkte in slow motion, mijn gedachten kropen van de ene hersenhelft naar de andere. Mijn hele lichaam verlangde ernaar om languit op een bed te gaan liggen en te slapen. Ik wreef in mijn ogen.

'Mhm.'

'Ik hoor het aan je, schat... Ga gewoon lekker naar een hotel om te slapen. Je vader regelt vast wel iets goeds.'

'Oké.'

'Dan zien we elkaar morgen, als we wat vrolijker en beter uitgerust zijn.'

'Mhm. Ja, dat is misschien wel beter.'

'Spreken we elkaar vanavond nog?'

'Ja, doen we.'

'Fijn. Hou van jou.'

'Hou ook van jou.'

Ik hing op en gaf de telefoon terug aan mijn vader.

'Sorry hiervoor,' zei hij. 'Ik schaam me.'

'Dan moeten we hier maar een nachtje blijven.'

Mijn vader knikte en begon iets in te typen op zijn mobiel.

'Yes. Ik ben al bezig.'

We stapten in de taxi en reden weer terug het centrum in. De chauffeur zette ons af bij een goed onderhouden gebouw uit het begin van de vorige eeuw. Een portier met een donkergroene jas en hoge hoed verwelkomde ons met een kleine buiging. Ik liep achter mijn vader aan de trappen op en we kwamen in een luxe hotellobby terecht. Dikke vloerbedekking op de grond, grote zitbanken, spiegels met gouden lijsten, stucwerk als toefjes slagroom langs muren en pilaren.

Mijn vader liep naar de balie, waar een knappe jongedame ons welkom heette. Ze droeg een uniform, een elegant zijden sjaaltje en haar donkerbruine haar samengebonden in een perfecte knot. Mijn vader zei dat hij twee kamers had geboekt onder de naam Barzal. Hij legde ook uit dat we hulp nodig hadden om aan een aantal dingen te komen: tandenborstels, tandpasta, scheermesje en scheerschuim. Tweemaal extra kleren bestaande uit sokken, ondergoed en T-shirt.

Mijn vader noemde zijn wensen op alsof het de normaalste zaak van de wereld was, en de receptioniste knikte vriendelijk, uiteraard zou ze dat regelen.

De wereld van de rijken. Geen problemen, geen schaamte, alleen maar mogelijkheden.

'*What sizes do you want for the clothes?*' vroeg de receptioniste.

'*For me large,*' zei mijn vader. Hij keek mij aan. '*For him... Extra large?*'

Ik knikte. De receptioniste bekeek me van top tot teen, met licht getuite lippen.

'*Hm, I would say extra extra large.*' Ze keek op haar scherm, maar ik zag een zweem van een glimlach rond haar mondhoeken spelen.

Onze kamers lagen in dezelfde gang, op de tweede verdieping. Mijn vader stelde voor om over een paar uur in de lobby af te spreken, en ik knikte zwijgend zonder zijn blik te ontmoeten. Ik was nog steeds boos op hem.

Ik deed de deur open en liep de grootste hotelkamer binnen waar ik ooit was geweest. Niets stond er opgepropt, er was gigantisch veel ruimte. Het had dezelfde inrichtingsstijl als de lobby. Dikke vloerbedekking en crèmewitte, bruine en gouden kleuren. Een gigantisch tweepersoonsbed. Een bureau, een complete zithoek. Een grote badkamer, volledig betegeld, met douche en badkuip, wastafel en mengkraan in ouderwetse stijl. Een klein balkonnetje aan de straatkant.

Op het kussen lag een chocolaatje dat ik in mijn mond stopte. Maar ik had nog steeds zin in lekkers. Ik vond de minibar in een van de kastjes van het bureau. Binnen een paar minuten had ik een zakje gezouten cashewnoten, een Snickers en een San Pellegrino met sinaasappelsmaak naar binnen gewerkt. Daarna voelde ik me iets beter.

Ik trok de zware gordijnen dicht, die de kamer direct verduisterden. Ik ging languit op het bed liggen. Hij lag heerlijk, precies hard genoeg. Het kussen was dik en breed, maar veel te zacht. Ik vouwde hem dubbel en duwde hem onder mijn hoofd.

Ik sloot mijn ogen. Een leven in luxe.

Ik werd ongeveer een uur later wakker. Genoot ervan om in het donker te liggen, steeds weer half in slaap vallend. Om te luisteren naar de gedempte geluiden van de bedrijvigheid in het hotel, en de bedrijvigheid in de stad. Er liep iemand door de gang. Het werd weer stil. Een deur die open- en dichtging. Weer stil. Een Vespa die buiten langs het hotel reed. Weer stil.

Uiteindelijk klom ik uit bed en deed ik de gordijnen weer open. In een dikke leren map op het bureau vond ik het wifiwachtwoord. Ik zocht op de websites van zowel *Aftonbladet* als *Expressen* of er iets was geschreven over een aangereden of verdwenen meisje. Ik vond ook de website helagotland.se, met lokale nieuwsberichten, maar ook daar stond niets. Ik werd iets rustiger.

Ik waste mijn gezicht en verliet de kamer. Nam de trap terug naar de lobby, waar mijn vader al op me zat te wachten. Hij vroeg of ik honger had.

'Ze hebben hier best een prima menu aan de bar. Je kunt een hamburger nemen, of een stuk vlees. Wat je wilt.'

Dat klonk goed, vond ik. We liepen door een dubbele glazen deur naast de balie en kwamen in het bargedeelte. Aan de ene kant was uitzicht op de straat. Bij de ramen stonden hoge tafels met barkrukken en daar gingen we zitten. De menukaarten lagen al op tafel. Ik bestelde een baconburger en een tapbiertje.

We zaten nog maar een paar minuten toen er op het raam werd geklopt.

Buiten stonden twee dames die uit een andere wereld leken te komen. Een modeshow in Parijs of zoiets. Allebei rond de twintig, lang en slank. De ene met donkere krullen die alle kanten op sprongen. De andere met kort blond haar, misschien geverfd, want ik zag er donkerdere plukjes onder. Een perfect omlijsting van een perfect gezicht.

'*Frederic! Hi!*' Het meisje met de donkere krullen lachte met heel haar gezicht, haar ogen waren nog net twee streepjes, en ze zwaaide enthousiast naar mijn vader. Zij was degene die op het raam had geklopt. Mijn vader keek blij verrast en zwaaide terug. Stond op van tafel.

'*Hi Masha! Come on in!*'

Hij gebaarde naar de meiden. *Kom maar naar ons toe.*

IK VROEG SORAYA of ze al iets over het toerekeningsvatbaarheidsonderzoek had gehoord, maar dat was niet zo. Ik weet nog niet of ik naar Huddinge moet voor dat grotere onderzoek.

Karin had gezegd dat het type trauma waar ik als kind aan blootgesteld was kon leiden tot dissociatie, dat je een eigen werkelijkheid creeert. En ze had het over paranoia gehad.

Ik had meer over ons uitje naar Riga kunnen vertellen, als ik haar op dat spoor had willen zetten.

Het ontzettend lekkere bier dat zo sterk was.

Het vliegtuig dat geen toestemming kreeg om te vertrekken.

De meiden die ons 'toevallig' zagen zitten toen ze langs het hotel liepen.

Alles tot in de kleinste details gepland.

En Karin zou denken dat ik paranoïde was.

Maar stel dat blijkt dat ik al die tijd gelijk had, is het dan nog wel paranoia?

MASHA EN HET blonde meisje, dat Elena heette, begroetten mijn vader. Masha was heel uitbundig, ze gaf knuffels en wangkussen, ze gilde en lachte, terwijl Elena wat terughoudender was in haar manier van doen.

De meiden zagen eruit alsof ze onderweg waren naar een super exclusief feest. Masha had een strakke witte jurk aan van dun materiaal, die tot aan haar knieën rond haar lichaam gespannen zat. Hij werd omhooggehouden door een gouden ring rond haar hals. Haar goudbruine armen en schouders waren naakt. Elena droeg een zwarte top met spaghettibandjes en de strakste zwarte jeans die ik ooit had gezien. Open schoenen met torenhoge hakken. Haar blauw glinsterende oorbellen benadrukten haar ijsblauwe blik.

Ze gingen allebei op een barkruk aan onze tafel zitten, Masha naast mij en Elena naast mijn vader. Hij bestelde champagne. Toen stelde hij mij voor.

'*This is Isak, my son.*'

'*Really? You have a son?*' Masha klonk alsof dat het beste nieuws was dat ze ooit had gehoord. Ze lachte en stak haar hand uit.

'*So nice to meet you, Isak! I'm Masha.*'

'*Hi Masha, nice to meet you.*'

Ik stak mijn hand uit naar Elena. '*Hello. Isak.*'

'*Elena. Nice to meet you.*' Elena's hand was koel. Haar blik op mij strak, ze keek niet weg. Maar haar uitdrukking was lastig te beoordelen. Verlegen, maar nieuwsgierig. Uitdagend, maar ook uitnodigend. Ze glimlachte geloof ik naar me, op een manier alsof ze wilde bevestigen dat we allebei een beetje buiten de situatie stonden waarin we ons bevonden.

Ik weet wat er hier gaande is. Jij ook, hè? Zoiets.

'*So, what do you do?*' vroeg Masha. '*Are you an artist too?*'

'*No,*' zei ik. '*I work with the... What do you say... Care for old people.*'

'*Oh, that's so nice! That's great!*'

Masha boog een beetje naar me toe en legde haar hand op mijn arm. Haar enorme haardos raakte mijn wang. Ze rook geweldig, naar een diepe mysterieuze parfum.

Mijn vader legde uit dat Masha en Elena kunststudenten in Riga waren en dat hij hen via Skirotava had ontmoet. Ze hadden stage gelopen in zijn atelier op Fårö, dus ze kenden Ajkeshorn goed.

Een serveerster bracht een fles champagne en vier glazen. We proostten en dronken. Ik vond het niet lekker, maar ik wist mijn gezicht in de plooi te houden.

'*You know, your father is a genius,*' zei Masha.

'Oké,' zei ik, behoorlijk neutraal, waardoor Elena in de lach schoot. Daarmee liet ik merken hoe weinig ik van kunst wist, bedacht ik me, maar dat was het waard om Elena's hartelijke lach te zien. Masha ging verder:

'*He is. I swear to God.*' Ze keek mijn vader aan. '*Some of the things he's painted... It's like the most profound experience I ever had.*'

'*Yeah yeah, that's enough,*' zei mijn vader en hij hield afwerend zijn hand op.

'*I don't know much about art, I guess,*' zei ik.

'*How do you like the sofa?*' vroeg Elena. Ze hield haar ogen strak op me gericht en nipte van haar champagne. Ik had het idee dat ze een beetje ondeugend keek achter haar glas.

'*The sofa at Ajkeshorn? The one going up in the...*' Ik maakte een gebaar in de lucht alsof er iets uit elkaar plofte.

'*Yeah, yeah.*'

'*Eh... I wouldn't want it at home.*'

'*It's ugly, right?*'

Mijn vader keek Elena aan. '*You think it's ugly?*' Hij klonk beledigd, maar ik nam aan dat hij niet serieus was.

'*Yes, Frederic. It's ugly and scary,*' zei Elena rustig, alsof ze een feit vaststelde.

'*The sofa cost me a fortune.*'

'*I'm sorry, you're a genius, but it gives me the creeps.*'

Mijn vader keek me aan en schudde zijn hoofd.

'*I hate art students that have their own opinions.*'

Elena keek me ook aan en zei:

'*It's scary, right?*'

'*Yes. Absolutely. I don't want to go under it.*'

Elena hield me met een ernstig gezicht haar glas voor, ik stak het mijne uit, onze glazen raakten elkaar met een heldere klink, een bezegeling dat we er hetzelfde over dachten.

Het eten van mij en mijn vader werd naar de tafel gebracht en we begonnen te eten. Ik had inmiddels ontzettend honger gekregen en was bovendien een beetje duizelig geworden van bier en champagne drinken op een lege maag. De meiden hadden al gegeten en hoefden niets. Ze waren eigenlijk onderweg naar een feest, maar het was niet erg als ze wat later zouden zijn, zei Masha, het was zo gezellig om hier met mij en 'Frederic' te zitten praten. De champagne raakte op en mijn vader bestelde nog een fles.

Masha wilde weten wat ik van Riga vond. Ik legde uit dat ik nog niet zoveel van de stad had gezien, maar dat wat ik had gezien er mooi uitzag. Volgens Masha leefde Riga 's nachts helemaal op. Er waren clubs die je verder alleen in Londen of op Ibiza zou vinden, zei ze.

De meiden gingen naar buiten om te roken. Ik bekeek ze stiekem door het raam. Elena keek me aan, onze blikken kruisten elkaar.

'Mooie dames, hè?' zei mijn vader, en hij keek me met een grijns aan.

'Mhm,' zei ik, en ik keek weg, naar mijn bord. De hamburger was op, het enige wat nog over was waren een paar ringen rode ui en een blaadje sla, en ook nog wat frietjes op de bodem van een klein stalen mandje. Ik viste de staafjes eruit met mijn wijsvinger en middelvinger en stopte ze in mijn mond.

Mooie dames.

Er was iets aan de manier waarop mijn vader dat zei waardoor ik me ongemakkelijk voelde.

Ik keek op mijn horloge. Het was al bijna tien uur en ik bedacht me dat ik Madde nog even moest bellen voor het te laat werd. Maar toen kwamen Masha en Elena weer terug, we gingen verder met praten en drinken en ik vergat om te bellen.

Mijn vader en ik hoefden allebei geen nagerecht, maar er stond een combi op het menu van koffie, cognac en een chocoladetruffel die ik wel goed vond klinken. Wat mij betreft zou dat de laatste bestelling van die avond zijn.

Mijn vader bestelde hetzelfde als ik. Hij gaf zijn chocoladetruffel aan Elena. Ze opende haar mond, legde de truffel op haar tong en beet erop. Ik nam aan dat ze haar lippenstift niet wilde verpesten. Ik bood Masha mijn truffel aan, maar ze stelde voor om hem te delen, en ik zei oké. Ze pakte hem met duim en wijsvinger vast, bracht hem naar haar mond, deed die open en zette haar stralend witte, perfecte tanden erin, beet hem doormidden.

'Mmm...' zei ze. '*That's incredible.*' Ze kauwde op haar truffel.

Naarmate de avond was gevorderd, was Masha steeds dichter bij me komen zitten. Inmiddels zat ze zo dichtbij dat onze lichamen elkaar constant raakten.

Ze hield de andere helft voor mijn mond. In de zachte chocolademassa was een afdruk van haar tanden zichtbaar. Ze boog zich nog dichter naar me toe, leunde met haar hand op mijn bovenbeen.

'*Open your mouth, be a good boy.*'

Ik deed mijn mond open en zij stopte de rest van de truffel in mijn mond.

Haar gezicht was zo dicht bij het mijne.

Ik wierp een blik over de tafel. Elena keek naar ons, en ik zag iets in haar ogen wat ik nog niet eerder had gezien, iets donkers.

'*Wait,*' zei Masha. '*You have a little…*' Ze streek met de top van haar wijsvinger over mijn onderlip.

Elena's blik. Wat er in haar blauwe ogen glinsterde. Begeerte.

Hij is van mij.

Begrijpen jullie wat dat met mij deed?

Ik dronk mijn cognac op, en toen mijn vader en de meiden nog een drankje wilden bestellen en vroegen wat ik wilde hebben, zei ik helemaal niet: 'Bedankt, het was een fijne avond, maar nu trek ik me terug.' In plaats daarvan zei ik:

'Gin-tonic.'

Masha zat dicht tegen me aan, haar hand was op mijn been blijven liggen, Elena zocht heel regelmatig mijn blik. Ik weet niet meer waar we het over hadden, maar we lachten, we vermaakten ons. Het voelde alsof ik me nauwelijks kon herinneren wanneer ik voor het laatst nuchter was geweest. Was dat gisteren? Eergisteren? Maar op dat moment was ik weer op een heerlijke manier dronken, ik voelde me sterk en knap en sexy en grappig.

We namen nog meer drankjes. Caipirinha's, Moscow Mules, Snowballs en, Elena's favoriet, Black Russian. Wodka en koffielikeur. De tijd vloog voorbij, het werd al donker buiten.

Ik kan me niet herinneren wie er met het idee kwam om uit te gaan. Ik weet in ieder geval dat ik het niet was. Maar mijn vader, Masha en Elena waren het er roerend over eens dat het een schande zou zijn als ik Riga zou verlaten zonder iets van het nachtleven te hebben meegemaakt.

Ik keek op mijn horloge. Het was al na middernacht. Voor het eerst in een lange tijd dacht ik aan mijn plan om een beetje op tijd naar bed te gaan. Er drong vaag een gevoel van schuld en schaamte door het alcoholwaas heen. Maar ik moet eerlijk zeggen dat het gevoel niet bijzonder sterk was.

'*I don't know,*' zei ik.

Elena boog over de tafel heen en pakte mijn hand vast.

'*Isak, you have to come. Please. You won't regret it.*'

Die ijsblauwe blik van haar.

Wat had mijn vader nou gezegd?

Als het leven uitnodigt om te dansen.

Ik lachte naar Elena.

'*Alright, just because you ask so nice,*' zei ik. '*Let's go.*'

'*Daugava, right?*' zei mijn vader, en hij keek Masha en Elena vragend aan. Ze knikten.

'*Yeah. Definitely Daugava.*'

MIJN VADER BESTELDE een taxi en even later reden we door de straten van Riga, de lichte zomernacht in. De auto waar we in zaten was een limousine, een soort verlengd model waarin de zittingen naar elkaar toe gericht waren. Er waren veel mensen op straat, vooral jongeren, die in verschillende staat van dronkenschap van de ene naar de andere plek wandelden of wankelden. Maar het geluid drong nauwelijks tot ons in de auto door, en de ruiten waren geblindeerd. Wij konden naar buiten kijken, maar niemand kon naar binnen kijken. Wat er daarbuiten gebeurde interesseerde ons niet.

Masha drukte haar lichaam tegen me aan en ik had mijn hand op haar knie. Elena legde haar ene been over het andere, haar hak met haar naakte voet erin schommelde in de lucht boven mijn uitgestrekte benen. De stilettohak streek langs mijn broek.

Ik was gestopt met nadenken over waar dit zou eindigen.

Mijn vader had zijn arm om Elena's schouders geslagen en zij liet hem daar liggen.

Binnen een paar minuten hadden we Riga's schone stadskern achter ons gelaten en reden we door ruigere wijken. Vervallen huizen werden afgewisseld door slooppercelen. Op een gegeven moment waren er helemaal geen woonhuizen meer te zien. Langs de verlaten straten stonden kleine fabrieken en vervallen pakhuizen. De chauffeur moest soms uitwijken voor grote gaten in het asfalt.

'*So… Where is this place?*' vroeg ik. '*Is it far?*'

Mijn vader schudde zijn hoofd. 'Nee, we zijn er bijna. Klein stukje nog.'

De taxi sloeg rechts af, een wat smallere weg op. Het leek alsof we op weg waren naar het hart van dit vervallen industrieterrein. Maar ineens zag ik andere mensen langs de weg lopen, feestelijk geklede jongeren die in dezelfde richting liepen als wij reden. We kwamen een taxi tegen, en vervolgens nog een. Steeds meer mensen, grote groepen die aan het lachen en praten waren, maar met vastberaden stappen liepen.

Toen zag ik de rij. Of het einde ervan tenminste. Hij was een paar meter breed en er sloten steeds meer mensen aan. De chauffeur ging langzamer rijden. De limousine gleed langzaam vooruit naar de plek waar de rij startte. Ik keek door het zijraam naar buiten en zag meerdere mensen terugkijken, met een mengeling van respect en afkeer. Ik wist dat ze naar een zwarte ruit staarden, dat ze mij niet konden zien. En daar was ik blij mee.

Het soort mensen dat voor werd gelaten. Nu was ik een van hen.

De auto stopte achter de rode achterlichten van een andere taxi, die ook mensen afzette. Mijn vader gaf zijn pinpas aan de chauffeur. De deuren gleden vanzelf open, en de bruisende nacht sloeg ons tegemoet. Gelach en geroep van honderden mensen, ronkende auto's, geuren van parfum, diesel en warm metaal.

Ik stapte uit en hield mijn hand uit naar Masha, die ook uitstapte. Elena schoof dichter naar de deur toe, ik stak mijn andere hand naar haar uit en hielp ook haar uit de limousine.

De lucht was inmiddels diepblauw, alleen aan de horizon waren nog wat lichtere restjes van de schemering zichtbaar. Autolampen en mobielschermpjes lichtten op in het donker. Een nachtbriesje streek over mijn gezicht en blote onderarmen, het was bijna een beetje fris. De rij begon bij een groot, vervallen gebouw van stalen golfplaten. Een jongen van een jaar of vijfentwintig in pak bepaalde wie er naar binnen mocht en wie buiten moest blijven. Hij werd bijgestaan door een paar opgepompte bewakers. De jongen keek streng, maar toen hij Elena en Masha in het oog kreeg veranderde zijn gezichtsuitdrukking direct. Een brede, warme, verwelkomende glimlach.

'*Hey! Welcome!*'

‘*Hi Stani! Nice to see you!*’

Wangkussen, knuffels, gelach. De jongen pakte zacht mijn arm vast, keek me diep in de ogen en grijnsde.

‘*Enjoy.*’

Ik had me opgemerkt en welkom gevoeld, maar dat was in één klap voorbij. Wat een pro. Hij liet me los en richtte zijn blik op mijn vader, die achter ons aan was gekomen.

‘*Mr. Barzal! So welcome!*’

‘*Long time no see, haha…*’

We liepen het oude gebouw binnen. Het was er donker, er waren geen lichten aan, er kwam alleen wat nachtlicht door de smalle dakramen naar binnen. Onze voetstappen weerkaatsten. Het was eerder te merken dan te zien dat we ons in een grote ruimte bevonden, als in een kerk. Verderop in de fabriekshal zag ik de omtrek van een hoge traverse, die bijna tot aan het plafond reikte, als een gigantische dinosaurus op vier poten. Ineens gingen er verderop twee deuren open, licht sneed door de duisternis en de mensen die voor ons liepen verdwenen in een lift.

Ik hoorde gebonk onder de grond vandaan komen. Een basgeluid dat van ver leek te komen.

De liftdeuren gingen dicht, en het werd weer donker in de fabriekshal. Toen kwamen wij bij de deuren aan. Ik zag dat ernaast nog twee deuren zaten. Masha keek me verwachtingsvol aan en zei:

‘*Just wait and see. You’ll like it.*’

‘In de jaren zeventig hadden de Russen plannen gemaakt om een metrolijn aan te leggen in Riga,’ zei mijn vader. ‘Ze zijn er ruim twintig jaar mee bezig geweest.’

Op dat moment gingen de andere twee deuren open. We stapten in de lege lift samen met vier of vijf andere gasten die achter ons aan kwamen. Hij was ruim en er hadden zeker vijftien personen in gepast. Aan de muren hingen getinte spiegels, goud en lichtpanelen. Het contrast met de vervallen fabriekshal waar we zojuist doorheen waren gekomen kon niet groter zijn.

‘Maar in de jaren tachtig kwamen ze in de problemen,’ ging mijn vader verder. 'De rotsbodem onder Riga bleek lastig doorheen te komen, en het geld van de Sovjet-Unie raakte op. Dus het hele project werd stilgelegd.'

Het gebonk klonk met de seconde harder. De hartslag van Moeder Aarde.

Ik knikte, keek stiekem naar mezelf in de spiegel, omgeven door Elena en Masha. Wat waren we toch bizar knap, alsof we zo uit een filmposter waren gestapt. Het licht was perfect.

'Maar,' zei mijn vader. 'Ze hadden al wel een station gebouwd. Daugava.'

De lift stopte. De deuren gingen open. Mijn mond viel open. Elena en Masha moesten me de lift uit duwen.

Vóór mij was een langwerpige ruimte, met een behoorlijk hoog, gewelfd plafond. Het oude metrostation. De vloer stond vol dansende mensen. Oorverdovende herrie, een bas die diep in mijn borst trilde, alsof mijn hart werd gekieteld. En dan die verlichting, het plafond bestond uit één grote lichtshow van kleuren en patronen die van de ene naar de andere kant van de ruimte bewogen. Het ene moment vibreerde het gewelfde plafond licht en gleed achtereenvolgens het hele kleurenspectrum voorbij, van blauw naar groen naar geel naar oranje naar rood naar paars en weer terug naar blauw, om daarna ineens een paar seconden helemaal zwart te worden – een drop in de muziek – en vervolgens was er een explosie van ijzig witte lichtflitsen wanneer de bas opnieuw op gang kwam, twee keer per seconde.

De lucht was vochtig van alle warme lichamen, het rook naar parfum, zweet en pyrotechniek.

De zorgvuldig uitgedachte aanval op mijn zintuigen zorgde voor kortsluiting in mijn hersenen, ik kon niet meer nadenken. Het was ziek. Het was bizar. Ik wist niet of ik in de hemel of de hel terecht was gekomen.

Maar ik vond het fantastisch.

Ik geloof dat ik zelfs hysterisch begon te giechelen.

Elena pakte mijn hand vast en trok me de dansvloer op, recht de zwetende, springende mensenmassa in. We gooiden onze handen in de lucht en begonnen te dansen.

Ik ben normaal eigenlijk niet zo van het dansen, en de eerste paar minuten voelde ik me dan ook behoorlijk ongemakkelijk, ik kon mezelf zeg maar van een afstandje zien. Maar al snel nam mijn lichaam het over. Ik had dat nog nooit meegemaakt. Ik werd een met de muziek, dacht helemaal nergens aan, mijn lichaam bewoog zich helemaal vanzelf.

Euforie. Ik keek omhoog, als een grijnzende dwaas. Het gewelfde plafond hoog daarboven, waar nu vuurwerk op explodeerde, het mooiste wat ik ooit had gezien.

Laserstralen sneden als messen door het duister.

Masha legde haar handen doelgericht in mijn nek, trok zich omhoog en kuste me. Mijn handen op Elena's heupen, onze lichamen dicht tegen elkaar aan.

Ik wilde nooit stoppen met bewegen. Nooit meer. Laat dit de rest van mijn leven doorgaan, laat me voor altijd in dit moment blijven, wenste ik.

Mijn vader was een tijdje weg geweest. Ik had niet gemerkt wanneer hij was verdwenen, maar nu kwam hij terug. Hij legde zijn hand op mijn schouder, boog zich naar me toe en zei wat in mijn oor.

Ik kon onmogelijk horen wat het was.

'Wat?' schreeuwde ik, ik liet mijn hoofd zakken en draaide mijn oor naar hem toe. Mijn vader riep zo hard hij kon.

'... ruimte!' schreeuwde hij.

Ik hoorde nog steeds niet wat hij zei. Mijn vader zag mijn vragende gezichtsuitdrukking, hield twee plastic kaartjes omhoog en gebaarde met zijn duim. *Hierheen.*

Hij baande zich een weg tussen alle dansende en springende mensen, en wij gingen achter hem aan. We kwamen langs de bar waar gasten zowat over elkaar heen klommen om te bestellen, en een paar pilaren met plateaus erop waar schaars geklede dames en heren stonden te dansen. Even later hadden we de ergste drukte gehad. We bevonden ons op het perron. Op het spoor stond een rij oude metrowagons opgesteld, een stuk of vijf. Ze zagen er echter niet oud en versleten uit, ze blonken zwart met goud. Een aantal bewakers hield het verkeer van en naar de wagens in de gaten.

'De vipruimtes zien er hier niet bepaald uit zoals in de meeste andere clubs,' zei mijn vader. Hij gaf mij een van de twee plastic kaartjes en liep verder in de richting van de wagon die het verst weg stond. Hoe ver liep die tunnel eigenlijk door? Hoe ver waren ze gekomen tot het project stilgelegd werd? Er was iets fascinerends, en een beetje creepy, aan dit afgemaakte station dat nooit in gebruik is genomen.

We liepen naar de dichtstbijzijnde deur van de achterste wagon. Mijn vader bliepte zijn kaartje tegen een plaat en de deuren ernaast gleden open, net als in een gewone metro.

In ongeveer de helft van de wagon was de oorspronkelijke inrichting bewaard gebleven. Een middenpad, zitplaatsen aan beide kanten. Maar alles was natuurlijk onherkenbaar opgepimpt. Alle stalen buizen waren goud gespoten, de zittingen waren bekleed met warme kleuren fluweel. Mosgroen, bordeauxrood, grijsblauw. De grond was bedekt met dikke, zwarte vloerbedekking. Subtiele verlichting. En grote groene planten, enorme ficussen en iets wat eruitzag als klimop, de vegetatie klom door de ramen naar binnen en verspreidde zich over de stoelen en vloer.

Hebben jullie wel eens foto's gezien van die stad bij Tsjernobyl die direct verlaten werd tijdens de kernramp? Dat gevoel kreeg ik bij die metrowagon. Alsof de natuur de boel weer terug aan het overnemen was. Hoe de planten er zo levend en weelderig uit konden zien ondanks het gebrek aan daglicht begreep ik niet. Maar misschien dat ze uv-verlichting gebruikten als de club gesloten was, of misschien waren ze wel nep. Maar in dat geval waren het wel bizar goede nepplanten.

De deuren gleden achter ons dicht en dempten het geluid van de dansvloer tot een dof gebonk. Mijn vader liep door naar het achterste gedeelte van de wagon. Hij draaide zich naar me om.

'Deze wagon is de hele nacht van ons. Alleen jij en ik hebben de sleutel.' Hij hield het plastic kaartje omhoog.

Het achterste deel was ingericht met lage banken, of divans, rond een salontafel. Was het nou de bedoeling dat je daarop zou zitten of liggen? Er waren ook een heleboel kussens van verschillende afmetingen en een grote spiegel op het plafond. Een harem. Of 's werelds exclusiefste speelkamer. Zware gordijnen in dezelfde gedempte kleuren als de rest van het interieur schermden dit deel van het rijtuig af voor nieuwsgierige blikken van buitenaf.

Op de salontafel stonden ijsemmers met champagne, wodka en bier. Schalen met nootjes, chocola en snoep. Mijn vader pakte de hals van een champagnefles vast en begon het folie rond de kurk eraf te peuteren. Hij knikte naar de schalen met snoep en lachte.

'Zie je dat? Zie je wat dat is?'

Ik keek. Het waren kleine aapjes van rode gelatine.

'Is dat Zoo?'

'Ja.' Mijn vader lachte. 'Dat was vroeger je favoriet, weet je dat nog? Je wilde altijd Zoo in het weekend.'

'Mhm,' zei ik. Ik nam een handje van de rode aapjes en stopte ze in mijn mond.

'*Isak loved those when he was a kid,*' legde mijn vader uit aan Masha en Elena.

'*Ah... That's so sweet,*' zei Masha. Ze pakte er ook een paar en proefde ervan, terwijl Elena voor iedereen een champagneglas van een plank pakte. Mijn vader duwde de kurk uit de fles, die met een doffe PLOP tegen de spiegel op het plafond stuiterde en op de kussens van een van de divans terechtkwam. Hij begon de champagne in de glazen te schenken. Ik was nog steeds aan het zweten van het feesten op de dansvloer. Ik veegde mijn hand over mijn voorhoofd, mijn vingers werden nat.

'Uh...' begon ik, '*I think I need to drink a little water.*'

'*Sure,*' zei mijn vader. Hij liet zien dat er een koelkast was die vol zat met mineraalwater en cola en sap. Alles wat je maar kon wensen. Ik nam een flesje mineraalwater, draaide de dop eraf en dronk bijna alles in één keer op. Ik voelde een ijskoude straal door mijn keel lopen, helemaal tot in mijn buik. Heerlijk. Ik hield de lege, koude, glazen fles tegen mijn wang en sloot mijn ogen. Elena kwam naar me toe en gaf me een glas champagne.

'*You poor thing,*' zei ze. '*You're too hot.*'

Ze trok het ritsje van mijn shirt zo ver mogelijk naar beneden. De stof zat vastgeplakt aan de huid tussen mijn borstspieren, het was donker van het vocht, er was zweet naar beneden gedropen. Elena pakte de stof met haar vingertoppen vast en trok het los van mijn huid. Bewoog het heen en weer om te luchten.

Ze stond heel dichtbij. Ik keek neer op haar kruin, de donkere uitgroei in haar blonde haar. Ze legde haar hoofd in haar nek, keek naar me op, zo dichtbij dat ze me niet in allebei de ogen tegelijk kon aankijken, haar blik flikkerde tussen mijn ogen, mijn neus, mijn lippen.

'*Better?*' Ze ging door met het wapperen van mijn shirt.

'*Yeah. Please don't stop.*'

Er liep een zweetdruppel over mijn nek die bij mijn borstbeen bleef hangen. Aarzelend om verder te gaan. Elena ving hem op met haar wijsvinger, stopte de vinger in haar mond en zoog de druppel naar binnen. Haar andere hand was onder mijn shirt gegleden, over mijn buik, haar vingers speelden met het haar onder mijn navel, net boven de rand van mijn broek.

Ik kreeg een stijve. Elena's blik bleef op mijn lippen gericht.

'*Cheers, everyone!*' De stem van mijn vader verbrak onze betovering, hij had zijn glas opgeheven en grijnsde breed. Masha ook. Elena liet me los en tilde haar glas van de salontafel. We proostten alle vier, op Riga, op Daugava, op nieuwe contacten, en op een lange nacht.

De champagne was koud, wrang en zuur. Ik kan het niet anders omschrijven. Het vreemde was dat ik het superlekker vond.

Er werd op de deur geklopt aan de andere kant van de wagon, en mijn vader liep ernaartoe.

Mijn glas was alweer leeg. Ik haalde de fles uit de emmer en schonk opnieuw in, ik bood Masha en Elena ook aan, maar zij hadden nog.

De deuren van de wagon gleden open. Mijn vader wisselde wat woorden met iemand die ik niet kon zien. Hij stak zijn hand uit, en trok hem weer terug. De deuren gingen weer dicht.

Mijn vader liep met een triomfantelijke grijns naar ons toe. Zijn ene hand in een vuist. Toen opende hij hem en hield een paar kleine zakjes met wit poeder op. Hij lachte naar me.

'Wil je?'

'Is dat cocaïne?'

'Yes.'

'Eh...'

Ik voelde me opeens een stuk nuchterder.

'Je zult het fantastisch vinden,' zei mijn vader. Masha pakte mijn vrije hand, die niet het champagneglas vasthad, en kneep er zachtjes in.

'*It's great.*'

Ik was me er sterk van bewust dat ze me alle drie – mijn vader, Masha en Elena – aankeken. Er hing een bepaalde verwachting in de lucht.

'*You know what?*' zei ik. '*I think I'll pass, but you know... You go ahead.*'

Vinden jullie me flauw? Misschien was ik dat ook wel. Maar ik had nog nooit drugs gebruikt, zelfs geen marihuana gerookt. Dat was echt een no-go voor mij.

Het was niet dat de mogelijkheid zich niet had voorgedaan. Zelfs in mijn kleine stadje werd er heel wat geblowd op feestjes. En ook tijdens onze zomerse feestvakanties, zoals die naar Antalya, rookten mijn vrienden vaak wiet. Soms probeerden ze hasj uit. Cocaïne is me nooit aangeboden, maar ik weet bijna zeker dat dat er op bepaalde feestjes wel was geweest. Dan dook er ineens iemand op die ik nog nooit had gezien. Onnatuurlijk lange handshakes. Die persoon verdween weer. Drie, vier personen verdwijnen in de wc en blijven daar een behoorlijk tijdje zitten.

Als er narcotica op mijn pad kwamen, weigerde ik altijd. Dat zat zo diep bij mij – narcotica is 'drugs', en als je 'drugs' gebruikt dan ben je een 'junkie'. Een outcast aan de onderkant van de samenleving.

Ik zag mezelf met de ogen van mijn opa. Stel je voor dat hij erachter zou komen dat ik drugs had gebruikt, ondanks alle vermaningen, al zijn zorgen, al die jaren? Het was maar een klein stadje waarin we woonden. Geruchten verspreidden zich snel. Waarheden nog sneller. Wat me afschrikte was niet dat ik op mijn donder zou krijgen, dat was dat ik hem teleur zou stellen. Zijn hart zou breken.

Dus: geen narcotica. In geen enkele vorm. Dat had ik mezelf voorgenomen, keer op keer.

Mijn vader keek me aan. Zijn blik was vrolijk en rustig, liefdevol. Hij pakte zacht mijn arm vast. Zijn stem klonk gedempt en vertrouwelijk.

'Ik kan me voorstellen dat je nu denkt dat ik een of andere junk ben.'

'Nee hoor, dat is het niet...'

'Nee, het geeft niet, rustig maar, je hoeft het niet uit te leggen.'

'Jij ook niet.'

'Haha, oké, gelukkig... Nee, maar ik heb wel eens cocaïne gebruikt. Niet vaak, maar af en toe, bij bepaalde speciale gelegenheden. In totaal misschien... Tja, wat zal het zijn... zeven, acht keer.'

'Oké.'

'En... Ik wil alleen maar zeggen, ongeacht wat je misschien hebt gehoord... Je raakt heus niet verslaafd door het één keertje te proberen. Zo werkt het niet.'

Ik nam een slokje van de champagne, ging verzitten. Daar gingen we dan, met de overredingscampagne.

'Nee, snap ik.'

Masha liet mijn hand los. Zij en Elena luisterden zwijgend naar mijn vaders rustige stem, een stem waar ze geen woord van verstonden. Ging ik tenminste van uit.

'Zoals ik al zei heb ik het bij speciale gelegenheden wel eens genomen. En vanavond is er ook zo een,' ging mijn vader verder. 'Een speciale gelegenheid. Deels omdat wij bij elkaar zijn, en deels omdat...' Mijn vader zweeg, keek me recht in mijn ogen, niet dwingend, maar kalm. Met een ietwat berustende, verdrietige glimlach. 'Dit is mijn laatste feestje. Mijn laatste avond uit.'

‘Hm.’ Ik wist niet wat ik anders moest zeggen.

‘Mijn hersentumor is ongeveer zo groot als een clementine.’ De stem van mijn vader was wat donkerder geworden, wat vlakker. ‘En hij wordt steeds groter. Ik kan elk moment blind worden, of mijn spraakvermogen verliezen, of verlamd raken.’

Ik legde mijn hand op zijn schouder.

‘Ik begrijp het. Echt. Als je wat wilt nemen, doe dat dan vooral. Mij maakt het niets uit. Ik vind het echt niet erg.’

Dat laatste was misschien niet helemaal waar. Maar je mag best een beetje liegen tegen een stervende man, vind ik.

Ik reikte naar de schaal op tafel, viste er nog wat snoepjes uit. Ik wendde me tot Masha en Elena en lachte een beetje verontschuldigend.

‘*I’ll just stick to champagne and these Zoo. Really good combination.*’

Zodra de woorden over mijn lippen waren gekomen, had ik er spijt van. Wat was dat nou voor een achterlijke uitspraak? Masha en Elena moesten er niet om lachen, en mijn vader trouwens ook niet.

Wat was ik toch een sukkel. Een eersteklas idioot. Ik had vanavond best een tijd de schijn op weten te houden, maar nu hadden Masha en Elena door wat voor iemand ik eigenlijk echt was. Mijn wangen werden rood van schaamte. Ik dronk nog wat champagne, probeerde mijn gezicht achter het glas te verstoppen.

Mijn vader was nog niet van plan op te geven.

‘Weet je... Het is eigenlijk een goed moment om het voor het eerst te proberen. Je hebt alleen maar vrienden om je heen. Als je wilt kun je hier in de wagon blijven.’

‘Ja. Maar... Ik hoef niet.’

Mijn vader knikte.

‘Ik zal je niet dwingen.’

Hij wendde zich tot Masha en Elena, met een vrolijkere stem.

‘*Who wants to go first?*’

Masha straalde met haar hele gezicht.

‘*Me! Me! Me! Haha.*’

Mijn vader ging op zijn knieën bij de salontafel zitten en leegde voorzichtig de inhoud van een van de zakjes. Hij haalde het vipkaartje tevoorschijn en verdeelde de cocaïne ervaren in twee nette lijntjes. Tegelijkertijd haalde Masha een biljet uit haar handtasje en rolde het op tot een rietje. Ze liet zich bij de tafel op haar knieën vallen, verzamelde met één hand haar gigantische haardos in haar nek, stopte het opgerolde biljet met haar andere hand in haar neus en boog zich voorover naar een van de witte lijntjes. Snoof alles in één keer naar binnen.

'*Oh my God... haha...*'

Masha stond op en kneep wat in haar neus, zorgde ervoor dat ze ook het laatste beetje cocaïne binnen zou krijgen. Elena ging wat dichter bij me staan, leunde voorzichtig tegen mijn lichaam. Aftastend.

Kunnen we verdergaan waar we gebleven waren?

Misschien was de avond toch nog niet helemaal verpest.

Ik sloeg mijn arm om haar heen, legde mijn hand op haar heup, trok haar dichter tegen me aan. Ze was zacht en warm, we leken weer één te worden.

Mijn vader zag eruit als een of andere gelovige in een Aziatische tempel. Nederig op zijn knieën, zijn hoofd gebogen, voor de god die hij aanbad. Ik zag een grote kale plek op zijn hoofd, en besefte dat zijn achterovergekamde kapsel ervoor diende om die te verbergen. En was zijn haar niet ook geverfd?

Net als Masha boog hij zich over de cocaïne met het opgerolde biljet in zijn neus gestoken. Een snuivende inademing, een korte zijwaartse beweging met zijn hoofd.

Elena's hand zocht zich een weg naar mijn nek, ze voelde koel op mijn warme, vochtige huid. Ze spreidde haar vingers, maar alsnog kon ze hem niet volledig bedekken. Ze masseerde mijn hoofdhuid, streelde mijn achterhoofd. Legde haar hoofd op mijn schouder, en fluisterde:

'*You know... it'll be the best sex you've ever had.*'

Mijn vader ging weer staan en lachte. Kneep in zijn neus.

'Wow! Holy shit... Daar gaan we! Haha!'
Elena mompelde in mijn oor:
'*And probably the best sex I've ever had, too.*'
Mijn vader lachte vrolijk naar me.
'Nog steeds niet van gedachten veranderd?'
Elena keek naar me op.
Als het leven uitnodigt om te dansen.

WE ZIJN WEER op de dansvloer.

En alles is me ineens volkomen duidelijk.

Hoe ongelooflijk fantastisch de wereld is, en wat een ongelooflijk fantastisch leven ik heb. En zal gaan hebben, voor altijd, in alle eeuwigheid, amen.

Hoe zal ik het uitleggen?

Misschien zo: de camera van mijn mobiel heeft soms moeite met scherpstellen, dan zoomt hij in en weer uit, maar het beeld blijft wazig. Het enige wat helpt is om even flink op het scherm te tikken, of een klap op de zijkant te geven. En dan ineens is het beeld vlijmscherp.

Dat is wat de drug met mij heeft gedaan. Me een flinke tik op mijn hoofd gegeven, zodat ik de wereld ineens vlijmscherp zie.

4K, baby.

Ik voel me helemaal nuchter.

Alle kleuren, alle geluiden, alle geuren. Alles tegelijk. Fucking vlijmscherp.

Honderden mensen op de dansvloer, een schommelende, golvende zee, maar ik zie ze allemaal, elk individu. Ik zie jullie! En jullie zijn prachtig! Jij bent mooi, jij bent mooi, jij bent mooi!

En het allermooist is Elena, die dicht tegen me aan danst met haar armen om mijn nek geslagen.

Het is natuurlijk geen toeval dat de mooiste dame op de dansvloer haar lichaam tegen het mijne duwt, mijn bewegingen volgt. Want ik ben zelf zo fucking knap en dans zo verschrikkelijk goed.

Ik ben de koning en zij is mijn koningin, alle anderen zijn onze onderdanen, en we zullen over ze regeren met liefde en compassie.

Mijn god, ik zou ze allemaal wel kunnen neuken.

Ik ga ze allemaal neuken.

Jongens, meiden, zijn jullie er klaar voor?

Jazeker, kom maar op!

Het pulserende licht op het plafond kleurt geel, oranje, rood. Golft van de ene kant van de ruimte naar de andere. Zoals mijn hart bloed naar beneden pompt, tussen mijn benen.

Elena en ik zoenen elkaar, we zitten diep in elkaars mond, proberen elkaars tong in te slikken, ze smaakt een beetje zout.

Ik heb een gigantische stijve. Merk de bewonderende blikken van de mensen die om ons heen dansen op. Nice!!! Altijd leuk om een beetje aandacht te krijgen, toch.

We zitten aan elkaars mond geplakt, als zuignappen die weigeren los te laten, ik ben haar bloedzuiger, en zij is de mijne. Ik leg mijn handen op haar billen en til haar de lucht in, ze is zo licht als een veertje, ik draag haar op één arm door de volksmassa, duw met mijn andere arm onze onderdanen opzij, niemand raakt geïrriteerd, iedereen hier aanbidt ons.

We komen bij onze wagon aan, ik haal het vipkaartje uit mijn zak met mijn ene hand terwijl Elena nog steeds op mijn andere arm zit. De deuren glijden open en ik til haar naar binnen, zij heeft mijn broek losgeknoopt en die valt omlaag op mijn enkels, ik struikel bijna maar weet mijn evenwicht te bewaren, zet Elena neer op een stoel voor me, trek en schop mijn broek, schoenen en onderbroek uit. Val op mijn knieën en trek haar spijkerbroek uit en haar zwarte zijden onderbroek, de randjes blijven aan haar hak hangen, maar dat geeft niet, ik laat hem daar hangen. Ik begraaf mijn hoofd tussen haar benen.

Elena heeft een condoomverpakking in haar mond, en scheurt die open. Beste truc die ik ooit heb gezien.

Mijn vader zwaait met nieuwe zakjes in de lucht. We laten ons op onze knieën vallen, een voor een. We aanbidden dezelfde god. En mijn geloof is sterk, de geest in mij is sterk. Weg met dat idee dat ik het niet aan zou kunnen!

Nieuwe beslagen ijsemmers. De kurken knallen tegen de spiegel aan het plafond.

Weer op de dansvloer. Zo fucking gevat, en slim, en vrolijk, en sexy. Ik, Elena, Masha, iedereen hier. Het plafond is lichtblauw, als de zomerlucht. Een zwarte schaduw spreidt zijn vleugels uit en vliegt van de ene naar de andere kant. Hij komt – bijna geruisloos – recht uit mijn dromen tevoorschijn.

Mijn hoofd is een beetje wazig geworden. Een klein beetje maar, maar ik voel het wel. Te veel champagne, waarschijnlijk. Ik wil terug naar dat vlijmscherpe 4K-gevoel, ultra-hd, en ik weet wat daarvoor nodig is. Ik vraag het aan mijn vader, die moet lachen en zijn hand op mijn schouder legt.

'Rustig aan.'

Op mijn rug op de bank, naakt. Masha is me aan het berijden, zij is ook naakt. Elena achter haar, ze streelt Masha's buik en borsten.

Wat ben ik toch een fantastische minnaar.

Dat ik dat in me had.

Ja, er was nog een zakje.

Het hele plafond staat in brand, een zee van vuur, en ik weet dat het maar een beeld is dat over duizenden diodes beweegt, gesynchroniseerd door een computer, met mijn vlijmscherpe geest lijk ik precies te kunnen zien en voelen hoe het proces werkt, er is niets vreemds aan, alles is volkomen helder. Maar het ziet er bizar echt uit. Het lijkt wel of het plafond echt in de fik staat. Ik moet wegkijken.

De vermoeidheid slaat toe, als donkere onweerswolken richting een strand dat nog in het zonlicht baadt. Het gaat langzaam, maar is niet te stoppen. Elena geeft me een flesje mineraalwater uit de koelkast, ik drink hem in één teug leeg. Op tafel staat een schaaltje met zoute amandelen, drie handjes vol en hij is leeg.

Ik word wakker, kom half overeind op de bank en kijk op. Een stukje verderop, bij de stoelen, staat mijn vader iemand van achteren te nemen. Ik kan niet zien wie het is, ze staat op handen en knieën op een zitplaats. Zijn haren zitten door de war, de lange plukken die normaal achterovergekamd zijn om de kale plek op zijn achterhoofd te bedekken hangen naar de zijkant, zijn handen op haar achterwerk, maar die houding… Als een opa die zich aan een tafel vast moet houden om niet te vallen.

Mijn vader is naakt aan de onderkant. Zijn billen zijn net twee verschrompelde ballonnen, vergeten onder tafel een week na een kinderfeestje.

Het feest is afgelopen. Het is zo fucking afgelopen, vent.

Ik ga weer liggen en sluit mijn ogen. Dat was niet iets wat ik per se hoefde te zien. Een minpunt voor deze avond.

Misschien dat dit het keerpunt is. Mijn humeur begint om te slaan.

Er is zo veel rotzooi. Ik wil er niet aan denken.

Vuur aan de andere kant van de autoruit. Mensen verzameld rond een olievat. Geen verlichting, echt vuur. Mijn vader naast me op de achterbank.

‘Weet je… De wereld bestaat uit dezelfde elementen als vier miljard jaar geleden. Wat er is gebeurd, is dat ze zijn herschikt en opnieuw gecombineerd. Waarom zou het uitmaken op welke manier dat is? Als sommige koolwaterstoffen iets meer zouden “ervaren” van wat wij “lijden” noemen – wat dan nog? Snap je? Isak?’

Nee, ik snap er geen fuck van.

Op het strand bij Ajkeshorn. De zon brandt, het zand is te heet om overheen te lopen. Ik lig languit op een handdoek. Masha en Elena zitten naast me. Ze dragen allebei een vogelmasker. Ik kijk naar de andere kant van het strand, in de verte is een groep surfers bezig, het zijn beginners en ze vallen constant van hun surfplank, ze dragen allemaal vogelmaskers, de instructeur ook.

Twee kleine kinderen spelen met een emmer en een schep aan de waterkant. Ze hebben allebei een vogelmasker op.

Draag ik ook een vogelmasker? Ik voel aan mijn hoofd, maar nee, mijn gezicht is blootgesteld aan de wereld.

Ik ben de enige die geen masker opheeft.

Masha is ergens heen gegaan, alleen Elena zit nog naast me. Ze zet het masker af, het is Elena niet, het is Madde.

'Hé,' zeg ik, ik probeer contact met haar te krijgen, maar ze lijkt me niet te horen, staart slechts bedachtzaam uit over zee.

Ik voel een grote ongerustheid.

Mijn rug is koud. Het vocht van het mos dringt door mijn pyjama met tractors erop heen. Het is nog geen ochtend, maar ook geen nacht meer. De dageraad begint zichtbaar te worden tussen de dennenbomen.

Ik hoor een vreemd geluid. Of eigenlijk meerdere geluiden tegelijk, zachtjes, maar wel duidelijk. Een gepik. En iets wat lijkt op het geluid wanneer een kat zijn vacht schudt, kort en hevig. Een nat geluid, gesmak.

Ik ga half overeind zitten, en er fladdert iets achter me. Ik schrik en draai me met een ruk om.

De raaf gaat er al vandoor, maar hij vliegt niet ver weg, naar een rots een tiental meter daarvandaan. Hij trappelt met zijn klauwen in het mos. Hij staart me met zijn kop schuin aan, geïrriteerd dat hij gestoord werd. Ik zie dat hij iets in zijn snavel heeft. Iets slijmerigs en bloederigs. Hij gooit zijn kop achterover en het slijmerige verdwijnt in zijn bek.

Ik sta onder een van de treurwilgen in Herrmannspark over te geven. Heb me nog nooit zo beroerd gevoeld. Het is oudejaarsavond, de hele wereld draait en het gaat steeds sneller, ik wil die fucking draaimolen uit. Ik hoor vuurpijlen en rotjes knallen, het park is vol met jongeren, maar ik ben mijn vrienden kwijtgeraakt.

Mijn voeten zijn ijskoud. Mijn nieuwe All Stars, die zo perfect stonden bij mijn zwarte spijkerbroek, zijn doorweekt, en mijn sokken natuurlijk ook. Er ligt drie centimeter sneeuwprut op de grond. De hele avond viel er af en aan natte sneeuw. Rond het vriespunt.

Ik ben zeventien en voel me zo ellendig dat ik het bijna niet aankan.

Opa vond dat ik mijn winterschoenen aan moest, en zei dat ik ze op het feest om kon wisselen voor mijn All Stars. Eh... Nee. Dacht het niet.

Als ik even klaar ben met overgeven vis ik mijn mobiel uit mijn zak en bel ik hem. Hij zei dat ik altijd kon bellen, wat er ook gebeurde. En hij had beloofd niet boos te worden.

Hij neemt meteen op.

'Hé... Hoe gaat het?'

'Ik voel me niet goed,' zeg ik met een dubbele tong. 'Heel slecht.'

'Ja... Je klinkt inderdaad niet fantastisch... Waar ben je? Zal ik je op komen halen?'

'Ja... Ik ben in Herrmannspark.'

'Ik kom eraan. Kun je naar de hoek bij de Dressmann lopen?'

'Ja... Kun je een handdoek meenemen?'

'Een handdoek?'

'Ik ben zo nat... Ik wil niet... De achterbank natmaken.'

'Geeft niets, jongen. Maak je daar maar niet druk om. Tot zo.'

Toen hoorde ik geklop.

IK WERD WAKKER en wist niet waar ik was. De kamer was donker. Lange gordijnen, van het plafond tot de vloer, waren dichtgetrokken. Een breed bed met grote kussens en frisse lakens. Leunstoelen en een tafel.

Het was duidelijk een hotelkamer. Maar welke hotelkamer? Waar?

Er werd weer geklopt. O ja, daar zat de deur inderdaad.

Riga. Het was de hotelkamer in Riga.

Ik kon me niet herinneren hoe ik hier terecht was gekomen. De tv aan de muur tegenover het bed had een klokje aan de onderkant, de rode cijfertjes stonden op 10:24.

'Isak?' hoorde ik mijn vaders stem aan de andere kant van de deur. Er werd opnieuw geklopt. 'Word je wakker?'

'Ik kom.'

Ik sloeg het dekbed van me af en kwam moeizaam uit bed. Mijn blote voeten zonken diep in de vloerbedekking toen ik naar de deur strompelde om hem open te maken. Mijn vader stond voor de deur met een hotelsteward. Ik knipperde en kneep met mijn ogen tegen de felle verlichting van de hotelgang.

'Goedemorgen,' zei mijn vader opgewekt.

'*Good morning, sir,*' zei de steward. '*Would you like some breakfast?*'

Toen zag ik dat de steward een rolkarretje bij zich had, met koffie, sap, brood, beleg, fruitsalade en twee roestvrijstalen serveerschalen met deksel. Het rook naar gebakken spek.

'*Eh... Sure,*' zei ik terwijl ik in mijn ogen wreef. Ik stapte opzij zodat de steward het karretje naar binnen kon duwen. Mijn vader liep achter hem aan. Ik liet de deur dichtvallen. Mijn vader liep naar de gordijnen en trok ze open. In mijn hoofd veranderde het binnen een paar seconden van nacht naar dag. De zon reflecteerde op de witte gevel aan de andere kant van de straat, het was zo fel dat ik mijn blik moest afwenden.

De steward zette het karretje bij de zithoek en maakte een lichte buiging.

'*Enjoy, sir,*' zei hij, en hij verliet de kamer.

Mijn vader lachte naar me.

'Sorry dat ik je wakker heb gemaakt, maar het vliegtuig terug naar Visby staat te wachten. Ik dacht dat je wel zo snel mogelijk terug zou willen.'

'Mhm,' zei ik.

Mijn vader zag er fris en fruitig uit. Zijn haar zat zoals het hoorde, zijn houding was atletisch. Er hing een geur van douchecrème en aftershave om hem heen. Hij zei:

'Hoe voel je je verder?'

Mijn vader ineengedoken op een metrostoel van zwart fluweel. Halfgesloten ogen, geen pupillen zichtbaar. Een sliertje speeksel in zijn mondhoek. Een spuit in de holte van zijn arm.

Had ik dat echt gezien?

'Hoe ik me voel?'

'Ja? Heb je een kater?'

Daar moest ik even over nadenken. Ik was een beetje moe, had nog best een tijdje verder kunnen slapen. Maar ik had niet echt een kater. Geen hoofdpijn.

'Nee... Ik voel me eigenlijk wel oké.'

'Haha, je lijkt wel verbaasd. Maar zo werkt dat met coke. Een van de vele voordelen.'

Ik stond nog steeds in mijn onderbroek, en keek nu of ik mijn shirt ergens kon vinden. Op het bureau ontdekte ik een netjes opgevouwen stapel met een nieuw wit T-shirt, een onderbroek en een paar sokken. Het waren de kleren die mijn vader de vorige dag bij de receptie had besteld.

‘En bedankt voor gister,’ zei mijn vader. ‘Het was echt fantastisch. Zoals ik al zei was het een bijzondere avond voor me. Ik ben zo blij dat ik hem met jou heb kunnen delen.’

Ik knikte, maar zei niets. Trok mijn nieuwe T-shirt aan en liet me in een van de stoelen zakken. Schonk koffie in een kopje. Tilde een van de roestvrijstalen deksels op, het was inderdaad roerei met spek, ik schepte er wat van op een bordje en begon te eten. Het eten voedde de honger eerder dan dat het hem stilde.

‘Ik kan me voorstellen dat… je niet per se alle details van gisteravond aan Madde wil vertellen,’ zei mijn vader.

De drugs. Ik, Elena en Masha naakt op de bank. Ineens vond ik dat ik naar zweet en seks rook, dat de hele hotelkamer stonk. Er ging een golf van schaamte door me heen, ik tuimelde rond onder het oppervlak, het veroorzaakte kortsluiting in mijn hoofd en lichaam. Het voelde alsof ik flauw ging vallen. Ik legde mijn vork op het bord en kreunde zachtjes.

Madde.

‘Hé,’ zei mijn vader, en zijn stem klonk ineens resoluut, alsof hij wilde dat wat hij ging zeggen echt tot me door zou dringen. ‘Je hoeft je nergens voor te schamen. Je hebt van het leven genoten gisteren. Wees er trots op.’

Ik zuchtte, wreef over mijn gezicht.

‘Wat je gisteren hebt gedaan heeft geen mens geschaad,’ ging mijn vader verder, en hij grijnsde. ‘Voor zover ik kon zien heb je zowel Elena als Masha juist heel blij gemaakt… Dus pas als je het aan Madde vertelt, zou je iemand pijn doen. En dáár zou je je dan voor moeten schamen.’

Mijn vader zweeg. Waarschijnlijk wilde hij dat ik erop zou reageren, dat ik het met hem eens zou zijn of ertegenin zou gaan. Maar ik wist niets in te brengen. Mijn hoofd was leeg.

‘Ik zal je even rustig laten ontbijten,’ zei mijn vader uiteindelijk. ‘Maar dan zien we elkaar straks in de foyer?’

‘Ja,’ zei ik.

Mijn vader verdween door de deur naar buiten, die langzaam en beheerst achter hem dichtging. Met een discreet geluid werd de hotelgang buitengesloten.

Ik was weer alleen met mijn gedachten.

Bizar dat het laatste wat ik droomde over opa was, en die oudejaarsavond dat ik voor het eerst alcohol ophad. De herinnering was teruggekomen terwijl ik op het randje van de slaap op bed lag. Ontzettend levendig.

Paniek. Maar niet voor bepaalde concrete dingen die ik de avond ervoor had gedaan, wat meestal het geval was als ik veel alcohol had gedronken. Dit was iets veel groters. Een gevoel alsof de grond onder me wegviel. Alsof ik het risico liep in een groot, zwart gat gezogen te worden.

Ik legde mijn vork neer en leunde achterover in mijn stoel. Ik kon niets meer eten.

Ik walgde van mezelf.

Het vliegtuig schudde en schommelde en ging steeds harder rijden. Niet veel later kwamen we van de grond. De wind rukte aan de romp van het vliegtuig. Het was dan misschien wel een luxe idee om in een privéjet te vliegen, maar het was ook gevoeliger voor turbulentie. Het vliegtuig was kleiner en meer overgeleverd aan de krachten van de natuur. Met deze vlucht was geen stewardess mee, er zou niets geserveerd worden, geen champagne en ook geen koffie. Het waren alleen mijn vader, de piloot en ik.

Het weer was helder. Ik keek door het raam naar buiten en zag het centrum van Riga onder me en achter me, badend in het zonlicht. Ergens daar beneden waren Elena en Masha. Ik dacht aan Elena's blik over de tafel toen we nog in de bar van het hotel zaten, toen alles ons nog te wachten stond. De begeerte.

Hands off. Hij is van mij.

We zouden elkaar waarschijnlijk nooit meer zien.

En ik dacht aan Daugava, aan het plafond met de kleurenexplosies, aan de luxe in onze eigen metrowagon, aan de champagne, aan de cocaïne, aan het gevoel van vlijmscherpe vreugde en onbezonnen geilheid, aan het gevoel de hele wereld aan te kunnen.

Had ik er echt spijt van dat ik niet gewoon mijn hamburger had opgegeten in het hotel en op tijd naar bed was gegaan?

Ja. Als ik aan Madde en opa dacht wel.

'Je ziet eruit alsof je ergens over zit te peinzen,' riep mijn vader om boven het motorgeluid uit te komen. Hij zat tegenover me.

'Ja... Ik zit te denken dat het net lijkt alsof je me constant probeert over te halen om dingen te doen die ik eigenlijk niet wil,' zei ik. Ik praatte mijn mond voorbij, ik was te moe om te filteren, had er geen zin meer in om alle kaarten tegen de borst te houden.

Mijn vader keek me aan, en ik zag veel liefde en warmte in zijn ogen.

'Ik vind het jammer dat ik je dat gevoel geef,' zei hij, 'maar ik probeer juist het tegenovergestelde te doen. Ik probeer je dingen te laten doen die je eigenlijk wél wil. Ik vermoed dat wanneer je aan gisteren denkt, een deel van jou dan ontzettend spijt heeft, terwijl een ander deel het vanavond nog eens over zou willen doen, als dat kon.'

Hij keek naar me en wachtte op een reactie, maar ik gaf hem er geen. Dus hij ging verder.

'Ik weet dat Anders heel veel voor je betekent. En dat begrijp ik ook. Maar wat je nu ervaart... Wanneer je spijt hebt, zie je jezelf met Anders' ogen. Wanneer je het vanavond nog eens wilt doen, dan luister je naar jezelf.'

Mijn vader ging weer achteroverzitten en liet dit tot me doordringen.

Ik keek uit het raam. We vlogen boven de Oostzee.

Het laatste wat hij zei was volgens mij niet waar. Ik was het wél zelf die spijt had. Ik kon niet geloven dat ik alles wat Madde en ik samen hadden, het beste wat me ooit was overkomen, op het spel had gezet voor een buitensporig avondje uit. Waar de fuck zat ik met mijn hoofd?

En toch. Ik kon nog steeds de zware bas rond mijn hart voelen kietelen. Mijn lichaam één met de muziek. Elena die een zweetdruppel in mijn nek opving.

De donkerblauwe zee lag als een gekreukt laken ver onder ons. Een zeilboot was zo klein dat hij nauwelijks te onderscheiden viel. In de verte zag ik een vrachtschip met rode en grijze romp.

Mijn vader nam het woord weer.

'Je kent het sprookje van Rapunzel wel, toch? Die opgesloten zit in een hoge toren door een oude toverkol?'

'Mhm.'

'Weet je wat het is... Tegenwoordig hebben we dat sprookje omgedraaid. Rapunzel wil in haar toren blijven waar het veilig is. De toverkol is goed, zij wil Rapunzel behoeden voor al het kwaad daarbuiten. De prins, die Rapunzel uit gevangenschap wil redden, is slecht. Hij is de verleider, de duivel.'

Ik zei niets, probeerde neutraal te blijven kijken. Mijn vader haalde diep adem, toen ging hij verder.

'Ik ben de prins die je uit je toren probeert te redden. Die je wil bevrijden. Ervoor wil zorgen dat je je leven ten volle leeft. Ik wil je de wereld geven, Isak.'

'Oké.'

'Jij bent niet mijn erfgenaam. Dat weet je.'

'Ja.'

'Aangezien Anders je heeft geadopteerd.'

'Klopt.'

'Maar ik wil mijn vermogen aan jou nalaten. Dat is bijna honderd miljoen kronen.'

Ik staarde mijn vader aan, vroeg me af of ik het goed had gehoord. Mijn hoofd tolde.

'Als je nog een paar dagen langer blijft, zodat we nog wat meer tijd hebben samen. Zou je daarmee akkoord gaan?'

Honderd miljoen.

'Stel je blijft nog drie dagen, bijvoorbeeld,' ging mijn vader verder. 'Dan verdien je drieëndertig miljoen kronen per dag. Best goed betaald, toch?'

Ik sloeg mijn handen voor mijn gezicht. Schudde langzaam mijn hoofd.

'Of niet dan? Wat verdien je in de thuiszorg? Inclusief avond- en weekendtoeslag en zo?'

Dit was te bizar om te verwerken. Ik begon te lachen, nog steeds met mijn handen voor mijn gezicht, uit pure shock, denk ik. Het was in elk geval niet van plezier. Ik had eigenlijk eerder de neiging om te huilen. Maar ik bleef maar lachen.

'Ik meen het serieus,' zei mijn vader.

'Ja, sorry,' zei ik en ik haalde diep adem. 'Sorry... Het is gewoon... Het werd me even te veel.'

'Dus je blijft een paar dagen extra?'

Zou ik eerst met Madde moeten checken?

'Ja,' zei ik. 'Is goed, ik blijf nog wel even.'

Ze zou het wel begrijpen.

Honderd miljoen kronen.

Er werd niet veel meer gezegd tijdens die korte vlucht. Ik zag de piloot in de cockpit bewegen en mijn vader vroeg of ik eens wilde proberen te vliegen. Hij heeft dat een keer gedaan, zei hij, en het was een machtig gevoel. Ik bedankte. Ik had voorlopig wel even genoeg van machtige gevoelens. Ik wilde gewoon rustig in mijn vliegtuigstoel zitten, de armleuningen stevig vast kunnen houden in een poging de duizeligheid wat te laten zakken. Zo'n gevoel als wanneer je aan de voet van een gigantisch gebouw staat en omhoogkijkt.

Maar toen ik mijn ogen sloot zag ik mezelf in de cockpit van het vliegtuig zitten, met een stevige grip op het stuur, ik trok hem naar me toe en de neus wees naar boven, recht de lucht in, we lieten de aarde achter ons en vlogen recht op de zon af, toen we dichterbij kwamen moest ik uitwijken voor de zonuitbarsting, gigantische fonteinen van brandend helium honderden kilometers de lucht in, ons gezichtsveld was gevuld met kokend geel en oranje, en toen stortten we de vuurzee in en werden we in een oogwenk vernietigd.

DE TAXI REED de ronde oprit voor Ajkeshorn op en stopte voor de ingang. Mijn vader en ik stapten uit. De kleren die ik de dag ervoor aan had gehad zaten in een plastic tasje dat ik in het hotel had meegepakt. Toen we door de deur liepen stak mijn vader zijn hand naar me uit.

'Geef dat maar aan mij,' zei hij. 'Barbro zal het wel wassen.'

Roken de kleren naar onbekende vrouwenparfum? Bedoelde hij het zo? Het was niet eens bij me opgekomen dat dat voor problemen kon zorgen.

Mijn vader dacht ook echt overal aan.

Ik gaf hem de plastic tas.

We liepen verder door het huis naar de keuken, waar Barbro de lunch aan het voorbereiden was. Mijn vader had vanaf het vliegveld gebeld en gezegd dat we onderweg waren.

'Hola Barbro,' zei hij, hij liep naar haar toe en legde zacht een hand op haar rug. Ze gaf geen antwoord, ze was druk bezig een dressing te maken. Ze bewoog alleen haar hoofd even opzij met haar gebruikelijke tic.

We liepen het terras op, waar een tafel gedekt was in de schaduw van een paar parasols. Madde zat onderuitgezakt in een stoel die naar de zee gericht stond. Toen ze onze voetstappen hoorde, draaide ze haar hoofd om.

'Hé lieverd,' zei ik met een glimlach.

Madde. Het voelde als thuiskomen. Nu realiseerde ik me pas hoe erg ik haar had gemist.

'Hoi,' antwoordde ze vrij neutraal, met een glimlach die niet erg enthousiast overkwam.

'Sorry hiervoor,' zei ik. Ik boog me voorover en kuste haar. Ze beantwoordde de kus.

'Geeft niet,' zei ze, 'dat had ik al gezegd.'

Maar ze zette haar zonnebril niet af. Ik ging naast haar zitten, mijn vader aan de andere kant van de tafel. Er stond een grote fles mineraalwater op tafel. Mijn vader schonk voor ons alle drie in. Madde zei:

'En, wat hebben jullie gisteravond gedaan? Nog iets leuks?'

Het was even stil. Mijn vader en ik keken elkaar aan. Ik wou dat ik ook mijn zonnebril had opgezet.

'Nou, ja... We checkten in bij het hotel en hebben gewoon daar bij de bar nog wat gegeten.'

'Mhm,' deed Madde terwijl ze mij aankeek.

Ik beet op mijn lip.

'Inderdaad,' zei ik. Ik stond op het punt te zeggen: 'En toen zijn we naar bed gegaan, we waren nogal moe gisteren', maar mijn vader was me voor.

'En toen kwamen er wat vrienden van me langs, die onderweg waren naar een club, dus toen zijn we meegegaan.'

'Aha.'

'Het was ergens waar ik wel eens eerder ben geweest, best cool trouwens, een metrostation dat niet meer in gebruik is. Of beter gezegd: dat nooit in gebruik is genomen. Maar het is... Ja, het is een indrukwekkende plek.'

Ik voelde dat het zweet me uitbrak, op mijn voorhoofd en in mijn nek. Waar was mijn vader mee bezig? Ging hij alles vertellen?

'We hebben aardig wat champagne op,' zei mijn vader met een scheve grijns.

'En wat voor vrienden waren het?' Maddes vraag klonk luchtig. Een beetje te luchtig.

'Een Letse kunstenaar die ik ken, Andreis,' zei mijn vader. 'En zijn vriend. Echt enorme feestbeesten. Ze snoven ook coke en zo. Maar wij hebben het bij champagne gehouden.'

Op dat moment hoorde ik Barbro de keuken uit komen. Ze zette een grote schaal caesarsalade op tafel en een mand met stukjes desembaguette.

Ik nam wat van de salade en ontspande een beetje, voelde hoe mijn schouders een paar centimeter naar beneden zakten. Wat was mijn vader toch een ster in liegen. Zelf zou ik me zo ver mogelijk van de waarheid vandaan hebben gehouden. Maar mijn vader wist dat de geloofwaardigste leugen, die het makkelijkst vol te houden is, de leugen is die het dichtst bij de waarheid ligt. En hoe hij het ook bracht. Honderd procent geloofwaardig. Mijn vader at zijn mond leeg, toen zei hij:

'O ja... Isak heeft besloten nog een paar dagen langer te blijven.'

Hij prikte zijn vork in een stukje kip en stopte het in zijn mond.

'Als jij dat ook goedvindt, tenminste,' haastte ik me te zeggen met een blik op Madde. Ik voelde een steek van irritatie tegenover mijn vader. Waarom kon hij me dat zelf niet met Madde laten bespreken?

Ze gaf niet meteen antwoord. Ze kauwde op haar eten, bewoog haar vork door haar salade, dronk wat water.

'Ik weet dat ik je had moeten bellen om het erover te hebben, sorry,' ging ik verder.

'Nee, nee, geeft niet.'

'Maar we... Papa stelde het voor toen we in het vliegtuig terug zaten.'

'Serieus, het geeft echt niet.' Madde klonk bruusk en keek me niet aan. De salade was blijkbaar interessanter dan ik.

Ze was pissig, geen twijfel over mogelijk. Ik gokte dat het er meer mee te maken had dat ik niet eerst met haar had overlegd dan de situatie op zich. En ik begreep haar. We waren niet op de afgesproken tijd teruggekomen uit Riga en nu wilde ik ook ineens nog een paar dagen langer blijven. De plannen werden steeds op het laatste moment aangepast.

Mijn vader legde zijn bestek naast elkaar op zijn bord en veegde zijn mond af met een linnen servet. Hij keek me aan.

'Voor vanmiddag had ik bedacht dat we de stier maar eens bij de hoorns moesten vatten.'

Ik dacht wel te weten waar hij op doelde en voelde een steek van onbehagen.

Een uurtje later liepen we door het duinbos, over het paadje dat we ook die eerste avond naar de boomhut hadden genomen. De zon stond nog steeds hoog aan de hemel en de lucht bewoog niet. Het rook naar warme boomschors van de knoestige dennen. Sprinkhanen sprongen het pad af als we te dichtbij kwamen. Soms was de zee tussen de dennenbomen te zien, maar hij was bijna niet te horen.

We liepen voorbij de splitsing die naar de boomhut leidde, en toen zag ik het atelier tussen de bomen. Het was een vrij kleine, langwerpige cottage, en net als het hoofdgebouw witgeschilderd. Het lag niet evenwijdig aan het strand, maar er haaks op. De kant die op het water uitkeek was van glas en ook in het dak zaten grote ramen.

Mijn vader boog voorover naar een bloempot met een olijfboompje erin, tilde hem op en haalde er een sleutel onder vandaan. Hij maakte een eenvoudige deur in het midden van de lange zijde open. We stapten het atelier binnen.

'Jezus wat heet,' zei mijn vader. 'Ik zal de boel even openzetten.'

De ruimte, die bijna acht meter lang was en ongeveer vier meter breed, was inderdaad net een sauna. De glazen muur die op de zee uitkeek was in tweeën gedeeld, en boven elke helft zat nog een liggend, langwerpig raam. Mijn vader zette ze allebei open. De deur waar we doorheen waren gekomen bleef ook openstaan.

Daglicht stroomde het atelier binnen. Langs de muren stonden werkbanken en er hingen planken met verfblikken, kwasten en gereedschap. De vloer was bedekt met papier vol verfvlekken. Het was allemaal erg rommelig. Op een bureau stond een stalen thermoskan, ook die met verfvlekken erop. Het rook naar verf en oplosmiddel en nog iets, ik herkende de geur maar ik kon er niet de vinger op leggen wat het was. Mijn vader lachte en snoof de geur op.

'Ruik je dat? Kool. Houtskool. Ik hou van die geur.'

Ah, inderdaad. Het rook naar barbecue.

Tegen de korte muur aan de boskant, waar het daglicht niet helemaal kon komen, stond een groot schilderij geleund, meters hoog en meters breed. Het bedekte bijna de hele muur. Ik ging er tenminste van uit dat het een schilderij was, het was bedekt met een paar oude lakens, dus ik kon niet zien wat erop stond.

Diep vanbinnen gebeurde er iets met me toen ik dat bedekte schilderij tegen de muur aan zag staan. Een gevoel van onbehagen. Iets donkers, wat zich niet aan het daglicht wilde tonen.

'Dit is mijn speelkamer,' zei mijn vader. 'Zelfs mijn assistenten mogen hier niet komen. Als we wat grotere dingen moeten maken als we hier zijn, dan gebruiken we de tentoonstellingsruimte, waar jullie slapen.'

Mijn vader vertelde dat zijn grote atelier in Londen altijd vol mensen en vol leven was. Er moest niet alleen kunst gepland en gerealiseerd worden, er moest ook veel administratie gedaan worden. Bezoek van klanten, budgetmeetings, personeelsmeetings, uren achter de computer om mails te beantwoorden.

'Dus ik begon dat atelier te associëren met alle andere dingen die erbij komen kijken als je kunstenaar bent op dit niveau. Ik bedoel, het is geweldig om getalenteerde jonge mensen te begeleiden en zo, dat is ook creatief werk… Maar ik wilde dat gevoel terugvinden dat ik als kind had als ik op mijn kamer aan het spelen was, dat ik de wereld vergat en de uren voorbijvlogen…'

Hij liep naar het bureau en tilde een bouwmodel op. Het was een oude plastic Porsche, uit de jaren zeventig of zo. Hij was wit en onderaan de deuren stond met rood 'Carrera' geschreven. Het was niet heel netjes gemaakt. Hier en daar puilde wat opgedroogde lijm uit en de koplampen zaten een beetje scheef.

'Deze heb ik gemaakt toen ik zeven was, geloof ik. Ik hoef er maar naar te kijken of… Hij brengt me in een bepaalde stemming. Snap je?'

Ik knikte. Ja, dat snapte ik wel. Toen ik klein was had ik een blauw met zwarte plastic bal. Ik was helemaal fan van die bal. Sindsdien heb ik altijd gehouden van de combinatie blauw met zwart. Er is niets mooiers dan een voetbalshirt van Inter Milaan, bijvoorbeeld. Zodra ik die blauw met zwarte strepen zie, krijg ik een warm gevoel in mijn borst.

Op de tafel stond een klein beeldje. Zo te zien was hij van steen, of klei misschien, en hij leek op de standbeelden in de tentoonstellingsruimte, maar dan in miniformaat. Hij was misschien vijftien centimeter hoog. Het hoofd was driehoekig met scheve ogen en het had zijn handen in zijn zij, als een strenge moeder die laat op de avond de kamer van de kinderen binnenkomt en zegt dat ze direct moeten gaan slapen. Op de buik en borst had het vreemde tekens en symbolen.

Ik herkende ze. Het waren dezelfde als de tattoos op mijn vaders onderarm.

En ik herkende het kleine beeldje.

'Ik was helemaal niet van plan om hier te gaan werken,' ging mijn vader verder. 'Het was gewoon voor de ontspanning. Maar het is gebleken dat ik een heleboel ideeën krijg als ik hier ben.'

Het was even stil. Ik kon mijn ogen niet van het beeldje afhouden. Mijn vader zag het. Hij liep ernaartoe en tilde het op.

'Herken je hem? Die stond in mijn oude atelier in Stockholm. Toen je klein was.'

Ik knikte maar zei niets.

'Het is het allereerste godenbeeld dat ik heb aangeschaft. Hij is ongeveer zesduizend jaar oud. Ongelooflijk, hè?'

'Mhm.'

'De archeologen denken dat het een beeld is van een vuurgod. De tekens die je hier op de voorkant ziet... Volgens een bepaalde theorie moeten die worden geïnterpreteerd als "ikvuur groot groot groot". Nu had hun taal niet dezelfde structuur als de onze, dus als je het naar het Zweeds zou vertalen, zou het zoiets betekenen als "mijn vuur is het grootst". Dat vond ik wel grappig. Dus toen heb ik het op mijn arm laten tatoeëren.' Hij hield zijn rechterarm op om het te laten zien.

Mijn vuur is het grootst. Ik begreep niet wat daar zo grappig aan was. De warmte in het atelier was op het randje van ondraaglijk. De ramen openzetten had niet geholpen aangezien de lucht buiten ook stilstond. Mijn vader zette het beeldje weer terug op tafel.

'Maar eigenlijk heb ik je hier mee naartoe genomen om je dat daar te laten zien,' zei hij terwijl hij naar het grote, overdekte schilderij knikte.

Hij liep naar een lichtknop naast de deur en drukte erop. Er gingen spotjes aan in het plafond. In het donkere deel van de ruimte waar het schilderij stond maakte dat wel verschil.

'Dat is het eerste schilderij dat ik van de brand heb gemaakt. Ik heb het nooit verkocht.'

Dat vermoedde ik al. Op een of andere manier wist ik het. Ik voelde een steek in mijn maag.

'Je mag zelf beslissen of je het wil zien. We kunnen het ook laten.'

Ik had toen ik een tiener was wel eens een foto gezien van die schilderijen op internet, en ik was bijna flauwgevallen.

Hoe zou het dan wel niet zijn om de afbeelding in het echt te zien, in dit gigantische formaat?

Ik wilde mijn vader niet laten merken hoe erg ik van streek was. Probeerde mijn ademhaling onder controle te houden. Durfde hem niet aan te kijken, hield mijn blik strak op het bedekte schilderij gericht, of eigenlijk eerder op de vloer daar precies voor, en vroeg:

'Waarom wil je het mij laten zien?'

'Omdat het tussen ons in staat. Ik heb wel een vermoeden hoe je over die schilderijen denkt. Maar ik wil het je horen zeggen. En ik wil je vertellen hoe ik ertegenaan kijk.'

Er viel een lange stilte. Ik probeerde door mijn neus te ademen, dacht dat als ik het via mijn mond zou doen, de storm van gevoelens in mij dan zichtbaar zou worden. Maar ik hield het niet vol, mijn ademhalingen briesten door mijn neusgaten als een op hol geslagen airco. Ik gaf het op en deed mijn mond open.

'Maar je hoeft het schilderij niet te zien,' zei mijn vader na een hele tijd. 'We kunnen het er alsnog over hebben.'

Ik kon niet meer stil blijven staan, ik bewoog onrustig heen en weer, voelde een vreemd gevoel in mijn buik, zoals wanneer je moet overgeven. Je ziet ertegen op, maar wil het ook achter de rug hebben. Fucking hell, wat was dit naar. Mijn vader overviel me enorm.

'Isak...'

'Je liet me in de steek.'

Ineens kwam het eruit. Ik hoorde het mezelf zeggen, en ik wist dat ik meteen tot de kern was doorgedrongen. Er kon veel gezegd worden over de schilderijen, maar dit was natuurlijk waar het eigenlijk om ging.

Hij had me in de steek gelaten.

Zo simpel, eigenlijk.

'Ja. Ik liet je in de steek.'

'Ik was zes jaar oud, ik had net mijn moeder verloren, en mijn zusje. Jij was het enige wat ik nog had.'

'Ik kreeg een in…'

'Maar je bent nooit op komen dagen.'

'Dat spijt me. Maar ik was niet sterk genoeg. Ik kon niet voor je zorgen.'

'Ik vroeg opa elke dag wanneer je terug zou komen. Elke ochtend, elke avond. "Wanneer komt hij?" En opa zei dat je ziek was. Maar weet je wat ik dacht?'

Ik keek mijn vader nu strak aan. Het boeide me niet of hij zag hoe van streek en verdrietig ik was. Eigenlijk was het juist goed als hij dat zou zien. Ik wilde dat hij een deel van de pijn die ik had gevoeld zou begrijpen. Mijn vader keek mij ook aan. Zijn blik onbeweeglijk, maar zijn kaken op elkaar geklemd.

'Ik dacht dat je boos op me was. Dat je daarom niet terugkwam. Omdat ik mama en Klara niet had gered. Want dat gevoel had ik. Dat het mijn schuld was dat ze dood waren. En daarom wilde je me niet eens zien, omdat je zo boos was.'

'Dat was niet zo. Uiteraard.'

'En je had me niet op zijn minst eens kunnen bellen?'

'Isak, ik…'

'Als je gewoon maar had gebeld om te zeggen van "het is niet jouw schuld, ik ben niet boos op jou, maar op dit moment gaat het zo slecht met me dat ik niet voor je kan zorgen". Maar zelfs dat kreeg je niet voor elkaar.'

'Luister…'

'Ik was een kind! Jij was VOLWASSEN! Dan zou je godverdomme toch wel in staat moeten zijn om je een beetje te herpakken!'

'Maar dat heb ik wel gedaan, ik heb wel gebeld. Heel vaak zelfs. Maar Anders liet me niet met je praten.'

Ik staarde hem aan.

Hij keek me aan zonder zijn blik af te wenden.

'Echt waar,' zei hij uiteindelijk. 'Ik zweer het. Vraag maar aan Anders.'

Zou het kunnen kloppen?

Ik wilde graag geloven dat hij loog. Dat wilde ik heel graag geloven.

Het voelde alsof ik mijn evenwicht had verloren, ik was omvergeblazen. Ik wendde mijn blik af en wreef in mijn gezicht.

'Godver,' mompelde ik.

'Ik was toen heel boos op Anders,' ging mijn vader verder. 'Maar nu ik terugkijk kan ik hem ook wel begrijpen. Hij wist dat ik niet voor je zou kunnen zorgen. Dus misschien was het inderdaad beter om de banden volledig te verbreken. Zodat je verder kon.'

Ik zei niets, staarde naar de grond. De woede voor mijn vader was gaan liggen, ik voelde een galmende leegte in mijn binnenste. Als een leegstaand pakhuis.

'Anders en ik kunnen het niet goed met elkaar vinden,' zei mijn vader. 'En dat wist ik al vanaf het allereerste moment dat we elkaar zagen. Hij mag mij gewoon niet. Zo simpel is het. En ik vind dat hij jou ervan weerhoudt om het beste leven te leiden dat je kan. Om het maximale te halen uit je korte bestaan op aarde. Maar... Ik weet ook dat hij deed wat hij deed omdat hij dacht dat dat het beste voor je was.'

Het beste voor me, dacht ik. Hoe kon het het beste voor me zijn om niet met mijn eigen vader te mogen praten?

Mijn nietsziende ogen waren onbewust bij het bedekte schilderij blijven hangen. Mijn vader volgde mijn blik.

'Wat zullen we doen? Wil je het zien?'

Jullie zullen me wel een slappe zak vinden.

Maar ik was serieus overstuur. Dat teruggaan in de tijd deed me herinneren aan de kwetsbaarheid en wanhoop die ik als kind had gevoeld, het had de woede jegens mijn vader weer tot leven gewekt, alle gevoelens die diep in me verstopt hadden gezeten.

En om bovendien dat van opa te weten te komen, dat hij mijn vader ervan had weerhouden om me te speken toen ik nog jong was, als dat tenminste waar was – dat heeft me nog het allerhardst geraakt.

Ik ben zo lang bang geweest voor mijn vaders schilderijen. In mijn hoofd hadden ze bijna magische krachten gekregen.

Dus nee, ik had niet echt het gevoel dat ik sterk genoeg was om het schilderij te zien.

Ik schudde zwijgend mijn hoofd en liep het atelier uit.

Er klonk zacht geruis in de toppen van de dennenbomen, of misschien dat het alleen in mijn oren zat. Vanaf het strand was een lachende kinderstem te horen.

Mijn vader deed het licht uit, stapte ook door de deur naar buiten en deed hem achter zich op slot. We liepen het paadje op terug naar het huis.

'Madde en jij willen vast graag even wat tijd voor julliezelf,' zei mijn vader. 'Maar zullen we rond een uur of zes afspreken? Op het terras.'

Ik knikte zwijgend.

Het schilderij dat tegen de muur aan stond, bedekt met lakens.

Het maakte iets in me los, maar ik kon er niet de vinger op leggen wat het was.

IK LIG OP mijn rug op mijn brits te dagdromen.

Mijn beperkingen zijn opgeheven, en Per zegt dat er iemand is die me wil zien, iemand die jarenlang naar me heeft uitgekeken, en ik begrijp niet wie het kan zijn, maar diep vanbinnen hoop ik het natuurlijk wel, en als ik de bezoekersruimte in loop zit ze aan een tafel, onze ogen ontmoeten elkaar en ze staat op met wangen nat van de tranen, ze ziet er wat ouder uit maar ook weer niet zoveel, en we omhelzen elkaar.

'Isak... allerliefste Isak... Wat heb ik hiernaar uitgekeken... Maar nu is alles goed. Het is allemaal weer goed.'

Ik vraag me af of de kans dat ik mijn moeder weer zal zien groter is in dit leven, of in het volgende.

Waarschijnlijk ongeveer fiftyfifty.

IK VOND MADDE op het strand. Ze had haar handdoek dicht bij de waterkant gelegd, net buiten het bereik van de golven. Op een hete dag als deze wilde je zo dicht mogelijk bij het verkoelende water zijn.

Het strand was bijna leeg, afgezien van een gezin met kinderen een stuk of vijftig meter verderop. Waarschijnlijk was het een van die kinderen die ik eerder had horen lachen.

Madde lag op haar rug in haar bikini. Haar ene knie opgetrokken zodat haar been in een rechte hoek stond, haar arm boven haar hoofd. Zonnebril op.

'Hé,' zei ik terwijl ik mijn handdoek naast die van haar uitspreidde. Ze haalde diep adem en veranderde met lome bewegingen van positie. Misschien had ze liggen slapen. Ze keek me aan en lachte, zonder haar zonnebril af te zetten.

'Hoi.'

'Sliep je?'

'Ik was denk ik even weggedommeld.'

Ik keek uit over de zee. Er waren geen golven, maar kleine rimpelingen die over het wateroppervlak bewogen.

'Ik ga meteen maar even het water in, denk ik. Ga je mee?'

Madde draaide zich op haar zij naar mij toe, liet haar hoofd op haar elleboog rusten.

'Misschien wel.'

Ik wierp een blik op het gezin met de jonge kinderen. Zou ik de moeite nemen om me te bedekken terwijl ik mijn zwembroek aantrok? Nee. Het zou niemand wat kunnen schelen. Ik trok mijn witte

T-shirt uit, knoopte mijn broek los en schopte hem uit, trok mijn onderbroek naar beneden, stapte daar ook uit. Ik ging met mijn kont naar het gezin staan terwijl ik mijn zwembroek uitvouwde om erin te stappen.

Madde zag er ondoorgrondelijk uit achter haar zonnebril.

'Ik wist niet dat dit een naaktstrand was.'

'Ach joh,' zei ik, en ik knikte naar het gezin met de kinderen. 'Die jongen daar rent ook in zijn nakie rond, dan mag ik dat toch ook.'

'Hij is drie, Isak.'

'Whatever.' Ik hield de zwembroek op en stapte met mijn ene voet in het gat, wankelend op mijn andere been.

'Ik kan er maar niet aan wennen hoe mooi jouw lichaam wel niet is.'

'Haha, hou op.'

'Nee, maar serieus. Je hebt echt zo'n Michelangelo-lichaam.'

'Kom nou maar.'

Mijn zwembroek was aan. Ik hield mijn hand naar Madde uit, ze pakte hem vast, en zo liepen we samen het water in. Het was misschien iets warmer dan de eerste dag, maar het was nog steeds ijskoud aan mijn onderbenen. Uiteindelijk, toen we een paar keer met ons hele lichaam onder waren geweest, was het lekker. We knuffelden elkaar en ik zei sorry dat ik de veranderde plannen niet met haar had afgestemd, Madde zei dat ze het wel begreep, het was niet erg, voor haar was het belangrijkste dat we samen waren, en Ajkeshorn was een mooie plek om te zijn, samen... De knuffel werd een kus.

Had ik een condoom gebruikt? Elke keer? De hele nacht?

Mijn lichaam verstijfde van schaamte, ik kon me niet meer op de zoenen concentreren.

Ik kon me niet anders herinneren. Maar aan de andere kant kon ik me ook niet de hele nacht herinneren. Ik had gaten in mijn geheugen. Ik wist bijvoorbeeld niet meer hoe ik in het hotel terecht was gekomen.

Ik kon het niet zeker weten.

'Hé... Wat is er?' Madde merkte dat mijn gedachten afdwaalden.

'Niks,' zei ik. 'Ik hou zo veel van je.'

Ik hield mezelf voor dat Elena en Masha minder onder invloed waren geweest dan ik, en voorzichtiger, en waarschijnlijk hadden ze toch geen soa of zo.

Als het leven uitnodigt om te dansen. Zo dacht ik. Maar de zorgen en het schuldgevoel beten zich vast.

De leugen was als een buurtkat naar binnen geslopen. Ik had hem mijn huis uit kunnen jagen, maar in plaats daarvan tilde ik hem op schoot. Hij zat te spinnen, sloot zijn ogen en gaf me kopjes tegen mijn wang.

Even later lagen we op onze handdoeken in de zon te drogen, Maddes hand in de mijne. Het allerfijnste moment, wanneer de kou van de zee nog in je huid zit en de hitte van de zon ontmoet. De overgang van koud naar warm.

'Hij zegt dat hij me zijn vermogen wil nalaten.'

Madde keek met een ruk opzij, tilde haar hoofd op van haar handdoek.

'Wat?'

'Honderd miljoen kronen. Zo ongeveer.'

Ze deed haar zonnebril af en keek me onderzoekend aan, er niet helemaal zeker van of ik een grapje maakte. Ze keek zo geschokt dat ik in lachen uitbarstte.

'Haha... Het is echt waar.'

'Nee. Dat meen je niet.'

'Hij zegt het.'

Madde liet haar hoofd weer terug op de handdoek zakken. Ze haalde diep adem.

'Niet te geloven,' zei ze uiteindelijk, vrij zacht.

'Nee. Dat is ziek veel geld.'

Ik vertelde dat mijn vader nog wat meer tijd met me wilde doorbrengen, dat ik daarom had ingestemd om nog een paar dagen langer te blijven. Madde vermoedde dat mijn vader dit de hele tijd al van plan was geweest. Dat zou verklaren waarom hij er zo op aan had gedrongen dat ik hem op kwam zoeken.

Ik was een beetje verbaasd over haar reactie. Ik dacht dat ze superblij zou zijn voor me, voor ons. Ik had voor me gezien hoe ze zou stralen, zou gillen en zich om mijn nek zou werpen. Ik weet het, heel kinderachtig gedacht. Maar daarom had ik ermee gewacht om het te vertellen. Ik wilde het perfecte moment ervoor uitkiezen.

Maar dit was bijna het tegenovergestelde. Ze werd er stil van en zag er bedachtzaam uit, alsof ze slecht nieuws had gekregen. Ik kon er niks aan doen, maar ik was best teleurgesteld.

'Je leven zal compleet anders worden,' zei ze.

'Ja,' zei ik. Na een tijdje voegde ik eraan toe: 'Maar daar heb ik zelf ook nog wel invloed op.'

Madde lag op haar rug, keek recht omhoog naar de lucht, ze had haar zonnebril weer opgezet. Uiteindelijk zei ze:

'Denk je dat ik deel zal uitmaken van dat leven?'

'Schat, doe niet zo gek,' zei ik en ik schoof op naar haar handdoek. Sloeg mijn arm om haar heen. 'Natuurlijk wel. Zonder jou was ik hier niet eens geweest. Ik wilde helemaal niets met hem te maken hebben.'

'Dat is nu makkelijk gezegd.'

'De helft van dat geld is in principe van jou,' zei ik, omdat ik het op dat moment goed vond klinken, en misschien dat het Madde weer wat op zou vrolijken. Maar zodra de woorden over mijn lippen waren gekomen, had ik er spijt van. Het was overdreven, ik ging te ver. Zou dit in de toekomst nog eens tegen me gebruikt worden?

Die gedachte kwam ineens in me op, overschaduwde heel even mijn humeur.

Madde draaide zich naar me toe, kroop tegen mijn borst aan. Ze was hier in mijn armen en ik hield van haar. Dat was het enige wat ertoe deed.

Ja toch?

Even later hadden we het over wat het in de praktijk voor me zou betekenen als ik mijn vaders vermogen zou erven. Of eigenlijk was het vooral Madde die praatte en ik luisterde. Het zou in principe mijn taak worden om zijn kunst te beheren, om zijn goede naam te beschermen. Ik zou mezelf moeten onderdompelen in de wereld waarin hij leefde. Misschien voor zijn onroerende goederen moeten zorgen, de ateliers en zijn woningen in Londen en Stockholm. Ajkeshorn. Er zouden zich vast een hoop mensen opdringen en beweren dat ze close waren met mijn vader, dat zij graag tegen een redelijke vergoeding wilden helpen met het beheer van de erfenis, dacht Madde. Er zou een hoop te verdelen zijn en iedereen zou er wat van willen hebben. Wist ik trouwens of mijn vader meer kinderen had? Hadden we het daarover gehad?

Nee, daar hadden we het niet over gehad.

Ik moet er een beetje bleekjes uit hebben gezien, want Madde streek me over mijn wang.

'Sorry. Ik wilde je niet laten schrikken.'

'Nee, geeft niet. Je hebt natuurlijk gelijk. Ik heb er nog niet zo uitgebreid over na kunnen denken.'

'Nee, snap ik.'

'Maar... Ik bedoel, mijn vader moet toch snappen dat het allemaal niet zo makkelijk is voor mij? Hij zal toch wel zo veel mogelijk regelen voor hij doodgaat, lijkt me?'

'Mhm.'

Wat zou opa hier allemaal van vinden? Zou het vermogen tussen ons in komen te staan?

De grond bewoog onder mijn voeten, ik kreeg weer het gevoel dat ik die ochtend had gehad, alsof ik door een groot zwart gat zou worden opgeslokt. Ik kreeg de neiging om mijn vader te zeggen: bedankt, maar nee bedankt. Dat geld, die wereld, dat is niks voor mij.

Waarom had ik het Madde verteld voordat ik er zelf fatsoenlijk over na had gedacht? Alweer een vergissing.

'Maar je hebt vast gelijk,' zei Madde. 'Je vader heeft alles natuurlijk goed uitgedacht. Hij lijkt me niet iemand die dingen aan het toeval over zou laten.'

Ze wees me erop dat ik de mogelijkheid zou hebben om waar dan ook ter wereld te gaan wonen. Ik hoefde niet in dat donkere Småland te blijven hangen.

Maar ik hou van dat donkere Småland, wilde ik bijna zeggen.

Ik heb wel eens ergens gelezen dat mensen die enorm veel geld hadden gewonnen via de loterij achteraf vaak zeiden dat dat hen helemaal niet gelukkiger had gemaakt. Eerder het tegenovergestelde. Ik dacht al wel te begrijpen hoe dat kwam. Al die keuzes waar je ineens mee werd geconfronteerd. Die vrijheid kon een last worden.

Aan de andere kant: om vijf uur op moeten staan op een pikdonkere maandag in november, in een ijskoude auto stappen om je ronde te doen, acht uur lang luiers en ondergeplaste lakens verschonen. Dagen waarop de winter voor de deur stond en op een of andere manier de hele wereld mee naar beneden trok, dagen die tot rond het middaguur niets anders dan donker en grijs bleven.

Ik zou waarschijnlijk best zonder kunnen.

'Het zou op zich niet verkeerd zijn om in de winter in Thailand te wonen,' zei ik. 'Ben er nog nooit geweest, maar lijkt me wel nice. Dertig graden in februari, of hoe ze dat in die serie ook alweer noemen.'

Madde haakte aan en begon het beeld voor me te schetsen. Een luxe bungalow aan het strand, met meerdere kamers. Hardlopen en yoga voor het ontbijt. Er dan opuit gaan, met een boot of kano bijvoorbeeld. In de middag een siësta. Samen wakker worden, seks voordat we op zouden staan en vervolgens twee chai lattes maken.

Ik knikte.

'Maar ik denk wel... Op een of andere manier moet je waarschijnlijk toch wel een doel hebben in het leven.'

'Jawel.'

'Het zou niet goed voelen om alleen maar van het luxeleventje te genieten, zeg maar.'

'Maar als iemand dat heeft verdiend ben jij het wel. Na alles wat je hebt meegemaakt.'

Volgens Madde was dat geen enkel probleem als je een vermogen van honderd miljoen kronen had, om een doel in het leven te vinden. Goede daden verrichten was kinderspel. Ik zou bijvoorbeeld zo'n organisatie kunnen financieren zoals mijn vader deed met dat weeshuis in Riga. Iets wat te maken heeft met mijn vaders kunstenaarschap. Of, als ik dat te veel werk vond, acht miljoen aan het Rode Kruis schenken en genieten van de twintig miljoen die ik nog over had. Dan zou ik al veel voor de wereld gedaan hebben, veel meer dan bijna alle andere mensen.

Dat klonk nog niet zo gek, als ze het zo bracht.

'Dat met die goede daden kun je aan het geld overlaten,' zei Madde. 'Jouw taak zal zijn om van het leven te genieten.'

Misschien had ze wel gelijk, dacht ik, en het eerste wat door mijn hoofd schoot was dat ik een nieuw regenpak voor mezelf zou kopen.

Slaat toch nergens op? Een fucking regenpak.

Maar ik wilde al heel lang eens zo'n supermooie set kopen, met van dat dure materiaal dat de regen goed tegenhield, maar alsnog ademend was. Een jas en een broek. Waterdichte ritsen in de zakken. Aantrektouwtjes van goede kwaliteit. Ventilatieritsen die je open kon doen om de jas wat luchtiger te maken. Van het merk Norrøna, Haglöfs, of misschien zelfs Arc'teryx. Die sets konden wel tienduizend kronen kosten. Misschien zelfs twaalfduizend. Volkomen out of reach voor mij. Maar nu niet meer.

Een nieuw regenpak. Over van het leven genieten gesproken.

EVEN LATER GINGEN we terug naar onze kamer, douchten het zand van ons af dat aan onze huid was blijven plakken en gingen op bed liggen voor een middagdutje. Mijn hand rustte op Maddes buik. Ik sliep als een roos.

Toen ik weer wakker werd viel het licht extra schuin naar binnen en had het een deel van zijn scherpte verloren. Ik besefte dat het het begin van de avond moest zijn. Ik was nog steeds verdoofd van vermoeidheid. Gisteravond had me uiteindelijk ingehaald. Maar ik besefte dat het de hoogste tijd was om te gaan eten, en dat Madde en mijn vader waarschijnlijk op me zaten te wachten op het terras. Ik stond op uit bed, trok een schoon donkerblauw poloshirt aan en een beige linnen broek.

Ze zaten aan dezelfde tafel als waar we aan hadden geluncht, onder de parasol, wat eigenlijk niet nodig was – rond deze tijd van de dag viel de schaduw van het huis ook over het terras. Madde had een glas witte wijn voor zich op tafel, mijn vader een borrel, het zag eruit als pure whisky of cognac met wat ijsklontjes erin. Op tafel stonden een aantal schaaltjes met verschillende nootjes.

'Sorry,' zei ik, 'ik heb wat langer geslapen dan ik van plan was.'

Mijn vader zei niets, leek nauwelijks door te hebben dat ik was gekomen. Hij had zijn zonnebril op en zijn gezicht was naar het strand gericht. Ik trok een stoel naar achteren en ging naast Madde zitten.

'Wat wil je drinken,' vroeg mijn vader zonder me aan te kijken. Ik hoorde hem ademen, korte ademhalingen, alsof hij buiten adem was.

'Eh... Een biertje, als dat er is.'

'Barbro! Een biertje!' Mijn vader schreeuwde het, hij had zijn gezicht nog steeds naar de zee gericht.

Er was duidelijk iemand niet in zijn beste humeur. Madde en ik wisselden een blik.

Ineens begreep ik het.

'Je hebt pijn, hè?'

Mijn vader antwoordde eerst niet. Hij ademde zwijgend zijn korte, oppervlakkige ademhalingen.

'Papa?'

'Ja, ik heb pijn.' Hij greep zijn glas vast en nam een grote slok. 'Ik heb mijn medicijnen gisteren niet genomen. Dat merk je de volgende dag pas. En het is verschrikkelijk nu. Echt verschrikkelijk. Ik heb ze nu wel genomen, en nog een paar andere sneller werkende. Maar er gebeurt niks.'

Mijn vader ging anders op zijn stoel zitten, leunde voorover, wreef met zijn hand over zijn voorhoofd. Zijn gezicht was niet naar ons gericht, maar ik vermoedde dat het verwrongen was tot een grimas.

Ik dacht stilletjes bij mezelf dat het misschien niet zo'n goed idee was om whisky te drinken als je twee verschillende soorten sterke pijnstillers tegelijk had genomen, maar ik zei niets.

'Lukt het dan wel om te dineren?' vroeg ik. 'Wil je niet even gaan liggen?'

'Nee, het lukt wel.'

Barbro kwam de keuken uit met een flesje bier en een glas op een dienblad.

'Jezus, wat duurde dat lang,' zei mijn vader.

Madde zuchtte en bewoog onrustig heen en weer. Dat was genoeg voor hem om zich nu op haar af te reageren.

'Wat?!' Het klonk fel, alsof hij ruzie zocht. 'Het hoeft toch verdomme geen kwartier te duren om even een biertje te komen brengen?'

'Dat was ook niet zo.'

Barbro zette zachtjes het glas en het flesje voor me op tafel. Ik keek naar haar op, glimlachte en bedankte haar. Er gebeurde niets in haar stenen gezicht. Mijn vader keek haar ook aan en zei, heel duidelijk articulerend:

'Barbro, je bent compleet fucking waardeloos. Ik begrijp niet waarom ik je nog voor me laat werken.'

Een korte, kille glimlach.

'Nou...' zei ik. 'Kom op, zeg.'

Als Barbro al geraakt werd door de woorden van mijn vader, liet ze het niet merken. Ze bewoog alleen kort haar hoofd opzij zoals gewoonlijk. Maar misschien dat dat haar reactie was, dacht ik.

'Jezus, je bent echt geen leuk gezelschap als je zo doet,' zei Madde, ze tilde haar wijnglas op en nam een grote slok.

Mijn vader ademde zwaar.

Ik schrok er nogal van dat ze dat zei. Eerlijk gezegd – en daar was ik niet trots op – schaamde ik me zelfs een beetje. Ze kende mijn vader helemaal niet, had maar een paar avonden met hem doorgebracht, en het was nogal direct van haar om te zeggen.

Aan de andere kant was ik juist trots. Madde had gezegd wat ik zelf niet had gedurfd.

Maar ik voelde ook een ander soort schaamte. Mijn vader had me zo makkelijk in de val weten te lokken. Ik had het voornemen om afstand van hem te houden al overboord gegooid.

Was het misschien zo dat ik mijn vader niet boos wilde maken, en dat daar honderd miljoen redenen voor waren?

Ik hield het glas schuin en schonk het bier zorgvuldig in. Yes, het was licht en ijskoud, precies zoals ik had gehoopt. Ik staarde naar de dikker wordende laag schuim, terwijl mijn zintuigen er volledig op gefocust waren om de reactie van mijn vader op wat Madde had gezegd op te vangen. Zou hij nu nog bozer worden? Serieus uitvallen?

Mijn vader draaide zijn hoofd met een ruk om naar Madde, keek haar strak aan. Ineens begon hij te grijnzen.

'Point taken... Haha.'

'Nee, maar serieus. Gedraag je een beetje, zeg.'

'Haha...'

Hij kon zich niet inhouden en proestte het uit. Ik proefde van het bier. De bittere smaak droeg bij aan het ruwe gevoel in mijn mond en keel. Als een rasp die mijn dorst leste.

Uiteindelijk wist mijn vader zich te herpakken.

'Haha... Ja... Nou, proost dan maar.'

Hij hief zijn glas naar Madde en mij en ik beantwoordde het gebaar. We namen alle drie een slok. Mijn vader zette zijn glas op tafel en zwaaide met zijn vinger richting Madde.

'Ik mag jou wel. Je bent grappig.' Hij haalde een pakje sigaretten tevoorschijn, schudde er een uit en stopte hem tussen zijn lippen. Terwijl hij hem aanstak zei hij: 'Zou je me ergens mee kunnen helpen, Isak? Met het eten?'

Mijn vader ging mij en Barbro voor door de lange kronkelige gang. Ze had haar gebruikelijke kleren aan, maar ook een groot, zwartleren schort voor. Je weet wel, zo een dat je in de wat luxere kookwinkels kunt vinden. Alleen zag dit schort er honderd jaar oud uit, een beetje alsof het een erfstuk was van een slagersfamilie. Het was versleten, zat vol vlekken en leek elk moment uit elkaar te kunnen vallen.

Voordat we bij de hal kwamen met de uit de kluiten gewassen bank, deed mijn vader een deur aan de linkerkant open. We kwamen in een opslagruimte die gebruikt werd voor autospullen zoals plastic olieflessen en extra ruitenwissers, maar ook voor verschillende machines en gereedschap om de tuin in goede staat te houden. Grastrimmers, heggenscharen, spitvorken en spades van verschillende afmetingen. Mijn vader liep naar de andere kant van de ruimte en deed de volgende deur open, wij liepen achter hem aan, en toen stonden we in de garage.

Het licht was uit, maar ik merkte toch dat het een grote ruimte was. Gezien de hitte buiten was het er bijna merkwaardig koel. Ik rook een geur van kelder en vochtig beton.

Er blaatte een schaap in het donker.

Mijn vader deed het licht aan. Een aantal tl-buizen sprongen knipperend aan en toen baadde de garage in kil, blauwachtig licht.

Een van de muren bestond uit twee identieke garagedeuren, en een gewone deur. Ik nam aan dat de oprit zich aan de andere kant bevond.

Midden op de grond stond iets wat eruitzag als een verplaatsbare werkbank voor een buitenkeuken, van roestvrijstaal met aan de ene kant twee wieltjes. Op de werkbank stond een grote teil, ook van roestvrijstaal, en er lag een slachtmes. Een van mijn vaders schilderschorten hing aan een hendel. Aan het plafond hing een vleeshaak, bedekt met opgedroogd bloed.

Naast de werkbank stond een houten kooi met een lammetje erin. Hij was volledig kaalgeschoren en had geen vacht. Zijn ribben waren door zijn buik heen zichtbaar, zijn nek was pezig en een beetje gerimpeld. Hij blaatte hartverscheurend en liep onrustig door zijn kooi. Zijn hoefjes tikten op de betonnen vloer.

Mijn vader liep naar de werktafel en de kooi.

'We eten geroosterd lamsvlees vanavond,' zei mijn vader. 'Dus ik heb even wat hulp nodig.'

Mijn mond werd kurkdroog. Ik had moeite om de woorden eruit te krijgen.

'Maar ik... Ik weet helemaal niet hoe dat allemaal moet.'

'Nee, nee,' zei mijn vader geruststellend, 'Barbro haalt de ingewanden eruit en vilt het en zorgt voor heel dat gedeelte. Het enige wat jij hoeft te doen is zijn keel door te snijden.'

HET LAMMETJE STAK zijn snuit tussen de tralies door, bewoog zijn neusvleugels op en neer. Misschien dat het de dood rook. Het riep met angstig opengesperde ogen om zijn moeder.

Nee. Nooit.

Ik schudde mijn hoofd.

'Dat wil ik niet.'

'O nee?'

'Sorry.'

Mijn vader zuchtte vermoeid.

'Alsjeblieft, Isak.'

'Nee.'

'Iemand moet het doen. Dit is ons eten voor vanavond. Ik vraag jou om hulp, omdat ik pijn heb, en moe ben, en dit lam waarschijnlijk iets van dertig kilo weegt, als het niet meer is. Het is een zware klus voordat het bloed er allemaal uit is gelopen en hij aan de haak hangt... Maar jij hebt geen zin om te helpen?'

Hij keek me strak aan, wachtte op een antwoord, maar ik wist niet wat ik moest zeggen. Uiteindelijk ging hij verder:

'Vind je het een naar idee?'

'Ja, natuurlijk.'

'Heb je wel eens lamsvlees gegeten?'

Ik staarde naar het lammetje dat onrustig rondjes liep in zijn kooi.

'Isak?'

'Ja. Jawel.'

'Hoe denk je dan dat dat lam is doodgegaan?'

Ik haalde diep adem, schudde slechts mijn hoofd.

'De meeste hebben een veel slechter leven gehad dan dit lam, en zijn op een veel ergere manier aan hun einde gekomen. Als je nu vegetariër was, oké, dan zou ik het nog begrijpen. Maar als je vlees eet... Heb dan op zijn minst ook het lef om te doen wat nodig is.'

Ik had geen argumenten om mee te komen, stond met mijn mond vol tanden. Ik voelde me klein, zwak en dom.

Het geluid van de hoeven van het lammetje op de vloer galmde door de garage.

In mijn ooghoek zag ik Barbro haar hoofd opzij bewegen. En weer terug.

Mijn vader liep naar de werkbank, pakte het schilderschort, draaide zich naar mij om en hield het op. Hij lachte.

'Doe deze maar aan.' Zijn stem klonk wat zachter. 'Weet je, als je het eenmaal hebt gedaan, en met dat mes in je handen staat... Ik zweer je dat het je een machtig gevoel zal geven. Wacht maar af.'

Mijn vader bewoog het schort wat heen en weer, alsof hij me erin probeerde te lokken.

Ik stond vastgenageld aan de grond, kon me niet bewegen, mijn hele lichaam zat op slot. Ik wilde wegrennen, maar mijn benen gehoorzaamden niet.

De glimlach van mijn vader gleed van zijn gezicht, alsof het een masker was geweest. Hij zette een halve stap naar me toe en het licht van de tl-buizen viel nu van recht boven hem op zijn gezicht, de rimpels en oneffenheden in zijn gezicht werden benadrukt, zijn ogen leken ineens twee diepe zwarte putten. Zijn stem klonk ruw en bevelend.

'En nu opschieten, Isak. Ik eis van je dat je dit gaat doen. Als je mijn geld nog wil. Dat is verdomme écht niet zo veel gevraagd.'

Het lammetje krijste.

Ik voelde mijn knieën week worden.

Vijftig miljoen kronen voor het Rode Kruis.

Barbro stapte naar voren en tilde de roestvrijstalen teil op.

De winters op een strand in Thailand doorbrengen.

Het mes glansde op de werkbank.

De fladderende neusvleugels, die ogen vervuld van angst.

Een regenpak van Arc'teryx met verborgen ritsen.

Ik deed een stap naar voren en stak mijn rechterarm in het schort. Toen mijn linkerarm. Mijn vader hielp me het dicht te doen.

Ik liep naar de werkbank toe en pakte het grote mes stevig vast.

Mijn vader opende de kooi door een van de wanden op te tillen. Het lammetje probeerde te vluchten, maar mijn vader greep het met beide handen beet en tilde het op. Hij droeg het naar mij toe en zette het in mijn armen.

'Hou je hand onder zijn kin zodat je zijn kop achterover kunt duwen.'

Mijn vader was buiten adem, en ik begreep wel waarom, het lammetje was zwaarder dan ik had gedacht.

Het blaatte en spartelde in mijn armen, maar mijn vader liet niet los, hij hielp me het vast te houden. Barbro kwam naar ons toe met de grote roestvrijstalen teil in haar armen. We stonden alle drie dicht bij elkaar, onze lichamen raakten elkaar bijna, we waren verbonden door onze gezamenlijke opdracht. Tussen ons in probeerde het lammetje zich tevergeefs uit mijn en mijn vaders greep te bevrijden. Misschien had het door wat er gebeurde.

Ik liet mijn hand langs de hals van het lammetje omhoogglijden, tot aan de onderkant van zijn kaak.

'Je moet langs de gehele kaaklijn snijden, van de ene naar de andere kant,' zei mijn vader. Hij klonk een beetje opgewonden. Of misschien dat het gewoon door de inspanning kwam.

Ik kneep in het handvat van het mes. Bracht de punt naar de keel van het lammetje. Ik was inmiddels ook een beetje buiten adem door het stilhouden van het lam. Ik ademde met open mond.

Mijn vader keek naar het mes, en toen naar de hals van het lam. Hij grijnsde.

'Het lijkt net de hals van een oud mannetje.'

Het lammetje blaatte, toen trok ik zijn kop verder achterover, strekte de huid over zijn keel, ik liet de rand van het lemmet op het uiteinde van zijn onderkaak rusten en trok het naar me toe.

Het mes was zo scherp.

De snijrand gleed zonder moeite door de huid heen, ik duwde en trok tegelijkertijd, hij zonk dieper naar binnen, door zenuwen en kraakbeen en spieren, het bloed spoot eruit, over het mes en over mijn hand, het was helemaal warm, het droop over het haar en gezicht van Barbro, ze maakte een vreemd geluid, een soort gesis was het, of misschien dat het van het lam kwam, hoe dan ook trok ik door tot aan de andere kant, tot bijna achter het oor.

Het bloed kwam eruit gelopen, over de buik van het lam, in de teil. De wond in zijn hals stond helemaal open. Nog een paar extra bewegingen met het mes en ik zou de kop van het lichaam hebben verwijderd.

'Juist ja, goed gedaan,' zei mijn vader terwijl hij me triomfantelijk aankeek. Ook op zijn gezicht was wat bloed gekomen.

De bewegingen van het lam werden al snel krachtelozer. Het lichaam verslapte. Een laatste schop met zijn achterpoot, en toen hing het lam stil in mijn armen.

Er stroomde adrenaline door mijn aderen. Ik voelde me opgejaagd, opgewonden.

Ik had een leven genomen. Het was zo makkelijk geweest.

Barbro zette de teil met bloed op de grond en ik legde het levenloze lichaam ernaast, met de opening in de hals over de rand. Het bloed liep er nog steeds uit, maar al iets rustiger.

Mijn vader gaf me een klopje op mijn arm, en op hetzelfde moment klonk er een motorgeluid aan de andere kant van de garagedeuren op de oprit. Het geknars van autobanden over het grind. Mijn vader keek verbaasd op, veegde met zijn handpalm het bloed van zijn wang.

Het geknars hield op, de motor werd uitgezet. De auto stond stil.

Mijn vader liep naar de deur die naar de oprit leidde.

Barbro zat op haar hurken bij de roestvrijstalen teil. Het bloed dampte nog steeds van lichaamswarmte. Ze doopte er een vinger in, en stopte die vinger vervolgens in haar mond.

Er ging een autodeur open buiten, er stapte iemand uit. Op hetzelfde moment deed mijn vader de deur open en liep naar buiten.

'Hoi,' zei hij, en zijn stem klonk zowel verbaasd als half vijandig.

'Hoi,' antwoordde de persoon buiten, en er ging een schok door me heen, mijn hart leek even stil te staan.

Barbro was gaan staan en hield het lichaam van het lam aan zijn achterpoot boven de teil. Er kwam nog steeds een dun straaltje bloed uit zijn hals.

'Kom,' zei mijn vader. 'Isak is hierbinnen.'

Mijn hart begon weer te slaan, met een paar extra krachtige slagen om verloren terrein in te halen.

Mijn vader kwam terug de garage in, ik stond nog altijd met het bloederige mes in mijn hand, ik haastte me om het terug op de werkbank te leggen, en op hetzelfde moment dat ik het handvat losliet, kwam opa door de deur.

Zijn blik, toen hij de hele situatie in de garage in zich op probeerde te nemen. Barbro die het dode lam boven de teil hield. Al het bloed dat op de grond lag. Ik in mijn bloederige schilderschort.

'Je blijft toch wel eten?' vroeg mijn vader. 'Isak heeft net een lam geslacht.'

DEEL 3

Als je lang genoeg in een afgrond kijkt,
kijkt de afgrond ook bij jou naar binnen.

Friedrich Nietzsche

'IK WIL JE even spreken,' zei opa. Hij klonk hees en een beetje buiten adem. Zijn blik schoot heen en weer, van de teil met bloed naar het mes op de werkbank, naar mijn bebloede handen.

'Ja... Is goed. Maar...' Ik maakte mijn zin niet af, begon mijn schort uit te trekken.

'Wacht,' zei mijn vader, 'ik help je even.' Hij liep naar me toe en maakte de knoopjes los. Misschien wilde hij voorkomen dat ik met mijn bloederige vingers aan mijn eigen kleren zou zitten. Opa keek naar ons, naar hoe dicht we tegen elkaar aan stonden. Zijn blik donker en ongerust. Mijn vader zei nonchalant, zonder opa aan te kijken:

'Zeg het eens, Anders. Waar hebben we deze eer aan te danken?'

'Ik wil Isak spreken.'

Mijn vader maakte het laatste knoopje los en hielp me uit het schort, alsof hij mijn bediende was of zo. Toen liep ik achter opa aan de garage uit. Ik kneep met mijn ogen tegen het zonlicht dat op de witte steentjes van de oprit reflecteerde. We liepen naar opa's auto, een Ford Mondeo combi die zijn beste dagen wel had gehad. Hij had een geruit overhemd met korte mouwen aan en een driekwartbroek met een heleboel zakken, beide kledingstukken behoorlijk gekreukt, en sandalen met enkelsokken.

Opa draaide zich naar me om, en nu merkte ik pas hoe moe hij eruitzag. Zijn gezicht was bezweet en zijn haar zat in vochtige plukken rond zijn hoofd. Roodomrande ogen met donkere kringen eronder. Hij zag er magerder en ineengedokener uit dan gewoonlijk, vond ik. Hij keek me ernstig aan.

'Je hebt me vannacht gebeld.'

'Wat?'

'Weet je dat niet meer?'

'Nee.'

Ik begreep niet waar opa het over had.

'Echt, je belde me op en je was helemaal overstuur.'

'Nee, maar... Wacht. Wanneer was dit? Hoe laat?'

'Rond vier uur, zoiets. Kwart voor vier misschien.'

Ik kon me hier totaal niets van herinneren. Wat naar. Ik slikte, mijn blik dwaalde af naar het bos dat de oprit omringde.

'We hebben ruim een half uur gepraat. Weet je het echt niet meer?'

'Nee.'

'Je was zowat in paniek. Zoals toen je klein was. Je had het over vogelmaskers, en dat er iets in brand stond, je zei iets over het plafond dat in brand stond, maar je kon niet uitleggen waar... Het was alsof je nachtangst had.'

De dromen die ik vroeg in de ochtend had toen ik wakker werd. Ik kon het me maar heel vaag herinneren.

'Uiteindelijk werd je gelukkig weer wat rustiger, of misschien dat je toen wakker werd en je realiseerde dat het maar een droom was geweest.'

'Mhm.'

'Ik was zo ongerust.'

'Dat begrijp ik. Het spijt me echt.'

'En vandaag heb ik je geprobeerd te bellen. Heel vaak. Maar je nam niet op.'

Met elk ding dat opa vertelde werd mijn schuldgevoel groter.

'Nee. Nou... Mijn mobiel was gister uitgevallen, en vandaag heeft hij de hele dag aan de lader gelegen.'

'Ah, ja.'

'Het spijt me echt heel erg. Het was echt niet mijn bedoeling om je ongerust te maken.'

Hij keek me onderzoekend aan.

'Wat hebben jullie gisteren gedaan?'

Ik bewoog onrustig heen en weer, wreef met mijn handpalm in mijn oog.

'Eh... Papa en ik waren in Riga. In Letland. Hij wilde me een weeshuis laten zien dat hij sponsort.'

'Oké... En wat hebben jullie daarna gedaan?'

Ik wist natuurlijk wel dat opa het goed bedoelde, maar het begon een beetje op een verhoor te lijken.

'Nou... We... We gingen uit.'

'Heb je wat genomen?'

'Of ik wat had genomen?'

'Ja, sorry dat ik het vraag, Isak, maar gisteren zei je dat je iets had genomen.'

'Oké...'

'Zo klonk het, tenminste. Ik weet het niet helemaal zeker.'

'Nee, ik had niks genomen,' zei ik, 'maar we dronken wijn en bier en sterkedrank door elkaar. Dus het werd een beetje te veel.'

Wat begon ik hier goed in te worden. Ik stond gewoon zonder te knipperen recht in opa's gezicht te liegen. Ik moest denken aan de woorden van mijn vader, als de waarheid pijn veroorzaakt, is degene die die waarheid vertelt schuldig. Of hoe hij het ook formuleerde.

Opa haalde diep adem. Hij zag eruit alsof hij zo om kon vallen. De spanning was waarschijnlijk iets afgenomen en vervolgens werd hij nog heviger overspoeld door vermoeidheid. Hij haalde een hand door zijn haar. Ik legde mijn hand op zijn arm.

'Gaat het?'

'Nee, het is... Ik ben een beetje moe,' zei hij met zelfspot en hij lachte vreugdeloos. 'Ik kon niet meer slapen toen we hadden opgehangen.'

'Nee, dat begrijp ik.'

'En toen ik je probeerde te bellen, en je niet opnam... Probeerde ik Madde te bellen, maar zij nam ook niet op... Dus ik kreeg het gevoel dat ik hiernaartoe moest gaan, dat ik je te pakken moest zien te krijgen.' Opa sloot zijn ogen en masseerde zijn neuswortel met duim en wijsvinger.

'Ja... Nou, het spijt me echt... Maar je hoeft niet ongerust te zijn, alles is prima.'

Opa keek naar de deur die naar de garage leidde. Mijn vader stond tegen de deurpost geleund en keek tegen de zon in. Hield ons in de gaten. Achter hem, in de garage, hoorden we Barbro rommelen. Metaal op beton, een zingend geluid, gerinkel van de vleeshaak.

'En dat dan?' vroeg hij met een gebaar naar de garage. 'Wat moest dat voorstellen?'

Hij richtte zijn blik weer op mij en die was weer onderzoekend. Dat zachte, enigszins verontschuldigende was verdwenen.

Ik zweeg, wist niet goed wat ik moest zeggen. Hoe kon ik uitleggen wat ik zelf niet begreep?

'Papa had hulp nodig. Hij had pijn.'

Hij riep naar ons vanaf de deur.

'Hé, zullen we naar binnen gaan om wat te drinken?'

'We zijn nog niet klaar!' Opa klonk agressief en fel, ik herkende zijn stem zo helemaal niet.

Mijn vader hield in een afwerend gebaar zijn handen in de lucht. Opa wendde zich weer tot mij.

'En toen vroeg hij je een lam te slachten? Vind je dat niet een beetje vreemd?'

Daar had ik geen antwoord op. Ik zat tussen twee werelden in. Die van opa en die van mijn vader. Eén been in elke wereld.

Opa wreef opnieuw in zijn gezicht, alsof hij zichzelf uit een nachtmerrie probeerde te halen. Uiteindelijk zei hij, gedempt zodat mijn vader het niet zou horen:

'Laten we hier weggaan, Isak.'

'Nu meteen, bedoel je?'

'Ja. We nemen mijn auto. Je kunt later terugkomen om je spullen op te halen.' Hij praatte snel en dwingend, bijna smekend.

'Nee joh, dat gaat niet.'

'Er is hier iets helemaal mis. Ik voel het gewoon.'

Ja, dat voelde ik ook. Maar niet op de manier waarop opa het bedoelde.

'Nou, ja... Ik kan niet zomaar weggaan zonder Madde.'

'Ga haar dan halen.'

'Nee... Het spijt me, maar het kan echt niet.'

Dat opa moe en afgemat was na een nacht zonder slaap, en vervolgens een hele dag reizen, dat begreep ik wel, daar was niets vreemds aan. Maar ik begon in te zien dat het ook invloed had op zijn geestelijke gesteldheid. Hij kon niet meer helemaal helder nadenken. Wat hij voorstelde was een beetje gek. Wat zou mijn vader wel niet denken als we zomaar ineens in opa's auto zouden stappen en weg zouden rijden?

'We gaan hier vanavond nog eten. We zijn nog dingen van plan.'

'Hij is niet goed voor je. Je moet niet langer bij hem in de buurt blijven.'

Ik had zin om te zeggen dat dat niet zijn besluit was. Dat ik volwassen ben. Mijn vader wil wat dingen uitpraten voordat hij doodgaat, daar is niets mis mee. Hij wil me al zijn geld schenken. Daar is ook niets mis mee.

'Hallo?' riep mijn vader weer vanuit de deuropening. 'Ik zal niet storen, jullie mogen zo lang praten als jullie willen... Maar jullie hoeven toch niet zo in de zon te blijven staan? Kom naar binnen, dan drinken we wat.'

Ik legde mijn hand op opa's arm.

'Laten we dat doen. Laten we naar binnen gaan, dan kunnen we verder praten.'

Hij keek besluiteloos, maar zei niets.

'Neem een kopje koffie. Ga even in de schaduw zitten.'

Er was iets veranderd in onze relatie, dat voelde ik heel duidelijk, en ik denk dat hij het ook merkte. Een nieuwe machtsverhouding. Voor mij voelde het goed en juist. Maar ik denk niet dat het voor hem ook zo voelde.

EEN PAAR MINUTEN later was ik terug in de tentoonstellingsruimte. Mijn mobiel was volledig opgeladen en ik zette hem aan. Vijf gemiste oproepen die dag, allemaal van opa. Ik bekeek de gesprekslijst. Ja hoor, daar stond het. Van 03.51 tot 04.33 uur. Tweeënveertig minuten waar ik me niets van kon herinneren. Tweeënveertig minuten die opa's leven op zijn kop hadden gezet. Vogelmaskers en een brandend plafond.

Ik liep naar de wc, waste mijn handen, spoelde mijn gezicht en nek met koud water. Ik hoorde voetstappen in de hal. Toen kwam Madde de wc binnen.

'Hallo,' zei ze met een ietwat vragende blik. 'Wat gebeurt er allemaal?'

Ik deed de kraan dicht en zuchtte.

'Goh... Wat niet?'

Ik vertelde waar mijn vader hulp bij nodig had gehad, een lam slachten voor het avondeten. En dat opa vervolgens ineens was opgedoken.

'Ik had hem vannacht blijkbaar gebeld. Daar kan ik me helemaal niets van herinneren.'

'Nee... Hij komt nogal gejaagd over.'

Mijn vader en opa waren het terras op gekomen, waar Madde zat te wachten. Mijn vader had hem iets te drinken aangeboden, maar hij wilde niets. Madde probeerde hem zover te krijgen om te gaan zitten en even bij te komen in de schaduw, maar dat lukte niet, hij bleef maar ijsberen in de zon. En toen had hij Madde gevraagd waarom ze haar telefoon niet had opgenomen. Hij had wel vijf keer geprobeerd te bellen die dag, beweerde hij.

'Weet je, hij was zo... Bijna agressief,' zei Madde. 'Ik heb hem nog nooit zo gezien.'

Ik droogde mijn gezicht, verborg het in de handdoek.

'Nee,' zei ik recht in de stof.

'Ik bedoel, ik kijk toch niet constant op mijn mobiel. Vandaag heb ik bijna de hele dag op het strand gelegen.'

'Ja, nee, inderdaad.'

'Ik vraag me een beetje af of het wel goed met hem gaat.'

Barbro stond aan het keukeneiland het eten van die avond voor te bereiden. Mijn vader was nergens te bekennen. Ik zag dat opa uiteindelijk toch op een stoel op het terras was gaan zitten, onder een parasol. Dat was tenminste iets. Ik pakte een groot glas uit een keukenkastje, vulde het met koud water uit de kraan en liep naar hem toe. Madde kwam achter me aan.

'Hier,' zei ik. 'Drink op.'

Opa kwam omhoog, nam het glas aan en dronk met grote slokken. Zijn gezicht was rood, zijn voorhoofd en hals waren nat van het zweet.

'Dank je,' zei hij en hij veegde zijn mond af. Hij wierp een blik op Barbro. 'Wie is dat?'

'Barbro,' zei ik. 'Ze kan niet praten.'

Opa bleef naar haar loeren terwijl hij zijn glas op tafel zette. Hij keek Madde en mij ernstig aan.

'We moeten hier echt weg.'

Ik zette een stap dichter naar hem toe en legde mijn hand op zijn schouder. Hij rook naar zweet en moest nodig douchen.

'Opa,' zei ik op zachte toon. 'We moeten sowieso eten. Blijf hier eten, met ons, dan kunnen we het er straks verder over hebben.'

Mijn vader sloot zich bij ons aan en we namen een drankje voor het eten op het terras. Zijn slechte humeur, dat prikkelbare waarvan ik vermoedde dat het met de pijn te maken had, was totaal verdwenen.

Opa's komst had de situatie veranderd. Of misschien was het de combinatie van zijn medicijnen en de alcohol die begon te werken. Hij was in elk geval een beleefde en charmante gastheer, ook tegenover opa. Opa was daarentegen zwijgzaam en nors. Hij liet ons geen seconde vergeten dat hij met tegenzin was gebleven. Hij wilde niets anders dan kraanwater drinken.

Het was iets voor achten in de avond en de lucht was iets koeler geworden. Zoals gewoonlijk waren de golven tegen de avond duidelijker hoorbaar. Een licht briesje liet de toppen van de dennenbomen suizen.

Barbro ging in de opening naar de keuken staan en keek mijn vader aan. Hij knikte.

'Dus... Zullen we naar binnen gaan om te eten?'

Madde nam het voortouw en ik ging achter haar aan. Het ene uiteinde van de tafel was gedekt. Het voorgerecht lag al klaar op ons bord, een toastje met een soort garnalensalade erop. Er stonden meerdere geopende flessen wijn op tafel, zowel rood als wit. Het rook naar gebraden vlees, en paprika, knoflook, aardappels en roomsaus uit de oven, met gebrande takjes tijm en rozemarijn. Ik werd overvallen door een gevoel van honger.

Madde liep om de tafel heen, koos een plek zodat ze uitzicht had over het terras en de zee. Mijn eerste neiging was om achter haar aan te lopen en de plaats naast haar te nemen, maar dan zouden opa en mijn vader naast elkaar komen te zitten. Dus ik nam de stoel tegenover Madde. Ze keek me even vragend aan, maar zei niets. Opa ging naast mij staan. Mijn vader liep om de tafel heen en trok de stoel voor Madde naar achteren.

'Gaat u zitten.'

We gingen zitten en begonnen met eten.

Madde en ik gingen verder met de witte wijn, en mijn vader vergezelde ons. Opa nipte van zijn kraanwater en nam heel kleine hapjes van zijn toast.

'Jezus, wat lekker,' mompelde Madde halverwege een grote hap. 'Sorry dat ik met volle mond vloek.'

Mijn vader lachte en nam ook een hap. Hij gluurde naar opa en zijn bord, waar zijn toast bijna onaangeroerd lag.

'Wat vind jij ervan, Anders?'

'Ik heb niet zo'n honger.'

Korte stilte. We gingen verder met eten. Wij drie, tenminste. Mijn vader nam een slok van zijn wijn.

'Maar... Je vond vis en schaaldieren toch altijd zo lekker? Als ik het me goed herinner?'

Opa stak zijn vork in een kleverige garnaal en stopte hem in zijn mond.

'Mhm.'

'Je viste toch altijd veel daar in Lunnen? Met netten, en van die... Hoe heten die ook alweer...'

Mijn vader zweeg, liet de ruimte vrij voor opa om het in te vullen. Maar die was niet van plan zich tot een gesprek te laten verleiden. Hij kauwde op de garnaal en staarde naar zijn bordje met een nors gezicht en een ontoegankelijke houding.

Opa. Daar zat hij dan met zijn gekreukte broek en overhemd, met sokken in zijn sandalen, op het puntje van zijn stoel, een beetje in elkaar gedoken alsof hij tot het uiterste gespannen was. Bezweet gezicht, haren door de war. Ruikend naar zweet. Niet antwoordend als hem wat werd gevraagd.

Ik had medelijden met hem. En ik schaamde me voor hem.

Ja. Ik schaamde me voor opa. Dat was een compleet nieuw gevoel.

De genegenheid die ik voor hem voelde was er natuurlijk nog steeds, maar nu had mijn nieuwe blik op de wereld andere, minder mooie kanten bij hem ontdekt. Hij was lichtgeraakt. Wrokkig. Controlebehoeftig. Hij had de behoefte om de baas over mij te spelen.

En een gebrek aan fatsoen. Goh, ja, eigenlijk wel. Hij was, zonder enige vooraankondiging, bij mijn vader thuis opgedoken, en mijn vader had hem voor het eten uitgenodigd, een prachtig diner met heerlijk eten en heerlijke wijn, en opa kon het niet eens opbrengen om hem daarvoor te bedanken of een waarderende opmerking te maken.

Wat er zich in het verleden ook tussen hen had afgespeeld, dat hij zich zo vastbeet in zijn afkeer voor mijn vader, of misschien dat ik het zelfs wel haat kon noemen... Ik vond het maar niks.

En ik bedacht me dat het misschien zo was dat opa zich alleen in zijn zelfgecreëerde wereldje in Småland thuis voelde. Dat het, zodra hij de grote boze wereld in trok, duidelijk werd dat dat niets voor hem was.

In tegenstelling tot mij. Ik was geëvolueerd. Opa was niet geëvolueerd.

Mijn vader keek nog steeds vragend en uitnodigend naar opa, die naar zijn bord bleef staren.

'Langelijnvissen,' zei ik terwijl ik naar opa keek. 'Zo heet dat toch?'

Geen antwoord.

Toen de toastjes op waren, ruimde Barbro onze bordjes af. Mijn vader serveerde rode wijn. Opa hoefde niet, uiteraard, maar Madde en ik namen wel. We proostten en proefden van de wijn. Barbro haalde een aardappelschotel uit de oven en zette die direct op tafel, de room was nog aan het koken aan de zijkanten. Gegrilde groente. Schaaltjes met een aantal verschillende sauzen. En een schaal met stukken gebraden lam. Knapperig en donker vanbuiten, perfect roze in het midden, bestrooid met knoflook en rozemarijn. We schepten op en begonnen te eten. De wijn ontwikkelde zich in je mond, met elke slok proefde je nieuwe smaken. Mijn glas was alweer leeg en mijn vader schonk bij.

Een snelle blik van opa, niet op mij maar op mijn glas. Afkeurend. Hij vond dat ik te veel dronk.

'Je mist echt wat,' zei ik terwijl ik mijn glas optilde en een slok nam. 'Weet je zeker dat je niet wil proeven?'

Opa gaf niet eens antwoord. Mijn vader trok stiekem een gezicht van 'oeps, gevoelig onderwerp'. De glans in zijn ogen herkende ik van de avond ervoor. Hij begon waarschijnlijk een beetje aangeschoten te raken. Net als ik.

Tijdens het eten vertelde ik opa meer over wat we hadden gedaan sinds we op Ajkeshorn waren aangekomen. Madde en mijn vader vulden aan. Ik beschreef het heerlijke strand, en het koude water. De late avond in de boomhut. Het uitje met de sportwagens, het restaurant aan zee.

'Isak is tegenwoordig trotse eigenaar van een Lamborghini,' wierp mijn vader ertussen.

'Hallo, ik heb nog helemaal niet gezegd dat ik hem wil hebben,' protesteerde ik.

Mijn vader trok een grimas.

'Ach, je bent gewoon een beetje aan het tegenstribbelen. Je weet eigenlijk heus wel dat je hem wil.'

Opa legde zijn bestek neer. Hij had niet veel op zijn bord geschept, maar bijna alles lag er nog, hij had alleen wat met zijn eten gespeeld. Madde keek hem onderzoekend aan.

Barbro vulde de schaal bij met nieuwe stukken lamsvlees en mijn vader spoorde ons aan meer te nemen. Maar ik had al een keer extra genomen, ik kon echt niet meer op. Madde gaf aan dat zij ook propvol zat.

'Dit was het lekkerste lamsvlees dat ik ooit heb gegeten,' zei ze met een tevreden zucht.

Mijn vader hief zijn glas naar me op, glimlachte met schitterende ogen en zei:

'Ja, dat heb je heel goed gedaan. *You're a natural.*'

Ik voelde me een beetje zelfgenoegzaam. Alsof de bekwame manier waarop ik de hals van het lam had doorgesneden er echt aan bij had gedragen dat het zo goed smaakte.

Ik weet het. Echt belachelijk. De wijn was me zeker naar het hoofd gestegen.

'Maar dit kan helemaal niet het lam zijn dat Isak heeft geslacht.'

Opa zei het met samengeknepen lippen. Vrij zacht, maar heel duidelijk. Zijn stem trilde een beetje.

Het werd stil aan tafel. Mijn vaders blik dwaalde af naar de zee, naar de horizon misschien. Zijn goedaardige uitstraling had iets stijfs gekregen.

Misschien had ik moeten vragen wat opa bedoelde, maar ik zweeg ook. Hoopte dat wat hij had gezegd tussen ons in zou blijven hangen en vervolgens als een zeepbel in het niets zou verdwijnen.

Madde stak haar arm uit naar de wijnfles.

'Deze wijn is echt fantastisch.'

'Neem vooral,' zei mijn vader. 'Zolang er nog is. En dan openen we gewoon een nieuwe.'

'Of wel, Fredrik?' zei opa, en toen richtte hij zijn blik op mijn vader. 'Het kan niet datzelfde lam zijn.'

Ik bewoog onrustig heen en weer, gluurde van opzij naar opa. Hij greep de rand van de tafel vast, alsof hij zich in probeerde te houden. Ik kon horen dat hij zijn stem rustig probeerde te houden, waarschijnlijk praatte hij daarom zo zacht, maar het lukte hem niet, hij spuugde elk woord zo ongeveer uit. Zijn hele lichaam trilde.

'Ik heb heel vaak lam gebraden, dat deden we met de oriëntatieloopclub, en het duurt minstens vijf uur voordat hij gaar is. En je moet hem constant rond blijven draaien. En ik ben hier misschien twee, tweeënhalf uur geleden aangekomen, en toen was het lam nog niet eens gevild...'

'Jaja,' zei Madde, die opa probeerde af te remmen, 'we hebben het begrepen...'

Maar hij liet zich niet tegenhouden.

'Dus eigenlijk slaat het nergens op... Waarom je ons dat probeert wijs te maken.'

Opa nagelde mijn vader vast met zijn blik. Er ging een rilling door hem heen, alsof hij het koud had. Mijn vader keek op, beantwoordde kalm opa's blik.

Ik had een licht gevoel in mijn hoofd, en dat had niet alleen met de wijn te maken. Weer stond ik op het punt in tweeën gesplitst te worden. Aan de ene kant schaamde ik me dat opa de stemming aan tafel verpestte. Maar aan de andere kant bedacht ik me dat er wel iets in zat, in wat opa zei. Dat laatste deel probeerde het allemaal logisch te verklaren, maar kreeg dat niet voor elkaar.

Mijn vaders gezichtsuitdrukking verzachtte. Hij glimlachte toegeeflijk en zorgzaam naar opa.

'Heb je het koud, Anders? Zullen we de schuifpui even dichtdoen?'

'Geef gewoon antwoord. Waarom doe je alsof Isak dit lam heeft geslacht?'

'Je rilt helemaal,' zei mijn vader en hij stond op van tafel. 'Zal ik een plaid halen? Of wil je een trui lenen?' Mijn vader liep naar de glazen wand en trok hem dicht.

Barbro stond bij het aanrecht en keek nietsziend voor zich uit. Ze hoorde en zag natuurlijk alles, maar het was alsof ze het niet in zich opnam, alsof wat er in de keuken gebeurde haar helemaal niets deed, ze was in een heel andere wereld.

Was ze niet alleen stom, maar ook doof? Had het daarmee te maken?

Op dat moment rukte ze met haar hoofd, draaide haar gezicht even af. En weer terug. Dezelfde neutrale blik. Alsof ze ergens anders aan stond te denken.

Ik weet ook niet goed waarom me dat opviel. Misschien omdat ik zelf de sfeer aan tafel zo ongemakkelijk vond dat ik eigenlijk wilde vluchten. Maar Barbro zag er eng uit.

Mijn vader stond nu achter opa, en daar leek opa zich niet prettig bij te voelen, hij draaide zich om op zijn stoel zodat hij hem in de gaten kon houden. Mijn vader liep naar opa toe, legde zijn hand op zijn schouder.

'Hé?'

Opa sloeg zijn hand weg en brieste woedend.

'Raak me niet aan!'

'Opa, rustig,' zei ik, en ik legde mijn hand op zijn arm terwijl mijn vader om de tafel heen liep en weer op zijn stoel ging zitten.

Madde beet op haar lip maar zei niets.

'Nee, ik ga niet rustig doen!' zei opa met harde stem, het kon hem niet meer schelen of hij beheerst over zou komen, misschien had zijn uitroep toen mijn vader hem aanraakte hem op een of andere manier bevrijd. 'Waarom moest hij per se een lam slachten?! Waarom wilde je dat?!'

Mijn vader ontmoette zijn blik en klonk kwetsbaar, verdrietig bijna, toen hij antwoord gaf.

'Omdat ik ziek en moe ben en het zelf niet meer kan.'

'Wat een onzin,' snoof opa, hij was van plan nog iets te zeggen, maar mijn vader verhief zijn stem en onderbrak hem.

'Oké, ik zou je toch wel eens iets willen vragen, Anders,' zei mijn vader. 'Het enige wat ik wil is een paar dagen qualitytime met mijn zoon. Voordat ik doodga. Waarom kun je niet...'

Opa onderbrak hem.

'Ja, en wat doen jullie die dagen? In raceauto's rijden en naar Riga om te zuipen.'

Opa's stem was vervuld van sarcasme en afschuw. Hij keek echt neer op wat we de afgelopen dagen hadden gedaan. Maar dat was toch niet het enige wat we hadden gedaan, dacht ik, we hebben ook gepraat. Het ene sloot het andere niet uit. Juist niet eigenlijk, dat samen leuke dingen doen had voor een opening gezorgd. En dat was waarschijnlijk ook precies mijn vaders bedoeling geweest.

'Je geeft eigenlijk helemaal niks om Isak. Je wil hem alleen maar controleren,' zei mijn vader.

Opa schudde zijn hoofd en lachte bitter.

'Wauw... Dat... Dat moet jij nodig zeggen. Wie geeft hier nou niets om Isak?'

'Hé, het heeft echt totaal geen zin om hierover te gaan lopen bekvechten,' zei ik.

Rapunzel. Opgesloten in de toren.

'Ja,' viel Madde me bij, 'hou er nu maar gewoon over op. Jullie allebei.'

Maar ze leken ons geen van beiden te horen. Mijn vader grijnsde toen hij zei:

'Er is niks wat ik kan doen om je mening over mij te veranderen, hè?'

'Dat denk ik niet, nee. Er zijn te veel jaren overheen gegaan. Ik heb...'

'Je vindt me een slecht mens, en dat vind je al sinds de allereerste keer dat we elkaar zagen.'

Opa schudde zijn hoofd.

'Niet waar. Dat was de eerste keer dat we elkaar zagen. Toen kende ik je dus nog niet.'

Madde zuchtte, stond uit protest op van tafel en liep de keuken uit. Misschien ging ze alleen maar even naar de wc. Zelf was ik nog erg van slag en ik wilde dat er een einde kwam aan deze tweestrijd. Maar een deel van mij raakte ook nieuwsgierig toen mijn vader begon over de eerste keer dat ze elkaar hadden ontmoet.

'Maar je mocht me niet.'

Opa zweeg, staarde naar de tafel en nipte water uit zijn glas om tijd te winnen. Het was een veelzeggende stilte. Mijn vader keek naar hem en lachte kil.

'Zeg het maar gewoon, hoor, Anders. Ik weet dat je het wil. Je oordeelt graag over mensen.'

'Ik vond je apart. Dat vond Agneta ook.'

'Apart? Op wat voor manier dan?' Mijn vader klonk oprecht geïnteresseerd.

'Je had totaal geen interesse voor Agneta en mij,' zei opa. 'Dat was overduidelijk. We woonden in een boerengat op het platteland, wat konden wij jou nou schelen? Je nam niet eens de moeite om te doen alsof.'

'En je denkt niet dat het misschien mogelijk was dat jullie ook gewoon een heel klein beetje oninteressant wáren?'

'Jawel hoor. Misschien wel.'

'En dat je misschien ook wel een heel klein beetje snel op je teentjes getrapt bent?'

'Maar we merkten natuurlijk dat het heel belangrijk was voor Linn. Dat wij jou zouden mogen, en dat jij ons zou mogen. Maar jij merkte daar helemaal niets van. Of het kon je in elk geval niks schelen.'

Mijn vader zei niets, hij dronk nog wat wijn en richtte zijn blik toen op opa. Spoorde hem zwijgend aan om verder te gaan.

'En toen dachten wij... Of ik in elk geval... Dat Linn jou ook niets kon schelen. Niet echt. Want dan zou je wel door hebben gehad dat het Linn verdriet deed.'

'En toen had je je oordeel klaar. Hij is niet goed voor mijn dochter. Hij is een slecht mens.'

Ik keek stiekem naar Barbro die nog steeds bij het aanrecht stond en totaal onaangedaan leek door het conflict dat zich twee meter bij haar vandaan afspeelde. Ze keek naar een glas dat ze in haar hand hield. In dat glas was vaag iets wits, slijmerigs en bloederigs te zien.

'Nee. Maar je vroeg naar mijn eerste indruk.'

'Het is een slecht mens.'

'Nee, niet slecht...'

'Wel.'

Barbro hield haar hoofd achterover en leegde het glas. Ik heb nog nooit iemand zo ver zijn mond open zien doen als zij op dat moment deed. Het zag er grotesk uit. Er gleed een oogbol, want nu zag ik wat het was, op haar tong.

'Niet. Maar ik zal je eens vertellen wat ik dacht,' ging opa verder, 'er mist iets bij hem. Iets wat andere mensen wel hebben.'

Ik hoorde nauwelijks meer wat hij zei. Ik staarde nog altijd naar Barbro.

Ze zit de ogen van dat lam op te eten, dacht ik.

'Inlevingsvermogen, misschien.'

'Iemand zonder empathie, dat is dan toch een slecht mens? In jouw optiek?'

'Ik denk dat we allemaal zowel goed als slecht in ons hebben... Maar ik denk ook dat de meeste mensen het verschil wel weten.'

Het andere oog was aan de bodem van het glas blijven kleven. Barbro schudde het glas zodat het los zou komen. En ook de manier waarop ze schudde was iets wat ik nooit eerder had gezien. Of tenminste, jawel, maar niet iets wat ik een méns eerder heb zien doen.

Jullie weten vast wel hoe honden en katten hun pootje kunnen schudden, met zo'n supersnelle beweging? Of wanneer ze zich achter hun oor krabben? Het pootje gaat zo snel dat je het nauwelijks kunt zien.

Die associatie had ik toen Barbro haar glas schudde. Eerst één keer, toen nog een keer. Het oog liet los en viel op haar tong.

‘Denk je dat, ja?’ Ik registreerde mijn vaders sarcastische stem in de verte.

‘Ja, als je empathie hebt, als je je kunt inleven in een ander, dan gaat dat eigenlijk vanzelf.’

‘Oké.’

Barbro bewoog haar hoofd een paar keer heftig achterover, gooide zeg maar haar hoofd in haar nek. Slikte door. Ik had het idee dat de ogen in hun geheel doorgeslikt werden. Toen draaide ze zich om en zette het glas op het aanrecht.

‘Isak kan dat sowieso. Hij is een goed mens.’

Ik hoorde dat mijn naam genoemd werd, scheurde mijn blik los van Barbro en merkte dat opa me aankeek. Ik wist niet wat ik moest zeggen, óf ik iets moest zeggen. Mijn gedachten waren nog bij Barbro en de ogen. Op dat moment kwam Madde terug de keuken in en ze ging op de stoel naast mijn vader zitten.

‘En wat ben je zelf? Ben jij een goed mens?’ ging mijn vader verder.

Madde schudde vermoeid haar hoofd en reikte naar de wijnfles.

‘Jemig, zijn jullie nog steeds bezig… Dan heb ik meer wijn nodig.’

Barbro had de ogen opgegeten, met loshangend bloederig slijm en alles.

Was ik de enige die dat had gezien?

‘Nee,’ zei opa, ‘dat ben ik niet. Maar ik doe mijn best.’

‘Dan zou ik wel eens willen weten, als jij naar de wereld kijkt, wat zie je dan?’

‘Ik begin wel enorm zin te krijgen in een toetje,’ zei Madde.

‘Je hoort sowieso bij de rijkste tien procent van deze planeet,’ ging mijn vader verder. ‘Misschien zelfs wel de rijkste vijf procent. Er zijn miljarden mensen op de wereld die arm geboren worden, en arm doodgaan. Hoe denk je dat zij jou zien? “Hij is zo ontzettend bevoorrecht, maar hij doet er niets mee, dus hij zal wel vinden dat hij er recht op heeft. Dat hij het heeft verdiend.” Denk je dat zij vinden dat je zo empathisch bent? Dat je een goed mens bent?’

Opa’s stem klonk schor toen hij antwoord gaf. De haast verlammende opwinding was terug. En het was die toon, en wat hij zei, wat ervoor zorgde dat ik weer aandachtiger begon te luisteren.

'Je hebt onze levens verpest.'

Opa's stem klonk onvast, hij trilde over zijn hele lichaam. Mijn vader richtte zijn blik weer op opa, nog altijd grijnzend.

'Sorry?'

'Ik weet wat je hebt gedaan.'

Mijn vader wendde zich tot mij, maar gebaarde naar opa.

'Tja, je hoort het, hè. Blijkbaar ben ik de duivel zelf.'

'Het is niet goed voor hem om bij jou te zijn.'

'Ben je het daarmee eens? Voelt het niet goed om bij mij te zijn?'

'Hij heeft me vannacht gebeld en hij was helemaal van streek.'

'Ja, maar daar hoef je je geen zorgen over te maken, Anders, we hebben gewoon wat drugs uitgeprobeerd. Dat is heel normaal de eerste keer.'

Mijn vader was de enige die het voor elkaar kreeg om zo onbekommerd te klinken. Het zweet brak me uit. Madde keek me bezorgd aan.

Opa keek me ook aan, en hij kon van mijn gezicht aflezen dat het klopte wat mijn vader zei. We hadden drugs genomen. Ik had tegen hem gelogen. Hij verstijfde, het leek net alsof hij was gestopt met ademhalen. Hij was er kapot van. Ik was er kapot van.

'Dit ben jij niet, Isak...' mompelde hij.

'Sorry,' zei Madde terwijl ze haar handen in de lucht stak om aan te geven dat ze iets wilde inbrengen, 'maar oké... Isak heeft drugs geprobeerd, en nee, hij heeft daar tegen mij ook niets over gezegd. Big deal.'

Mijn vader zei niets, maar hij kwam tevreden over. Hij leunde achterover en nam een slok wijn.

'Isak heeft nooit eerder tegen me gelogen,' zei opa.

'Nee... Ik weet niet hoe je daar zo zeker van kan zijn, maar goed,' ging Madde verder. 'In ieder geval, dat je op je vijfentwintigste nog nooit eerder drugs hebt geprobeerd, dat is bijna abnormaal. Dus... Ik weet niet waarom je er zo'n ding van maakt?'

Madde was voor me opgekomen. En dat voelde goed. Als ik mezelf met opa's ogen zag voelde ik me klein, ellendig en waardeloos, alsof ik iets onvergeeflijks had gedaan. Maar Madde sprong voor mij in de bres en zwakte af wat ik had gedaan. Dat was lief van haar. Ik had dat zo fucking hard nodig op dat moment.

'Jij begrijpt dit niet,' zei opa kortaf tegen Madde. 'Je kent niet het hele verhaal.'

'Klopt het,' vroeg ik, 'dat papa heeft gebeld om met me te praten toen ik klein was, maar dat jij dat niet hebt toegestaan?'

Het floepte er zo uit. Ik had er meteen spijt van. En het volgende moment had ik er geen spijt meer van.

Opa zweeg, staarde me aan met zijn mond halfopen. Hij trok wit weg. Aan de andere kant van de tafel zakte mijn vader nog wat dieper in zijn stoel, hij hield zijn hoofd scheef en keek geamuseerd naar hem.

Opa had er geen antwoord op. In eerste instantie tenminste. Hij bewoog zwijgend zijn lippen alsof hij iets wilde zeggen, maar deed vervolgens zijn mond dicht. Ik zag hoe moeilijk hij het had. Maar ik voelde me eigenlijk niet schuldig. Niet op dat moment. Opa had het erover dat ik tegen hem had gelogen, maar wat had hij zelf gedaan? Waarom had hij me niet met mijn vader laten praten toen ik klein was? Als het een leugen was, waarom zei hij dat dan niet gewoon?

Het was doodstil. Een stilte die alle zuurstof op leek te zuigen. Toen opa weer begon te praten klonk zijn stem gebroken.

'Daar moeten we het... Daar zullen we het later wel over hebben.'

Dus het was waar.

Opa hield de tafelrand vast en stond langzaam op. Hij wankelde een beetje, het leek of hij bang was om te vallen. Hij keek me aan met een terneergeslagen, machteloze en smekende blik.

Ik voelde een steek in mijn hart.

'Ik ga er nu vandoor... Maar wil je nog even met me meelopen? Alsjeblieft?'

'Waarom zou hij dat doen?' vroeg Madde.

Ik hield afwerend mijn hand naar haar op.

'Nee, maar serieus, Anders,' ging Madde verder, 'ik vind dat je...

en ik weet dat ik niet het hele beeld heb, dat ik er niet vanaf het begin bij ben geweest, sorry, het spijt me, maar Isak heeft zijn hele leven met jou doorgebracht, kun je hem niet gewoon een paar dagen met zijn vader door laten brengen?'

Ik zette mijn ellebogen op tafel, sloeg mijn handen voor mijn gezicht.

'Madde, je hoeft niet...'

Ze onderbrak me. 'Nee, ik weet dat het niet hoeft, maar ik moet dit gewoon even zeggen.' En ze richtte zich weer tot opa: 'Zie je niet hoe slecht hij zich hierdoor voelt? Jullie twee haten elkaar overduidelijk en Isak zit er middenin, begreep je dan niet dat dit zou gebeuren toen je hiernaartoe kwam?'

Opa leek naar woorden te zoeken, zijn blik schoot heen en weer en zijn lippen bewogen, maar hij zei niets. Uiteindelijk knikte hij, schoof zijn stoel aan en begon naar de uitgang te lopen. In elkaar gedoken en wankelend.

Mijn hart deed nog meer pijn.

'Opa...' zei ik en ik stond op het punt op te staan, maar Madde boog zich over de tafel heen en pakte mijn hand met beide handen vast, haar blik vol tederheid en medelijden.

Laat hem gaan. Dat is het beste.

En opa vertrok. Ik hoorde zijn zachte voetstappen door de gang verdwijnen.

Ik had een storm van gevoelens in mij.

Opa wilde dat ik iets deed, Madde wilde dat ik iets anders deed en mijn vader wilde dat ik nog iets anders zou doen. Alle drie belangrijke personen in mijn leven om wie ik veel gaf. Ja, ik denk dat het ook voor mijn vader gold na deze intensieve dagen. Ze wilden allemaal dat ik iets zou doen. Maar wat wilde ik zelf?

Mijn hoofd tolde, ik kon niet helder nadenken, niet voelen wat ik wilde. Het was alsof ik het contact met mezelf verloor.

Mijn vader nam een slok wijn, liet het door zijn mond gaan. Hij zag er zo onaangedaan uit, zo tevreden. Hij slikte, en riep toen achter opa aan:

‘Anders, wil je het toetje in een doggybag mee? Het is panna cotta!’

Hij had die avond gewonnen, maar hij kon het niet laten om nog even wat zout in de wond te strooien. Om hem te vernederen.

Er klonk geen antwoord uit de donkere gang. Misschien had opa mijn vader niet eens horen roepen. Mijn vader trok een gezicht naar Madde en mij, dezelfde uitdrukking als al een keer eerder die avond.

Oeps. Er is iemand een beetje geïrriteerd.

En toen was het me ineens zo duidelijk.

Je bent een fucking pestkop, dacht ik.

IK WIST BEST dat ik voor opa het belangrijkst in zijn leven was, dat ik dat altijd geweest ben. Hij was helemaal naar hier gekomen, naar de zomervilla van mijn vader, terwijl hij wist dat hij niet welkom zou zijn. Hij wist dat het mogelijk was dat mijn vader zich vijandig zou opstellen. En ik misschien ook wel. Maar hij was bereid dat risico te nemen, omdat hij zo ontzettend bezorgd om me was. Omdat hij van me hield.

Wat mijn vader nu deed, nog even een trap na geven terwijl hij de overwinning al had behaald, gewoon omdat het kon, dat zou opa nooit doen. Zo gemeen was hij niet, dat zat niet in hem. En mijn vader kon zeggen wat hij wilde over goed en kwaad, dat dat slechts constructen zouden zijn en dat alles samenvloeide als je er goed naar keek, de waarheid was dat goed en kwaad wel degelijk bestonden, en dat compassie daarvoor doorslaggevend is. Dat voelde ik in mijn hart.

Mijn vader was een pestkop, hij had Madde aan zijn kant gekregen, en mij ook, en we hadden ons met zijn drieën op opa gestort, die het goed bedoelde, maar oud en moe was en de energie niet had om ertegenin te gaan.

Arme lieve opa. Wat had ik gedaan?

Het voelde alsof er een golf in me was ontstaan die steeds hoger rees en ineens omklapte, en dat ik bijna verdronk in de kolken van radeloosheid en schaamte.

Ik schoot omhoog van mijn stoel, stond op en mompelde:

‘Nee… Ik moet…’

Madde bleef mijn hand stevig vasthouden over de tafel.

'Isak... Rustig.'

'Ik moet met hem praten.'

Ik probeerde me los te trekken, maar Madde verstevigde haar greep. Ik gaf een extra harde ruk en uiteindelijk waren mijn handen vrij. Ik liep om de tafel heen en zette koers naar de gang waardoor opa zojuist was verdwenen, maar Madde was ook opgestaan, ze deed een paar stappen opzij en versperde mij de weg.

'Laat hem maar gaan, Isak... Jullie kunnen elkaar morgen spreken...'

'Nee... Hou op...'

Madde pakte me vast alsof ze me een knuffel wilde geven, ze sloeg haar armen om me heen. En intussen was mijn vader ook, als een poortwachter, tussen mij en de opening naar de gang gaan staan.

'Rustig, Isak, het heeft toch geen zin.'

Mijn vader legde zijn hand op mijn schouder en pakte mijn arm vast.

Wat was dit nou? Waar waren ze mee bezig?

'Laat me GODVERDOMME los!' schreeuwde ik, ik trok Maddes arm los en duwde haar met zo'n kracht opzij dat ze achteroverviel, ik duwde mijn vader ook weg en mijn schouder stootte behoorlijk hard tegen zijn gezicht, maar dat was verdomme niet mijn schuld, waarom luisterde hij niet naar me, en Madde ook niet?

Ik dacht een sissend geluid van Barbro bij het aanrecht te horen komen. Ik rende de gang in. Verhoogde mijn tempo en trok zelfs een sprintje. Eindelijk was ik bij de entreehal, ik struikelde bijna over mijn eigen voeten in mijn haast naar de deur, rukte hem open en stormde de oprit op.

Het was schemerig, de zon was al ondergegaan, maar de stralen reflecteerden nog op de sluierbewolking die aan de hemel was verschenen, roze en abrikooskleurige sluiers die het witte grind een heel speciale gloed bezorgden. Het leek net licht te geven. De boomstammen gloeiden rood, de toppen van de dennen zagen er eerder zwart uit dan groen.

De oprit was verlaten.

Twee rode achterlichten verdwenen net voorbij de eerste bocht.

Het motorgeluid ebde weg in het geruis van het bos, als een druppel bloed in de zee. Nog even en er was niets meer van te horen.

Ik rende terug naar de keuken.

Kut kut kut.

Ik kwam Madde tegen in de gang.

'Hé,' zei ze terwijl ze me vast probeerde te pakken, maar ik haastte me langs haar heen. Ik moest opa bellen, nu meteen. Ik had mijn mobiel niet bij me, dus die moest nog in de keuken liggen.

Mijn vader stond met zijn handen in zijn zakken en keek me aan toen ik terugkwam. Mijn telefoon lag niet bij mijn plaats aan tafel. Ik keek ook op mijn stoel en op de vloer.

'Waar is mijn mobiel?' vroeg ik.

Mijn vader haalde zijn schouders op.

'Weet ik niet.'

Zou ik hem op het terras hebben kunnen laten liggen toen we een drankje namen voor het eten? Ik trok de glazen schuifpui open en rende naar buiten om te kijken, zowel bij de tafel waaraan we hadden gezeten als bij de lage loungemeubels, om wat voor reden hij daar dan ook terecht had kunnen komen.

Niks.

Ik haastte me weer naar binnen. Madde was inmiddels ook weer in de keuken aangekomen.

'Ik moet hem echt hier hebben laten liggen, hoor,' zei ik. 'Serieus, wat gebeurt hier?'

Mijn vader keek weg, wreef zich langs zijn mond en neus. Hij stond nog steeds met zijn handen in zijn zakken, maar ik zag de contouren van een telefoon door de linnen stof heen.

'Geef hem aan mij,' zei ik tegen mijn vader, ik zette een stap naar hem toe en hield mijn hand op.

'Laat het toch los,' zei hij. 'Je kan hem morgen bellen.'

Ik deed nog een stap in zijn richting.

'Geef hem.'

Het was geen verzoek, maar een bevel. Ik had mijn stem verheven.

Mijn vader deed voorzichtig een stapje achteruit, hij deinsde van me vandaan, zonder mij met zijn blik los te laten. Ik zag iets waakzaams en alerts in zijn ogen.

'Nee, ik wil dat je even rustig wordt...'

Ik snelde op hem af, Madde had de kans niet om me tegen te houden, ik reikte naar zijn broekzak en hij probeerde weg te draaien en mijn handen weg te duwen, maar ik was veel sterker dan hij.

'Isak... Beheers je!' bulderde hij.

Mijn vader en ik duwden en trokken aan elkaar. Maar verbeten en doelbewust wist ik mijn hand in zijn broekzak te krijgen en haalde ik de telefoon eruit.

Het was die van mij.

Ik deed een paar stappen bij mijn vader vandaan, staarde hem wild aan. Mijn vader keek strak terug, hij kwam niet per se bang over, eerder verontrust, hij besefte dat er iets helemaal mis begon te gaan tussen ons.

'Ik kan het...'

'Ben je helemaal gek geworden?!'

Ik haastte me de keuken uit met mijn mobiel in mijn hand.

'Isak!' hoorde ik Madde achter me aan roepen.

Fuck haar, fuck mijn vader, fuck heel deze rotplek.

Al lopend haalde ik mijn contactenlijst tevoorschijn om opa te bellen.

Er werd niet opgenomen.

Ik werd doorverbonden naar de voicemail.

'Hoi opa, met Isak, het spijt me echt hoe het allemaal is gelopen... Bel me alsjeblieft zo snel mogelijk terug. Ik wil graag met je mee hiervandaan, als je... Nou ja, als je nog terug wil komen, anders zien we elkaar morgen wel, het heeft ook niet per se haast, hoor, maar... Bel me. Het spijt me echt.'

Toen ik klaar was met inspreken was ik bij Madde en mijn deel van het huis aangekomen. De hal lag in het donker, de groteske bank hing er als een donkere onweerswolk dreigend boven. Ik deed het plafondlicht aan. Zette ook een staande lamp aan die in een hoek stond. Ik liep door naar de tentoonstellingsruimte en deed de lichten daar ook aan. Allemaal. Ik voelde gewoon dat het licht om me heen moest zijn, zo licht mogelijk.

Ik liet me op het bed zakken en belde opa nog een keer. Er werd alweer niet opgenomen.

Toen hoorde ik voetstappen door de gang dichterbij komen. Ik hield mijn mobiel nog steeds tegen mijn oor gedrukt, hij bleef maar overgaan zonder dat er werd opgenomen. Madde kwam naar me toe gelopen, keek me vragend aan, maar zei niets.

Hij ging weer over op de voicemail. Ik hing op. Het had geen zin om nog een bericht in te spreken.

'Neemt hij niet op?'

'Nee.'

Madde zuchtte en ging naast me op de rand van het bed zitten. Ze wilde mijn hand pakken, maar ik trok hem weg. Ze bleef naar me toe gedraaid zitten, met haar open hand op haar schoot, haar hele lichaam was één groot vraagteken, een vraag die niet uitgesproken hoefde te worden.

We zaten een tijdje zwijgend naast elkaar. Toen draaide ik me naar haar toe en keek haar aan.

'Waarom zei je niet dat papa mijn mobiel had gejat?'

'Dat wist ik niet!' Ze haalde met opgeheven handen haar schouders op. 'Ik rende toch achter jou aan!' Ze klonk vertwijfeld.

Ik keek weg, maar toen hoorde ik een snik.

Oké, daar had ze natuurlijk wel gelijk in.

'Sorry,' zei ik. Mijn stem klonk dun en broos.

Madde veegde een traan weg die over haar wang liep.

'Waarom kun je maar niet begrijpen dat ik aan jouw kant sta?'

'Omdat ik een idioot ben.'

Ik opende mijn armen voor Madde. Het duurde even, maar toen ging ze tegen me aan zitten en kon ik mijn armen om haar heen slaan.

Zo bleven we lange tijd zitten, zachtjes heen en weer wiegend.

De zomernacht was op zijn donkerst. Alle lampen waren uit. Er lichtte vaag een vierkant op langs de zijkanten van de dichtgetrokken gordijnen, maar verder was het donker in de kamer.

Madde lag op haar zij te slapen, met haar rug naar me toe.

Ik lag naar het plafond te staren.

Ik had opa nog drie keer gebeld, maar hij had niet opgenomen. Dat maakte me ongerust. Maar ik hield mezelf voor dat hij er waarschijnlijk niet aan toe was gekomen om zijn mobiel op te laden.

Ik had tegen Madde gezegd, toen we zo op de rand van het bed zaten, dat als ik niet zoveel had gedronken, ik in de auto was gesprongen en meteen zou zijn vertrokken. Mijn vader en ik waren klaar met elkaar. Ik hoefde zijn fucking geld niet. Hij bedierf alles waar hij mee in aanraking kwam. Hij was dan misschien een genie, zoals er werd gezegd, maar hij was ook echt niet helemaal goed bij zijn hoofd.

Madde had geknikt en gezegd dat het belangrijkste voor haar was dat wij bij elkaar waren. Ze stelde voor om onze spullen in te pakken en de volgende dag direct na het ontbijt te vertrekken.

Dat was echter niet waar ik aan lag te denken.

Dat was iets wat opa had gezegd.

Ik weet wat je hebt gedaan.

Wat bedoelde hij daarmee?

Ik weet wat je hebt gedaan.

Die woorden suggereerden dat mijn vader ergens mee weg was gekomen, er was iets wat opa wist dat mijn vader had gedaan waar hij niet verantwoordelijk voor was gesteld. Dus dat kon niet te maken hebben met het feit dat hij zijn verantwoordelijkheid als ouder had verloochend en uit mijn leven was verdwenen. Dat was namelijk geen geheim, daar zat geen waarheid in die nog aan het licht moest komen.

Het moest iets anders zijn. Iets groters.

Je hebt onze levens verpest.

En ineens besefte ik wat ik in het atelier had gezien dat belangrijk was. Dat ene dat voorbij was gevlogen zonder dat ik het vast had kunnen grijpen.

Het is bizar hoe herinneringen diep vanbinnen in ons kunnen sluimeren, als slijk op de bodem van een meer. Dan beweeg je erin rond en komt er iets los, stijgt naar het oppervlak.

Ik wist het weer. Mijn hart ging hevig tekeer.

Ik moest terug naar het atelier.

IK STA IN het washok. Ik haal de verwassen katoenen gevangeniskleding, broeken en kraagloze overhemden uit een wasmachine en gooi alles in een grote wasmand op wieltjes.

Inderdaad. Ik ben hier dan toch terechtgekomen.

Ik rol de mand naar de droger, doe hem open en begin de vochtige kledingstukken erin te stoppen. Alle machines zijn zowat twee keer zo groot als gebruikelijk. Echt van die industriële dingen. Het is er warm en het ruikt lekker naar wasmiddel. Enorme stofvlokken dwarrelen over de stenen vloer.

Soraya bleef maar doorzeuren tot ik er gisteren mee akkoord ging om een uurtje te gaan. Dat zegt wel iets over de eentonigheid in de cel, dat ik er vandaag weer naartoe wilde.

Ik wil niet meer leven, maar ik hoef me ook weer niet erger te vervelen dan nodig.

Wanneer ik alle was in de droger heb gestopt, haal ik het filter uit de binnenkant van het deurtje om te zien of dat schoongemaakt moet worden. Het rooster zit helemaal vol met stof en viezigheid, het ziet eruit als een donkergrijze lap stof. Het is best satisfying. Probeer het zelf maar eens als je me niet gelooft.

Terwijl ik daar sta, met mijn ene hand vol pluis, hoor ik voetstappen achter me. Ik verwacht dat het iemand van het personeel is en ik draai me om. Maar er staat een vrij korte en brede gast, in gevangeniskleding. Zijn bovenlijf is zo gespierd dat het er bijna komisch uitziet. Zijn armen staan een beetje opzij. Zijn nek lijkt op die van een stier.

Zijn korte benen zien er ook gespierd uit. Hij heeft tattoos over zijn hele armen, in zijn nek en over de helft van zijn gezicht. De zijkanten van zijn hoofd zijn geschoren, bovenop dik zwart haar dat in een sierlijke golf over zijn voorhoofd hangt. Arabische achtergrond, denk ik, Turks misschien.

'Hé,' zegt hij. 'Broer, kun je me ergens mee helpen?'

De toon is vriendelijk, het lijkt een open vraag, maar ik vermoed dat deze jongen niet gewend is om nee als antwoord te krijgen als hij ergens om vraagt.

'Werk je hier?' vraag ik.

Hij grijnst.

'Haha, nee, ik werk hier niet.'

'Oké.'

'Zie ik eruit alsof ik hier werk?'

'Weet niet.'

'Werk jij hier?'

'Op dit moment wel.'

'Maar je zit wel in hechtenis, toch?'

'Ik geloof niet dat je hier mag zijn.'

Hij kijkt oprecht verbaasd.

'Jij denkt niet dat ik hier mag zijn?'

'Nee.'

Verbaasd en geïnteresseerd. Hij doet een paar stappen in mijn richting.

'Waarom denk je dat?'

'Omdat ik geen andere gevangenen mag zien. Daarom ben ik in het washok.'

Nu lacht hij, en hij doet nog een paar stappen naar me toe.

'Maar daar hebben wij schijt aan, toch? Wij zijn toch stoere jongens? Of niet?'

Hij staat recht voor me. Kijkt naar me op. We staren elkaar een tijdje zwijgend aan.

Ik bal mijn rechtervuist.

Op dat moment hoor ik de stem van Per achter me.

'Abbe? Ik zocht jou.'

‘Is dat zo?’ zegt de jongeman die blijkbaar Abbe heet, zonder zijn blik van mij af te wenden.

‘Kom. We gingen toch even kaarten?’ Per gaat tussen ons in staan, duwt Abbe licht dwingend in de richting van de deur. De betovering is verbroken. De wedstrijd wie-het-langst-kan-staren is onbeslist geëindigd.

‘Wie is die fucking clown?’ wil Abbe weten.

‘Maak je maar niet druk om hem,’ zegt Per. ‘Hij komt uit Småland.’

’s Avonds lig ik op mijn brits in de cel naar het plafond te staren en denk ik aan hoe weinig het had gescheeld of ik had Abbe een dreun verkocht in het washok. Als dat zou zijn gebeurd, wat zou mijn vader dan gezegd hebben?

Dat was een verdomd mooie rechtse van je.

Hij zou trots zijn geweest. Dat maakt me ongerust.

Ik ging naar Fårö en werd iemand anders.

Of is het zoals mijn vader zegt, dat dit is wie ik eigenlijk ben?

IN HET SCHIJNSEL van de zaklamp van mijn mobiel wist ik makkelijk het pad door het donkere bos te volgen. Het gesuis in de dennenboomtoppen nam steeds toe en dan weer af. Vanaf het strand waren de golven bijna onnatuurlijk duidelijk hoorbaar. Het klonk alsof ze slechts een meter of tien verderop waren.

Al snel zag ik het donkere silhouet van het atelier voor me opdoemen. Ik tilde de bloempot met de olijfboom een stukje omhoog en haalde de sleutel eronder vandaan. Ik stond op, haalde de deur van het slot en ging naar binnen.

De geur van verf en houtskool was nu bijna nog overheersender dan toen ik hier met mijn vader was geweest. Misschien omdat het donker was. Mijn reukvermogen hoefde niet te concurreren met mijn zicht. Ik durfde het licht niet aan te doen, wist niet of dat vanaf het huis te zien zou zijn. Misschien was mijn vader wel wakker, of Madde, of Barbro.

Zou zij vannacht weer in een hoek van de keuken zitten slapen?

De ruimte kwam kleiner over zo in het donker. Ik scheen met mijn mobiel van de ene naar de andere kant. Alles leek op dezelfde plek te staan als de dag ervoor. Op het bureau stond het kleine godenbeeldje zonder te knipperen het licht in te staren. Hij zag er merkwaardig echt uit. Ik had het gevoel dat hij zou knipperen zodra ik de lichtstraal zou verplaatsen, alsof hij het gewoon vol probeerde te houden totdat ik niet meer keek.

Ik liet het licht van mijn mobiel een tijdje op het figuurtje schijnen. Ik was zowat banger voor dat ene kleine beeldje dan voor al die grote beelden in de kamer waar we sliepen bij elkaar. Maar hij knipperde niet. Er ging onwillekeurig een rilling door me heen.

En toen richtte ik de lichtstraal op het grote schilderij. Dat was tenslotte de reden dat ik midden in de nacht op was gestaan en hierheen was gegaan.

Daar stond het, tegen de korte muur aan met lakens eroverheen.

Ik had het al eens eerder zo zien staan. Jaren geleden, heel ergens anders.

Klara, mijn moeder en ik waren bij mijn vader op bezoek in het atelier dat hij toen in Stockholm had. Ik was zes en Klara was drie. Het was in de zomer, mijn moeder had vakantie. De dag daarop zouden we naar opa en oma in Småland gaan zonder mijn vader. We zouden vroeg vertrekken, dus dit was het moment om hem gedag te zeggen.

Het atelier was een spannende plek, met een hoog plafond en grote ramen waar het licht doorheen naar binnen stroomde. Er waren werkbanken en planken met verfpotten en kwasten en gereedschap dat mijn vader gebruikte als hij aan het schilderen was. De vloer was bedekt met papier, en dat papier zat onder de verfvlekken.

Mijn vader was altijd in een goed humeur in zijn atelier. Thuis leek hij altijd ergens anders te zitten met zijn gedachten. Zelfs als we iets leuks deden met het hele gezin, zoals ergens wat drinken of zwemmen, leek het alsof hij er nooit helemaal bij was. Ik weet nog dat ik dat vroeger wel eens dacht: mijn vader leek liever in zijn atelier te zijn dan thuis met mijn moeder, Klara en mij. En dat dat waarschijnlijk de reden was dat mijn moeder soms verdrietig was, ook al probeerde ze dat niet aan Klara en mij te laten merken.

Daarom was ik altijd vrolijk. Het was aan mij om de sfeer goed te houden, dat had ik wel door. Klara was te klein om de verantwoordelijkheid te nemen voor zoiets.

Ik zal de hele wereld voor je inkleuren, lieve mama.

Mijn moeder had waarschijnlijk gedacht om nog even samen wat te gaan drinken en dan terug naar huis te gaan om verder in te pakken. Maar mijn vader had andere plannen. Klara en ik gingen schilderen! We hadden schilderskleding in een kast hangen, dus die mochten we aan gaan trekken. We kregen verf en kwasten en allebei een groot vel papier en toen zei mijn vader dat we het zo vol moesten spetteren als we maar konden.

Mijn vader was in een goede bui. Een heel goede bui. Een beetje een te goede bui.

'Meer spetters! Maak het maar lekker vies! Haha!' Hij lachte hard, zijn ogen schitterden. De kleuren vlogen door de lucht, op en naast het vel papier.

Klara vond het fantastisch, maar ik kreeg al snel een knoop van ongerustheid in mijn maag. Er was iets wat niet helemaal klopte. Dat zag ik ook in de ogen van mijn moeder. Of misschien vooral daar. Ze stond stijf van de spanning.

Ik probeerde mijn vader te laten zien dat ik het schilderen leuk vond om hem niet teleur te stellen, maar ik wilde ook weer niet te vrolijk overkomen, want dan dacht mijn moeder misschien dat ik helemaal onder de indruk was van mijn vader en dat ze de controle over mij en Klara kwijt was, wat haar nog ongeruster zou maken. Jij mag het zeggen, probeerde ik met blikken en gezichtsuitdrukkingen te seinen. Als jij hier weg wil, dan gaan we.

Ik was een hypergevoelig ventje vroeger. Ik kreeg alle stemmingen in een ruimte mee, van elke persoon. Ik had het er erg druk mee, kan ik je vertellen.

Er was een klein keukentje in het atelier en terwijl wij aan het schilderen waren, zette mijn moeder koffie. Toen het koffiezetapparaat klaar was met pruttelen zei ze dat we wat moesten komen drinken. We gingen op krukjes zitten rond een kleine tafel. Op een plank boven het aanrecht stond het kleine stenen figuurtje met de scheve ogen. Dat had ik nog niet eerder gezien. Ik weet nog dat ik hem eng vond. Op een of andere manier had ik het gevoel dat dat samenhing met het manische gedrag van mijn vader.

Klara en ik kregen allebei een pakje Festis van mijn vader en hij opende een rol Ballerina-koekjes, niet alleen aan één uiteinde, maar over de volle lengte.

'Neem zoveel je wilt! Eet maar lekker!'

Klara keek mijn vader verrast aan en pakte er een paar. Mijn vader tilde er drie tegelijk op met duim en wijsvinger en begon ze naar binnen te werken.

'Eén koekje tegelijk,' waarschuwde mijn moeder. 'Anders krijgen jullie pijn in je buik.'

'Mijn atelier, mijn regels,' zei mijn vader. 'Jullie mogen hier zo veel koekjes pakken als jullie maar willen.' Hij glimlachte breed naar Klara, boog zich naar haar toe en knipoogde overdreven.

Ik nam een koekje en begon er met piepkleine hapjes van te eten.

Het stenen figuurtje stond met zijn handen in zijn zij streng de lucht in te staren.

Midden in het atelier, op het grootste werkoppervlak, stond een schilderij tegen de muur geleund. Het was het grootste dat ik ooit had gezien. Zo groot als een volwassene, en nog breder. Het was bedekt met oude lakens, dus ik kon niet zien wat erop stond. Toen Klara haar pakje had leeggedronken sprong ze van haar kruk af en liep naar het grote schilderij, bleef ervoor stilstaan en keek ernaar. Haar nieuwsgierigheid nam de overhand. Ze liep eropaf en tilde een hoek van het laken op.

Ik kon er een glimp van opvangen. Zag iets roods en oranjes. Dikke lagen verf.

'Klara,' zei mijn vader. 'Afblijven!'

Zijn stem klonk ontzettend streng, maar Klara merkte dat niet. Mijn moeder zei:

'Klara? Kom eens hier.'

Klara pakte het laken steviger vast en begon eraan te trekken, de stof gleed langzaam van de bovenkant van het schilderij af, nog even en het zou er helemaal vanaf vallen en dan zouden we zien wat het schilderij voorstelde.

Mijn vader schoot als een springveer omhoog van zijn stoel. In drie grote stappen was hij bij Klara, hij rukte haar hand los van het laken en met één beweging tilde hij haar weg bij het schilderij.

Het gebeurde allemaal binnen een paar seconden.

Ik schrok er nogal van. Had geen idee dat mijn vader zich zo snel kon bewegen.

Hij vloekte niet, hij schreeuwde niet, maar de intensiteit van zijn bewegingen was beangstigend. Hij had gereageerd alsof Klara in levensgevaar was.

Ze keek eerst verbaasd, toen vertrok haar gezicht, haar onderlip begon te trillen en ze barstte in huilen uit.

'Mama!' riep Klara terwijl ze daar over mijn vaders arm hing. 'Mamaaa...' Haar geroep ging over in gesnik.

Mijn moeder was al naar ze toe gekomen, strekte haar armen naar Klara uit.

'Kom maar. Kom, lieverd.'

Mijn vader overhandigde Klara aan mijn moeder, een beetje verstrooid, alsof ze een tas met boodschappen was. Hij was volledig gefocust op het schilderij, of het laken er nog overheen hing. Ja, het leek wel te blijven hangen. Hij stak zijn hand achter het schilderij en trok aan het laken zodat het er weer recht overheen hing.

'Geeft niets, meisje, niks aan de hand,' troostte mijn moeder Klara. Toen zei ze dat het tijd was voor ons om naar huis te gaan en verder te gaan met inpakken. Ze klonk vastberaden.

Ik was opgelucht. Er hing een nare spanning in de lucht tussen mijn ouders. Ze konden waarschijnlijk maar beter niet in dezelfde ruimte zijn.

Klara en ik kregen allebei een knuffel van mijn vader.

'Tot de volgende keer,' zei hij. 'Ik weet nog niet of ik van de zomer naar Småland kom.'

Maar ik keek naar het gigantische schilderij en vroeg me af wat erop stond.

En nu stond ik hier, in het kleine atelier op Ajkeshorn, voor hetzelfde schilderij, me hetzelfde af te vragen.

Want het moet toch wel hetzelfde schilderij zijn?

Ik richtte de zaklamp van mijn mobiel op het grote, overdekte doek.

Misschien dat het wat kleiner was dan ik me herinnerde. Maar dat was ook niet zo vreemd, ik was toen nog maar zes, toen was het veel groter ten opzichte van mij.

Net als toen hingen er lakens overheen. Zouden het zelfs dezelfde zijn?

Mijn hart ging tekeer, ik was buiten adem en had een droge mond.

Ik liep ernaartoe en tilde de rechterhoek van het laken op, net als Klara zo'n twintig jaar geleden had gedaan.

Het licht van mijn mobiel viel op rode en oranje tinten. Dik van de verf.

Ik liet het laken los en deed een paar stappen achteruit.

Ja. Ik herkende het. Het was precies dat schilderij waarvan mijn vader absoluut niet had gewild dat wij het zouden zien.

Ik ademde met korte, intense ademhalingen, maar kreeg alsnog niet genoeg lucht, ik was duizelig en misselijk, mijn hart bonsde in mijn keel.

Ik weet wat je hebt gedaan.

Gisteren had mijn vader gezegd dat dit het eerste schilderij was dat hij had gemaakt van de brand die mijn moeder en Klara had gedood. De belichaming van zijn trauma. Het keerpunt van zijn carrière.

Het vreemde was alleen dat die keer in het atelier, toen Klara bijna het laken van het schilderij had getrokken, toen had de brand nog helemaal niet plaatsgevonden. De dag daarop vertrokken mijn moeder, Klara en ik naar Småland, wij mochten in het zomerhuisje logeren terwijl opa en oma thuisbleven in de stad, en ongeveer een week later vond de verschrikkelijke gebeurtenis pas plaats.

Je hebt onze levens verpest.

Mijn vader had een schilderij geschilderd van een brand die nog niet had plaatsgevonden.

Dat was onmogelijk. Maar het was wel gebeurd.

De gedachten vlogen als wespen door mijn hoofd.

Ik moest het Madde vertellen. Zou ze me geloven? Zou ik opa moeten bellen?

Ik wist niet waar ik goed aan deed. Het begon me te duizelen, de zwerm van gedachten was als een bol van nachtvlinders onder een lantaarnpaal, ze bleven maar rondjes vliegen. Ik begon de controle te verliezen.

Zonder echt door te hebben waar ik mee bezig was, liep ik naar het schilderij en trok ik de lakens eraf, eerst het ene, toen het andere. Het ging vanzelf, zoals wanneer je midden in een belangrijk telefoongesprek zit en je tegelijkertijd het koffiezetapparaat aanzet. Mijn gedachten waren ergens anders op gericht, binnen in mezelf, ik probeerde de duizeligheid af te remmen, voelde dat ik bijna flauwviel.

Ik liet de lakens op de grond vallen. Deed een paar stappen bij het schilderij vandaan, scheen er met mijn mobiel op.

Het effect was onmiddellijk.

Alles verdween, behalve het schilderij.

Het nam me mee terug.

IK DROOM DAT ik in opa's zomerhuisje lig te slapen, en dat het licht op de overloop zo fel schijnt dat ik er wakker van word. Er is iets mis met de lamp, want het licht flikkert een soort van, een beetje zoals het schijnsel van de tv als je een film zit te kijken. Bovendien klinkt het griezelig, met meerdere geluiden tegelijk, deels een soort knisperend geknetter alsof de lamp kapotgaat, en deels is er een dof gebulder op de achtergrond te horen.

De slaapkamer van Klara en mij is op de bovenverdieping van het huis. Mama slaapt beneden in de kamer van haar en papa.

Ik kan me niet bewegen, ik zou wel uit bed willen gaan om te kijken wat er nu eigenlijk aan de hand is op de overloop, maar mijn lichaam gehoorzaamt niet en het is toch ook maar een droom? Ik kan in elk geval niet wakker zijn. Ik lig als verlamd in bed en het licht op de overloop wordt steeds feller en het geluid steeds harder en nu merk ik bovendien dat het stinkt, een beetje zoals tijdens een barbecue. Ja, ik ruik rook, en nog iets wat ik nog nooit eerder heb geroken, het ruikt sterk, zoet en verstikkend tegelijk.

Nu voel ik zelfs de warmte op mijn wang, zoals wanneer je een kampvuurtje aan het stoken bent en je gezicht heet is terwijl je nek koud is. Wat is dit voor een droom? Ik zie hem, ik hoor hem, ik ruik hem en ik voel hem zelfs.

Uiteindelijk gehoorzaamt mijn lichaam. Ik zet mijn handen op het matras en duw mezelf omhoog, klaarwakker. Dan komt de shock.

De overloop staat in brand. De deur staat op een kier en ik kan de vlammen zien, ik hoor het gebulder, ik ruik de geur. Er komt rook de slaapkamer binnen, het beweegt een soort op en neer door de deuropening en stijgt op naar het plafond.

'MAMA! MAMAAAAA!'

Mama geeft geen antwoord. Maar dat is het enige waar ik aan kan denken: mama moet ons komen redden. Er is geen andere oplossing, dus ik ga door met roepen.

'MAMAAAAA!'

Klara wordt wakker in het bed dat een paar meter verderop staat, in een wereld die gek geworden is. Ze gaat rechtop zitten en na een paar seconden begint ook zij hard te huilen en gillen.

Haar gegil doet iets met me. Ik ben niet zomaar een hulpeloos zesjarig jongetje. Ik ben ook een grote broer, zo veel groter en sterker dan mijn driejarige zusje. Ik weet en kan zo veel meer.

Ik moet ons hieruit zien te krijgen.

Ik loop naar de deur en kijk door de opening. De hitte is verschrikkelijk, je kunt je gezicht maar ongeveer een seconde naar het vuur gericht houden voordat het te veel pijn doet. De vlammen gaan vreselijk tekeer. Ik heb buitenshuis wel een aantal grote vreugdevuren gezien en het altijd best cool gevonden om gigantische vlammen van die gloeiende vonken de avondlucht in te zien schieten. Maar nu ik datzelfde gewelddadige vuur binnen zie branden, op een smalle overloop in een oud huisje, kan ik alleen maar angst voelen.

Die vreemde geur, zo anders, zwaar en prikkend, vult mijn longen. De vlammen lijken elke seconde harder te bulderen.

Ik ga terug naar Klara, pak haar hand vast en trek haar mee naar de deur, maar ze stribbelt tegen, ze zet zich schrap en begint nog harder te gillen, ze voelt met heel haar wezen dat het verkeerd is om recht het vuur en de rook en het gebulder in te gaan, ze wil daar juist van weg.

'HOU OP!' roep ik om boven de vlammen uit te komen, 'WE MOETEN NAAR BUITEN!'

Klara is hysterisch.

'NEEEE! NEEEEE!'

'KOM NOU!'

Ik trek zo hard ik kan aan haar hand, ze struikelt en valt op de grond. Ik laat haar los, loop naar de deuropening en kijk erdoorheen, maar trek snel mijn hoofd weer terug. Het is nog heviger aan het branden. Van muur tot muur, van vloer tot plafond, niets anders dan wervelende vlammen. Het is net of het vuur zo snel mogelijk een einde wil maken aan het huis en aan Klara en aan mij, het buldert in mijn oor dat ik eraan ga.

Als we ons nu allebei in een deken wikkelen, denk ik. Dat zou wel eens wat kunnen schelen. En dan zo snel mogelijk rennen. Het vuur door, naar de trap toe.

'Klara,' zeg ik terwijl ik haar bij haar schouders pak. Ik moet hard praten om boven het gebulder uit te komen, maar ik probeer toch rustig te klinken. Maar Klara luistert niet, ze blijft maar huilen en gillen, schel en hartverscheurend.

'MAMAAAA!'

Dit gaat zo niet, we hebben niet genoeg tijd, we gaan dood. Ik schud haar heftig door elkaar, in paniek.

'LUISTER NOU!' roep ik wanhopig, en ik moet ook huilen, een groot deel van mij wil precies hetzelfde doen als Klara, stil blijven staan en mama roepen en wel zien hoe het loopt. Maar de grote broer in mij wil iets anders.

En Klara wordt nog stil ook. Misschien door de shock. Ik ben nog nooit zo gewelddadig tegen haar geweest.

'We moeten de overloop door rennen,' zeg ik. 'Met allebei een deken om ons heen.'

Ik haal Klara's deken van haar bed, wikkel die zo snel ik kan om haar heen en laat haar zien waar ze die vast kan houden zodat ze hem niet laat vallen. Klara snikt nog na, maar knijpt zo hard in de rand van de deken dat haar knokkels wit worden. Ik pak mijn eigen deken en wikkel die om me heen. Ik haast me naar de deur en trek hem open, de deurklink is zo heet dat ik hem nauwelijks vast kan houden, ik zet snel een paar stappen terug de kamer in.

Klara en ik staan naast elkaar in de slaapkamer met de dekens om ons heen gewikkeld. De rook wervelt om ons heen. Het prikt in onze ogen.

Ik pak Klara's dekbed vast en trek het over haar hoofd, als een hoofddoek.

'Rennen!' roep ik. 'Ren naar de trap en spring!'

Klara doet wat ik zeg en begint met haar kleine voetjes naar de deur te trippelen, het dekbed achter haar aan slepend. Ik moet oppassen dat ik er niet op stap, ik wacht ongeduldig.

De moordende hitte in de deuropening zorgt ervoor dat Klara aarzelt.

Ik schreeuw:

'REN DAN!'

Klara gilt op haar allerhardst terwijl ze recht de fikkende overloop op rent, ik trek mijn eigen deken over mijn hoofd en sprint achter haar aan, kan niet meer wachten en stap op Klara's dekbed terwijl ik mezelf regelrecht de vuurzee in werp, het voelt alsof ik meteen in brand sta, ik ga eraan, ik zie niks maar sprint in de richting waarvan ik weet dat de trap daar zit, voel dat ik ergens over struikel, maar ik blijf gewoon recht vooruitgaan, nog twee grote passen en dan stap ik met mijn voet in de lucht, ik val halsoverkop voorover, maak een salto en begrijp pas wat er gebeurt als ik aan het begin van de trap op de grond lig.

Ik krijg bijna geen lucht.

Maar ik leef nog.

In de gang beneden brandt het niet zo hevig als boven. De hitte is sterk, de rook prikt in mijn ogen en keel, maar hier zijn is niet hetzelfde als doodgaan. Nog niet.

Ik krabbel overeind en ga rechtop zitten, nog steeds in mijn deken gewikkeld.

Waar is Klara?

Ik zie haar nergens.

Is ze al naar buiten gegaan?

Nee, dat kan niet.

Ik weet het antwoord.

Ze is nog boven. In de hel.

Ik stond op haar dekbed, en ze moet zijn gevallen, waarschijnlijk was het haar lichaam waar ik over struikelde toen ik me naar de trap haastte. Maar ik stopte niet om haar te helpen want ik wilde niet doodgaan.

'KLARA!' schreeuw ik wanhopig. 'KLARA!!!'

Geen antwoord.

Ik sta op en laat het dekbed op de grond liggen, doe een paar snelle stappen de trap op, maar de hitte dwingt me weer terug naar beneden. Ik moet hevig hoesten van de rook.

Straks gaat ze dood, denk ik.

En dan zie ik een kleine gestalte de bovenste traptrede op kruipen, gewikkeld in vlammen, over de rand heen, en vervolgens halsoverkop naar beneden tuimelen.

Het is Klara. Ze blijft halverwege op een traptrede liggen, halverwege de redding.

'Klara!' snik ik weer, maar de schrik is nu vermengd met een beetje hoop, ik vlieg opnieuw de trap op en voel de hitte nauwelijks, ik pak haar onder haar armen vast en sleep haar de trap af, weg van het vuur, door de nu bijna volledig met rook gevulde gang beneden, leg haar op de deurmat terwijl ik de buitendeur opendoe en sleep haar dan verder het huis uit, de twee traptreden af en het gras op dat vochtig is van de dauw. Weg van het brandende huis.

Op mijn rug voel ik nog steeds de hitte van het vuur, maar op mijn gezicht, dat naar het meer gericht is, voel ik de koelte van de zomernacht. En het is heerlijk donker. Het donker staat nu voor leven voor mij. Licht betekent dood.

Ik leg Klara op de grond neer en laat mezelf naast haar zakken.

'Klara? Klara?'

Ik kijk wat beter naar mijn zusje in het warme licht van de vlammen. Ze ziet er behoorlijk slecht uit, dat viel niet te ontkennen. Op de helft van haar hoofd zijn haar haren weggebrand, haar oor, wang en voorhoofd zijn zwart aan die kant, afgezien van een rode snee onder haar oog waar de huid is gesprongen. Klara ruikt naar rook en verbrand haar.

Het lijkt alsof ze slaapt.

‘Klara?’ zeg ik zachtjes, ik pak haar hand en geef er een kneepje in.

Klara opent haar ogen en kijkt me met een wazige blik aan. Dan doet ze ze weer dicht, ze wil blijkbaar slapen. Ondanks het feit dat ze er zo vreselijk uitziet, heeft ze nog steeds die gezichtsuitdrukking waar ik zo van hou. Goedhartig, vol vertrouwen. Alsof ze er zeker van is dat er niets ergs kan gebeuren. Dat stelt mij op een of andere manier ook gerust.

Haar pyjama is aan flarden, haar mouw is weggebrand en haar kleine mollige armpje is ook zwart en gebarsten. Dat wat er allemaal in je arm zit, spieren en pezen en bloed, is zichtbaar. Het glanst donkerrood in het schijnsel van het brandende huis. Ik begrijp dat ze hulp nodig heeft. Nu leeft ze nog, maar ze kan nog steeds doodgaan.

‘HEEELP!!!’ roep ik en nu ben ik weer een radeloze zesjarige die niet weet wat hij moet doen. ‘HEEELP!!!’

Er komt geen antwoord.

Het brandende zomerhuisje verlicht de nacht.

Het gebulder en de hitte bereiken ons op het gras, tot aan halverwege richting de waterkant.

Ik sta op en doe haastig een paar stappen in de richting van het huis tot de hitte me tegenhoudt.

‘MAMMAA!!! MAAMMAAAA!!!’

Als mama nog binnen is, dan is ze nu dood.

Die gedachte komt bij me op, maar ik duw die snel weg zodat ze niet helemaal duidelijk geformuleerd wordt, want dat mag niet, dat kan ik niet aan.

In plaats daarvan denk ik dat mama vast naar buiten is gevlucht. Ja, zo moet het zijn gegaan, ze werd wakker en ze probeerde naar onze slaapkamer toe te komen om ons te redden, maar de boel stond al zo erg in de fik dat ze gedwongen was om terug te gaan, misschien dacht ze van: ‘Als ik niet door het vuur heen kom dan ga ik dood en dan is ook alle hoop verloren voor Isak en Klara. Ik kan beter hulp gaan halen.’

Zoiets dacht mama waarschijnlijk. Ze leeft nog, en Klara leeft nog, en alles kan nog goed komen.

Als mama weg zou zijn gerend om hulp te halen, waar zou ze dan heen zijn gegaan?

Naar Ingegerd en Kjell, natuurlijk.

Ingegerd en Kjell zijn de buren die het dichtstbij wonen. Zij wonen een stukje verder door het bos aan het water. Ze zijn zelfs nog ouder dan opa en oma en houden heel erg van kinderen. Een van de gezelligste dingen die er bestaat is om bij hun op de veranda te zitten onder een dak van half doorschijnend plastic terwijl de zomerregen daarop tikt, en zelfgemaakte kersensap te drinken en koffiebroodjes en koekjes te eten tot je niet meer kan.

Ja, mama moet naar Ingegerd en Kjell zijn gegaan.

Ik heb dat pad door het bos al heel vaak genomen met mama. Het is ongeveer een kwartier of twintig minuten lopen. Ik denk dat ik de weg zelf wel kan vinden ook al is het donker. Het pad volgt bijna de hele tijd de waterlijn, het is maar een paar meter van het meer af. Behalve op één plek, waar een landtong in het water uitsteekt. Daar loopt het pad recht overheen en dan heb je een stukje met dicht sparrenbos om je heen. Maar dan is de rand van het meer weer te zien en dan is het nog maar een paar minuten naar het huis van Ingegerd en Kjell.

Als ik die kant op ga kom ik misschien halverwege mama wel tegen, die is vast alweer onderweg terug.

Ik loop terug naar Klara, die levenloos op het vochtige gras ligt. Ik schrik er weer van hoe ze eruitziet, bijna nog erger dan de eerste keer dat ik haar zag. Dat weggebrande haar, die zwarte opengesprongen huid. Dat glanzende ontblote vlees. En dan de andere helft van Klara, de andere kant van haar gezicht, haar andere arm – een perfect klein driejarig meisje in een verwassen pyjama met auto's en bussen erop. Dat contrast.

Ik zak naast haar op de grond op mijn knieën, aai haar over de wang die nog heel en perfect is.

'Klara?' fluister ik. 'Klara?'

Klara doet haar ogen niet open, maar ze slikt en beweegt haar hoofd een beetje opzij.

Ja, ze leeft nog.

En ik besef dat ik haar hier niet kan achterlaten, ik moet haar meenemen naar Ingegerd en Kjell zodat ze zo snel mogelijk hulp kan krijgen.

Misschien is mama wel dood.

Er opent zich een afgrond in mij.

Misschien is er wel helemaal geen hulp onderweg, en dan is het helemaal alleen aan mij om Klara te redden, en wat als me dat niet lukt?

Kan de wereld echt zo wreed zijn? Het lijkt wel alsof alles wat ik over het leven dacht te weten ineens aan het wankelen is.

Papa heeft me wel eens een filmpje op de computer laten zien van een wasmachine die steeds wilder begon te bewegen, er kwamen onderdelen los, het leek net of de wasmachine gek was geworden, het werd allemaal steeds erger, viel niet meer te redden, tot ze op haar zij viel en door bleef spartelen, als een snoek die opa net had gevangen op de bodem van zijn roeiboot.

Papa moest lachen. Ik was ontzettend geschrokken.

Nu voelt de hele wereld zoals die wasmachine. Alles is kapot aan het gaan, steeds sneller, nog even en het is niet meer te stoppen.

Ik schuif mijn ene arm onder Klara's nek en de andere onder haar billen, en dan til ik haar op. Ik strek mijn benen, wankel even, Klara's hoofd valt op een nare manier achterover over mijn arm, haar mond valt een stukje open. Ze is zwaar, maar niet te zwaar, het gaat me wel lukken.

Ik loop met Klara in mijn armen naar de dennen die een stukje bij het water vandaan staan, ik weet dat het pad naar Ingegerd en Kjell daar begint. Het bos wordt verlicht door de brand en het ziet er haast onwerkelijk uit, als in een tekenfilm. Het schijnsel helpt me de juiste weg te vinden. Ik laat het huis en de tuin achter me en loop het bos in.

Het paadje is smal en slingert over stenen en boomwortels. Het schijnsel van de vlammen flakkert over boomstammen en met mos bedekte rotsen. De hitte van het brandende huis kan hier niet komen. Van alle kanten voel ik de koele nachtlucht.

Klara is zwaar in mijn armen. Haar hoofd, armen en benen slingeren alle kanten op. Mijn armen doen zeer, ik zak af en toe door mijn knieën. Ik moet even pauzeren. Voorzichtig leg ik Klara op de grond, ik recht mijn rug, beweeg mijn armen een beetje heen en weer. Het is maar een paar meter tot de waterkant. De stank van de rook is zelfs hier te ruiken, maar die wordt vermengd met de zoetzure geur die me zo sterk doet denken aan zomer en het meer bij opa en oma's zomerhuisje. Opa heeft me een keer verteld dat die van de lage struiken komt die aan de rand van het meer groeien, hij brak er een stukje af en hield het onder mijn neus. Wilde gagel, heette het geloof ik.

Ik kijk uit over het meer. Het ligt er stil bij, een zwarte spiegel voor de gigantische brand in het zomerhuisje. Het schijnsel verlicht zelfs het bos aan de andere kant van het water. Ik kijk achterom, kan het huis nauwelijks onderscheiden tussen de boomstammen.

Er is nog maar een minuutje voorbij sinds ik Klara op de grond heb gelegd, maar ik moet door. Ik ben er nog lang niet. Ik heb in ieder geval mijn rug en armen even kunnen strekken. Ik buig voorover en til haar op. Ze voelt nu al veel zwaarder dan toen ik haar de eerste keer optilde, bij het huis.

Die paniek die de hele tijd op de loer ligt. Het gaat me nooit lukken.

Ik strompel verder met Klara in mijn armen, steeds dieper het bos in. Het gebulder en het schijnsel van het brandende zomerhuisjes nemen langzaam af, de duisternis wordt dichter tussen de bomen. De nachtlucht is niet meer koel, het begint koud te worden.

Het pad slingert voor me uit, de wortel van een reusachtige den strekt zich erover uit, ik til mijn voet niet hoog genoeg op en struikel.

Nee nee nee, ik laat haar vallen, denk ik nog.

Op een of andere manier lukt het me toch om mezelf met een snelle stap op te vangen, waardoor ik eerder naar de grond zak dan dat ik val, en ik weet Klara voorzichtig in het mos aan de rand van het pad te leggen. Ik val op mijn knieën naast haar. Mijn hart bonst zo hard dat het helemaal tot in mijn hoofd te horen is. Ik hijg en voel zweet over mijn gezicht lopen. Mijn armen trillen van de inspanning, het doet bijna zeer om ze te strekken. Ik draai me met grote moeite om en ga op mijn billen zitten. Het bos is donker geworden, en stil. Overal om me heen zie ik sparren, hier en daar een den. Mos en ondergroei. Ik blijf doodstil zitten en hou mijn adem in om te luisteren. Nee, het geluid van de golven die het strand op spoelen is niet meer te horen. Ik ben bij het deel van het pad gekomen dat wat verder van het meer af ligt, en dat geeft me moed en kracht. Vanaf hier is het niet meer zo ver naar Ingegerd en Kjell, ik zou de rest van de route kunnen lopen zonder te stoppen. Ik ga op mijn hurken naast Klara zitten en til haar op, ik staar naar een punt op haar buik om de brandwonden op haar gezicht en arm niet te hoeven zien.

Het deed me denken aan die keer dat opa worstjes op de barbecue had liggen en was vergeten ze om te keren, ze waren zwart en over de hele lengte gespleten.

Ik begin de redding tegemoet te lopen. Stap voor stap strompelend met mijn kleine zusje in mijn armen, bang om weer te struikelen en vallen. Al snel gaat mijn hart weer tekeer, niet uit paniek dit keer, maar van de inspanning.

Ik ben zo moe, zo buiten adem en zo bezweet en ik heb zo'n dorst dat ik moeite heb om helder na te denken. Maar er is wel iets wat ik vreemd vind: vanaf die plek waar je het meer niet meer kunt zien zou het nog maar iets van een minuutje lopen moeten zijn tot je het water weer kunt zien. En ik heb inmiddels toch al best een stuk gelopen, maar ik zie nog steeds overal bos om me heen.

Nu ga ik natuurlijk ook wel heel langzaam, dat weet ik wel.

Maar toch.

Het is helemaal donker om me heen geworden, bijna zwart. Het bos lijkt me net in een grote zak van boomstammen en takken en mos te hebben gestopt en die dicht te hebben geknoopt, waardoor er geen licht meer doorheen kan komen.

Ik heb geen energie meer om na te denken.

Ik moet weer pauzeren. En daarna nog een keer. De stukjes waarop ik mezelf vooruitdwing met Klara in mijn armen worden steeds korter en de pauzes steeds langer. Op een gegeven moment komen ze bij elkaar en duren ze even lang, zoals tijdens het herfstpunt. En vervolgens nemen de pauzes de overhand. Ik zak naast Klara neer en strek me languit op de grond.

Ik val even in slaap. Word met een ruk wakker, en geloof dat ik heel in de verte sirenes hoor. Ik til Klara op en draag haar nog een stukje verder. Ik heb dorst en ben duizelig. Ik hijg en piep tijdens het ademhalen. Langs het pad loopt een stuk met vrij vlakke grond en een dikke laag mos. Ik leg haar daar neer, en laat mezelf naast haar zakken. Het mos is vochtig en koud, maar wel zacht. En de lucht ruikt hier zo schoon. Helemaal geen brandlucht. Dit is een supergoede plek om even te pauzeren. Heel even maar. En dan breng ik Klara naar Ingegerd en Kjell, en daar is mama dan ook, en die zal in huilen uitbarsten van opluchting om ons weer te zien, ik zie het zo voor me. Ze heeft de ambulance al gebeld, er is hulp onderweg. Ingegerd haalt ontsmettingsmiddel en verband tevoorschijn en mama verzorgt Klara's beschadigde gezicht en arm. Kjell schenkt sap in en zet een koektrommel op tafel.

Alles komt goed.

Wanneer ik voor de tweede keer wakker word, heb ik het koud. Het vocht van het mos is door mijn kleren heen gedrongen, ik voel nattigheid op mijn huid. Ik lig rillend met mijn wang op de grond. Ik til mijn hoofd heel even op, maar ik ben zo moe dat ik al snel mijn hoofd weer op het mos laat zakken. Ik moet gewoon nog héél even slapen.

Maar ik zie dat het bos inmiddels niet meer zo zwart is. De ochtendschemering komt tussen de boomstammen door gekropen.

De volgende keer word ik wakker van een geluid dat ik niet herken. Of eigenlijk zijn het meerdere geluiden tegelijk. Zachte geluidjes. Een gepik. En iets wat lijkt op het geluid als de kat bij mijn vriendje Axel thuis zijn vacht schudt, kort en hevig. Een natter geluid, een soort gesmak.

Maar het klinkt niet hard. Het zijn zachte geluidjes, verlegen bijna, maar wel duidelijk.

Mijn bewustzijn is als een onderzeeër die naar het oppervlak stijgt, en dit keer gaat hij niet meer terug naar beneden, naar het onderbewuste. Het is nog geen ochtend, maar ook geen nacht meer. Vannacht was alles verschillende tinten zwart, nu begint het bos zijn gewone kleuren terug te krijgen. Groen, bruin en grijs.

Maar dat geluid. Wat is dat?

Ik zet mijn handpalm diep in het mos en duw mezelf een stukje overeind, nog half in slaap. Er fladdert iets achter me, ik schrik en draai me met een ruk om. De grote zwarte vogel gaat er al vandoor, maar hij vliegt niet ver weg, naar een rots een tiental meter verderop. Hij trappelt met zijn klauwen in het mos. Hij staart me met zijn kop schuin aan, geïrriteerd dat hij gestoord werd.

Ik zie dat hij iets in zijn snavel heeft. Iets slijmerigs en bloederigs. Hij gooit zijn kop haastig achterover en het slijmerige verdwijnt in zijn bek. De vogel slikt het door.

Ik kijk naar Klara die naast me op de grond ligt.

Ze heeft geen ogen meer.

Twee lege, bloederige oogkassen staren me aan. En de wond in haar wang is nog veel groter geworden, het vlees is kapotgescheurd, er hangt een stukje over haar kin. Er zit een gat in, door en door. Ik kan haar tong zien, en haar kleine melktandjes.

De vogel heeft van Klara zitten eten.

Ik kreun en val achterover in het mos, zet me schrap met mijn voeten en schuif bij Klara vandaan, totaal in shock en paniek. Ik krabbel overeind, kan niet stil blijven staan, ik begin in kleine cirkels rond Klara te rennen, zonder naar haar te kijken. Ik schreeuw en huil en snik.

'MAMAAAA!! MAAMAAAAA!!!'

De vogel spreidt zijn glanzende, blauwzwarte vleugels uit, fladdert en vliegt van de steen af. Heel even denk ik dat hij mij aan gaat vallen. Maar hij gaat hoog in een boom zitten, terwijl hij Klara in de gaten blijft houden.

Het voelt alsof ik kapotga vanbinnen. Ik moet blijven bewegen, anders ontplof ik, zo voelt het.

De morgen komt, de eerste zonnestralen vallen schuin tussen de boomstammen. Er zingen vogels. Uiteindelijk word ik een beetje rustiger. Laat me op de grond zakken. Ga op mijn billen zitten, sla mijn armen om mijn knieën en buig mijn hoofd voorover. Ik wil niets meer van de wereld zien of horen. Er komt iets los en gaat kapot in me, alles beweegt, steeds sneller, ongecontroleerd. Als een wasmachine die zich dood danst.

Als je je het allerergste bedenkt wat er zou kunnen gebeuren, dan nog weet de wereld iets nog veel ergers te bedenken, iets zo verschrikkelijks dat je het je nauwelijks voor kunt stellen.

Die ochtend in het bos, terwijl ik met mijn hoofd voorovergebogen zit en mijn armen rond mijn knieën, naast mijn dode zusje, en de vogels zingen, wordt dat mijn vaste overtuiging over hoe de wereld diep vanbinnen is. Hier gooi ik mijn anker uit, hier zal ik blijven. Ik zit vast op de bodem van het meer.

De zon klimt steeds hoger, hij schijnt nu meer van recht boven me, het licht komt tussen de boomtoppen door.

Er zoemen vliegen rond Klara's lege oogkassen.

In de verte is geroep door het bos te horen.

'Isak! Klara! Hallo!'

Langzaam komt het geroep dichterbij. Een uurtje later word ik gevonden. Onbekende stemmen, iemand legt zijn hand op mijn schouder.

Ik blijf in dezelfde houding zitten, met mijn hoofd tussen mijn knieën en mijn armen om mijn benen. Mijn lichaam zit op slot. Ik zou het niet eens van het slot kunnen halen als ik het zou willen.

Er komen steeds meer mensen aan. Ik hoor hoe sommigen reageren als ze Klara zien. Sommigen beginnen te huilen en haasten zich weg, de bosbesstruiken ritselen rond hun benen. Anderen kreunen of happen naar adem, maar blijven staan. Gaan op hun hurken naast mij zitten. Praten rustig en vriendelijk tegen me, proberen contact te krijgen.

Met elke persoon die me aanraakt hou ik mijn benen steviger vast.

In mijn hoofd raast het vuur nog steeds.

IK WAS VOOR het schilderij door mijn knieën gezakt. Mijn hoofd naar de vloer gericht. Ik deed mijn best om bloed naar mijn hersenen te krijgen zodat ik niet flauw zou vallen.

Mijn oren suisden, zoals wanneer je een grote schelp tegen je oor gedrukt houdt. Ik hoorde ook een schelle toon die bijna elektronisch klonk. Ik was misselijk.

Mijn mobiel lag met de lamp naar beneden op de grond en de ruimte was donker. Langzaamaan ebde de golf van misselijkheid weg en werd het gesuis en gepiep in mijn oren minder. Ik durfde op mijn knieën te gaan zitten. Kleine zweetdruppeltjes bedekten mijn nek en gezicht. Het voelde alsof iemand me met een waterspray had bespoten. Ik wist dat ik helemaal wit was weggetrokken.

Ik tilde mijn mobiel van de grond, de lamp had de hele tijd aan gestaan, en nu richtte ik hem weer op het schilderij. Het stond ongeveer een meter bij me vandaan, en bovendien zat ik op de grond, dus ik kon nog niet de hele afbeelding zien. Maar ik zag details, ik zag penseelstreken, ik zag delen waar de verf met een mes leek te zijn aangebracht, ik kreeg beelden in mijn hoofd van mijn vader die voor het doek aan het werk was.

Ik zag de kleuren. Het brandende inferno.

De lamp van mijn mobiel scheen over het doek, verlichtte verschillende delen.

Ik zag een grote, zwarte vogel met uitgespreide vleugels. Scherend van boomtop naar boomtop. Er hing iets uit zijn snavel.

Op een bepaald stuk leek het net of mijn vader een hele tube zwarte verf leeg had geknepen, het vormde een soort ribbel in het schilderij, het kwam omhoog van het doek, de verf was opgedroogd en opengebarsten en midden in die barst was het glanzend rood.

Het zag er precies uit als Klara's arm.

Een paar ogen stond me zonder knipperen aan te staren.

Het was het kleine godenbeeldje dat op het bureau stond.

Wat deed dat in het schilderij?

Want het waren toch dezelfde ogen?

Ik stond op, liep naar het bureau en pakte het kleine beeldje. Ik scheen van een afstandje op het schilderij, maar toen ik het geheel zag kon ik niet meer ontdekken waar ik de ogen had gezien. Ik zag ze niet meer. Dat was raar. Ik bleef lang zoeken, maar kon ze niet vinden.

Uiteindelijk liep ik dichterbij en ging ik weer op mijn knieën zitten. Zocht het doek af met het licht van mijn mobiel, en toen zag ik ze weer, die ogen. Ik hield het kleine figuurtje ernaast. Ja, echt. Het waren dezelfde ogen.

Mijn vader had het godenbeeldje in het schilderij verwerkt.

'MADDE? MADDE?'

Ik legde mijn hand op haar schouder en schudde haar zachtjes heen en weer. Ze draaide zich om en kreunde een beetje.

'Hm...'

'Ik heb iets ontdekt. Hé? Word eens wakker.'

Uiteindelijk opende ze een van haar ogen en ging met veel moeite overeind zitten in bed.

'Hoe laat is het?'

'Kwart over drie.'

Ik deed de staande lamp aan die aan mijn kant van het bed stond. Voor ogen die aan het donker gewend waren was het licht enorm fel, en voor Madde ook, die nu klaarwakker was. Ze wendde haar hoofd af.

'Hallo...'

'Mijn vader heeft een schilderij van de brand gemaakt voordat het was gebeurd.'

Ik zakte op de rand van het bed neer en begon vanaf het begin te vertellen. Dat ik niet kon slapen en na lag te denken over wat opa had gezegd, *Ik weet wat je hebt gedaan.* Dat ik me realiseerde dat ik het schilderij eerder had gezien. Dat ik stiekem naar het atelier was gegaan om dat te bevestigen, en inderdaad, het was hetzelfde schilderij, dat wist ik zeker. Madde probeerde me te onderbreken.

'Isak...'

'Nee, maar wacht, laat me even uitpraten... Ik zag nog allemaal andere dingen in het schilderij, dingen die die nacht van de brand zijn gebeurd, maar die ik nooit iemand heb verteld... Ja, opa misschien, maar die heeft mijn vader al die jaren niet gesproken... Dus hoe kon mijn vader dat weten?'

Ik vertelde over de grote zwarte vogel en over Klara's arm en over de ogen van het kleine godenbeeldje die ik in het schilderij had gezien, en gelukkig had ik eraan gedacht om overal foto's van te maken met mijn mobiel, dus ik kon het Madde laten zien toen ik klaar was met vertellen.

Madde wreef in haar gezicht.

'Maar Isak, wacht even,' zei ze. 'Hoe weet je dat het hetzelfde schilderij was als dat van vroeger?'

'Het was hetzelfde. Hij zag er precies hetzelfde uit.'

'Maar je hebt het toch niet helemaal gezien toen je klein was? Als ik het goed heb begrepen? Je zag toch maar een hoekje?'

'Jawel, maar ik herkende het meteen. Toen ik het laken optilde.'

Madde zuchtte en schudde haar hoofd, ze keek sceptisch.

'Nee... Sorry, maar...'

Madde geloofde me niet, dus ik besloot dat ik net zo goed alle kaarten op tafel kon leggen door alle details te vertellen zodat Madde echt zou begrijpen dat dit niet zomaar één klein dingetje was waar ik me aan vastklampte, maar dat het was alsof ik een deur had geopend naar een parallelle wereld waar alles vreemd was. En gelukkig had ik bewijs, ik had er foto's van gemaakt, maar dit zorgde er wel voor dat mijn verhaal nogal lang werd en op een gegeven moment stopte Madde naar de foto's op mijn mobiel te kijken en wendde zich in plaats daarvan tot mij.

'Weet je,' zei ze met een zachte en tedere stem, 'ik denk dat je een beetje te weinig hebt geslapen.'

Ja, duh, natuurlijk had ik te weinig geslapen. Maar wat had dat hiermee te maken?

Ze vroeg hoe het was om het schilderij van de brand te zien, en ik zei dat ik compleet in shock was, dat het voelde alsof ik terug was in het brandende zomerhuisje.

Madde pakte mijn hand. Ik zei dat ik bijna was flauwgevallen.

‘Ik vind dat we ons aan ons plan moeten houden,’ zei ze. ‘We pakken onze spullen en vertrekken na het ontbijt. Maar nu moeten we even wat proberen te slapen.’

‘Maar snap je het dan niet? We moeten…’

Ik zweeg abrupt. Ja, wat moesten we eigenlijk?

‘Maar je hebt er toch foto’s van gemaakt,’ zei Madde. ‘Er is geen haast bij. Weet je… Ik zal kijken of ik Fredrik kan halen. Dan kan hij je wat rustgevende tabletten geven. Je moet echt slapen, schat.’

Ik stond op van de bedrand, pakte mijn mobiel en belde opa.

‘Isak, hou op.’

‘Ik heb opa de hele avond nog niet te pakken kunnen krijgen.’

‘Het is verdomme half vier! Je kunt hem nu niet bellen!’

Ik liet hem een paar keer overgaan, maar opa nam weer niet op. Ik ijsbeerde door de kamer, kon niet stil blijven staan. Madde trok een T-shirt en pyjamashorts aan.

‘Kan ik je even alleen laten?’ vroeg ze.

‘Ja, ja, ja.’

Ze verdween, versnelde haar pas, alsof ze haast had of zo.

Deels dacht ik dat ze misschien wel gelijk had. Ik moest slapen. Mijn hersenen waren op hol geslagen, die waren nog opgewonden en alert, maar dat was slechts een dun omhulsel, daarbinnen was ik dood- en doodop.

Ik dwaalde doelloos rond, wachtend tot Madde terug zou komen. Ik bleef constant in beweging, net als die ochtend in het bos met Klara toen. Ik liep de hal in.

Opa’s woorden maalden door mijn hoofd. *Ik weet wat je hebt gedaan. Je hebt onze levens verpest.*

Zonder erbij na te denken zakte ik neer op de enige plek in de hal waar je kon zitten als je niet op de grond wilde zitten.

De bank met het gezwel.

De wolk van leer en opvulmateriaal hing dreigend boven me.

Die knopen. Hoe zaten die? Ik kneep mijn ogen tot spleetjes in de grijze dageraad.

Daar had ik nog niet eerder aan gedacht. Je zag het niet als je door de ruimte liep, alleen als je precies zo zat als ik nu, en naar boven keek.

De scheve ogen van het godenbeeldje keken op me neer.

Ik vloog op van de bank, hoorde voetstappen dichterbij komen. Het was Madde die terugkwam. In haar handen had ze een potje en een zilverkleurige pillenstrip.

'Kijk eens,' zei ze. 'Nu zul je lekker slapen.'

We liepen de wc in en ze gaf me een pil uit het potje en drukte er nog twee uit de strip. Ik stopte ze allemaal in mijn mond en hield mijn hoofd onder de kraan, slurpte wat van de waterstraal op en ging weer rechtop staan. Ik proefde nog net een bittere smaak achter op mijn tong voordat de pillen mijn maag in gleden.

Madde keek naar me op. Haar blik was liefdevol.

'Kom, laten we gaan liggen.'

Ik volgde haar naar het bed. We kleedden ons uit en gingen met onze gezichten dicht naar elkaar toe liggen, vlochten onze lichamen in elkaar, we klampten ons aan elkaar vast alsof we anders weggeblazen zouden worden.

Een storm van vuur in mij.

'Rustig ademen,' fluisterde ze. 'Helemaal tot in je buik.'

Ze deed het voor, en we ademden in hetzelfde tempo.

Ik sloot mijn ogen, maar voelde mijn oogleden bewegen. Mijn oogbollen schoten erachter heen en weer.

'Voel dat je lichaam zwaar wordt. Alles wordt zwaar.'

Ik draaide me op mijn rug. Madde bleef naar mij toe gewend liggen, haar arm over mijn borst.

En iets aan haar warme omhelzing, haar kennis van het lichaam, haar liefde en medeleven, kwam bij me binnen.

Lange, diepe ademhalingen. Mijn lichaam werd zwaar. Het voelde alsof ik met elke ademhaling dieper in het matras wegzakte.

Ik zag zo'n groot draairad voor me dat ze ook wel eens op de kermis hebben, zo'n rad van fortuin. Het draait rond en rond, maar remt dan langzaam af, het tikkende geluid van het metalen plaatje dat langs de spijkers schraapt gaat steeds langzamer, op een gegeven moment kun je elke tik apart horen, je weet dat er nog maar een paar over zijn, een stuk of tien, twintig. Maar hij draait nog een stukje verder, verder dan je eerst dacht, maar je weet dat hij zo zal stoppen. Bijna. Nu.

Madde en ik op het strand. Zon en zee. De golven die het zand op rollen. De eeuwigheid.

ALS IK WAKKER word lig ik alleen in bed. Er klopt iets niet. De kamer is donkerder dan toen ik in slaap viel. Het ochtendlicht is verdwenen.

Hoelang heb ik wel niet geslapen?

Ik ben naakt en lig op mijn rug en heb geen deken over me heen. Ik heb het een beetje koud.

Ik draai mijn ogen opzij en zie dat de houten beelden weer rond mijn bed verzameld staan. Het lijkt alsof ze steeds dichterbij komen. Een zwijgende en nieuwsgierige menigte. Hun gezichten zijn op mij gericht. Ik kijk de andere kant op. Starende ogen, gesloten ogen. Open monden die zonder geluid schreeuwen. Geheimzinnige lachjes.

Wat hopen ze te zien? Waar wachten ze op?

Er gaat een golf van angst door me heen, instinctief wil ik het bed uit vliegen, maar er gebeurt niets. Ik kan me nog geen millimeter bewegen. Ik probeer het met al mijn wilskracht. Om mijn hoofd te bewegen, mijn arm op te tillen, mijn knie te buigen, uit bed te komen. Maar ik lijk wel verlamd. Mijn lichaam houdt me weer gevangen.

Op de rand van mijn gezichtsveld zie ik iets bewegen.

Als ik mijn hoofd nou maar kon bewegen, dan kon ik het tenminste goed zien.

Een van de beelden lijkt het bed op te willen klimmen.

Mijn hart gaat tekeer. Mijn ademhalingen zijn kort en oppervlakkig.

De gedaante beweegt zich langzaam dichterbij, wordt groter in mijn ooghoek, en nu zie ik het, het is niet een van de godenbeelden.

Het is Barbro.

Ze kruipt langzaam en methodisch mijn lichaam op. Ze is zwaar, het doet pijn. Ik schreeuw het uit, maar de schreeuw blijft in mijn hoofd hangen. Mijn tong ligt als een kapotgestampte slak in mijn mond.

Barbro heeft haar lange zwarte jurk aan. Haar haren in dezelfde strakke knot als altijd.

Ze kijkt me niet aan, haar gezicht drukt geen afkeer of ander gevoel uit. Ze klimt over me heen omdat het moet gebeuren.

Haar tot klauwen gevormde handen grijpen mijn naakte bovenarmen vast. Vervolgens mijn schouders.

Dan richt ze zich half op, steunend op die handen die net klauwen lijken, en haar hoofd komt heel dicht bij mijn gezicht. Ik krijg haar ongewassen vette haar in mijn neus en oog, een muffe en zware lucht. Ik voel haar schoenzolen op mijn naakte borst, eerst de ene, dan de andere. Ze laat mijn schouders los en gaat langzaam rechtop zitten.

Barbro zit op haar hurken op mijn borst. Ze is zo ontzettend zwaar. Ik kan geen lucht krijgen.

Dan buigt ze haar hoofd en kijkt op me neer.

Haar blik is koud en uitdrukkingsloos, als van een dier.

Ze houdt haar hoofd een beetje schuin opzij.

En dan knippert ze.

Er glijdt een dun vliesje over haar ogen, van onder naar boven.

Net als bij een vogel.

TOEN IK WEER bij bewustzijn kwam lagen de dekens over me heen. Barbro was weg. De houten beelden stonden niet meer rond het bed, maar gewoon langs de muren. De kamer was nog steeds even donker.

Het regende. De druppels kletterden op het dakraam. De wind rukte aan het huis, het plafond en de muren kraakten. Het stormde flink buiten. En in de verte was gerommel te horen.

Onweer.

Ik lag op mijn zij. Probeerde mijn arm te bewegen. Ja, het lukte. Ik was niet meer verlamd.

Ik ging op mijn rug liggen, tilde het dekbed een stukje op zodat ik me er niet in vast zou draaien. Ik was doodmoe en wilde gewoon verder slapen.

Toen zag ik mijn vader ineens op een stoel naast het bed zitten. Hij keek me aan.

'Hé,' zei hij. Zijn stem klonk kalm en vertrouwelijk. In het donker merkte ik eerder dan dat ik zag dat zijn blik liefdevol was.

Ik duwde me moeizaam op mijn elleboog omhoog.

'Blijf maar liggen,' zei mijn vader. 'Wil je nog verder slapen?'

Ik liet me weer op mijn rug zakken en sloot mijn ogen. Ah, heerlijk. Ik was er nog niet aan toe om wakker te worden. Ik viel weer in slaap.

Een donderslag wekte me. De regen veranderde met elke windhoos van intensiteit. Op een gegeven moment sloeg de regen zo hard op het dakraam dat het door de hele ruimte galmde.

Mijn vader zat nog steeds op de stoel naast mijn bed. Dit keer had hij het kleine beeldje met de schuine ogen in zijn hand. Er lag een map op zijn schoot.

Ik ging rechtop zitten. Hield mijn hand voor mijn mond toen ik gaapte.

'Het onweer komt steeds dichterbij,' zei mijn vader.

Ik boog naar voren en haakte mijn armen rond mijn knieën, vouwde mijn handen in elkaar.

'Wat is er?'

'Ik weet dat je veel vragen hebt. Ik dacht je wat antwoorden te geven.'

Als ik helemaal goed wakker was geweest had ik misschien kunnen zeggen: weet je wat, ik ben helemaal niet geïnteresseerd in jouw antwoorden. Daar is het te laat voor. Ga weg zodat ik me kan aankleden en mijn spullen kan pakken, Madde en ik gaan ervandoor. Ik wil jou niet in mijn leven.

Maar ik was nog veel te slaapdronken, kon niet stoppen met geeuwen. Dus die wilskracht had ik op dat moment niet.

Ik denk dat ik ook nog iets voelde wat ik maar lastig kan begrijpen, zo achteraf, en lastig vind om toe te geven.

Ik vond het best gezellig.

De donkere kamer, de regen en het onweer buiten die zo goed te horen waren, maar niet bij ons konden komen. Het heerlijke, warme bed. Mijn vader aan de rand van het bed, zijn kalme, vertrouwelijke stem. De situatie raakte iets in me.

Een verlangen.

Hij begon te praten.

'Heb je wel eens nagedacht over wat vuur precies is? Een dans van atomen. Net als het leven. Vuur en het leven lijken op elkaar. Zonder vuur, geen leven. Als de zon er niet was, zou de wereld een dode en koude aardkluit in de ruimte zijn. En tegelijkertijd, als je te dicht bij de zon komt ga je dood. Het is als een miljarden jaren durende woede-uitbarsting. Het vuur houdt ons in leven. Maar kan ons ook doden.'

Mijn vader pauzeerde even. Er klonk een langgerekt gerommel

buiten, als een naschok van de knal die me wakker had gemaakt. Het flitste een paar keer rond het dakraam, een weerkaatsing van de bliksem in de verte. Ik zag de zee voor me. Loodgrijs en wild.

'Zo kunnen mensen ook zijn,' ging mijn vader verder. 'Ze kunnen miljoenen mensen leven en betekenis geven. Maar lastig zijn om dicht bij je te hebben. Te intens, te fel. Je kunt ze niet met een gewone maatstaf meten. Moeten we van Mozart en Picasso verwachten dat ze luiers verschonen of met hun kinderen met de lego spelen? In plaats van kunst te creëren voor de mensheid, tot in de eeuwigheid? Nee. Het enige wat we van Picasso kunnen verwachten is Picasso te zijn. Elke seconde, elke minuut, elke dag, zijn hele leven.'

Mijn vader liet dit bezinken. Toen zei hij:

'Jij en ik zijn zulke mensen, Isak.'

Ik snoof, of misschien gniffelde ik, terwijl ik daar met mijn hoofd op mijn knieën geleund zat. Wat mijn vader zei was te belachelijk om serieus te nemen.

'Nee,' mompelde ik en ik schudde vermoeid mijn hoofd.

'Jawel. Dat probeer ik je duidelijk te maken.'

Een windvlaag gierde ergens door een ventilatiekanaal, een op- en neergaand fluitend geluid. De regen kletterde tegen de ramen. Tromgeroffel dat nooit leek te eindigen.

Mijn vader keek naar het stenen beeldje, woog het in zijn hand.

'Ik had je al verteld dat het een oude vuurgod is... Bedenk je eens wat vuur voor deze mensen betekende. Het was alles voor ze. Het hield roofdieren weg, het zorgde ervoor dat ze in de winter niet zouden bevriezen. Het was het verschil tussen leven en dood. Sjamanen zorgden ervoor dat het vuur bleef branden. Je zou kunnen zeggen dat ik een sjamaan ben. En jij ook.'

'Hou op.'

'Ik ben dit beeldje zo'n twintig jaar geleden tegengekomen. Op een bizarre manier. Ik heb er veel meer voor betaald dan ik me eigenlijk kon veroorloven. Véél meer. Maar het sprak me op een of andere manier aan. Ik was toen heel ongelukkig. Ik voelde me onvrij, opgesloten... Ik heb overwogen om zelfmoord te plegen. Probeerde me de spectaculairste manier voor te stellen om dood te gaan, zodat mijn kunst ontdekt zou worden. Ik weet het, heel kinderachtig. Maar dit beeldje,' en op dat moment richtte mijn vader het gezicht met de schuine ogen naar mij toe, 'heeft me gered.'

Mijn vader zocht mijn blik, hij wilde er zeker van zijn dat ik luisterde en hem geloofde. Ik keek weg.

'Het sprak tot mij, zonder woorden. Het vertelde me wat ik op moest offeren om vrij te kunnen zijn. Om mijn ware zelf te kunnen worden. En als ik dat zou opofferen, zou alles waar ik over had gedroomd wekelijkheid worden.'

Hij was weer even stil. Liet dit tot me doordringen.

'Je herkende het schilderij, hè?' ging mijn vader verder. 'Je weet wat het betekent.'

Maar ik wilde het niet weten. Ik zweeg, bleef stil zitten, in elkaar gedoken, mijn lichaam verstijfd.

'Ik heb de brand niet afgebeeld, ik heb hem gecreëerd. Ik was gedwongen jullie op te offeren, iemand van wie ik hield te doden, om te laten zien dat ik waardig was, dat mijn vuur het grootst was. Het was de bedoeling dat jij ook dood zou gaan, Isak, maar dat is niet gebeurd, je hebt het overleefd, en nu weet ik dat dat al die tijd de bedoeling was. Jij hebt het vuur in je, op dezelfde manier als ik.'

Mijn vader stak zijn arm uit en liet de tatoeage zien.

Ikvuur groot groot groot.

Ik geloof dat ik kreunde.

'Echt. Het heeft geen zin om het te ontkennen. Ik heb het tijdens die paar dagen dat we samen zijn al gemerkt. Dat leven dat voor je binnen handbereik ligt, waarvan je niet wist dat het bestond. Je wil het hebben. Diep vanbinnen wil je het. En weet je wat je tegenhoudt? Je hebt opgesloten gezeten in een toren net als Rapunzel. Twintig jaar lang ben je geïndoctrineerd dat dat verkeerd zou zijn, dat je slecht bent als je dat wil, om je volle potentieel te benutten. Maar ik zeg je dat dat leugens zijn. Je bent niet slecht.'

Mijn vader pauzeerde opnieuw even. Mijn hoofd tolde.

'Wat er goed en slecht is, is altijd gedefinieerd vanuit een groep, toch? De moraal die het beste bij de meerderheid past, bij de groepsmensen, bij degenen die de kudde volgen, dat is wat we "goed" noemen. Om de andere wang toe te keren, vooral aan je medemens te denken. Dat is egoïsme op groepsniveau. En daar is niets mis mee. Maar voor degenen die geen groepsmensen zijn, wij die uniek en uitzonderlijk zijn, hebben wij dan niet het recht om net zo egoïstisch te zijn en voor de moraal te kiezen die het best bij óns past?'

Mijn vader had de brand gecreëerd. Hij heeft er bewust voor gezorgd dat mijn moeder en Klara dood zijn gegaan. Er drukte iets op mijn borst. Ik denk dat het verdriet was.

'Je vond het fantastisch om in die auto te rijden. Je vond Riga, de vrouwen en de drugs geweldig. Je hield van het gevoel van het mes tegen de hals van het lam. Vertrouw op dat gevoel. Je hoeft je perspectief maar een heel klein beetje bij te sturen, en dan zul je alles in een nieuw licht zien. Stel je eens voor hoe dat leven zou kunnen zijn. Om je nooit te verontschuldigen voor je kracht, voor je superioriteit. Om de strijd met je lust en je leven aan te gaan, de strijd voor macht en overheersing, om het alfamannetje te zijn. Dat is waar je voor gemaakt bent. Als je zo leeft, eer je het leven. En dat zul je gaan merken als je eenmaal hebt geaccepteerd wie je werkelijk bent. Dat je een waar en vol leven leidt, zoals je nog nooit eerder hebt gedaan. Vrij om lief te hebben, vrij om te haten. Je nooit ergens schuldig over voelen. Alles is toegestaan. Stel je toch eens voor wat voor superkracht dat is! Het heeft vele namen. Egoïsme, zelfzuchtigheid, roekeloosheid, schaamteloosheid. Heb je er nooit van gedroomd om een superheld te zijn? Nu heb je de kans om er een te worden.'

Ik probeerde het me voor te stellen.

Alles in een nieuw licht zien. Vanuit een ander perspectief.

De druk op mijn borst verdween ineens, ik voelde de begeerte, de bedwelming, het verlangen naar macht, het leven dat door mijn aderen bruiste.

Om alles los te laten en je over te geven.

Ik zag een betoverend leven, een betoverende wereld. Zoveel groter dan de wereld waarin ik nu leefde.

Het duurde maar een seconde, als dat het al was.

Maar het was geweldig, en daar schrok ik ontzettend van.

De angst gaf me kracht. Ik keek mijn vader aan.

'Je bent gek.'

'Waarschijnlijk.'

'Dat jij niet weet wat goed en slecht is betekent nog niet dat het niet bestaat.'

'Heb ik ongelijk? Is er iets van wat ik heb gezegd wat niet klopt?'

'Er bestaat goedheid. Er bestaan goede mensen. Ik wil niet in jouw wereld leven. Ik wil in opa's wereld leven.'

Die woorden overvielen mijn vader. Voor de eerste keer sinds ik wakker was geworden zag ik iets van twijfel in zijn gezicht. Hij ging verzitten op zijn stoel. Uiteindelijk zei hij:

'Anders is er niet meer.'

Ik staarde mijn vader aan.

'Het spijt me, Isak. Ik weet wat hij voor je betekende. Maar hij is vannacht omgekomen.' De stem van mijn vader klonk gedempt en dof. Het leek net alsof hij er zelf verdrietig van werd om me dit te vertellen.

Ik schudde mijn hoofd, beet op mijn lip.

'Je liegt.'

'Heb je hem niet geprobeerd te bellen? Nam hij op?'

Ik zweeg. Mijn vader haalde diep adem.

'Hij is vannacht van de weg af gereden. Niet ver hiervandaan. Ik hoorde vanochtend op de lokale radio dat er een auto-ongeluk was gebeurd, dus ik heb een vriend bij de politie gebeld. Het was Anders. Het doet me pijn om je dat te vertellen.'

Ik wilde gewoon ontwaken uit deze nachtmerrie.

'Waarschijnlijk...' begon mijn vader, maar hij aarzelde. Hij was even stil voor hij verderging. 'Waarschijnlijk is hij de weg af gereden toen hij zijn telefoon probeerde op te nemen. Toen jij belde.'

Jaren geleden heb ik eens beseft hoe het eigenlijk echt zat met de wereld. Wanneer alles zo verschrikkelijk was dat je dacht dat het niet erger kon, dan bedacht de wereld iets wat nóg verschrikkelijker was.

Daar had ik mijn anker uitgegooid. Daarna was ik het vergeten, of had ik het verdrongen, maar eigenlijk wist ik het wel. Nu zwom ik naar de bodem, volgde de ketting van het anker helemaal tot aan het slijk op de bodem. Daar lag het anker begraven.

Ik begon te huilen, ineengedoken over mijn knieën. Mijn handen onbruikbaar, zonder wil of kracht, op het dekbed.

Mijn vader schoof de stoel wat dichter naar het bed toe, legde de map weg op het dekbed. Hij boog zich naar voren en legde zijn hand zachtjes op mijn arm.

'Weet je,' zei hij, en zijn stem was zacht als zijde. 'Ik denk dat je ergens wilde dat hij dood zou gaan.'

'Nee... Nee...' snikte ik.

'Jawel. Omdat je vrij wil zijn. Hij stond voor je in de weg. Het was de enige manier.'

Mijn vader streek me over mijn hoofd, over mijn wang. Zacht, liefdevol.

'Je bent nu zo dichtbij. Ik zag er net een glimp van in je ogen. Je wil dit. Eigenlijk wil je dit. De vuurgod leefde in mij en heeft me deze twintig jaar de weg gewezen, maar nu is mijn lichaam een te broos omhulsel. Hij is op zoek naar een nieuw onderkomen. Je hoeft alleen maar te laten zien dat je er klaar voor bent en dat je dit wil. Dat jouw vuur het grootst is, dat je bereid bent om te doen wat nodig is om vrij te zijn. Je moet doen wat ik heb gedaan. Je moet iemand doden van wie je houdt.'

Mijn vader zette het beeldje op de vloer en overhandigde me de map.

HIJ WAS DUN. Er leken maar weinig bladzijden in de map te zitten.

Mijn vader deed het bedlampje aan en richtte het op mijn schoot.

Ik opende hem.

Het was een ouderwets fotoalbum, van het soort dat opa ook had thuis. Dikke, donkere bladen met ingeplakte foto's.

Op de eerste bladzijde zaten twee foto's. De ene was van de strandpromenade in Antalya. Er was een stukje van het strand en de zee te zien. De andere was een selfie van mijn vader. Op de achtergrond kon ik een steegje in het oude stadsdeel zien. Aan beide kanten stonden stands met tassen en andere spullen van leer, zonnebrillen en strandspeelgoed langs de muren. Er was slechts een smalle doorgang in het midden.

Ik herkende het steegje, ik had daar zelf met Madde gelopen.

Een bliksemschicht lichtte de kamer op. De maskers staarden ons aan. Zwarte schaduwen werden plotseling zichtbaar op de muren achter de godenbeelden. Toen was het weer donker. Daarna een harde knal die de ramen deed trillen. Het onweer leek bijna recht boven ons te zitten.

Ik wist niet of ik nog meer wilde zien.

Misschien was het beter om te vermoeden dan te weten. Om een opening te laten voor een andere verklaring.

Ik bleef even besluiteloos met het album op mijn schoot zitten. Maar de wil om te weten was te sterk.

Ik draaide de bladzijde om.

De eerste foto waar mijn blik op viel was ook een selfie van mijn vader. Maar hij was niet alleen. Hij had zijn arm om Madde heen geslagen. Ze zaten dicht bij elkaar, mijn vader hield de camera omhoog zodat die op hen neerkeek.

Ze keken vrolijk.

Ik keek wat nauwkeuriger. Dacht de omgeving te herkennen. Ze zaten aan een tafel van een restaurant, er stonden wijnglazen en gebruikte borden voor hen.

Ja. Het was hetzelfde restaurant, en dezelfde tafel, als waar Madde aan had gezeten toen ik haar die eerste avond had ontmoet.

Dezelfde plek waar ik verliefd op haar was geworden.

Andere foto's. Mijn vader en Madde op het strand, zij liggend op haar zij in een bikini, hij achter haar met zijn blote arm over haar heen. Waarschijnlijk met de zelfontspanner van zijn mobiel genomen.

Mijn vader op een ligstoel op een gigantisch, luxe balkon met uitzicht over de zee, over de hele baai. De lucht is niet helemaal helder, een beetje nevelig, maar waarschijnlijk drukkend warm. De foto was schuin vanachter op ooghoogte gemaakt, mijn vader draaide zich om naar de camera. Hij had een zonnebril op. Grijnsde breed.

Mijn vader en Madde voor een grote spiegel. In een hal of zoiets. Mijn vader had de foto genomen, de camera wierp een schaduw op zijn gezicht. Madde was opgemaakt en had mooie kleren aangetrokken, een strakke warmgele zomerjurk, oorbellen, een ketting en hoge hakken.

Ik kon me herinneren dat ze de derde avond precies zo gekleed was. We gingen toen naar een café, hadden wat drankjes gedaan met hapjes erbij, en toen gingen we naar mijn hotel, innig verstrengeld. Ik weet nog hoe ze rook, hoe zacht de stof van haar jurk was, hoe warm haar lichaam daaronder voelde.

De foto moest slechts een paar minuten voordat we hadden afgesproken zijn genomen.

Mijn ogen schoten van foto naar foto. Ik zat zwijgend met het album op mijn schoot, tussen de scherven van mijn leven.

Het voetenkraantje bij het terras dat ze gebruikte zonder erbij na te denken.

De kelner die haar herkende.

De aanwijzingen waren er geweest, ik had ze gezien, maar ze had me ervan overtuigd dat ik paranoïde was, dat het slechts mijn verbeelding was.

Zo goedgelovig.

Mijn vader leunde achterover in zijn stoel en zuchtte diep.

'Ik wilde je opnieuw leren kennen,' zei hij. 'Maar ik wist dat Anders dat nooit goed zou keuren. En je woonde nog bij hem thuis. Dus ik was gedwongen om hulp in te schakelen.'

We waren even stil. Buiten raasde het onweer.

'Hoe wist je dat ik naar Antalya zou gaan?'

'O, dat was makkelijk. Madde hield je via de socials in de gaten. Zocht uit met wie je omging. Een van je vrienden postte een screenshot op Insta toen hij de reis had geboekt.'

'Maar... Die avond dat we elkaar ontmoetten.'

'Ja? Wat?'

'Ze zat al in dat restaurant voordat wij kwamen.'

'Ja, daar hadden we geluk mee. Maar we hielpen het toeval wel een beetje op weg. We wisten in welk hotel jullie zaten. Zo onwaarschijnlijk was het niet dat jullie daar terecht zouden komen. En dat was nog maar op het begin van jullie week. We hadden nog genoeg tijd. We hadden verschillende scenario's bedacht over hoe jullie elkaar zouden ontmoeten. Als het toeval ons niet een handje had geholpen zou ze gewoon op je af zijn gestapt in een van de clubs en je mee naar huis hebben genomen.'

Er kwam iets zuurs uit mijn maag omhoog, het trok samen in mijn keel, als een soort kramp. Ik slikte een paar keer.

De stem van mijn vader was steeds levendiger geworden terwijl hij vertelde hoe hij en Madde hadden zitten beramen hoe ze ons zouden samenbrengen. Hij klonk zelfs enthousiast. Hij lachte even.

'Die zatte Engelsman die in het restaurant met haar begon te flirten... Dat hadden we ons nooit kunnen bedenken. Dat was gewoon te perfect. Echt joh, wat hebben we daarom gelachen toen ze terugkwam.'

Zijn stem klonk jolig, alsof hij moeite had om zijn lachen in te houden.

Ik voelde me steeds kleiner worden daar op het bed, nog even en ik zou volledig verdwijnen.

Ik had een loopneus, misschien dat ik huilde.

'Hoe... Je hebt haar zover gekregen om naar Småland te verhuizen.'

'Mhm. Geld laat mensen de gekste dingen doen.'

Mijn vader leunde voorover op zijn stoel. Zijn ellebogen op zijn knieën, handen ineengevouwen onder zijn kin. Ik keek niet op, maar ik voelde zijn blik op me.

Er flikkerde licht door de ruimte. Nieuwe bliksemschichten, maar niet meer zo fel als eerder.

'Je bent zo ver gekomen. Je bent zo dichtbij. Ik denk dat je zelf ook wel weet dat er geen weg terug is. Heb ik gelijk of niet?'

Hij pauzeerde even.

'Als je achteromkijkt... Wat is er dan eigenlijk nog over van je oude leven?'

Er klonk gerommel. Breed en diep, het zwol een soort van op en ontvouwde zich, het drong de kamer binnen, mijn oren in. Maar het was niet meer zo hard en doordringend. Het begon af te nemen. Het onweer leek alweer weg te trekken.

'Snij de laatste band door en voel de vrijheid. Ik zweer je dat je er geen spijt van zal krijgen.'

Het beloofde land.

'Maar je moet haar opofferen. Je moet bewijzen dat jouw vuur het grootst is. En dan zul je alles krijgen, Isak. Echt alles.'

Het was alsof alle pijn, het gewicht, de duisternis, dat het me allemaal te veel werd. Mijn hersenen hielden er op een of andere manier mee op. De dood van opa, het bedrog van Madde. Het was alsof het me niets meer deed.

Een wisseling van perspectief.

Mijn vader stond op. Hij legde zijn hand op mijn schouder. Ik keek hem nog steeds niet aan.

'Je weet hoe het moet, hè? Je hebt het al geoefend. Gewoon het hoofd achterover en het mes van het ene naar het andere oor trekken.'

Mijn vader haalde zijn hand van mijn schouder en verliet de kamer. Ik wilde hem tegenhouden, ik wilde roepen: 'Laat me niet alleen, ik kan alles aan, maar niet om nu alleen gelaten te worden.'

Maar ik zweeg. Mijn vader zette het kleine godenbeeldje op de stoel en vertrok.

Het album lag opengeslagen op mijn schoot. Het licht van het bedlampje scheen er nog steeds op.

Het onweer trok langzaam weg. De regen nam af, maar stopte niet.

De pijn kwam terug. Ik kwam opnieuw in het ondraaglijke terecht.

Alles stond in de fik, van alle kanten kwam vuur, van beneden en van boven. Een woede-uitbarsting die miljoenen jaren zou duren.

De wasmachine werd gek en danste haar dood tegemoet.

Ik deed het bedlampje uit.

Ik bleef lang zo zitten. Alleen in het donker.

Of was ik wel alleen?

Nee.

De godenbeelden waren natuurlijk bij me. Ze stonden zwijgend en bescheiden langs de muren. Ik ben bang voor ze geweest en ik heb ze gehaat, maar nu was ik blij dat ze er waren.

En dan de vuurgod op de stoel, met zijn schuine ogen.

Ze hielden me allemaal gezelschap. Ze hadden het beste met me voor.

Ik was vrij. Helemaal vrij.

Want wat was er verder over? Wat verbond me nog aan mijn oude leven?

Opa was dood.

Elke minuut die ik met Madde had doorgebracht was een leugen geweest.

Niets betekende meer iets.

Wat zei mijn vader nou in Riga?

De wereld bestaat uit dezelfde elementen als vier miljard jaar geleden. Wat er is gebeurd, is dat ze zijn herschikt en opnieuw gecombineerd. Waarom zou het uitmaken op welke manier dat is? Als sommige koolwaterstoffen iets meer zouden 'ervaren' van wat wij 'lijden' noemen – wat dan nog?

Mijn pijn betekende helemaal niets. Het was niets om je druk om te maken.

De pijn van anderen ook niet.

De banden breken. Vrij zijn. Uitvliegen, de wijde wereld in.

Ik stond op van het bed. Verliet de kamer. Ging op jacht.

IK LIEP DOOR de gang naar de keuken toe. Kwam langs het binnenplaatsje met de hangmat. Het was nog steeds aan het regenen, het striemde tegen de ruiten. Er lagen grote plassen. Deze zomernacht was net een middag aan het einde van november.

Na zo lang in elkaar gedoken op het bed te hebben gezeten was het fijn om even te bewegen. Ik voelde me licht en sterk, zag het leven positief tegemoet.

Maar waar was ze? Waar zat Madde?

Ik zou haar wel vinden. Maar eerst moest ik het mes pakken.

De keuken lag net als de rest van het huis in het donker. Ik keek om me heen, speurde alle hoeken en gaten af van de glazen schuifpui tot buiten op het terras. Als Barbro ergens zat te slapen, dan wilde ik dat nu weten.

Maar nee. De keuken was leeg.

Naar het mes hoefde ik niet te zoeken, want dat lag al netjes midden op tafel klaar. Het was het mes dat ik ook had gebruikt toen ik de hals van het lam doorsneed. Iemand had het afgewassen en duidelijk zichtbaar midden op tafel neergelegd. Waarschijnlijk mijn vader.

Wat attent. Hij wilde het me echt vergemakkelijken.

Het zwakke zomernachtlicht glansde op het brede lemmet.

Ik pakte een groot drinkglas, deed de kraan open en hield het glas onder de straal. Nam een paar grote slokken water. Ik voelde de koude straal door mijn lichaam gaan, van mijn keel tot in mijn buik. Het smaakte een klein beetje muf.

Ik liep met het glas in mijn hand naar de grote ramen die op het terras uitkeken. Het regende inmiddels iets minder, maar het terras was helemaal nat. De lucht werd erin weerspiegeld, alles was grijs.

Toen zag ik dat er iemand languit op de loungemeubels lag. Het was mijn vader. Hij lag op zijn buik. De lage bank was breed, maar mijn vader lag op de rand en zijn arm was eraf gevallen, de achterkant van zijn hand rustte op de kalkstenen vloer.

Wat een vreemde plek om te slapen, dacht ik. Maar hij zal wel moe zijn geweest omdat hij een groot deel van de nacht over mij gewaakt had. Hij had zelf vast niet veel slaap gekregen. De enorme parasol beschermde hem tegen de regen. Ik begreep wel waarom hij er zo bij lag. Had het zelf kunnen doen. Het heeft iets gezelligs om buiten te zitten in de zomer als het regent, als je beschut zit. Het gedruppel, getik, gesijpel. Die geuren die uit de natte grond omhoogkwamen die je anders nooit rook.

Ik bracht het glas naar mijn mond en nam nog een slok toen ik voetstappen hoorde naderen. Ik draaide me om. Toen ze de keuken in kwam stond ik naar haar toe gewend.

Madde.

Ze kreeg me in de gaten en schrok zich kapot.

Er ging een schok door haar heen en ze hapte naar adem.

Misschien dat ze eerst niet zag dat ik het was. Een donkere gedaante tegen het lichtere raam.

'Jezus... Ik schrok me rot,' zei ze terwijl ze op adem probeerde te komen. Ze liep naar het aanrecht toe en deed de spotjes onder de keukenkastjes aan. Ze had een hemdje en een pyjamabroek aan. Ze keek me weer aan. Haar blik was waakzaam, ze leek ongerust.

'Hoe gaat het? Waarom heb je geen kleren aan?'

Ik stond aan de grond genageld. Verstijfd. Het glas hield ik nog steeds in mijn hand, voor mijn borst.

Madde had gelijk. Ik was inderdaad naakt, op mijn onderbroek na.

De soort van betovering was verbroken.

'Je hebt overal over gelogen,' zei ik, en mijn stem trilde.

Ik voelde me niet meer licht en vrij. Helemaal niet zelfs.

Het kwam waarschijnlijk door dat warme elektrische licht. Het had iets praktisch, iets alledaags, om een lamp in de keuken aan te doen. Alles wat de mens heeft bedacht om het leven iets gemakkelijker te maken om te leven. Wat het leven ook wel een beetje saaier heeft gemaakt.

Maar dat saaie leven was natuurlijk in principe mijn leven. Dat paste bij mij.

En het kwam ook door de manier waarop Madde naar me keek. Vooral daardoor denk ik.

Ik zag mezelf met haar ogen, in de keuken midden in de nacht in enkel een onderbroek, mijn lichaam stijf gespannen, schouders opgetrokken, ellebogen dicht tegen mijn lichaam aan.

Ik hoorde zelf hoe ik klonk. Mijn stem klonk broos en hij trilde.

Die gast heeft ze niet meer allemaal op een rijtje, dacht ik. Hij staat op het punt in te storten. Anders zou hij hier toch niet zo midden in de nacht in de keuken staan als een of andere mafketel.

'Je hebt overal over gelogen,' zei ik nog een keer, en ik probeerde niet te huilen. Ik staarde Madde aan en zij staarde terug terwijl haar ogen zich met tranen vulden. Ze sloeg haar hand voor haar mond alsof ze moest overgeven of zo, en toen snikte ze luid.

'Sorry,' zei ze, 'sorry, sorry...' Ze snikte en ademde met korte stoten, alsof ze geen lucht kreeg. 'O mijn god...'

Het klonk alsof ze een paniekaanval kreeg.

De tranen sprongen mij ook in de ogen. Ik voelde hoe mijn gezicht vertrok.

'Was je het me ooit van plan te vertellen? Of... Wat... Wat dacht jij?'

Ze schudde wild haar hoofd.

'Niet. Ik dacht niet. O...'

Ze trok een stoel naar achteren, zette haar ellebogen op tafel en verborg haar gezicht in haar handen. Ze huilde en jammerde en hyperventileerde afwisselend.

Als ze dit aan het faken was, als ze alleen maar speelde zo van slag te zijn en mijn medelijden probeerde te wekken, dan deed ze dat wel belachelijk goed. Wat een actrice.

De manier waarop ze naar me keek had me terug op aarde gebracht, ik zweefde niet meer in de ruimte, ik was niet meer een random verzameling atomen en moleculen, ik was Isak, en ik had een vriendin die Madde heette, en ze had vanaf het allereerste moment tegen me gelogen.

Onder één hoedje spelend met mijn vader.

Haar verraad was zo gigantisch, te groot om te bevatten.

Mijn pijn betekende wel wat. Een heleboel zelfs.

Dus nee, ik had geen medelijden met haar, hoe ze daar hortend en stotend aan de keukentafel zat te huilen.

Het mes lag tussen ons in.

'Alsjeblieft, Isak... Mag ik uitleggen hoe het ging? Vanaf het begin?'

Ze keek naar me op, haar ogen vol tranen, rood gezicht, glimmend natte wangen.

Ik gaf geen antwoord.

'Ik weet dat je me haat... En terecht... Maar zou ik alsjeblieft even...' Haar stem sloeg over en ze kon haar zin niet afmaken. Ze sloeg haar handen weer voor haar gezicht en huilde.

Ze ademde iets rustiger.

Ik ontwaakte uit mijn verlamming.

Ik liet mijn schouders zakken en mijn hand met het glas ook. Deed een paar stappen in de richting van de tafel en zette het neer.

'Ik dacht dat ik iets goeds deed,' snifte Madde. 'Ik zou een stervende man met zijn zoon herenigen.'

Ik trok een stoel naar achteren. Ging langzaam zitten. Wachtte op het vervolg.

MADDE WOONDE IN Londen toen ze mijn vader ontmoette.

Ze volgde een kunststudie, deelde een krap appartement met twee andere meiden van school en had een bijbaantje als bartender. Een arme student, romantisch ingesteld, maar een leven van de hand in de tand. Ze twijfelde aan zichzelf en of ze wel iets in de kunstwereld te zoeken had.

Toen werden zij en een paar andere meiden uit de klas uitgenodigd voor een vernissage in een welbekende galerie. De kunstenaar was een grote naam. Mijn vader was er ook en iemand stelde Madde en haar vrienden aan hem voor. Zij was er natuurlijk volledig van op de hoogte wie hij was. Fredrik Barzal, internationaal gezien de succesvolste Zweedse kunstenaar sinds Anders Zorn. Voordat ze afscheid namen merkte Fredrik op dat hij nog een nieuwe assistent zocht voor zijn studio in Londen. Ze wisselden telefoonnummers uit.

'Ik was helemaal opgewonden toen ik die avond thuiskwam,' zei Madde. 'Heb twee weken lang niet fatsoenlijk geslapen. Je moet begrijpen dat dit een baan was waar duizenden kunststudenten een moord voor zouden doen. Mijn vriendinnen feliciteerden me, ze waren heel blij voor me, maar ik begreep natuurlijk ook dat ze jaloers waren.'

Madde ging voor Fredrik werken in zijn studio in Londen. Het waren lange dagen en het was slechtbetaald werk, maar Madde had het gevoel alsof ze in de hemel terecht was gekomen. Een intens creatieve omgeving waar alles mogelijk leek. En ze merkte meteen dat Fredrik haar vertrouwde. Ze kreeg al snel eigen verantwoordelijkheid, soms opdrachten waarvan ze geen idee had hoe ze het voor elkaar moest krijgen, Fredrik zei haar gewoon dat ze het op moest zien te lossen. Ze ging vaak met een knoop in haar maag naar bed. Maar op een of andere manier kreeg ze het altijd voor elkaar om te doen wat Fredrik haar opgedragen had. Ze groeide, werd steeds zelfverzekerder. Kreeg het gevoel dat ze haar plaats daadwerkelijk verdiende.

De lange uren in de studio gingen ten koste van haar studie. Ze maakte het semester halfhartig af, maar stopte er toen mee. Fredrik verhoogde haar salaris en regelde een eigen appartement voor haar. Ze mocht met hem mee naar Gotland, naar Ajkeshorn. Hij leek haar altijd in de buurt te willen hebben.

Haar snelle carrière binnen Fredrik Barzals team leidde tot opgetrokken wenkbrauwen. Ze vonden dat het wel heel makkelijk was gegaan. Verdacht makkelijk. Er heerste veel jaloezie.

'Ik had heus wel door dat er achter mijn rug om werd geroddeld. Maar dat kon me niets schelen. Ik wist dat ik goed werk leverde.'

'Hadden ze gelijk?'

'Waarover?'

'Dat je met hem naar bed ging om hogerop te komen?'

Madde keek me ernstig aan, ze zag er gekwetst uit.

Ik trapte er niet in.

'Kijk me niet zo aan,' zei ik. 'Ik heb verdomme het recht om die vraag te stellen.'

'Nee. Ik ben niet met hem naar bed gegaan om hogerop te komen.'

We keken elkaar een tijdje recht aan. Alleen de regen was te horen, de druppels die tegen het raam tikten. Achter me werd het lichter.

Ik keek als eerste weg.

Madde vertelde verder. Aangezien ze zo nauw met Fredrik samenwerkte merkte zij al vroeg dat er lichamelijk iets niet helemaal goed zat. Hij had altijd al meer gedronken dan gezond was. Elke avond een paar biertjes of glazen wijn om te ontspannen. Een flinke whisky. Vaak ook alcohol bij de lunch. Maar toen begon hij erover te klagen dat zijn katers heftiger werden. Stekende hoofdpijn die op elk moment van de dag ineens kon komen opzetten. Gezichtsproblemen zelfs. Het lukte hem niet meer om hetzelfde tempo aan te houden als eerder. Verdween steeds vaker overdag een paar uur om te rusten.

Madde begon voorzichtig over Fredriks gezondheid tegen zijn allernaaste medewerker, een vrouw die al bijna vijftien jaar voor hem werkte, ongeveer vanaf het moment dat hij doorbrak. Maar zij leek niet te hebben gemerkt dat er iets met hem aan de hand was, en het leek haar ook niets te kunnen schelen.

'Ineens realiseerde ik me dat ik degene was die het dichtst bij Fredrik stond. En ik kende hem net een jaar. Hij was een ontzettend eenzame man. Uiteindelijk... Ja, ik schraapte de moed bij elkaar en vroeg hoe het eigenlijk met hem ging. Hij werd helemaal niet boos. Hij knikte alleen maar en zei: "Ik heb een hersentumor." O. Oké. Nee, goed om te weten.'

Fredrik wist al maanden van zijn ziekte af. Madde was de eerste die hij het vertelde, en ze moest zweren het tegen niemand anders te zeggen.

Madde was even stil, beet op haar lip. Opnieuw kreeg ze tranen in haar ogen.

'En eh... Dat was ook de eerste keer dat hij me vertelde dat hij een zoon had. Die Isak heette. En in Småland woonde. En hij vertelde dat hij geen contact meer had met die zoon, die zijn enige kind was, en dat dat het grootste leed was in zijn leven. Hij had twee kinderen gehad, maar één was er omgekomen bij een ongeluk, samen met haar moeder. En na dat ongeluk kreeg hij een zenuwinzinking, waardoor hij niet voor zijn zoon kon zorgen. En van de opa mocht hij zijn zoon niet zien. Nooit meer. En daarom had hij mijn hulp nodig.'

Toen Madde het over opa had werd ik weer herinnerd aan het ondraaglijke, dat hij er niet meer was. Het was alweer naar de achtergrond verschoven door al het andere wat ik meemaakte. Als zwaartekracht, of de wisselingen van de seizoenen. Maar nu popte het inzicht weer op in mijn bewustzijn.

O ja. Opa is dood.

Ik sloeg mijn hand voor mijn mond, ik geloof dat ik kreunde.

Madde vertelde verder. Mijn vader wilde haar een speciale opdracht geven. Hem helpen weer contact te krijgen met zijn zoon.

Maar die zoon woonde bij zijn opa en om het plan te laten slagen moest hij bij hem vandaan gehaald worden. Madde zei:

'Het was natuurlijk nogal een bizar idee. Dat ik jou op zou zoeken, zou proberen wat met je te krijgen en vervolgens... Dat we samen zouden gaan wonen, zeg maar. Als ik het er nu over heb, dan... Ik snap dat je het lastig vindt om te begrijpen waar ik mee bezig was.'

'Ja.'

'Maar...'

'En je hebt nooit zoiets gehad van "hij heeft een hersentumor en is gek geworden"?'

'Nee. Inmiddels heb ik daar wel over nagedacht, de afgelopen dagen. Maar toen niet.'

'Oké...'

'Ik had natuurlijk al ruim een jaar met hem in die bubbel geleefd, en het was zeg maar... Er golden daar andere regels. En dat is ook nodig. We waren kunst aan het creëren die honderden, misschien wel duizenden jaren bewonderd en besproken zou worden en zou blijven bestaan. Zoals Giotto, Velázquez. Er was in Fredriks kring niets zo erg als traditioneel denken. Als iemand iets zei als "dat voelt niet goed" of "daar kan ik niet aan meewerken", dan sprong hij uit zijn vel, dan was het direct: "mijn huis uit, nu meteen". Dan werd je min of meer verbannen uit het heilige koninkrijk. En wat mij betreft was die baan alles voor me. Daar leefde ik voor. Ik was het contact verloren met mijn oude vrienden en met mijn vader, zij waren niet meer belangrijk voor me. En nogmaals, ik dacht dat ik iets goeds deed.'

Ze keek naar me op.

'En ik ben er nog steeds niet van overtuigd dat dat niet zo was.'

'Dat het wat niet was?'

'Iets goeds. Hoewel het misschien een zieke manier was om het te doen.'

'Hij heeft toegegeven dat hij mijn moeder en zusje heeft vermoord. En dat hij mij ook wilde vermoorden.'

Madde staarde me aan. De shock in haar ogen kwam heel echt over.

'Hoe... Ik begrijp het niet.'

'Hij heeft de brand niet nageschilderd. Hij heeft hem gecreëerd.'

Opnieuw een korte stilte. Madde probeerde het ongrijpbare te bevatten.

'Maar... Hoezo, heeft hij het aangestoken of zo?'

Dat was niet hoe ik het had opgevat. Maar ik zei niets. We waren een tijdje stil. Maddes blik verloor zich in de verte.

'Sinds we hier zijn heb ik gemerkt dat er iets anders is aan Fredrik,' ging ze uiteindelijk verder. 'Ik herken hem niet. Zoals dat we in de tentoonstellingsruimte zouden moeten slapen, supervaag. Ik vroeg hem daar de eerste dag al naar, toen jij er niet bij was. Wat was daar de lol van? "Ik heb een plan," zei hij. Het zou op een of andere manier iets met je doen, om in dezelfde ruimte te slapen als de goden. Echt gestoord.' Ze keek me aan. 'Denk je dat het waar zou kunnen zijn? Dat hij het heeft aangestoken? Of is het de hersentumor die waanideeën veroorzaakt?'

'Hij denkt dat hij een vuurgod in zich heeft,' zei ik. 'En hij wil dat ik zijn nieuwe gastheer word.'

Madde zuchtte.

'Daar heb je het antwoord al, neem ik aan... In ieder geval, wat ik bedoelde was dat het misschien goed was dat je je vader nog hebt gezien voor hij doodging. Ook al bleek het dan een gestoorde gek te zijn die je nogal wat heeft aangedaan. Misschien juist daarom. Anders had je je op een gegeven moment misschien afgevraagd waarom je opa het contact tussen jullie afhield. Nu heb je zelf kunnen zien waarom. Zo bedoelde ik het alleen.'

'Opa is dood.'

Madde staarde me weer aan. Maar de schok in haar ogen was dit keer minder sterk.

'Hoe weet je dat?'

'Dat zei mijn vader. Hij heeft zich doodgereden onderweg hiervandaan.'

Mijn been begon op en neer te wippen, mijn achillespees was net een springveer. Ik ademde als een klein konijn. Mijn zwakke kleine konijnenhartje ging tekeer maar kreeg het bloed niet naar mijn armen, benen en hoofd gepompt, het bleef in mijn huid zitten, in mijn nek en op mijn hoofdhuid, mijn oren begonnen te suizen en het koude zweet brak me uit, als regen uit mijn lichaam.

Ik duwde mijn hoofd tussen mijn knieën om bloed naar mijn hoofd te krijgen.

Hoorde Madde haar stoel naar achteren schuiven en om de tafel heen lopen en ik voelde haar zachte hand op mijn schouder, en dat maakte me zo ontzettend kwaad, de leugens en manipulaties hielden maar niet op, nu was het verdomme genoeg, ik vloog op van mijn stoel, duwde haar weg en schreeuwde:

'BLIJF VAN ME AF!'

Ze struikelde achteruit, ik deed zelf ook een paar snelle stappen, ze wilde bij me vandaan, ze wilde de tafel tussen ons in hebben.

Madde was bang voor me. En dat voelde goed. Op dat moment wilde ik dat ook. De haat en woede die ik voelde. Ik was zo duizelig dat ik me aan de tafel vast moest houden.

'Het is JULLIE SCHULD dat hij dood is!' schreeuwde ik. 'GODVERDOMME!'

'Isak, alsjeblieft... Rustig...'

Ik reikte naar voren en greep het mes vast, ramde het diep het tafelblad in, de hele tafel schudde ervan, de poten schraapten over de vloer. Madde schrok en maakte een onwillekeurig geluidje. Ik hield me met mijn andere hand aan de tafel vast.

'Nu ga je me verdomme de waarheid vertellen,' zei ik, en ik schreeuwde niet meer, maar mijn stem trilde van woede. 'Zijn jullie met elkaar naar bed geweest in Antalya?'

'Nee, je moet...'

'Ik heb de foto's gezien, Madde. Ik ben niet achterlijk.'

'Ik zweer het, Isak... Zo zat het niet. Je weet dat ik een eigen hotelkamer had. Daar sliep ik echt.'

'Jullie lagen op het strand, hij had zijn arm over je heen geslagen.'

'Zo gaat dat met Fredrik. Hij doet zeg maar gewoon wat hij... Het is iets wat je van hem moet accepteren. Geldt niet alleen voor vrouwen, ook voor mannen. Hij respecteert de gebruikelijke grenzen niet.'

Ik moest denken aan die avond in dat restaurant ten zuiden van Visby, toen hij zijn bezwete gezicht aan het overhemd van de serveerster afveegde.

'Maar het heeft niets te betekenen,' ging Madde verder.

Ik rukte het mes los uit de tafel. Ik moest flink trekken, het zat er diep in. Madde staarde ernaar. Ze moest haar best doen om rustig te klinken.

'Leg dat mes neer, Isak. Alsjeblieft.'

'Je verdient het verdomme om te sterven.'

'En ik heb niet overal over gelogen. Ik werd echt verliefd op je.'

'Hou op met die fucking...'

'Het is echt waar, Isak! Echt! Je moet me geloven. Denk je dat ik met je had kunnen samenwonen, met je samenléven, als ik niet verliefd was geworden? Serieus?'

Madde praatte snel, de woorden kwamen ongeduldig uit haar mond gerold. Ze liet het mes met haar blik los en keek me smekend aan.

'Hij liet me foto's van je zien en ik vond je hartstikke knap, echt waar. Dat heeft eraan bijgedragen dat ik mee ben gegaan in heel dit zieke plan. Ik was al behoorlijk benieuwd naar je voordat we elkaar in Antalya ontmoetten. En ik had besloten om inderdaad te proberen met je in contact te komen, zoals Fredrik wilde, en mocht het zo lopen dan zouden we er samen tijd doorbrengen, en als ik dan thuis was kon ik in alle rust nadenken of ik er verder mee wilde gaan. Ik bedoel... Ik zou nooit met je naar bed zijn gegaan als ik me niet tot je aangetrokken voelde. Dat begrijp je toch wel?'

Madde staarde me aan. Ik staarde terug. Mijn hand kneep in het heft van het mes.

'Nee, dat begrijp ik niet,' zei ik.

'Maar... Isak...'

'Je zei dat je werk je leven was. Je wilde in de bubbel blijven. Je deed vast braaf wat mijn vader zei.'

Madde schudde wild haar hoofd.

'Nee. Zoiets nooit. Zo veel zelfrespect heb ik nog wel. En Fredrik heeft nooit gezegd dat ik wat met je zou moeten krijgen. Die voorwaarde zat er niet aan vast. Hij wilde dat we met elkaar in contact zouden komen, dat was alles. En dan zouden we wel zien hoe het zich ontwikkelde. Als je een of andere nare kerel zou zijn geweest, dan had ik tegen Fredrik gezegd: "Sorry, ik hoef die idioot niet meer te zien. Probeer zelf maar met hem in contact te komen." Maar je was helemaal geen nare kerel. Je was aardig, en zorgzaam, en... superlief. Ik wilde constant bij je zijn. En toen ik terug was van Antalya miste ik je zo erg dat ik dacht dat ik gek zou worden. Ik miste je lichaam, en... Die warme, liefdevolle blik van je. Ik vond je zo leuk, Isak.'

Madde pauzeerde even. Zonder dat ik het doorhad was mijn arm met het mes naar beneden gezakt en hing het nu slap langs mijn zij. Maar mijn hand zat nog steeds rond het heft geklemd.

'Ik denk zelfs...' ging Madde verder, maar ze pauzeerde weer even. Ze leek naar woorden te zoeken. 'Ik bedoel, Fredrik was blij dat we zo'n goede klik hadden, dat we het meteen zo goed met elkaar konden vinden. Zei hij. Maar, eerlijk gezegd denk ik dat hij ook jaloers was. Het ging een beetje te goed tussen jou en mij.'

Hoe mijn vader naar Madde en mij had gekeken die avond in het restaurant. Zijn slechte humeur, zijn onfatsoenlijke gedrag.

'Ik heb dat hier ook gemerkt, sinds we hier zijn,' zei Madde. 'Dat hij jaloers op ons is.'

'Hij wilde dat ik je zou vermoorden,' zei ik.

Madde zweeg. Ze staarde me aan, probeerde erachter te komen of ik tegen haar stond te liegen.

'Wat?' wist ze uiteindelijk uit te brengen. 'Niet waar.'

'Wel. Ik moest je keel doorsnijden. Dat was een offer dat ik moest brengen.'

Madde begreep dat ik de waarheid sprak. Maar ze leek moeite te hebben om het te bevatten. Ze staarde een tijdje zwijgend voor zich uit.

'Hij is echt ziek in zijn hoofd,' mompelde ze uiteindelijk. Het klonk alsof ze het tegen zichzelf had. 'Echt gestoord. Hij wil me straffen omdat ik voor jou koos.'

Mijn vader had me mijn moeder afgenomen, en Klara, en opa.

En nu wilde hij me Madde ook afnemen.

Het was niet de wereld die slecht was. Het was mijn vader. Hij was alleen zo'n groot deel van mijn wereld geweest dat het al het andere overschaduwde.

Ik was overschaduwd door de zon. Al het donker in mijn leven kwam daarvandaan.

Ik draaide me om, liep naar de glazen wand, pakte de handgreep vast en trok de schuifpui helemaal opzij. De regen kwam nog steeds met bakken uit de hemel. Ik stapte door de opening. Het natte kalksteen voelde koud onder mijn naakte voetzolen.

Ik liep naar mijn vader toe die voorover op het loungemeubel lag, boog naar voren en greep de lange plukken haar op zijn voorhoofd vast. Trok zijn hoofd achterover. Zette het mes tegen zijn ontblote hals, duwde en trok tegelijkertijd.

Precies zoals hij me had laten zien.

De punt sneed door spieren en pezen en kraakbeen alsof het boter was.

Achter me hoorde ik Madde gillen.

Warm bloed stroomde over mijn vingers en op de lichtbeige stof van de bank.

Ik liet mijn vader los, hij rolde van de bank af en kwam met een bons op zijn rug naast de salontafel terecht. Zijn achterhoofd knalde met een harde klap op de stenen vloer. Zijn benen kwamen tegen die van mij aan toen hij van de bank af gleed en ik viel bijna om, ik hinkte op één been en zwaaide met het mes in de lucht voordat ik een stap opzij kon zetten en mijn evenwicht herwon.

Zijn ogen stonden open en zijn blik was glazig.

Ik draaide me om en liep ervandaan, richting de zee.

Ik had kramp in de hand waarmee ik het mes omklemde, maar ik strekte mijn duim en toen mijn wijsvinger en mijn ringvinger en de andere vingers en toen viel het mes uit mijn hand, eindelijk. Het kletterde op de kalkstenen vloer en lag daarna stil.

Ik ging op de trap in de richting van het strand zitten. Het waaide niet meer zoals eerst, maar het was wel aan de zee te zien dat het die nacht had gestormd. Gigantische, loodgrijze golven braken en veranderden in hoge, witte watervallen.

Vanbinnen voelde ik een kalmte. Er was iets tot rust gekomen. Ik had het niet koud en voelde de regen nauwelijks.

Ik zat lang zo in mijn eigen gedachten verzonken. Ineens hoorde ik een geluid achter me, alsof mijn vader zich daar bij de bank bewoog. Ik draaide me om en keek.

Barbro zat bij zijn hoofd, zo ver voorovergebogen dat ik alleen haar grijze haar en de knot in haar nek zag. Zijn hoofd was niet goed te zien, maar het leek alsof ze het in haar handen had.

De knot in haar nek bewoog een beetje op en neer.

Ik draaide me weer naar de woeste zee. Ik bleef lang zo zitten. Kon geen genoeg krijgen van het zicht.

Op een gegeven moment hoorde ik sirenes.

DEEL 4

Blijf niet vasthouden aan iemand die je alleen maar pijn doet
Geloof me, niets zal ooit goed komen
En ik weet dat ik cynisch klink, maar ik verzeker je
Ik ben al dood en je wil niet worden zoals ik
Dit zal je dood worden, je dood worden

Daniela Rathana, uit het lied 'Efterlyst'

IK HEB HIER al aardig wat dagen gezeten. In mijn eigen kleine cel. Iets van een week. De dagen lijken zo erg op elkaar dat ze in elkaar overlopen.

De cel. De wc. De verhoorkamer. De buitenplaats. De lucht.

Dat is heel mijn wereld.

En ik weet best dat hoe mijn leven eruitziet sinds ik hier ben, het er voor een zeer lange tijd ongeveer zo uit zal blijven zien.

Ik moet aan opa denken, en aan Madde.

Mijn leven is voorbij.

Ik zal een uitweg vinden. Zal er alleen even mee moeten wachten, voor Per.

De sirenes waren steeds duidelijker te horen. Het geluid van auto's die met hoge snelheid door het bos reden. Ik begreep dat Madde de politie had gebeld. Ik overwoog ze tegemoet te lopen, maar bedacht me dat ik ze dan misschien zou laten schrikken, als ze met getrokken wapens kwamen, op scherp staand. Dus ik bleef zitten.

Ik hoorde voetstappen achter me. Meerdere personen kwamen dichterbij. Iemand riep streng naar me dat ik stil moest blijven zitten en mijn handen moest laten zien. Ik stak ze in de lucht. Snelle voetstappen, politielaarzen op de kalkstenen vloer. Metaal rond mijn pols, mijn armen werden achter mijn rug geduwd, ik begreep wat ze wilden doen en werkte bereidwillig mee.

Een van de politiemensen, een vrij jonge man zo te horen, pakte mijn arm vast en zei dat ik moest gaan staan. Ik gehoorzaamde. Ik had nog steeds van geen van hen het gezicht gezien. Toen we naar het huis toe liepen zag ik twee politiemensen over mijn vaders lichaam gebogen zitten.

Voordat ik de politieauto in stapte sloegen ze een deken om me heen. Ik weet niet of ze dat voor mij deden of omdat ze niet wilden dat de achterbank nat zou worden. Maar het was hoe dan ook fijn en ik was blij beschutting tegen de regen te hebben.

Op het politiebureau moest ik mijn onderbroek uitdoen, daarna werd ik op de foto gezet. Een arts nam een bloedmonster en scheen met een klein zaklampje recht in mijn ogen. Ik moest schone, droge kleren aantrekken en werd meegenomen naar mijn cel.

Ik begon zo langzamerhand wat warmer te worden, maar de kou bleef in mijn huid zitten. Ik ging languit op mijn brits liggen en trok een deken over me heen.

Toen kwam het. De vermoeidheid. Ik sloot mijn ogen. Kon ik maar heel even slapen.

Voor mijn gevoel werd er tien seconden later alweer op de deur gebonsd. Hij ging open, een bewaker kwam me halen. Het was Per. Ik zou worden verhoord, vertelde hij.

Ik lag nog steeds met gesloten ogen onbeweeglijk op mijn brits. Dit was marteling, om me zo snel alweer wakker te maken.

'Hallo,' zei Per en hij deed een paar stappen de cel in. 'Wakker worden.'

Ik haalde diep adem en deed mijn ogen open. Ging moeizaam rechtop zitten. Zakte voorover met mijn ellebogen naar mijn knieën. Maar Per gaf me een paar minuten de tijd. We hadden geen haast.

Ik had meteen door dat het een goeie gast was.

In de verhoorkamer zat een politieman te wachten. Hij heette Martin, was in de veertig en zag er goedgetraind uit. Er hing een zwakke geur van aftershave in de lucht.

Martin gaf aan dat ze nog geen advocaat voor me te pakken hadden weten te krijgen, dus dat het een kort verhoor zou zijn. Hij zei dat ik was aangehouden, dat ik ervan werd verdacht Fredrik Barzal te hebben vermoord, en hij vroeg hoe ik tegenover die aanklacht stond.

'Het klopt,' zei ik.

En dat was het.

Na dat eerste verhoor heb ik iets van tien uur aan één stuk geslapen. Die hele dag was zo voorbij. Ik werd wakker, viel weer in slaap, werd wakker, viel weer in slaap.

Tegen de avond werd er op de celdeur geklopt, de bewaker haalde de deur van het slot en liet een elegante vrouw van in de vijftig binnen. Het was Soraya.

Ze stelde zichzelf voor en legde uit dat ze was aangewezen als mijn advocaat. Had ik daar bezwaar tegen?

Nee. Dat had ik niet.

Ze zei dat ik volgens de politie had bekend dat ik mijn vader had vermoord, was dat correct?

Ik zei dat dat klopte.

Soraya keek me bedachtzaam aan. Knikte uiteindelijk.

'Je bent in volledige beperkingen gesteld. Je mag dus zolang het onderzoek loopt met niemand praten behalve met mij.'

Er kwam een nieuw verhoor, dit keer met Soraya erbij. Martin had ook gezelschap gekregen van een collega die Agnes heette. Een vrouw van in de dertig.

Martin vroeg me eerst te herhalen wat ik die ochtend had gezegd, dat ik bekende dat ik Fredrik Barzal om het leven had gebracht.

Ik deed wat hij verzocht.

Toen vroeg hij me te beschrijven hoe ik te werk was gegaan.

'Ik pakte een mes uit de keuken, en toen liep ik naar buiten en sneed zijn keel door,' zei ik. 'Hij lag op zijn buik op de bank en ik trok zijn hoofd omhoog, aan zijn haren, en toen sneed ik zeg maar van oor tot oor. Hij had uitgelegd dat het zo moest.'

'Hij had het uitgelegd? Fredrik?'

'Ja. Hij wilde dat ik een lam zou slachten de dag ervoor. Of twee dagen misschien.'

'En wat was het voor mes?'

'Het was het mes dat ik ook had gebruikt om de nek van het lam door te snijden. Een soort... slachtmes, neem ik aan. Ik heb het op het terras laten vallen.'

Martin pauzeerde even, keek op het papier dat voor hem lag voordat hij verderging.

'Dus je sneed zijn keel door.'

'Ja.'

'Heb je verder nog iets met het lichaam gedaan?'

'Nee.'

'Weet je dat zeker?'

'Ja. Of... Hoe bedoel je?'

'Toen wij daar aankwamen, waren de ogen van het lijk verwijderd.'

Martin keek me aan, wachtte tot ik iets zou zeggen. Ik begreep direct wat er was gebeurd.

'Aha.'

'Maar daar heb jij niets mee te maken?'

'Nee.'

'Heb je misschien enig idee hoe dat kan zijn gebeurd? Dat iemand zijn ogen heeft verwijderd?'

'Daar hoef je geen antwoord op te geven,' zei Soraya. 'Mijn cliënt ontkent dat hij dat heeft gedaan. Dat is alles wat jullie hoeven weten.'

Maar ik was nog gaar van de vermoeidheid, hoewel ik de hele dag had geslapen, en ik wilde alle kaarten op tafel leggen, alles precies vertellen zoals het was. Dus ik zei dat Barbro de ogen eruit had gehaald.

Martin keek me aan en vroeg wie Barbro was.

Ik legde uit dat ze voor mijn vader werkte op Ajkeshorn. Ik beschreef haar uiterlijk en leeftijd. Ik ging er niet op in wie – of eerder wát – ze eigenlijk was.

'En waarom denk je dat deze persoon de ogen uit het lijk van je vader heeft weggehaald?'

'Ik zou niet weten wie het anders had kunnen zijn.'

'Nee.'

Ik besefte zelf dat dat niet bepaald een sterk argument was.

Martin en Agnes keken me neutraal aan.

'De persoon die je beschrijft was niet ter plaatse toen wij aankwamen.'

'O nee?'

'Is het niet een beetje vreemd dat zij de tijd zou hebben gehad om te vluchten? Zo vlak voordat wij er waren?'

Ik haalde mijn schouders op. Soraya kwam weer tussenbeide, met een iets scherpere toon dit keer.

'Daar hoef je ook geen antwoord op te geven. Mijn cliënt beschrijft wat hij heeft meegemaakt, dat jullie nog geen spoor van deze persoon hebben kunnen vinden, is niet zijn verantwoordelijkheid. Mijn cliënt is ontzettend moe en zal geen lang verhoor aankunnen, dus ik stel voor dat jullie je beperken tot de essentie.'

Martin ging niet in op Soraya's opmerking. Hij keek met opeengeklemde kaken op zijn papieren. Toen vertelde hij dat in het bloedmonster dat tijdens mijn arrestatie was afgenomen een hoog gehalte aan kalmerende en verdovende middelen was aangetroffen. Hoe had ik die binnengekregen?

Ik zei dat ik een paar pilletjes van mijn vriendin Madde had gekregen om de laatste nacht op Ajkeshorn te kunnen slapen.

Agnes schreef iets op, hoewel het verhoor werd opgenomen. Toen vroeg Martin naar het motief. Waarom had ik mijn vader vermoord?

Tja, waar the fuck zal ik beginnen, dacht ik. Toen zei ik:

'Hij wilde dat ik mijn vriendin zou vermoorden.'

Martin keek weer in zijn papieren.

'En dat is... Madeleine Ström?'

'Ja.'

'Hoe pakte hij dat aan?'

Dus ik begon te vertellen. Dat mijn vader het beschreef als een offer dat ik moest brengen om de macht te kunnen krijgen. Dat ik iemand van wie ik hield moest vermoorden. Dat ik op die manier de totale vrijheid zou verdienen, door te laten zien dat ik er alles voor bereid was te doen. Ik vertelde over het godenbeeldje dat ook in het schilderij voorkwam en dat ik er foto's van had op mijn mobiel, dat ze die zelf konden bekijken. Mijn vader wilde dat de god mij als gastheer zou kiezen, zoals hij hem als gastheer had gekozen. Ik vertelde over de tatoeage op de binnenkant van zijn arm, de tekens die ook op het kleine beeldje stonden.

Soraya onderbrak me en vroeg of ik even wilde pauzeren.

'Nee hoor,' zei ik. 'Dat hoeft niet.'

Ik legde uit dat de god hem jaren geleden als gastheer had gekozen, dat hij daarom een schilderij had kunnen maken van de brand zodat die in het echt zou plaatsvinden zodat mijn moeder en Klara doodgingen en ik ook bijna. Wij waren zijn offers. Hij hield van ons, maar wij moesten dood zodat hij vrij kon zijn. Ik had het echter overleefd en hij had kanker gekregen, en nu wilde hij die god aan mij overdragen.

Martin stelde veel vervolgvragen. Ik probeerde het allemaal zo duidelijk en samenhangend uit te leggen als ik maar kon. Soraya zei nogmaals dat ik het vooral moest zeggen als ik te moe werd, en uiteindelijk merkte ik dat dat ook zo was, ik kon niet meer.

Soraya haalde voor ons allebei koffie. We praatten nog even na in mijn cel. Ze vertelde dat er de volgende dag overleg zou plaatsvinden en dat ik waarschijnlijk zou worden aangeklaagd voor moord, eventueel doodslag.

Ik moest op gesprek bij een arts, die vroeg hoe het met me ging.

'Ik weet het niet,' zei ik, want ik wist het niet.

Ik voelde me zo vreemd. Ik leek heel ver van mezelf verwijderd. Ik weet niet goed hoe ik het uit moet leggen. En ik kon het de arts ook niet uitleggen.

In ieder geval, hij schreef me zowel rustgevende middelen als slaappillen voor.

Ik droomde dat mijn moeder bij me op bezoek was in de cel en dat ze vertelde dat opa van zich had laten horen en had gezegd dat hij zich zorgen om me maakte. Zelfs in mijn droom begreep ik dat dat niet waar kon zijn.

Mijn moeder had dezelfde parfum op als Soraya. Beetje vreemd.

Als ik mijn vader niet had vermoord, hadden Madde en ik dan nog samen kunnen zijn?

Als ik haar niet met dat mes had bedreigd.

Als ik haar die nacht zou hebben opgezocht, met het album in mijn handen, en had gezegd: 'Ik ben ontzettend teleurgesteld in je, want mijn vader heeft me deze foto's laten zien, maar ik zal je de kans geven om het uit te leggen. Vertel, en ik zal luisteren. Daarna zal ik kijken wat ik er allemaal van vind.'

Ik weet het. Fucking onrealistisch. Maar toch. Stel dat.

Op de lange termijn denk ik eigenlijk niet dat het verschil zou hebben gemaakt. Oké, we zouden er misschien doorheen kunnen zijn gekomen, maar vroeg of laat zou die verdomde wasmachine mijn leven terug in zijn komen stuiteren en zou ik dik in paniek zijn geraakt en dan zou zij er alsnog achter komen hoe geestesziek ik wel niet ben.

We hadden het fijn samen, maar ze heeft nooit geweten wie ik echt was. Dat kwam op het eind pas.

En dan opa die er niet meer is.

Dat hoort bij dat deel van mij waar ik geen contact mee kan krijgen.

Ik kan het wel denken, ik kan het zelfs hardop tegen mezelf zeggen. Maar het komt niet binnen. Het dringt gewoon niet tot me door of zo.

Toen mijn vader het vertelde wel. En dat was ondraaglijk. Weer precies dezelfde pijn als toen mijn moeder en Klara doodgingen. Dus ik denk dat mijn hersenen me proberen te beschermen, als verkeerspolitie bij een auto-ongeluk.

Ga maar terug. Niks te zien hier. Omkeren.

Ik heb een kleine adempauze gekregen.

Het is net alsof ik op het strand bij Ajkeshorn sta. De zon schijnt nog, maar het licht is op een of andere manier wat witter, het is zijn warme kleur kwijt. Het is gaan waaien. Boven de zee is het bewolkt en de wolken komen in de richting van het land. Aan de horizon is de lucht donkergrijs, bijna zwart. Geluidloze bliksemschichten zigzaggen de zee in.

In de verte is gerommel te horen. Het is bijna niet waarneembaar. Nog niet.

Ik kan maar beter vluchten voor het onweer boven me zit.

Ik ben er nog steeds niet achter wat Karins beoordeling van mij is. Of ik naar Huddinge moet voor verder onderzoek.

Ik hoor hakken op het beton in de gang tikken, energieke stappen naast de meer sloffende van Per.

Soraya.

Per laat haar binnen.

'Goedemorgen,' zegt ze. 'Hoe gaat het?'

'Ik ben moe.'

'Misschien dat ik je dan een beetje wakker kan schudden. Ik heb vanmorgen nieuwe informatie gekregen die ontzettend veel invloed kan hebben op je situatie.'

Soraya lacht. Ja, echt. Ik wist niet dat ze dat kon.

'JE HEBT WAARSCHIJNLIJK inmiddels wel gehoord dat je niet langer verdacht wordt van moord.'

We zitten weer in de verhoorkamer. Martin kijkt op zijn papieren terwijl hij dat zegt, alsof hij met zijn gedachten al bij de volgende stap is.

Afgezien van Martin zijn alleen Soraya en ik in de ruimte.

Ik knik.

'Ja.'

'Uit de autopsie is gebleken dat Fredrik Barzal al dood was toen je hem de keel doorsneed.'

'Hij was al dood?'

'Ja. Vermoedelijk door een overdosis heroïne. Maar er zijn nog een hoop andere stoffen in zijn bloed gevonden.'

Ik moet hier even over nadenken. Martin observeert me zwijgend.

Hoe was dit niet bij me opgekomen, dat hij misschien al wel dood was?

Ik was er zo van overtuigd dat hij op de bank lag te slapen. Zo zag het eruit. Ik vond het natuurlijk wel een vreemd idee om buiten te liggen maffen terwijl het zo hard regende. Maar mijn vader had wel vreemdere dingen gedaan en gezegd die dagen dat we samen waren op Ajkeshorn.

Ik haal diep adem. Ik ben dus geen moordenaar.

Het was een grotere opluchting dan ik had verwacht. Ik had me bedacht dat ik niets meer had om voor te leven. Dus dan zou je denken dat zoiets dan niet meer uit zou maken. Maar dat was wel zo. Ik wil geen moordenaar zijn.

‘Dus de aanklacht is nu lijkschennis,’ gaat Martin verder. ‘Maar ik neem aan dat je daar de schuld voor bekent? Aangezien het dezelfde daad betreft als we eerder hebben besproken?’

‘Ja, ik erken de aansprakelijkheid.’

Martin knikt.

‘Aangezien dit een minder ernstig misdrijf betreft, worden de beperkingen opgeheven. Je hebt het recht contact op te nemen met wie je wil.’

Ja, maar wie dan? Met wie zou ik contact op moeten nemen?

‘Isak zou onmiddellijk moeten worden vrijgelaten,’ zegt Soraya. ‘Er is totaal geen reden om hem nog langer in hechtenis te houden.’

‘Daar komen we zo op,’ zegt Martin, en ik hoor een lichte irritatie in zijn stem vanwege Soraya’s ongeduld. ‘Maar we hebben eerst nog wat andere vragen voor je... Om te beginnen wilde ik je laten weten dat ze Fredriks ogen hebben onderzocht. Wat daarvan over was, tenminste. En het lijkt erop dat een dier de ogen eruit heeft gepeuterd. Waarschijnlijk een vogel.’

Ik had dus gelijk, denk ik, maar ik zeg het niet.

‘Mijn cliënt heeft constant zijn best gedaan om transparant te zijn en de waarheid te vertellen,’ werpt Soraya ertussen. ‘Dus het is erg fijn om nu zwart-op-wit te hebben dat zijn informatie klopt.’

Martin bladert tussen zijn papieren.

‘Verder... Wilde ik je nog wat vragen over dat kleine figuurtje. Dat godenbeeldje.’

‘Ja.’

‘We hebben dat in de tentoonstellingsruimte gevonden. Zoals je had beschreven.’

‘Ja.’

‘En... We hebben het laten onderzoeken... Ik moet hier even voor in mijn papieren kijken... Het is een zogenaamd Vinča-beeldje, dat afstamt van de Vinča-cultuur op de Balkan... Het gaat hier dus om een artefact dat illegaal is om te verhandelen. Heeft je vader iets gezegd over hoe hij aan dit beeldje is gekomen?’

'Nee. Maar hij had het zo'n twintig jaar geleden al. Toen het zomerhuisje van mijn opa is afgebrand.'

Martin kijkt me onderzoekend aan. Ik ga verder:

'En er staan nog een heleboel andere beelden in de tentoonstellingsruimte. En maskers. Dat hebben jullie vast wel gezien.'

Martin knikt.

'Dit wordt momenteel onderzocht. Waarschijnlijk heeft hij vele daarvan ook op illegale manier verkregen.'

Martin bladert opnieuw tussen zijn papieren. Zegt een tijdje niets. Soraya kijkt hem strak aan en zegt dan:

'Zijn we hier klaar?'

'Nee, we zijn nog niet klaar... Isak, tijdens een van de eerdere verhoren zei je dat je vader de brand in je opa's zomerhuisje heeft veroorzaakt.'

'Ja. Dat is wat hij zelf heeft gezegd.'

'Wat denk je dat hij daar precies mee bedoelde?'

Ik zwijg. Vraag me even af hoe ik het zal formuleren.

'Hij maakte een schilderij van de brand. En toen gebeurde het in het echt.'

'Weet je zeker dat hij het zo bedoelde?'

Er valt opnieuw een korte stilte. Zeker?

'Nee.'

'Zou hij erop hebben kunnen doelen dat hij de brand zelf had aangestoken?'

'Dat zou best kunnen.'

Martin wil weten wat er de dagen voor de brand was gebeurd. Dus ik vertel het hem. Dat mijn moeder, Klara en ik bij mijn vader langsgingen in zijn atelier in Stockholm. Dat we de dag erna zonder mijn vader naar Småland vertrokken, en ons in het zomerhuisje installeerden. Ongeveer een week later brak de brand uit. Maar het zou ook na vier of vijf dagen kunnen zijn geweest, als zesjarige hield ik de dagen niet zo in de gaten.

Martin luistert en vraagt door.

'De brand werd toentertijd als een ongeluk beschouwd, maar hij lijkt niet zo nauwkeurig te zijn onderzocht. We zijn er nu mee bezig. Voor zover we op dit moment kunnen zien had je vader geen alibi voor het moment dat de brand plaatsvond.'

Ik knik zwijgend.

'Een ander interessant detail... Hij kreeg dus een zenuwinzinking na de brand. Zat een paar maanden in een psychiatrische instelling. Maar nu blijkt dat hij in de weken voor de brand al met de geestelijke gezondheidszorg in contact was geweest. Meerdere keren zelfs.'

Ik moet denken aan wat mijn opa een paar weken geleden zei, die avond dat ik bij hem op bezoek kwam in zijn zomerhuisje.

Eerlijk gezegd was hij daarvoor ook al mentaal instabiel.

'Kun je je nog herinneren of je vader zich vreemd gedroeg voordat jullie naar Småland vertrokken?'

Ik knik en vertel over het bezoek van Klara en mij in zijn atelier, dat hij zo uitgelaten was dat ik er ongemakkelijk van werd.

'En die laatste nacht op Ajkeshorn... Hij zei dat hij had overwogen zelfmoord te plegen. Toen, twintig jaar geleden. Hij leek het gevoel te hebben gehad dat hij moest kiezen tussen hem of ons.'

Het is even stil. Dan gaat Martin rechtop in zijn stoel zitten, schuift de papieren bij elkaar, tilt ze op en klopt een paar keer met de onderkant van de stapel op het tafelblad. Hij kijkt me aan.

'Bedankt, Isak. Je bent vrij om te gaan. Als we contact met je op willen nemen, hoe kunnen we je dan bereiken?'

Soraya en ik lopen de verhoorkamer uit en de gang op. Martin blijft nog even zitten.

Ik haal diep adem. Soraya pakt zacht mijn arm vast en glimlacht.

'Dat voelt wel goed zeker, hè?'

Ze lijkt bijna nog opgeluchter dan ik.

Ja, oké, ik zit niet meer opgesloten.

Maar hoe normaler het leven weer wordt, hoe moeilijker het zal worden om te blijven ontsnappen aan het besef dat sommige dingen nooit meer zullen zijn zoals ze waren.

Wat moet ik nu doen? Terug naar Småland, in het appartementje van Madde en mij blijven wonen? Weer bij de thuiszorg gaan werken, alsof er niets is gebeurd?

'Het is nog een beetje moeilijk te bevatten,' mompel ik.

'Dat begrijp ik,' zegt Soraya. 'Maar weet je? Ik vind dat je nu eerst je opa maar even moet bellen. Hij is zo ongerust geweest.'

IK STAAR GESCHOKT voor me uit. Soraya kijkt me niet-begrijpend aan.

'Leeft hij nog?' weet ik uiteindelijk uit te brengen.

'Ja?'

O mijn god.

Ik laat me op een bankje in de gang zakken.

Soraya komt naast me zitten, legt haar hand op mijn schouder.

'Ik had je toch verteld dat hij contact had opgenomen?'

Ik kan niet praten, verberg mijn gezicht in mijn handen.

'Weet je dat niet meer? Dat moet de... tweede dag zijn geweest dat je in hechtenis zat.'

Ik schud mijn hoofd. Maar dan herinner ik me die droom. Dat mijn moeder in mijn cel was en vertelde dat opa zo ongerust was.

Mijn moeder, die naar Soraya's parfum rook.

Het was geen droom, het was echt gebeurd, ik was alleen te moe geweest om dat door te hebben. Had te veel medicijnen in mijn lijf.

Soraya biedt haar excuses aan, maar ze wist echt niet dat ik dacht dat mijn opa dood was. In dat geval had ze het misverstand natuurlijk wel opgehelderd. Ze heeft meerdere keren contact met hem gehad.

Dan biedt ze nogmaals haar excuses aan. Ze schaamt zich geloof ik een beetje. Of misschien zelfs behoorlijk.

Ik heb nog steeds mijn handen voor mijn gezicht. Blijf zo een behoorlijk tijdje op de bank zitten huilen, met Soraya naast me.

'Hé... Zou je hem niet even bellen?'

Soraya reikt me haar telefoon aan. Ik neem hem aan en zeg tegen mezelf dat ik een beetje normaal moet doen. Dat ik me moet vermannen. Ik knijp mijn ogen dicht en haal diep adem. Met trillende handen tik ik opa's nummer in en breng ik het mobieltje naar mijn oor. Bedenk dat ik hem vrolijk, maar niet te overdreven wil begroeten. Wel waardig, zeg maar.

Opa neemt meteen op, alsof hij op het telefoontje had zitten wachten.

'Hallo,' zegt hij, en ik hoor aan de toon dat hij niet verwacht dat ik aan de andere kant van de lijn zit, hij denkt dat het Soraya is. Logisch.

Ik had er niet over na hoeven denken hoe ik zou opnemen, dat was verspilde moeite, want voordat ik ook maar iets kan zeggen word ik opnieuw overweldigd door een golf van ongecontroleerd huilen. Het begint met gehik in mijn buik en borst en vervolgens stroomt het er gewoon uit, ik kan het niet tegenhouden.

Ik snik luid.

'Isak? Ben jij dat?' Al die verschillende gevoelens in zijn stem. Hoop, opluchting, warmte, ontroering.

'Ja,' piep ik.

Opa is niet iemand die snel zijn gevoelens toont. Maar nu moet hij ook huilen.

We huilen allebei.

In mijn ooghoek zie ik dat Soraya haar handtas openmaakt en er een zakdoekje uit haalt.

Ik haal mijn spullen op. Toen ik mee werd genomen naar het politiebureau was het enige persoonlijke eigendom dat ik mee had mijn onderbroek. Maar de politie had ook mijn weekendtas, mijn kleren, mijn toilettas en mijn mobiel meegenomen naar Visby. Vast niet ter wille van mij, ik neem aan dat alles wel doorzocht is. Maar op dit moment overhandigen ze me een volledig ingepakte weekendtas. Ik trek mijn eigen kleren aan.

Soraya vertelt dat de dood van mijn vader, en mijn arrestatie in verband daarmee, veel aandacht heeft gekregen in de media. Journalisten bestormen de receptie van het politiebureau. Een perswoordvoerder heeft zojuist bekendgemaakt dat ik word vrijgelaten aangezien de verdenkingen van moord of doodslag zijn opgeheven. Dus de journalisten zullen gegarandeerd over elkaar heen klimmen om een reactie van mij te bemachtigen.

Hoe voelt dat?

Ben je opgelucht?

Wat voor relatie had je met je vader?

Ik kan me de situatie zo inbeelden.

Daarom zal Soraya me via de achterkant naar buiten smokkelen, waar opa met de auto op me zal staan wachten. In het beste geval kunnen we ongezien wegkomen.

Ze wijst me de weg door een gang met kantoren aan beide zijden. Ondertussen legt ze uit dat het een maand of wat kan duren voor mijn zaak voor de rechter komt. Dat zal in Visby zijn en dan word ik verwacht aanwezig te zijn.

We lopen door een stalen deur en door een trappenhuis voordat we in een langwerpig afvalhok komen met grote donkergroene containers aan beide kanten. Er hangt een zoetige en rotte lucht. Soraya loopt door maar draait zich naar me om.

'Ik durf niet te beloven dat er hier helemaal geen journalisten zijn. Dus misschien dat je je zonnebril op wil zetten?'

Sure. Zonnebril. Ik haal hem uit mijn tas tevoorschijn. We blijven voor een stalen deur staan.

'We zullen de hele tijd contact blijven houden,' zegt Soraya. 'Als er iets gebeurt, dan bel ik je. Ik heb je nummer.'

'Top. En bedankt. Voor alles.'

Soraya lacht en legt haar hand even op mijn arm.

Ik doe mijn zonnebril op, pak de deurklink vast, zet mijn lichaam tegen de stalen deur en duw hem open. De zon schijnt, er staat een fris windje. De parkeerplaats achter het politiebureau is geasfalteerd en er ligt aardig wat afval. Er zijn geen journalisten te zien. Ik ben vrij, de wereld ligt aan mijn voeten.

Een stukje verderop staat hij, de oude Mondeo van opa. Hij zit achter het stuur en zwaait naar me. Ik haast me erheen, trek de deur van de achterbank open en gooi mijn tas erin, loop om de auto heen en ga op de bijrijdersstoel zitten. Trek de deur achter me dicht.

We kijken elkaar lachend aan. Huilen hebben we aan de telefoon al gedaan. Hij legt zijn hand op mijn schouder.

'Goed om je te zien.'

'Van hetzelfde.'

Hij start de motor en richt zijn blik op de versnellingspook.

'We kunnen maar beter gaan voor iemand ons ontdekt.'

'Ja.'

'Heb je honger?'

'Ja. Best wel, eigenlijk.'

De auto begint te rijden.

Opa. Je kunt altijd op hem rekenen.

Ik bedenk me dat plichtsbesef liefde is dat verhard is als cement.

Woorden en knuffels zijn vast fijn. Maar op plichtsbesef kun je een heel leven bouwen.

Ik zet mijn mobiel voor het eerst sinds ik hem terug heb aan. Tientallen gemiste oproepen, superveel ingesproken berichten. Een hele hoop sms'jes. De meeste zijn waarschijnlijk van journalisten.

Maar niets van Madde.

OPA RIJDT NAAR Max Burgers en gaat in de rij van de drive-in staan. Ik bestel een menu van een dubbele hamburger met avocado, bacon en extra alles, frietjes en een cola. Opa vraagt of ik ook een toetje wil.

Ja. Natuurlijk wil ik dat. Ik bestel een grote chocolademilkshake.

Opa neemt een halloumiburger en een Sprite.

We krijgen twee papieren zakken met eten en onze drankjes in een houder, en dan rijden we weg uit Visby. Even later komen we op het platteland. Het is oogsttijd en de boeren werken op hun grote akkers. Op de weilanden staan koeien en paarden te grazen.

Opa rijdt een stukje over de hoofdweg richting Fårösund, maar dan slaat hij rechts af een kleinere weg op. De dorpjes liggen hier dicht bij elkaar. Bij een ervan slaan we links af, bij een andere gaan we rechts, en na iets van een kilometer met akkers aan beide kanten zijn we alweer bij het volgende.

In elk dorp staat een stenen kerk. Misschien waren we hier wel toen Madde en ik die nacht de Lamborghini naar Ajkeshorn moesten rijden.

Madde. Wat zou zij nu aan het doen zijn? Waar zou ze zijn? Wat zou ze van me denken?

'Ik heb natuurlijk behoorlijk wat tijd moeten doden,' zegt opa. 'Dus ik heb Gotland een beetje verkend. In ieder geval hier rond Visby. En ik heb een mooi plekje gevonden waar we denk ik wel met rust gelaten zullen worden.'

Hij slaat weer rechts af, een onverharde weg op die door een stuk bos loopt met een mix van sparren, beuken en eiken. Na een paar honderd meter opent het bos zich, en wordt het doel van onze tocht zichtbaar. Een ruïne van een oude kerk. Hij parkeert de auto bij de lage kerkmuur en we stappen uit met ons eten en drinken in onze handen.

Afgezien van ons is er geen mens te bekennen. De wind waait door de toppen van de bomen, er zingen wat vogels. Verder is het helemaal stil.

De verlaten kerk steekt grijswit af tegen al het groen eromheen. Het dak is al lang geleden verdwenen, en een groot deel van de lange zijden ook. De gevels zijn nog het best bewaard gebleven, maar er zijn geen scherpe, rechte hoeken, alles is afgesleten door weer en wind.

'Wat een plek, zeg,' merk ik op.

'Bijzonder, hè?' zegt opa. 'Een stukje verder staat een bankje.'

We lopen om de ruïne heen en ik kan mijn blik er niet van losrukken. Ik heb zin om op de muur van de half vervallen lange zijde te klimmen, het lijkt net een trap omhoog. De oude klokkentoren ziet er nog best goed uit. Helemaal bovenin zit een venster.

'Kun je in de toren omhoog?'

'Ja. De trap is er nog.'

We gaan allebei op een hoek van het bankje zitten en pakken het eten tussen ons in uit. Ik pak mijn hamburger vast, trek het papier eraf en zet mijn tanden erin. Hij smaakt fantastisch.

We eten een tijdje in stilte. Dan zeg ik:

'Hij zei tegen me dat je je dood had gereden.'

Opa schudt zijn hoofd, maar zegt niets. Stopt een paar frietjes in zijn mond.

'En dat het mijn schuld was. Dat je van de weg af was geraakt omdat je wilde opnemen toen ik belde.'

Ik vertelde dat ik hem wilde bellen toen hij weg was gereden van Ajkeshorn, maar dat mijn vader mijn telefoon had afgepakt. Opa legt uit dat de batterij van zijn mobiel leeg was, hij was terug naar Visby gereden en had in een hotel geslapen, en de volgende ochtend zag hij al mijn gemiste oproepen. Toen hij me terug probeerde te bellen nam ik niet op. In de loop van de avond had hij de politie gebeld en verteld dat hij ongerust over me was, maar ze hadden gezegd dat ze niets konden doen met de informatie die hij gaf. Hij overwoog om weer terug naar Ajkeshorn te rijden, maar besloot er een nachtje over te slapen.

De volgende ochtend hoorde hij op het lokale nieuws dat er een moord was gepleegd op Fårö en dat er een persoon was aangehouden. Hij kreeg het verschrikkelijke gevoel dat ik erbij betrokken was. En dat hij het misschien had kunnen voorkomen als hij er die avond ervoor toch heen was gegaan.

Ik schud mijn hoofd.

'Nee, je hebt echt alles gedaan wat je kon. Je mag jezelf niet de schuld geven.'

Ik vertel dat mijn vader wilde dat ik Madde zou vermoorden.

'Dit zul je niet nog eens van me horen,' zegt opa. Zijn stem is een beetje onvast. 'Maar... Als je hem wel had vermoord... Ik had het je niet kwalijk genomen. Ik heb er zelf ook over gefantaseerd. Heel vaak.'

Het doet me goed dat te horen. De dingen beginnen op een of andere manier een beetje op hun plek te vallen. We eten weer een tijdje in stilte, dan zegt opa:

'Ik heb erover na zitten denken of hij misschien juist wel wilde dat je hem zou vermoorden.'

'Denk je?'

'Nou ja, om zo weg te kwijnen door kanker, als een doodgewone sterveling, dat stond Fredrik denk ik niet aan. Wat zou de ultieme manier zijn om aandacht te krijgen? Een familiedrama. Om vermoord te worden door zijn eigen zoon. Daar is iets tijdloos aan. Iets onsterfelijks. En dat was het enige wat telde voor Fredrik. Dat hij onsterfelijk zou worden via zijn kunst.'

Ik pak een servetje en veeg mijn vingers af terwijl ik nadenk over wat opa zegt. Misschien heeft hij gelijk. Mijn vader had zelf gezegd dat hij twintig jaar geleden vergelijkbare gedachten had.

'Het lijkt wel te hebben gewerkt in dat geval,' ging opa verder. 'Ik las gisteren op internet dat de prijzen van zijn schilderijen door het dak zijn geschoten.'

‘Wat bedoelde je toen je die avond “ik weet wat je hebt gedaan” zei?’

Opa zucht. Hij is even stil, kijkt nietsziend in de richting van de verlaten kerk.

‘Ik denk dat hij het heeft aangestoken,’ zegt hij uiteindelijk. ‘Hij was in elk geval niet bij zijn volle verstand, dat is een ding dat zeker is.’

‘Hoe merkte je dat?’

‘Toen jullie vanuit Stockholm naar ons toe kwamen, een week voor de brand, vond zowel oma als ik dat je moeder er ontzettend moe en afgepeigerd uitzag. We raakten ongerust. Dus toen jij en Klara naar bed waren gegaan heb ik heel voorzichtig gevraagd of haar iets dwarszat. Ze stortte in en begon heel hard te huilen. Het kwam er gewoon allemaal uit. En je moet niet vergeten dat ze wist dat we behoorlijk negatief tegenover Fredrik stonden, dus dat ze nog nooit een slecht woord over hem had gezegd, uit loyaliteit. Integendeel, ze benadrukte altijd zijn positieve kanten. Maar die avond kon ze zich niet meer inhouden. Ze vertelde dat Fredrik al maanden niet fatsoenlijk had geslapen, dat hij ’s nachts op was en door het appartement dwaalde. Dat hij in zichzelf praatte. Er was een werkhoekje in de hal bij jullie, weet je dat nog?’

‘Ja.’

‘Op een ochtend zat de prullenbak daar vol met verfrommelde papiertjes. Dus Linn haalde ze eruit en streek ze glad, en ontdekte dat het allemaal aantekeningen waren van de beste manier om zelfmoord te plegen.’

Ik kreun. Mijn vader had niet tegen me gelogen, niet daarover tenminste.

‘Ze kreeg hem zover om mee te gaan naar de spoedeisende psychiatrie, maar dat hielp niet. Het hield niet op en werd alleen maar erger. Eén keer was hij meerdere dagen weggebleven en had hij niets van zich laten horen. Ze gaf hem als vermist op bij de politie. Toen kwam ze erachter dat hun gezamenlijke spaarrekening leeg was. Er was ruim honderdduizend kronen weg. Blijkbaar had hij er een of ander stenen beeldje van gekocht. Tien centimeter hoog. Meer dan honderdduizend kronen. Ze probeerde hem over te halen om de koop te herroepen, maar hij weigerde... Je moeder had in een hel geleefd. Ze zat er helemaal doorheen.'

Mama. Ik zag haar voor me. Hoe ze geworsteld moet hebben om de vermoeidheid en haar ongerustheid verborgen te houden voor mij en Klara. Ik krijg tranen in mijn ogen.

'Dus toen het huis afbrandde,' ging opa verder. 'Ik voelde gewoon dat er iets niet klopte. Ik drong er bij de politie en brandweer op aan om het zorgvuldig te onderzoeken, toen het gebeurd was. Maar het leek ze niet erg te interesseren.'

De stilte daalt weer neer over de verlaten kerk. Uiteindelijk zegt opa dat hij een voorstel heeft.

'Er gaat een nachtveerboot naar Oskarshamn om half één. Die komt aan rond half vier. Dan is het nog een uur of twee, drie rijden, maar dan zouden we morgenochtend bij het zomerhuisje kunnen zijn.'

Het zomerhuisje aan het meer. De rust en de stilte. Thuis. Ik heb er zo'n heimwee naar dat het lichamelijk bijna zeer doet.

'Maar we kunnen ook nog een nachtje in Visby blijven en uitslapen als je wilt,' zegt opa.

'Nee, nee. Laten we vannacht gaan. Graag zelfs.'

'Als we een hutje nemen hoeven we onderweg nauwelijks een levend wezen tegen te komen.'

'Kun je online boeken?'

'Ja, ik geloof het wel.'

Ik slurp het laatste beetje van mijn milkshake op en haal mijn mobiel tevoorschijn. Even later heb ik de website van Destination Gotland gevonden en de nachtveerboot naar Oskarshamn geboekt voor ons en de auto.

Het wordt een lange dag wachten op het vertrek van de veerboot, maar uiteindelijk is het laat op de avond en staan we in de rij om aan boord te kunnen. De schemering valt zo langzaam dat je het nauwelijks in de gaten hebt, maar de schijnwerpers in het havengebied zijn inmiddels duidelijk zichtbaar.

Ik heb de hele dag gereden en zit nog steeds achter het stuur. Het zal nog wel een tijdje duren voordat de rij in beweging zal komen, dus ik lees op mijn mobiel het nieuws over de dood van mijn vader. Alle grote kranten hebben iets geschreven over de zoon van de bekende kunstenaar die vandaag is vrijgelaten, omdat hij niet langer verdacht wordt van moord of doodslag.

Ergens zit Madde dit nieuws ook te lezen, denk ik. Ze moet inmiddels toch wel weten dat ik geen moordenaar ben.

Maar ik denk ook dat dat misschien niet zoveel uitmaakt. Daar zit het probleem niet. Ze heeft gezien hoe ik de hals van mijn vader doorsneed. Ze weet dat ik ertoe in staat ben om iemand op weerzinwekkende wijze te doden.

De angst in haar blik toen ik in de keuken het mes vastgreep. Op dat moment voelde het goed, ik wilde dat ze doodsbang zou zijn. Nu vind ik het vreselijk om over na te denken.

Als je die angst voor je vriend hebt gevoeld, zou dat ooit te repareren zijn?

Ik vraag me af waar ze zou kunnen zijn. Is ze naar haar ouders in Täby gegaan? Of zou ze nog op Gotland zijn? Zou ze zelfs gewoon naar ons appartementje in Småland kunnen zijn gegaan?

Mijn hartslag gaat wat omhoog als ik aan dat laatste denk. Het is op zich niet onmogelijk. Het appartement was toch haar huis, ook al was het dan een deel van het decor van een theaterstuk waarin ze meespeelde, geregisseerd door mijn vader.

Uiteindelijk mogen we de boot op rijden. De veerboot is verre van vol, maar we nemen toch het zekere voor het onzekere. Ik loop het buitendek op, nog steeds met mijn zonnebril en pet op, en wacht terwijl opa naar de receptie gaat om de sleutel van ons hutje op te halen. Aangezien ik alleen ben buiten durf ik mijn zonnebril af te zetten. Het is na middernacht. De wind is gaan liggen. Visby's middeleeuwse pakhuizen met hun trapgevels steken af tegen het donker. Maar ik hoor een dreunende bas, ik hoor gelach en geroezemoes, ik zie gekleurde lichten op een stenen gevel dansen.

Ik krijg een berichtje van opa met ons hutnummer en vind mijn weg ernaartoe. Ik klop op de deur. Opa doet open. De hut is langwerpig, met een wc links van de ingang en aan beide wanden een bed. Ik ga op mijn rug liggen met mijn pet over mijn gezicht en probeer wat te slapen.

Als we de boot af rijden zit ik weer achter het stuur. Opa had aangeboden om te rijden, hij heeft een paar uur goed geslapen en voelt zich weer fit, zegt hij. Maar ik sta erop om zelf verder te rijden. Zeg dat we langs de kant van de weg kunnen wisselen als ik te moe word, maar dat zeg ik vooral om er niet verder over te hoeven discussiëren. Ik zal de hele weg tot aan opa's zomerhuisje rijden, daar ben ik van overtuigd. Want dat wil ik.

De stalen oprijplaten knallen onder onze wielen en dan zijn we aan wal in Oskarshamn. Het is half vier 's ochtends. Het licht van de zon valt schuin over een slapende stad. De auto's van de veerboot rijden in een lange karavaan door de straten van de haven, een karavaan die langzaam minder lang wordt. Een aantal slaan in de stad al af, en wanneer we bij de E22 aankomen rijdt de ene helft van de auto's naar het noorden en de andere helft naar het zuiden. Er zijn er maar een paar die net zoals wij rechtdoor rijden op weg 47.

Ik heb een boterham gegeten, drinkyoghurt in het opbergvak van het portier gezet, en een papieren beker gloeiend hete koffie tussen onze stoelen in staan.

Ik ben op weg naar huis.

De weg loopt door de diepe bossen van Småland, maar hier en daar opent zich een landschap van weilanden en akkers. Melkachtige stroken mist. Twee herten staan met gestrekte nek alert in de ochtendschemering.

Het is bijna zes uur als ik over het laatste stukje van de onverharde weg door het bos slinger. Ik ben moe geworden, maar ik heb kriebels in mijn buik en kan niet wachten tot we er zijn. Bijna thuis.

Alles ziet er nog hetzelfde uit. Het huis, het stuk grond dat afloopt naar het meer, het water. De hoge sparren eromheen.

Ik parkeer de auto en zet de motor uit. De stilte galmt zowat in mijn oren. Ik leg zacht mijn hand op opa's arm.

'Opa... We zijn er.'

Hij wordt wakker, ziet er slaapdronken uit.

Ik stap uit de auto en strek mijn lichaam dat stijf is geworden van de voorovergebogen houding over het stuur. Ik voel de frisse zomerochtendlucht op mijn wangen. De nachtelijke vochtigheid blijft een beetje hangen zo dicht bij het bos.

De enige geluiden komen van vogelgezang en ronkende automotoren.

Ik moet als eerst even bij het meer gaan kijken.

Ik loop om het huis heen, volg de helling naar de wateroever. Het is windstil. Het meer is spiegelglad. Schaatsenrijders schieten over het wateroppervlak, libellen vliegen een stukje daarboven achter elkaar aan. Even verderop in het riet springt er een vis op uit het water, vervolgens is het weer stil.

Deze plek. Het was me bijna afgenomen door wat mijn vader twintig jaar geleden had gedaan. Bijna.

We slapen uit. Niemand komt ons storen. Ik heb mijn mobiel bijna de hele tijd uit staan. Elke keer als ik hem aanzet zijn er weer nieuwe gemiste oproepen en berichten van onbekende nummers. Ik zet hem weer uit.

Opa gaat even met de auto naar de stad om boodschappen te doen. Ik neem een duik in het meer en het water voelt heerlijk warm en zacht op mijn huid, wat een verschil met het bijtend koude zeewater bij Ajkeshorn. Ik geloof dat ik toch eerder een zoetwatermens ben.

We lunchen met yoghurt en cornflakes en 's avonds grillen we worstjes op opa's barbecue. Drinken er allebei een biertje bij. Een ijsje als toetje.

We kijken op het houten terras uit over het meer. Het is een warme dag geweest, maar nu begint het lekker een beetje af te koelen.

Opa houdt tijdens het eten zijn hand onder zijn ijsstokje zodat er geen stukjes chocola op zijn schoot vallen.

'Wat wil je met je appartementje doen?' vraagt hij.

Ik denk even na over wat er in die vraag verscholen ligt.

Wat hij bedoelt is denk ik dat Madde waarschijnlijk niet terug zal komen.

'Ik weet het niet,' zeg ik na een tijdje.

'Je zou altijd weer bij mij in kunnen trekken, hè. Dat weet je.'

'Ja, dat weet ik.'

Ik bedenk me dat ik van opa hou, maar dat ik waarschijnlijk niet weer bij hem in zal trekken. Ik ben niet meer de persoon die ik was.

Opa gaat naar binnen om af te wassen en ik slenter de helling af naar het strand. Laat het lauwe, bijna warme water aan de oever over mijn blote voeten kabbelen.

Ik denk aan het appartement en dat Madde daar nu best zou kunnen zijn, slechts een half uur met de auto bij mij vandaan. En opeens zie ik helemaal voor me hoe het zou gaan: ik doe de deur open en roep Madde, zij reageert een beetje verbaasd vanuit de woonkamer, ik stap naar binnen terwijl zij vanaf de andere kant de hal in komt, ze loopt naar me toe met een licht onzekere, afwachtende gezichtsuitdrukking, maar er is ook liefde zichtbaar, en verlangen, en ik open mijn armen en zij komt op me af en we slaan onze armen om elkaar heen, o god, ik voel haar warmte en ruik haar geur.

Het beeld is zo sterk en levensecht dat ik een droge mond krijg van verlangen.

Oké, dit gaat zo niet langer. Ik moet haar bellen.

Ik had eigenlijk bedacht dat ik zou wachten tot zij wat van zich zou laten horen als ze er klaar voor was, gezien wat er die laatste nacht was gebeurd, maar wat nou als zij precies hetzelfde denkt?

Ik haal mijn telefoon tevoorschijn, zet hem aan en bel haar op, mijn hart gaat zo erg tekeer dat ik het in mijn slapen voel kloppen, en ik denk dat ik nauwelijks zal kunnen praten als ze nu op zou nemen, ze zal precies kunnen horen hoe zenuwachtig en van slag ik ben, maar whatever, waarom zou ik in vredesnaam een façade optrekken.

Ik breng de telefoon naar mijn oor. Kijk uit over het meer. Haal met open mond adem. Ben een beetje duizelig.

Hij gaat over. Een. Twee. Drie. Vier keer.

Klik.

'Hoi, dit is de voicemail van Madde, ik kan even niet opnemen, spreek een bericht in of stuur een berichtje dan spreken we elkaar later.'

Piep.

'Eh... Hm... Ja, hoi, met mij. Ik... Eh... Ik ben thuis, bij... In het zomerhuisje. Ik ben vrijgelaten, zoals je misschien wel weet. Bel je me terug?'

Klik.

Waarom zei ik niet 'ik mis je' of 'ik hou van je'?

Fuck. Hoe moeilijk kan het zijn?

Ik haal diep adem, kan niet stil blijven staan, ik loop rondjes door het zand.

Nou ja. Ik heb in ieder geval gebeld. Niet te streng voor jezelf zijn, denk ik.

Het telefoontje lijkt al mijn energie te hebben opgeslokt. Het voelt alsof ik in slaap zal vallen als ik zou gaan zitten.

Dan gaat de telefoon.

Mijn hart begint weer te galopperen, hop hop hop, eerder van verwachting dan van de zenuwen dit keer. Ze is bijgedraaid, dat ze me meteen terugbelt moet toch wel een goed teken zijn?

Ja, dat moet wel.

Ik neem op zonder ook maar te kijken wie er belt en hoor de welbekende stem.

Die van Soraya.

'Hoi Isak... Bel ik gelegen?'

Ik schraap mijn keel en slik. Probeer een beetje op adem te komen.

'Eh... Jawel.'

‘Ik wilde je er alleen even van op de hoogte stellen dat er een testament is gevonden op Ajkeshorn.’

Soraya vertelt wat er in het testament staat.

Nu begrijp ik alles.

IK DRUK OP de bel naast de voordeur van Ajkeshorn.

De wind raast door de boomtoppen, ik heb het gevoel alsof het elk moment kan gaan regenen. Ik heb alleen maar een dunne regenjas over mijn hoody aan en heb het best koud. Over mijn schouder hangt een rugzak met een tandenborstel, tandpasta en een set kleren. Ben van plan een nachtje in Visby te slapen onderweg terug naar huis.

Het is eind september. Er zijn ruim twee maanden verstreken sinds mijn vrijlating, maar het voelt veel langer geleden, alsof alles wat ik heb meegemaakt jaren geleden is gebeurd.

De Micra staat nog op de oprit waar we hem van de zomer hadden achtergelaten. Ik kom hem ophalen.

Dat is tenminste mijn excuus.

Ik druk nog een keer op de bel.

Er was bijna niemand op de Gotland-boot. Geen rijen in het restaurant, makkelijk om een tafel aan het raam te vinden. De veerboot schommelde een beetje, maar niet zo erg dat ik zeeziek werd. Vanaf Fårösund moest ik een taxi nemen, waarschijnlijk gaat de bus naar Fårö alleen in de zomer. De vele zomerhuisjes langs de hoofdweg waren verlaten, aan hun lot overgelaten als huisdieren in de zomervakantie. Het hele eiland komt op een of andere manier koud, kleurloos en afstandelijk over. Ik heb het laatste stukje door het bos gelopen naar Ajkeshorn.

Ik druk nog een keer op de bel. Er komt geen geluid uit het huis. Niemand die de deur komt opendoen. Behalve de Micra staan er geen auto's op de oprit. Maar ik weet bijna zeker dat Madde er is. Dat moet wel.

Er komt nog steeds geen geluid vanuit het huis. Ik leun tegen het smalle, hoge raam naast de voordeur, zet mijn handen rond mijn gezicht en tuur naar binnen. Alles ziet eruit zoals gebruikelijk.

Ik bel voor een laatste keer aan, maar kan me nauwelijks voorstellen dat er nog iemand open komt doen. Dan begin ik om het huis heen te lopen om bij het terras te komen. Ik volg de voorgevel via de rechterkant. Net als ik de eerste hoek om wil lopen hoor ik de voordeur opengaan. Ik blijf stilstaan en draai me om.

Madde staat in de deuropening.

Ze draagt een dunne blouse van half doorschijnende stof, met gele, abrikooskleurige, lichtbruine en rode strepen. Een strakke witte spijkerbroek. Grote oorbellen. Elegante make-up.

Ze is fucking knap, maar ziet er behoorlijk anders uit dan ik gewend ben. Dat bevestigt alleen maar wat ik al weet. Dat de Madde met wie ik samen was een rol was die ze speelde.

Heb ik nu de echte Madde voor me?

Het motief op haar blouse ziet eruit als vlammen van een vuurtje. Een elegant en aangenaam vuurtje, waar je lekker dichtbij kunt zitten.

Nice detail.

Er is geen spoor van warmte in haar blik.

'Je had wel even kunnen bellen om te zeggen dat je zou komen,' zegt ze.

'Ik heb gebeld,' zeg ik.

'Maar je hebt niet gezegd dat je onderweg was naar hier.'

'Had dat iets uitgemaakt?'

'Wat wil je?'

'De Micra ophalen. En even praten.'

Ik ben inmiddels bij haar aangekomen, sta een stukje bij de deur vandaan. Ze heeft de deur maar iets van een halve meter opengedaan, alsof ik een of andere verkoper ben die ze dadelijk weg gaat sturen.

'De politie heeft gevraagd of ik een straatverbod voor je wilde.'

'Mijn advocaat heeft me over het testament verteld.'

‘O.’

Nog steeds dezelfde afwijzende houding.

‘Ik wil gewoon even vijf minuutjes met je praten.’

Uiteindelijk duwt Madde de deur open en stapt opzij zodat ik naar binnen kan.

Ik volg haar door de lange gang met de aangevreten en verbrande wandlampen. We komen langs de binnenplaats, waar Barbro de hangmat aan het weghalen is. Ze ziet er hetzelfde uit als gewoonlijk. Haar grijze haren in dezelfde knot in haar nek, de lange zwarte jurk.

‘Wie is zij?’ vraag ik.

‘Weet ik niet, maar ze is er altijd geweest.’

Twee maanden geleden was ik ervan overtuigd geweest dat ze half vogel, half mens was. Nu ben ik daar niet meer zo zeker van. De herinnering dat ze op mijn borst klimt en me als een raaf knipperend aanstaart is nog even glashelder als eerder. Die is van dezelfde kwaliteit als de herinnering aan het kaneelbroodje dat ik een paar uur geleden op de veerboot heb gegeten. Maar ik weet ook dat het brein zijn eigen herinneringen en beelden kan creëren.

‘Wat had je me die laatste nacht eigenlijk gegeven?’

‘Wanneer?’ Madde loopt door in de richting van de keuken, maar draait zich half naar me om.

‘Na dat etentje met opa.’

‘Tja, een beetje van alles wat. Je had slaap nodig.’

Misschien was het zoals Soraya suggereerde, dat Barbro een migrant uit de Balkan was zonder papieren. Misschien dat ze daar schapenogen aten, als je lang geleden op het platteland was geboren.

‘Wil je koffie?’ vraagt Madde als we bij de keuken aankomen. ‘Een glas wijn?’

‘Nee, dank je. Ik blijf niet lang.’

Op dat moment beginnen er zware druppels op het dak en de stenen vloer van het terras te vallen, een muur van regen die vanaf de zee het land op drijft.

‘Shit,’ zegt Madde en ze opent de glazen schuifpui. ‘Help even.’

We redden de kussens van de loungemeubels en stoppen ze in een grote houten kist die vanbinnen met plastic is bekleed.

'Je hebt nieuwe kussens gekocht, zie ik.'

'Ja, ik kon ze net zo goed allemaal vervangen. Ik heb donkerblauw gekozen. Vlekken zijn maar moeilijk weg te krijgen op crèmewit.'

Inderdaad.

Madde klapt ook de grote parasol dicht en knoopt er een touw omheen zodat hij geen wind zal vangen. Beneden beukt de zee tegen het strand. Grijze bergketens van water die in wit schuim oplossen.

We haasten ons de keuken weer in, Madde doet de schuifpui dicht. Ik vraag:

'Wat ga je met dit huis doen?'

'Ik weet niet. Misschien een museum.'

'En met het personeel?'

'De meesten zal ik natuurlijk moeten laten gaan. Maar een paar zullen waarschijnlijk wel blijven. We gaan proberen het erfgoed te behouden.'

'Hoelang was je bij hem?'

'Dat had ik toch gezegd. Ongeveer een jaar voordat ik jou ontmoette.'

'Hield je van hem?'

Madde is even stil en kijkt door het raam naar buiten.

Ik denk eigenlijk niet dat ze over het antwoord hoeft na te denken. Maar ze vraagt zich af hoeveel ze mij zal vertellen. Uiteindelijk zegt ze:

'Ja, ik hield van hem. Heel veel. Hij was alles voor me. Hij heeft me de wereld gegeven. Heeft me laten zien hoe het leven kon zijn. Hij was een genie en hij koos mij. Dus absoluut, ik hield van hem.'

'Toch wilde hij dat ik je zou vermoorden.'

Madde haalt diep adem door haar neus, haar gelaatstrekken worden nog krampachtiger.

'Hij was ook een jaloerse drugsverslaafde met een hersentumor. Maar dat was niet wie hij echt was.'

'Jij was het, hè? Jij hebt hem de overdosis gegeven.'

Madde kijkt me aan, haar blik wat meer onderzoekend. Ze zegt niets maar kijkt bedenkelijk. Alsof ze zich afvraagt hoe ze verder zal gaan.

'Doe je rugzak af en je jas uit,' zegt ze uiteindelijk.

'Waarom?'

'Doe nou maar gewoon.'

Ik doe met tegenzin, met langzame bewegingen, wat ze zegt. Zet mijn rugzak op een stoel, hang mijn regenjas over de rugleuning. Ze loopt naar me toe en legt haar armen om mijn lichaam. Trekt me dicht tegen zich aan. Spreidt haar vingers over mijn schouderbladen.

Ik zucht diep. Jezus, wat heb ik ernaar verlangd om haar lichaam tegen het mijne te voelen. Ik had tegen mezelf gezegd dat dit tripje erom ging om de Micra op te halen, en misschien ook om haar te laten weten dat ik haar doorheb, dat ik weet wat ze heeft gedaan, en wanneer ik dat bevestigd heb hoef ik haar nooit meer te zien.

Dat was de bedoeling. Maar mijn hart en lichaam zeggen iets anders. Ik sla mijn armen om haar heen.

Haar greep om mijn lichaam wordt wat losser en haar handen beginnen te bewegen. Ze voelen over mijn rug, over mijn zij, over mijn middel, over mijn billen.

Alsof ze ergens naar op zoek is.

'Wat doe je?' vraag ik.

'Ik moet even checken of je geen afluisterapparatuur hebt.'

Ze buigt voorover en voelt met beide handen langs mijn been, van mijn lies naar achteren, over mijn knie en scheenbeen, tot aan mijn kuit. Verplaatst haar handen naar mijn andere kuit en volgt mijn been helemaal tot boven.

Ze is bang dat ik er door de politie op uit ben gestuurd om stiekem een bekentenis van haar vast te leggen.

Ik vervloek mezelf dat ik zo teleurgesteld ben.

Ze doorzoekt mijn regenjas ook, voelt in alle zakken en in de voering. Vervolgens mijn rugzak. Doet hem open, kijkt en voelt. Madde zou een goede douanier zijn, ze werkt snel en methodisch.

Uiteindelijk is ze klaar. Ze trekt een stoel naar achteren, gaat zitten en kijkt me recht aan.

'Oké,' zegt ze. 'Wat wil je weten?'

Ik ga ook op een stoel zitten.

‘Jij hebt hem de overdosis gegeven, hè?’

‘Ja. Dat was heel makkelijk. Hij had gedronken, hij had pijnstillers genomen, kalmerende middelen… van alles. Hij was niet bepaald op zijn hoede.’

‘En het testament? Daar wist hij niks van, hè?’

Madde schudde haar hoofd.

‘Nee. Weet je nog dat ik in april even in Stockholm was?’

‘Mhm.’

‘Ik heb dat toen geregeld. Hij was helemaal van de wereld, maar kon nog wel zijn handtekening zetten.’

Ik knik en grijns bitter.

‘Ja, ik vond het al behoorlijk verdacht dat hij alles aan jou na zou laten. Mijn vader hield alleen van zichzelf. Van niemand anders.’

Madde trekt een beetje met haar mond en houdt haar hoofd schuin.

‘Een paar weken geleden wilde je je vader niet eens zien. Je wilde niets met hem te maken hebben. Nu ben je boos dat je geen erfgenaam van hem bent.’

Ik schud mijn hoofd.

‘Nee. Ik hoef helemaal niks. Het is allemaal besmet met wie mijn vader was.’

‘Waarom ben je dan hier?’

‘Ik wil gewoon van jou horen hoe het zit.’

‘Nee. Je bent hier omdat je nog steeds van me houdt. Je wil dat we weer wat krijgen.’

Die opmerking snoert me de mond. Voor even in elk geval.

‘Wie ben jij eigenlijk? Wat je over je ouders vertelde… Dat huis aan de Rivièra…’

‘Ik kom uit Hökarängen. Ben opgegroeid met mijn moeder in een huurappartementje. Dus toen ik in deze wereld terechtkwam, in de wereld van Fredrik… Natuurlijk dacht ik toen: hier wil ik blijven. Wie zou dat niet gedacht hebben?’

‘Er zijn maar weinig mensen die bereid zouden zijn daarvoor te moorden.’

‘Zegt degene die de keel van zijn eigen vader doorsneed.’

Ik hou weer mijn mond.

'Hij charmeerde me,' ging Madde verder, 'en toen ik merkte hoe eenzaam hij was en dat ik het dichtst bij hem stond, toen werd ik verliefd. Ik begon te denken dat we de rest van ons leven samen zouden doorbrengen. Dus toen hij vertelde dat hij een zoon had, met wie hij weer in contact wilde komen... Je snapt wel dat ik niet echt stond te springen. Je was een concurrent.'

'Waarom ben je dan in vredesnaam meegegaan in heel dat zieke plan? Waarom hielp je hem?'

'Ik kende Fredrik goed genoeg om te weten dat als ik hem niet zou helpen, dat hij dan een andere manier zou vinden om het voor elkaar te krijgen. Als hij eenmaal iets in zijn hoofd had, dan ging hij er gewoon voor. En hij zou boos op me worden. Me misschien zelfs dumpen. Ik kon dat risico niet nemen. Dan kon ik het beter zelf doen en invloed hebben op het verloop.'

'Toch snap ik het niet. Zoals toen opa bleef eten, bijvoorbeeld. Toen ik achter hem aan wilde rennen, hielp je mijn vader om me tegen te houden. Was het niet makkelijker geweest als je me gewoon had laten gaan? Dat zou mijn vader jou toch niet kwalijk kunnen hebben genomen?'

Madde schudt haar hoofd.

'Ik speelde een rol. Dan moest ik daar ook voor de volle honderd procent in meegaan. Als ik constant elke situatie waarin ik terechtkwam zou evalueren, bedenken of het misschien slimmer was om iets anders te doen... Dat had nooit gewerkt. Mij zou dat in ieder geval niet zijn gelukt.'

Ze pauzeert even voor ze verdergaat.

'Maar ik zal je nog iets vertellen... Het was geen lastige rol om te spelen, om jouw vriendin te zijn. Helemaal niet. Ik vond het heel fijn. Ik mocht je heel graag, Isak.'

'Maar je hield niet van me.'

'Nee. Weet je wat ik vooral uit onze relatie heb meegekregen? Ik merkte dat Fredrik jaloers was. En zo kwam ik erachter dat hij ook van mij hield.'

Ik had dit natuurlijk al begrepen, maar het komt toch harder aan dan ik had verwacht om het Madde hardop te horen zeggen. Ik beweeg onrustig heen en weer op mijn stoel en wrijf met mijn hand langs mijn mond.

'Je houdt jezelf zo fucking hard voor de gek,' zeg ik en ik probeer mijn stem rustig te houden. 'Denk je niet dat mijn vader ook met zijn andere assistenten naar bed ging? Natuurlijk wel. Hij wilde je bezitten, hij wilde macht over je hebben. Dat is geen liefde.'

Ik wil haar pijn doen, zoals zij mij pijn heeft gedaan, maar het lijkt haar niets te doen.

'Anders nog iets?'

'Je hebt het offer gebracht, hè? Of niet, Madde? Je hebt iemand van wie je houdt gedood. En nu heb je alles gewonnen. De wereld ligt aan je voeten! Je hebt superkrachten! Hoe voelt dat?'

Madde staat op.

'Ik hoef niks uit het appartement. Je kunt alles weggooien wat je zelf niet wilt hebben. Ik ga de sleutel van de auto halen en dan kun je vertrekken.'

Madde loopt de keuken uit. Ik blijf zitten. Kijk voor een laatste keer naar de zee. Ik denk niet dat ik ooit terug zal keren naar Ajkeshorn.

Op dit moment voel ik me alleen maar leeg. Maar de pijn heeft sterke benen en grote longen. Ik weet dat hij me in zal halen.

Wanneer ik Maddes voetstappen weer hoor naderen sta ik op.

Ze steekt haar hand met de autosleutels naar me uit, het zijn alleen niet de sleutels van de Micra, maar die van de Lamborghini.

'Fredrik wilde dat je die zou krijgen.'

Ineens zie ik dat ze een nieuwe tattoo heeft op de binnenkant van haar uitgestrekte arm.

Ik herken de tekens.

Haar vuur is in elk geval groter dan dat van mij.

Dank aan Stefan Otto en Magnus Karlsson voor de waardevolle inzichten in de wereld van de moderne kunst.

Ook dank aan mijn agent Federico Ambrosini, Salomonsson Agency, en mijn uitgever Helene Atterling en mijn redacteur Ulrika Åkerlund, beiden van uitgeverij Albert Bonniers. Jullie enthousiasme en constructieve feedback zijn van onschatbare waarde geweest bij het verfijnen van dit verhaal.

Het mooie omslagdesign van de Zweedse uitgave is gemaakt door Elina Grandin. Martin Cederblad heeft prachtige foto's gemaakt voor de lancering. Om narcistisch van te worden.

Therese Cederblad, Hanna Bäärnhielm en Martin Ahlström hebben zoals gewoonlijk fantastisch werk geleverd om het boek bij de lezers te brengen. Bedankt voor jullie energie en creativiteit.

Tot slot: Pia, bedankt voor je steun, je eerlijkheid en je liefde.